永定县志

（乾　隆）

[清] 伍　炜　王见川　　修纂

福建省地方志编纂委员会　整理

厦门大学出版社
XIAMEN UNIVERSITY PRESS
国家一级出版社
全国百佳图书出版单位

总　　叙

　　编修地方志是中国优良的文化传统，几千年来持续不断，代代相沿。福建编修地方志历史甚早，最早见诸记载的有《瓯闽传》一卷，书已早佚，作者及年代均无考。东晋太元十九年（394年），晋安郡守陶夔在任上修纂的《闽中记》，则是已知最早有确切年代与作者的地方志，可惜书亦不存。其后见于记载的地方志，还有南朝梁萧子开撰《建安记》、梁顾野王撰《建安地记》、唐大中五年（851年）林謂撰《闽中记》、唐黄璞撰《闽川名士传》、宋林世程重修《闽中记》、宋陈傅撰《瓯冶拾遗》、宋佚名纂《福建地理图》和《福建路图经》，然而皆已散佚，或仅存后人辑本，无以得窥全豹。

　　福建存世最早的地方志，当推南宋淳熙九年（1182年）梁克家撰《三山志》，因系名家手笔，且存全帙，故世人视同拱璧。南宋所修尚有《仙溪志》、《临汀志》，皆以时代甚早受人珍视；但文有散佚，自难与梁志比肩。虽然，亦可见福建修志传统历朝不坠，诚为文坛盛事、史界福音。据不完全统计，全省自古及近（中华人民共和国成立前），共编纂有省、府（州）、县三级志书637种，现存287种（其中省志8种，府州志42种，县志237种），蔚为大观，成绩卓著。其中不乏佳作精品，有的堪称名志。著称者如：明黄仲昭纂《八闽通志》，王应山纂《闽大记》、《闽都记》，何乔远撰《闽书》，周瑛、黄仲昭纂《兴化府志》，叶春及主纂《惠安政书》，冯梦龙撰《寿宁待志》，清陈寿祺纂《福建通志》，徐铣纂《龙岩州志》，李世熊纂《宁化县志》，周学曾等纂《晋江县志》，民国陈衍等纂《福建通志》，李驹主纂《长乐县志》，吴栻主修《南平县志》，丘复纂《武平县志》等。

20世纪80年代以来，福建省按照全国统一部署，开展三级（省、市、县）新志编纂。各地广泛采用历史上所修方志，取得显著效益。事实证明，编修志书的确功在当代，利及千秋。为了保护优秀文化遗产，充分发挥志书存史、资治、教化的社会功能，经省政府批准，福建省地方志编委会从历代各级所修地方志中选择部分富有历史和文化价值者重新点校（或加注释）出版，以方便社会各界人士的阅读与使用。由于工程浩大，任务艰巨，而人力（特别是专业人才）尤显不足，虽得各地同仁大力支持，但疏误在所难免，望读者谅解并赐教。

福建省地方志编纂委员会

2012 年 3 月

点 校 凡 例

一、本书在点校时，选择清乾隆二十二年镌《永定县志》作为底本。

二、本书在点校时，对原刊本文字按现代汉语习惯予以分段；并按现代汉语规范加标点符号。原文中的繁体字、古今字、异体字均改用简化字，个别易引起歧义的人名、地名等除外。

三、原刊本中因涉及古代帝王、国朝、诏令等字样，有作抬头、空格或断码等编排的，重排时一律取消，统按现代文版式紧排。

四、原刊本中夹注一般改用楷体字，以别于正文。

五、凡遇缺字而无法以他校、理校增补者，用"□"号表示。

六、原刊本中遇有错字、别字者，予以更正，正字加方括弧〔 〕；遇有漏字者，予以补上，并加尖括弧〈 〉表示；有衍字者，加圆括弧（ ）表示；通假字照旧。

七、原刊本中凡属刊误或原纂辑、抄录者有笔误之处，点校时尽量征引他书校正；无他书参校者则以理校，并加注说明。

八、原刊本中遇有大段重复、遗漏或史实不明之处，尽量征引、参照不同时期的版本予以补充、校正、删削，并加注说明。

　　九、原刊本的目录与正文往往出入颇大，为便于查阅，点校后的目录以正文为依据重新加以整理。

目　录

永定县志卷之首

序　文

《永定县志》序

永邑本上杭地，明成化间，以山险民悍，抚臣高明奏请析置。考其形势，龙冈后峙，榜山前列，二水交流，一湖澄澈。虽僻在岩谷斗绝之地，亦七闽奥壤也。

邑旧有成化、嘉靖二志，久佚不传。其仅存者，明万历一志及国朝康熙壬子、丁丑二本，间多罣漏，难称完善。志之不葺，距今又六十年矣。夫志之体要，根柢于《尚书·禹贡》、《周礼·职方氏》。自司马子长①易编年为纪传，而礼乐河渠，平准有书，班氏遂因之作为八志。至于郊祀、食货、地里、沟洫、艺文，尤加详焉。则志者实经、史之遗轨，其可苟焉而不加之意乎？况邑之有志，官斯土者，人材、风俗之盛衰，于是乎稽；田土、户口、物产之腴瘠盈绌，于是乎察；以及城池、公署、仓库、桥梁之营造修建，于是乎考其原委、程功而率作。设纪载未周，则文献无征，后之人将何所考镜，以为出治之本欤？邑令伍君莅永之明年，政通人和。惜旧志残阙，以载笔为己任，复延方闻之彦，参互考订。书成，请序于余。标其目曰封域、营建、食货、学校、兵刑、选举、人物、职官，为卷八，为类三十有八。纲举目张，洪纤毕载，繁简纵未尽善，庶几识为治之本矣。

---

① 司马子长，即司马迁。

余惟永虽一邑，沐浴历圣之德化百余年于兹，教养之恩至优极渥，比年来户口日增，科名林立，而节孝任恤之行亦指不胜屈。则自今以往，人民之殷阜，俊乂之众多，礼乐之明备，必有什百于是编所载者。余方与司牧者早夜孜孜，举所谓教化风俗之源，休养利济之事，倡率而力行之，期渐收夫成效，以待后之辑志采入焉。此区区之心愿，与有守土之责者交勖之也。

时乾隆二十一年岁次丙子春正月毂旦

太子太保、兵部尚书兼都察院右都御史、总督福建、浙江等处地方军务兼理粮饷、世袭骑都尉加二级、纪录十七次喀尔吉善序

《永定县志》序

志之权舆于《周礼》，外史氏、职方氏诸职，綦较著矣。第自《三辅皇图》、《华阳国志》，与夫鲁国先贤、襄阳耆旧等传而降，所为志者，间多不显于世。而有明一代，宏材巨手，撰作林立。国朝王阮亭宗伯独称："黄才伯佐《广东志》、李川父濂《河南通志》，洎旧藏陆鼎仪钺《山东通志》，谓皆精审不苟。惜杨升庵《四川续志》、马伯循《陕西通志》，尚未及见。而于其乡《济南通志》，有当事视为具文秉笔者不谙掌故，殊为卤莽灭裂之语。推阮亭之意，非夫考据详核，义例严明，无遗漏，无舛误，未足为志乘雅制。且尝观于王文恪作《苏州志》，签标"姑苏"字，有未开卷而辄加诃诋者。甚矣！志之难言也。此省、郡志也，即邑志亦何莫不然？

余谓掌四方之志，以周知其地域广轮，岂直阨塞物之云尔哉？将以参乎人风，以达其治也。故三礼相为经纬。王制，司徒一官于广谷大川；异制，民生其间者异俗。详举刚柔、轻重、迟

速，五味、器械、衣服，而继之以修其教，不易其俗；齐其政，不易其宜。圣王疆理九州，而卒俾之一道，同风者恃此具矣。是志之难且重，其龟鉴又自有在。

去秋，余自秦抚奉命移抚闽疆，出潼关取道河南。一路所过，山东、江南、浙江郡、邑，无虑一二十数，间为留心风土人情，见其或刚果而劲直，或愿朴而善良，或温文而尔雅，《淮南子》所谓弱土人肥，垆土人大，息土人美，耗土人丑者，特皮相也。莫不熙熙然遵乎礼教，笃于忠敬。盖叹吾朝百余年来生息休养，德化渐摩，有以致此之隆盛也。抵浦城，始入闽界，赐履所及，加意体察，其郡邑人民风俗，未大远于齐卫江浙也。复于今春，按部兴泉等郡，至厦门而返，益觉声名文物具有可观，在乎莅斯土者有以调护而生全之，固不得因稂莠而并訾稻粱①为不美也。惟汀属地接江右、粤东，巡行未暇，如永定一邑，旧为上杭南地，析自明成化，初载历今几三百年，情形悬余意念。兹邑令伍郎详新志，请序弁首。亟启册而阅之，发凡起例，征事遣词，直欲为志乘另辟蹊径。且条目周通，文义根柢，未知与居易录所称名家擅长之作品第何若？而余尤喜其行议论于叙次，前后浸淫绵延系属民生。一篇之中三致意者，则惟良司牧以重父母斯民之义，即余莅斯土而调护安全之意。

夫邑与郡、与省一体之析，一气之通也。闽为郡凡十，属邑多寡各殊。余所亲经历者颇得其概，诚非有如昔人难治之说。永之勤诵读，力耕耘，重节义，将毋无或爽于志之所云乎？其进此者，余以责之，令宰责之，郡守且以责之、统辖之，监司与当身之风流，令行此亦志之。志职官而崇大吏，比于志百里而及星野；志一人而及祖父，为例之所得及焉耳。则于一隅匦沛皇仁，即于国家广培元气，讵得以官制崇卑，曰我无专迹；地分远迩，

---

① 粱，原文为"梁"。

曰鞭长不及马腹哉！是为叙。

时乾隆乙亥年畅月　日

赐进士出身、福建巡抚钟音撰

重修《永定县志》序

　　永定，旧上杭地也，析于明成化间。县接东瓯，居八闽之边境。崇山环绕，地僻而瘠，民贫而悍。我朝圣人御极，化行气和，民物改观，而邑之志书缺焉，未修六十年于兹矣！

　　里有书而不辑，士之羞也；都有美而弗彰，卿大夫之耻也。况夫治家者，不编米薪之成，则汗漫而财散；治国者，不览人物之纪，则朴陋而道湮。周有职方，汉有地理，岂徒驰骤载籍、搜索虫鱼而已哉！将必因革利弊，而成一邑之治也。

　　今邑令伍君莅永数载，勇于有为，虽调任他邑，犹亟亟以修辑志乘终始其事。征文考献，博采宏搜，延宿学，购枣梨，志封域、营建、食货、学校、兵刑、选举、人物、职官为八卷，较旧志虽少二卷，而书则加倍矣。雍容揄扬，分晰明确，夫亦可以称盛举而垂永久也。夫诠次成，请弁于首。予得览其六十年未备之风土焉，故乐为之序。

乾隆二十一年岁次丙子六月既望

诰授奉政大夫、福建等处提刑按察使司按察使

加一级、纪录五十八次，又军功加一级随带溧阳史奕昂撰

《永定县志》序

　　邑之有志也，犹国之有史云尔。其事主纪载，而兴革之宜，劝惩之用，莫不寓焉。治邑者将利是兴，弊是革，劝善惩恶之是图，则彰往以察来，志即前事之师也。虽然难言之矣，择焉不

精，语焉不详，其于国计民生之大，人心风俗之原，未能亲切而著明，则志虽铺张润色，而于兴革劝惩之旨，庸有当乎？

永之邑，创之成化，析于上杭，迄今且二百七十余年矣。其间山川形胜、户口蕃滋、政赋礼俗，随时损益，以至人物之臧否、宦迹之浅深，宏纲大目，所系匪轻，而志乘之作缺有间焉。邑令伍君政事之暇，深以为念，而邑之绅士亦乐襄盛举。于是延名宿，需岁月以共相讨论，纂辑成帙，而请序于余。余奉天子命，巡视海滨，永其属邑也。夙夜兢兢，以国计民生、人心风俗为念，则永志之成，余正乐得而观之。披览之余，较若列眉，举凡山川、户口、政赋、礼俗及夫人物、宦迹，一切有关于治体者，莫不亲切而著明具矣，择之精而语之详也。

夫伍君既惓惓是志，举五十余年之残缺而慨然议修，则所以敷政而宁人者，皆于志乎。取之，将见利可兴而弊可革，善可劝而恶可惩，志之为用大矣。谁谓纪载之事而可忽乎哉？

时乾隆丙子季夏榖旦
福建分巡巡海汀漳龙道甘泉杨景素撰

新修《永定县志》序

在昔，轺轩周巡里道，每志其沟谷广轮，衍隰名物，质文升降之数上之，副在兰台太史氏，集而成一家言。则志者，史之支也，史氏赖以记也。方今圣天子鼎建，百度维新，润色修明之功甚详且备，即至稗野刍荛，亦兼资采辑，矧一邑之志，有关风气者哉！

考永定自成化建治以来，至今几三百年矣。其中山川、人物、风俗、财赋与夫政治之得失，建置之废兴，业有成书。然而天道日新，人事踵起，不取故牒而增益之，使遗徽懿范遏佚而不光，湮没而莫彰，将何以信今而传后耶？江右伍侯，以宿儒出宰兹土。公余之暇，辄以纂修邑乘为亟亟，诚探乎人心风俗之原，以文治为要务，有异乎俗吏之为也。志成未付劂剖，即请序于余。余虽不敏，自承乏鄞守，每于采风问俗为留心，况远辖如永，尤为加意者乎！今得是志而按以稽之，举数百年来之山川如故，建置依然，风俗之淳漓，典礼之隆替，财赋之赢缩，政治之竞绌，人材之消长，忠孝节义之流芳，兵燹灾祥之示警，以及前贤、耆彦之嘉修硕德，丽藻鸿文，莫不捃摭靡遗，镜若列眉。则侯与绅士搜采襞绩之劳为不可没，又乌可无一言以附于后？顾吾于兹窃有感焉。

永邑距鄞城计三百六十里而遥，界邻潮、漳，僻在一隅。其视天下，弹丸蕞尔、沧海糠秕耳！然河山雄峙，风会遒上，赋役、物产骎骎乎肩随于名都上国，宁惟是舆地形胜以光典籍哉！所贵芳名伟绩，瑰行奇操，堪表当时而示来兹。是生斯地者，前人之遗泽犹存；吏斯乡者，往哲之典型具在。惟期后先相望，彼此师师，驯而致之。教化翔洽，庶几一道同风，以仰副我国家累洽重熙，宣扬盛典之至意。则斯志之成也，直堪与史氏并垂不朽，而余亦与有光焉！是为序。

赐进士出身、中宪大夫
知汀州府事加三级、纪录五次舒宁安撰

《永定县志》序

周官县正之职，各掌其县之政令，而赏罚之权任之。郑注云："正者，长也，正之言政也。"秦置郡县，差其户之多寡为令、长。汉晋以来，制置虽殊，而称名不异。唐始有权知县令之号。《宋史》所载，责任尤重，至用朝臣为之，如以左拾遗出知某县、以大理正出知某县是也。有明专制曰知县，自署则曰知某县事。今仍之。夫谓之知者，非正官而摄其事，杜氏所谓试摄判知之官也。第就其所云知者思之，未论其处置何若，必先稽其封域之广狭，营建之兴废，食货之丰啬，学校之盛衰，与夫兵刑、选举、人物、职官诸纪载，然后因地宜民，而时其政令。审是数者，舍志乘曷由而知乎？

余以壬申岁奉命莅永，甫下车，案牍滋多，庶务繁剧，兢兢然思所以肃清而剔治之。考诸旧志纪载，迁流有未易以折衷者，于是且悉心筹画，课农桑，劝积储，因以计人户、田产贫富肥瘠之数；慎考试，亲讲约，因以审士气、民俗华实淳漓之坟；严保甲，核词讼，因以察关塞禁令险易轻重之要。一切职署、公馆、校场、桥路兴废举坠，又因以考建置、沿革及前贤治绩之实。比年四郊安集，狱讼衰息，于一邑之政教，亦稍得其崖略矣！爰与绅士谋为志乘之修，申请列宪皆报"可"，乃立局分门，共相钩纂，编为八志。八志之中，举其大纲而不遗夫细目，略者详之，缺者补之，讹者正之，疑者阙之。参订既备，繙阅犁然。若者为山川、疆界，可以知封域也；若者为城池、坛庙，可以知营建也；若者为户口、土田，可以知食货也；若者为庙学崇祀，可以知学校也；若者为营汛、刑狱，可以知兵刑也；若者为科名、懿行、治教、宦绩，可以知选举、人物、职官也。

夫知之既详，斯得之心而应之手，是在官斯土者晓然。求成宪之所在，以法令为之师，舍志乘奚属哉！虽然知之，明者处之，当要自有本心焉。必反躬实责以为知，又不仅在成法也。善乎！真西山先生句云："由来官吏与斯民，本是同胞一体亲，既取脂膏供尔禄，须知疴痒切吾身。"夫能以疴痒切身，由本心之知而发为力焉，将设诚于内而致行之，俾德教常流，风俗醇美，民生弥厚，骎骎然日益臻于圣世循良之治。所谓正之言政者于是乎在，则志乘之纪载，特其规制之迹焉耳。

余惭梼昧，即何能无愧于知之责？然永之民既安余拙，而始得修辑以成是书。则是役也，特以俟来者知所考据，或于古县正之职共期不负云。是为序。

时乾隆二十一年岁次丙子六月

赐进士文林郎知福建汀州府永定县事，调署漳州府

龙溪县事兼护直隶龙岩州知州，加二级、纪录五次伍炜题

重修《永定县志》序

永于汀，八邑之一也。其先统隶上杭，明成化十四年始析溪南、金丰、丰田、太平、胜运五里，建官设治而为邑。其境小，其土瘠，其民俗敦朴，而山川灵秀之气，钟为人杰，文章科目，他邑推领袖焉！予同乡年友蒙泉伍君，令斯邑者四年，政平讼理，百废具举，慨然于邑乘之未修，惧其久而或湮也。爰集诸绅士，延凤学，馆谷而修辑之。考旧编新，征名核实，期年而志以成，顾尚未付梓。适伍君调任龙溪，予奉檄来摄邑篆，则取新志阅之，见其核而慎，详而要，纲举目张，不漏不支。因叹伍君固有史才，而其相与以有成者，则由邑中实有人在也。

夫志之由来旧矣，《周礼》外史掌四方之志，小史掌邦国之志。班氏以志为史家一体。而今之郡邑皆有志，大都皆就时按事，节编而积纪之耳。斯志也，为卷有八，为类三十有八。首封域，次营建，次食货，次学校，次兵刑，次选举，次人物，次职官，合一邑之山川景物、户役田赋，与夫制度沿革、人情风尚之随时而异者，井井然朗若列眉，次如屈指。其每篇叙议错行，首尾条贯。于古今来礼乐、兵农、刑赏，举错①利弊兴衰之坟，无不溯源穷委、敷陈其要，而不为泛征侈引迂诞诡越之说，以混人耳目。此其有补于治道，有裨于民生者，正非浅鲜，而非仅作一邑之纪载观也。

---

① 举错，即举措。

予不敏，谨踵伍君后，自维才疏而政拙，又莅任未久，复奉题调长乐，诸多有志未逮，实滋愧焉。所冀生于斯者读此，而习俭勤，励名节；官于斯者鉴此，而勤抚字，善教化。将土虽瘠，而民尽向义；境虽小，而户皆可封；风俗日益淳，文名日益振。异日輶轩下采，而斯志安知不入外史、小史所掌哉！乃不辞荒陋，序一言以并付剞劂。

时乾隆二十一年丙子孟夏之吉
署永定县事、安成相皋贺西骏撰

刻重修《永定县志》序

乾隆二十一年丙子夏五，余奉宪檄，署篆永定。入境，吏循例赍邑志来迎，遂发读之。其书修自康熙丁丑，距今六十年矣。其言民俗也，有风声气习，大类中州之语。余读之喜，喜其言有征，则莅新任如履故乡，轻车熟路，易藉手以报称也。已而都人士晋谒，咸以剞劂新志请。盖先是安成蒙泉伍君莅永四年，延邑绅编纂，而重修之者未梓，调任龙溪以去。其同乡相皋贺君继之，捐资鬻板，仍未付匠，又奉调长乐以去。

余阅其书，部类周通，体裁独出，视旧志大异，视他志亦殊异。更寻陈子一新所云，类中州者则已削而不书，岂时移事换，昔日之相类者，今则各自为其风气耶！及繙竟全集，乃憬然于秉笔者，欲以天下古今之治治一邑，不沾沾于一方一域，絜长而较短也。夫州邑之方殊而域异者，土地耳，人民耳。若理财、兴学、明刑、诘戎，与夫祀神、取人诸大政，则皆与天下古今之故相倚伏。是故不明于天下之利弊，无以治一事；不通于古今之得失，无以治一时。

今其为书也，自封域而营建，而食货，而学校，而兵刑，而选举、人物、职官，总为八纲，分为三十八目。举一邑之所有，既无不详核而明著之，而于天下古今治乱兴衰之鉴。每回翔往复于意言之表，即不敢谓是书遂足为治平考世之资，而读此者，亦晓然于治一邑必先有匡济天下、损益古今之略在其胸中矣。但就吾中州而计之，丙吉令陈留、韩愈令河南、韩琦令永城、程颢令扶沟，其人皆有命世之才，超世之识，足以扶植宇宙，进退百王。故其为邑也，良法美意，流风善政，利一时而传百世。吾闻狮子搏象用全力，搏兔亦用全力，岂信曰割鸡之用无藉于牛刀乎哉！

余愧无能，抚兹五里，兢兢于循分，称职之不暇，而甚幸明确宏达，示我以休养聚训者之有成书也。亟选材鸠工以广其传，而引其端如此。

赐进士出身、署永定县事鲁阳许元善撰

《永定县志》序

周官职方氏掌天下土地之图，又有外史掌四方之志，此后世郡邑志之所由昉也。顾在国为史，在邑为志。史以褒善贬恶，而法戒必严；志则隐恶扬善，而劝惩亦备。昔人论作史之法，必才、学、识俱全，而志更有难于史者。故范蔚宗终身不敢作志，江淹亦言修史之难，无出于志。然紫阳甫守南康，即问郡志。夫大儒为政，岂无先务而顾急急于志，何哉？盖览其志，则山川之险易，丁户之增损，财赋之赢缩，民俗之淳浇，前贤往哲之典型，芳轨为革为因，孰缓孰急，宜整饬者何事，当权楷者何人，了然于心，次第布之，则有条不紊。致治之务，莫急于此。而长吏专事簿书，无暇兼理，或以殿最不及，视为缓图，遂致文献无征，良堪叹惜！

乙亥秋仲，持檄杭川。甫下车，都人士亟以修志请，余详列宪，咸报"可"，即命立局钩纂。未一月卸任，不获聿观厥成为

憾。丙子清祀，复莅是邦。是邦固杭川地，明成化十五年析溪南
等里十九图别置永定。是永之山水秀丽，民俗敦庞，以及历朝科
名之鼎盛，当亦无殊于杭。胪载志中，班班可考。

　　因查旧志，修自康熙三十六年，阅今六十一载，诸多缺略。
蒙泉伍君莅永，独任倡修。稿成，资斧不继，未及发梓以调去。
更历贺君、许君设法劝题，方付剞劂，而余适承其乏。是余于杭
川之志，乐于创始；永定之志，喜于观成。虽杭志立纲十二，目
五十有九；永志总为八纲，分为三十八目。帙数多寡不同，要于
缺者补之，略者增之，择焉必精，语焉必详，不漏不支，勿谀勿
秽，综名核实，求可以信今传后而止。余知是志之成，洵无失周
官之旨，而可为一邑之巨典也。爰撰数行，以附诸君之后。

　　　　　　　　　　　　　　　　时乾隆丁丑春季之吉
　　勅授文林郎、前考取景山教习、知永定县事高都卫克埥撰

旧　序

《永定县志》序

谢　弼　教谕

余叨领永定教事，县新成而为之志者，所以纪载一邑之事。盖肇于钦差提调学校、金宪任公之檄，成于邑令王侯环之点画也。书凡四卷，首纪县治之建置，次纪邑居之制作。诸君子之功，若都宪高公明，始谋而邑之也；方伯陈公渤、宪长刘公城，协谋以营之也；邑令王侯环，莅治以成之也。功在生民，人所共睹。他如纪山川、古迹，则可见一邑之胜概；纪土贡、财赋，则可见一邑之物产；若学校、若科贡、若词翰，纪焉，则又可见一邑之文献也。

於戏！永定本溪南草莽之墟，险峣之地，闽之绝域耳。今县治一建，居民如是其庶富，宫室如是其庄严，物产如是其蕃殖，衣冠礼乐如是其丕变，五六年来王化渐被，翕然与诸大邑同风，是固我皇明治化一统之盛也。然诸君子图治保安之功，亦自有不可泯者。故辑而志其事，使与邑相为悠久云。

重修《永定县志》序

许文献　知县

凡邑相沿皆有志，而《永定志》肇于成化年间者，以永定县亦以是时肇之也。肇之者知县王公，教谕谢公实为之。凡开县始末，志载已详。所未载者，以时移物改，不能尽载之耳。自后八十余年，屡有欲修之者而不果。

余于嘉靖乙卯承乏是邑，乃忘其固陋，因旧志而增辑焉。皆前人之遗意也。噫！余承数十年后而增辑之，其继余数十年后而复增辑之者，已不可得而知之矣！况继余数百年后而复增辑之，以传于无穷者，又可得而知之乎？于是不能无感云尔。

续修《永定县志》序

何守成 知县

凡书之成，卷帙既定，则自为一集。后人即或补或续或广，亦自为一集，以附其后，毋敢掇前人之有而以为新编者。惟志乘之作，日积则事增，事增则重修，修则取前人之纪载，与添入之事迹同条共贯。凡昔之讹者正之，今之有者增之，事之更革者改之。及新编告成，则旧刻渐废；迨后人加修，则今编者又废。不闻以掠人之美、窜古之章为嫌也。

《永定县志》创于成化甲辰王公环，修于嘉靖己未许公文献。据事直书，条分缕晰，固无复有讹之待正。而历今十有七年，宜更改而续增者，亦不少也。其大者，若户口之核减、条鞭之均输、驿站之改编、学泮之迁移，非事之更改者乎？官师之继至，科贡之洊登，幽潜之表章，词翰之发扬，非后有续增者乎？爰是不揣固陋，与都人士取前籍考订，附益而为此编。凡区区之所得，请命于上而通变于下者，亦缀述焉。

於戏！考因革于既往，昭法守于来兹。此一邑之事，非一人一家之事也。树郡、省志之根柢，备国史之摘采，又天下之事，而非一邑之事也。谨详典章之纪，俾不忘不脱而已。余一人何私焉？若夫往者不述，来者曷继？则前事之师，今犹忾慕于王、许二公也已。

重修《永定县志》序

邑人　熊兴麟　监察御史

国朝幅员广大，天下一家。丕冒深仁，磅礴洋溢。闽南亦甸服也，而海氛未靖，民用弗康。况汀为八闽之末，永为汀八邑之末，俗俭而风朴，地瘠而民贫。犹是山川也，形胜虽足以自雄，而崇山复岭仅局于一隅；犹是人物也，科第虽出于踵起，而风气方开，且限于额数；犹是土田也，征输虽乐于急公，而旱潦频仍，复苦于徭役。乃至苌楚歌于野，仳离盈于途，户口之逃亡有如此；萑苻啸山林，枹鼓喧郊圻，疆域之震惊又如此。及夫忠臣孝子、烈女节妇，随寒烟衰草而泯灭者，何可胜道？仁人君子所为目击而心悲，念至而神怆，以谓僻处南天，濬哲之主，即欲加意元元；残疆末吏，谁绘图以上达于宸聪者？邑之士女欲仰承湛露之恩，自天而下，嗟何及矣！

兹幸新奉简命，敕直、省各修通志，列宪檄下郡、县，先备造各志汇缴。逖稽往古，《禹贡》之载九州，《周礼》之纪职方，汉收秦府之图书，此物此志也。顾永邑之志，创修者不一其人。自明万历间迄于今，历百年而阁①笔。世远年湮，叠经兵燹，而故家遗俗，渐灭殆尽。求诸野老，亦无复有存焉。断简残编，十仅存五，于此而欲考沿革，审利弊，寻故迹，表幽微，非具班、马之长，操《春秋》之笔者，不可以彰往而察来。我侯赞翁潘公爰集诸绅士，搜遗补失，删冗订讹，汇为一帙。凡疆域、山川、户口、土田、人物，井井有条，灿如指掌。

是编也，不独我侯簿书之余，开卷而悠然思登斯民于衽席，继侯而起者，下车之日，按牍而怃然，怀跻斯人于仁寿，行见呈

---

①　阁，通"搁"。

之郡、省，汇为通志，以佐成大一统志。圣天子万幾之暇，披图而览，见夫辨域正封，则思所以坚壁固圉而措于不倾；见夫山崎水流，则思所以祭告怀柔而安于永奠；见夫户口耗息，则思所以生聚教训而全其富庶；见夫土田肥瘠，则思所以薄赋宽徭而行其抚字；见夫人物盛衰，则思所以兴贤育才而大其作人。其所以渐摩天下者如是，一省者如是，即一邑者亦如是。永之凋瘵，庶其有瘳乎？岂曰张皇补苴徒以饰太平、耸观听已哉！

重修《永定县志》序

邑人　进士　萧熙桢　长沙知县

今天子圣神御宇，允阁臣请：俾天下之省、郡、州、县，举夫山川之疆域，贡赋之上中，人材之德造，词翰之绣锦，刊为一书，所以大一统宏至治，甚盛典也。

永虽僻邑乎，体国经野则有书，用兵征伐则有书，循良节孝则有书。至于科第之蝉联、人文之鹊起，士吐金薤琳琅之句，家藏《玉杯》、《繁露》之章，载在典册者，彰彰可考矣！恭遇皇清鼎革之后，旧志荒残，或略焉而未详，详焉而未备。惟我邑侯潘公，以制锦鸣琴之才，值政简刑清之暇，毅然以文教为己任。爰檄邑中瑰伟英特之士，擅班材而操董笔者，共勤是举。仍其信而正其讹，薙其冗而增其阙，煌煌乎永观厥成矣！

然而是举也，一事而三善备焉者。夫天下之弊，莫大乎创始之维艰，而因循之是蹈，使际物阜民殷之日，不克力为纂辑，是以嘉言失记，潜德无光，良可悼也。兹者贤执事校阅于上，诸君子润色于下，岂非千载一时哉！纲经目纬，观者无不醇不备之憾，而吾永于是有良史矣！况邑志之修，迄今百年于兹，世远言湮，前者既无所考，后者复无所征，文献不足，识者伤之。幸兹故典犹存，老成尚在，而吾永于是有真史矣。然吾犹虑是志之不可以传也，繁而不整，俗而不典，书不实录，昔人论之详矣。贞良节义，文学儒行，或出自仁人孝子之思，利纸笔为私书，称扬过谀，甚则以荒芜不经之谈，混诸贞珉，识者等之秽史。兹之怨仇不避，情面不徇，浮蔓之词必删，匪类之人必削，而吾永于是有信史矣。故曰三善也。

虽然是志也，其功不仅一时已也。后之宰吾邑者，见夫名宦去思之迹，则跂然慕；见夫赋税、徭役之繁，则惕然忧。因之宣天子德意，助流政教，嘉惠元元，则永民世沐膏泽矣！即吾邑后之子若孙读是编也，济美者惟恐弗类于先人，迈德者共期砥砺于君子，学业日醇，人才益广。上之黼黻皇猷，下之荣光乡梓，则斯志之有功于吾邑也，岂仅一时已哉！

增补《永定县志》序

赵良生　署知县

志者，乘也，即史也。邑有邑志，郡有郡志，省有通志，皆纪载之书，以求信今传后。然务取其备，所以征文献也。兹考永定开治，时维成化戊戌，今所传县志，岁在万历乙亥。迨至今上御极之十一年，命天下郡县各辑其志，以昭一统。是时，乃邑侯潘公董其事，诸乡先生总厥成，殚精竭力，博搜广罗。盖自昔迄今，时经两代，世阅百年，兵燹叠更，沧桑屡易。而欲于残编断简之余，野老遗硕之口，摭拾旧闻，渔猎逸事，以成一邑之全书，难已！乃观是编，搜访详备，考核维严。其间所纪城郭、山川、岁时、风物，典核精详，条理明备。他如人文甲第，既已炳耀于生前；而苦节孤贞，亦或表彰于身后。允称一方之信史，岂非百世而不惑者乎？

余于丁丑之夏摄篆此邦，首检篇帙，见《赋役》、《艺文》仅有其目。窃思赋役为军储所系，民命攸关，倘不纪其纲，不详其目，恐胥吏得以此盈彼亏，图里不无移甲换乙矣。至若人杰能令地灵，性情发为歌咏，此艺文之所以尚也。倘任其蠹食，听之覆瓿，则此日已见缺文，他年奚以征信耶？况乎境图缺略，名胜无传，匪仅山川之险易难辩①，道里之遐迩莫稽，抑且歌颂无以发其揄扬，幽潜何所寄其凭吊乎？睹兹挂漏之虞，实深守土之责。用是谋诸阖邑乡老先生、通庠名宿，搜辑增补以成全书。异日名贤鹊起，闻人蝉联。蜚声翰苑，瀛登帝子之洲；秉笔螭头，台列公卿之府。行见芝诰兰函，辉耀龙冈凤渚。不独汀永一邑为之改观，即载之全闽通志，亦当生色。姑序其事，为将来之张本云尔。

---

①　辩，通"辨"。

修志源流姓氏

凡志之修，秉笔者多摘前志之短，以明新修之长。然前志非必果短也，事有损益，文有繁简，时为之耳。杞宋无征，惜矣！如其有征，杞之籍必朴略于宋之籍，宋之籍必朴略于周之籍。何者忠？质文之递尚，其时异也。即周文郁郁，孔子操觚，其遂循涂守辙，绝无所拟议于其间哉！观其告颜子为邦可知已。

永志创于成化二十年甲辰知县王公环，秉笔者教谕谢弼也。书凡四卷。开邑之初，首勤纪载，知所重矣。今虽不可得见，读谢公所为序，规模盖可想已。

越七十六年，为嘉靖三十八年己未，知县许公文献重修，既自为序。又邑人进士张僖、举人孔廷诏各为之序。皆言许公檄邑庠陈昊、张一漠为之。今亦不可得见。然就何公守成续修者观之，而许志可知也。盖何公续于万历三年乙亥，距嘉靖己未十有七年耳。序自云取前人之纪载，与添入之事迹同条共贯，则大体固无改于其旧也。其书十二卷，以地理、食货、公署、学校、兵制、秩官、选举、人物、宫室、恤典、杂异、文翰为十二纲，为目凡七十。纲首各为引言，不无门类繁复之嫌。然辞朴而事核，于人物特严，于文翰特广。同修者教谕李应选，邑庠卢国臣、赖一相、郑仁密、卢赞、郭书。未知秉笔者有专司耶，抑诸人各随手记录耶？

又九十八年，至国朝康熙十一年壬子鼎革之后，兵火之余，典籍散亡。知县潘公翊清毅然重修，总裁者邑人、前监察御史熊兴麟，举人吴祖馨；同修者进士萧熙桢、黄日焕，举人阙振、吴宾王、孔煌猷、卢化，贡士林文聚、郑士鸿、江奋龙、王日中、赖进箴、阮光周、陈上箴、吴祖芳、熊有翼，邑庠赖玠、郑孙绥、沈墀、黄甲殿、卢济泓、廖起龙、吴晋、吴利见、熊卜伟、郑世英。秉笔则岁贡陈钧奏也。为书十卷，以封域、营建、学校、赋役、秩官、选举、人物、兵制、丘垅、艺文为十纲，凡八十四目，视前志益细碎焉。删前志每纲之引首，而每目之后，或按或论，各为十数语以缀之。又或合数目而共论之，骎骎乎有张饰之意。是故道里务欲广阔，而未免抵牾；山川务夸灵奇，而未免附会；人物务尽流品，而未免滥竽；文艺务备体制，而未免假借。至于赋役，则但举大数，选举则多误年分。惟叙事属辞，去支就简，易俚为雅，差胜前志耳。

若康熙三十六年丁丑，署县赵公良生续增，但自壬子后二十六年，秩官、选举、人物备附诸卷末而已。自序谓旧志《赋役》、《艺文》仅有其目。爰搜辑增补，以成全书。今按志中户口、田产，犹是万历之旧；岁征、起存，犹是国初之额。康熙壬子以后，丁丑以前，加征、裁解、停止、酌复之款甚多，并无一语及之者，未见其搜补也。《艺文》亦仅增赵公所自为及教谕李基益诗文数篇。前此何至仅有其目乎？意者邑遭康熙十四年乙卯之变，《赋役》、《艺文》脱去其板乎？当时秉笔惟教谕李君开列，同修则有邑进士熊兴麟、萧熙桢，举人卢化、熊昭应、吴利见、卢清、吴廷芝、詹捷、廖冀亨、赖际可、林馪春、黄策麟，贡生陈云行、阙魁、吴云芝、吴维甸、阙月卿、孔元发，生员卢鸿声、廖枫、朱笏、阙士鹤、萧廷璠、卢彦彧、黄鼎基、吴嵩、熊孙鹤、江绚来、张月蟾、卢登莱、熊光佑、邱天桂、戴其亮、郑宜、张月鹿、卢祖熺、邱天培若而人。

自康熙丁丑迄乾隆十八年癸酉，又五十七年矣。邑侯江西安福进士伍公炜，念时事之日积，典章之久湮，禀请各宪，谋诸通邑士夫为重修之举，延江西安福举人邹公贻善于内署，总裁人物之去取；招邑岁贡生卢君致（志成旋卒，著有《四书搜忽》五卷）、胡君占梅，生员郑君模、卢君欣松、吴君峄上为分校。而立例、纂次则以委之不佞。见川癸酉孟冬开局于尊经阁，明年三月许以书局自随，不佞馆谷于太平高陂，课读之余，作辍相乘。越二年乙亥季夏，乃克完稿，缮写呈上。极知渺闻浅见，无当太雅，但期纪之核、叙之明，支辞芜议，尚赖后修者之删订也。甲戌、乙亥，同至高陂者惟吴君峄上，故其讨论之功特多。他若同修、协修、协理、参订、勷事、缮写诸君子，与有劳勚，例得并书姓名于左［下］。

篡修官

特简永定县知县、江西安福县进士伍　炜

同修官

署永定县知县、江西安福县举人贺世骏

署永定县知县、河南鲁山县进士许元善

特授永定县知县、山西泽州府凤台县举人卫克埻

协修官

教谕、泉州府同安县举人赵　磐

教谕、福州府连江县举人陈凤举

训导、邵武府光泽县岁贡黄世仪

训导、福宁府宁德县岁贡黄　硕

协理官

兴化司巡检、浙江山阴县人沈　培

太平司巡检、顺天太兴县人王锡辂

三层司巡检、湖广武冈州人鲁　瀚

典史、浙江山阴县人王本浩

总　裁

江西安福县举人邹贻善

纂　编

翰林院庶吉士、原任江南歙县知县告养在籍王见川

分　校

岁贡生卢　致

岁贡生胡占梅

庠生郑　模

廪生卢欣松

廪生吴峄上

参　订

岁贡生、原任龙岩州训导张丁显

副贡生、原任浙江嵊县知县萧起凤

举人、原任侯官县教谕江风清

举人、任平和县教谕卢观源

举人赖世芳

举人张金堡

举人卢　钧

贡生王梅调　廖鸿学　吴修先　张龙文　郑天池　卢　涛　　阙中标　郑占鳌　苏映华　顾炳文　熊光润　赖光弼

勤　事

举人王奇七　郑天枢

贡生萧怀堂　王钦祖　李缵裕　郑光祖

监生江天灼　　沈仰藜　　赖国佐　　张光槐　　郑　乔　　张云鲲
庠生赖观光　　王　烈　　赖秉义　　邱学海　　赖玉麟　　王国清
　　江风薰　　江风景　　陈梦鳌　　王懋德　　郑　煊　　郑宏烈
　　李正笏　　胡蓉芝　　王　峰

缮　写

邑人王乔峄　赖　春　林　庐
梓书人　张贤廷

凡　　例

史志之作，例立纲分目，定全书之体局。然别门并类各有异同，亦互有讥议。余谓条理次序必不可乱，但有义可通，何庸胶柱？如六十四卦，先天可，后天亦可；序之可，杂之亦无不可也。志中条序之意，具见各纲引首，即每目中细分，亦必令彼此不混，前后不倒。

志以纪事，固宜绝去浮蔓。然惟《春秋》谨严，不嫌断烂，《左》、《国》则叙论错行矣。班氏始为十志，皆连缀成文，而司马八书，尤纯以议论为叙事。今每目条贯为一篇，事著而善否，褒讥之意亦见焉。固无失乎志之义法也。

疆界、道里、山川、方乡，书册所纪，往往与实境不符。盖缘载笔者但据耳食口说，即或分道测验，而意见有参差，任事有诚伪，不能条合而理会也。迨后人奉前人为准，讹以传讹，舛错益不可问矣！《禹贡》地志，《水经》而外，一切寰宇、广舆、一统志等籍皆然。苟欲正之，当自郡邑志始。永境狭小，开局后，携针盘线表而行，越两月余，四周皆至。纡僻不能到者，引土人登高巅指瞰之。凡村落、墟市、塘铺、桥渡、寺观、古迹，亦因以亲履焉。今所序次，如坐堂观庭，伸掌见指矣。

政莫大于赋役，亦莫繁于赋役。若但纪当时岁征、起存总数，于古无征，于时已改，即何以为考鉴之资！今于《明史》、《大明会典》等书，原起例增减之。由于万历乙亥何志，考万历初年以前本邑赋役之数，于新旧府志及汀属各邑志、闽省各郡邑志。稽万历以后，本邑条鞭四差款目，及天、崇以来，加派繁累之苦。于叠奉国朝恩诏及在官各案底册，按现在配征垦豁裁解支给之，实参验会计为功特多。将来损益随时应有更改，而从前沿革则已讨究备举云。

志凡三十八目，特详者一，学校之崇祀是也；特增者二，兵刑之刑法、职官之大吏是也。三者均非专于一邑之事，然总一邑之人士耳、民耳、官耳。士而不知有圣则鄙，民而不知有法则乱，官而不知有宪则玩。窃谓斯三者，凡郡邑志皆详之、增之，不为赘也。

选举诸条，科分年月、出身、历官，每有错漏，万历以后尤为荒略。旧因一时无征，并删所可知者以就例，是削趾以适履也。今据学校题名，闽省贤书、《京师汀郡会馆志》及所见天下郡县志，确有考据者，讹则正之，遗则补之，其不可知者阙之。虽无关于典要，亦已费夫考索。

陈寿乞米，陶范按剑，志传人物，自古为难。今皆定自内署，虽善善从长，而细行一惠，亦举之不胜举矣。若《丘垄》一节，他邦惟王侯将相、圣贤豪杰登之。今沿旧志，及一命以上俱胪列者。盖永俗首重宅冢，侵冒鬻卖，讼无虚日。即不得料北邙为点鬼簿，而贤达栖骨明著之，俾永保抔土云尔。

志乘例载艺文，有标一山、一水、一事、一物，即以哲匠、诗文代纪述者。通都大邑才产之撰著固多，名士之过题亦不少也。永处僻壤，骚人墨客罕有津逮者，邑髦亦慎于抒藻。何志所收虽广，皆诰敕之词、祷颂之什，无与于志事。今遍加搜讨，稍为芟润，随题附见为篇，盖仅仅已。

绘　图

图　论

绘事以神韵为上，而古人左图、右书之意不在此也。山川、方域、法物、制度，书不尽言，图以证之。图不能摹，书以发之，故但以经营位置明确为主。地舆首推晋图，已亡，不可复见。《裴氏六法》先定分率，次正准望、道里，而高下、方邪、纤直三者，则由道里以勾股推算。约正五斜七，折取准望、远近之实者也。今仿其意为图，非无能手，恐口耳之际未必分寸不爽，因手自摹之。图凡十有三，离合相参，彼此互证，不求雅赏，惟务俗通试，令农氓、樵竖披按而首肯曰然，而吾绘之愿遂矣。

介石村人谨识

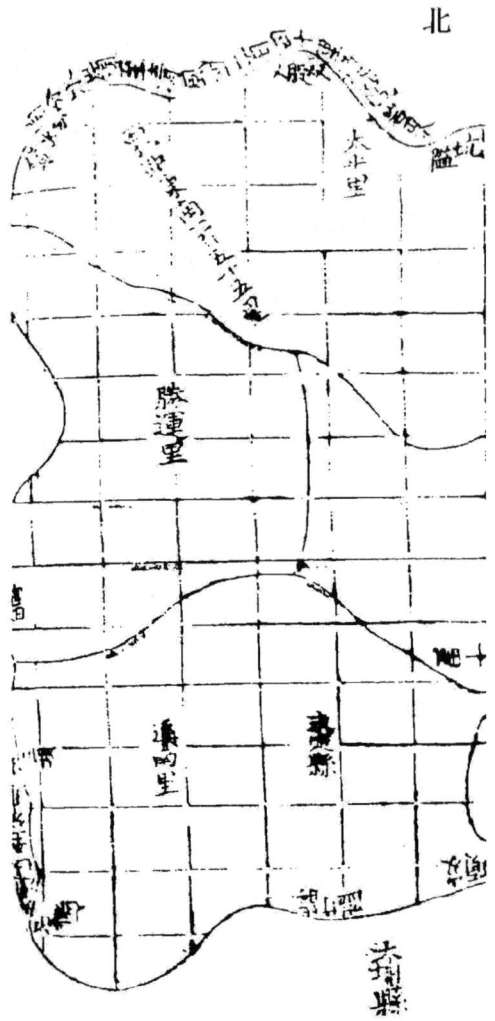

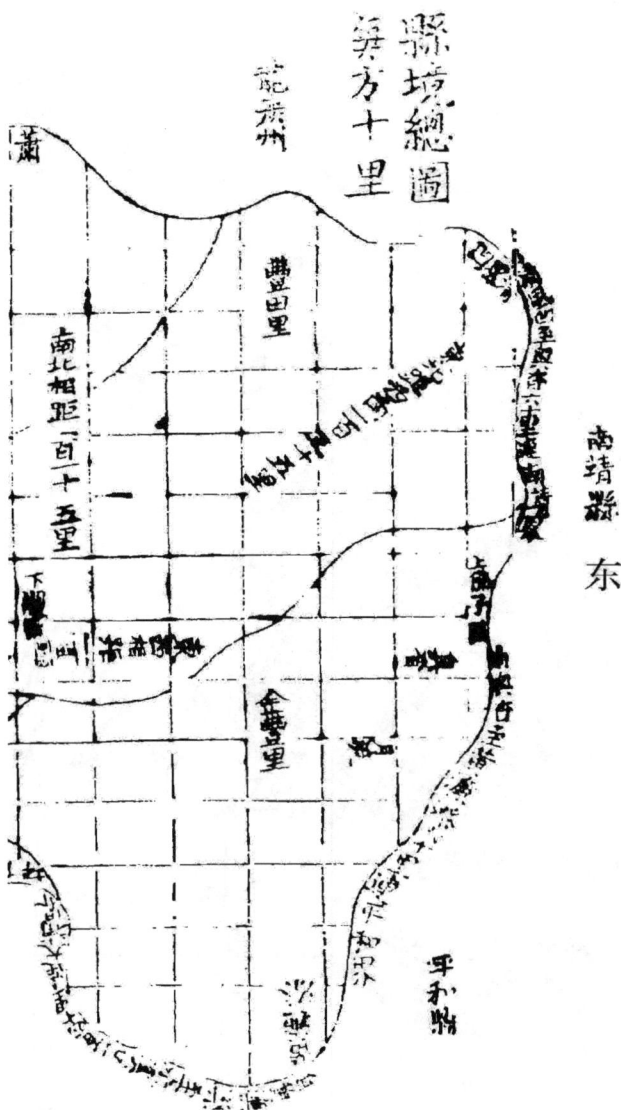

图一 县境总图

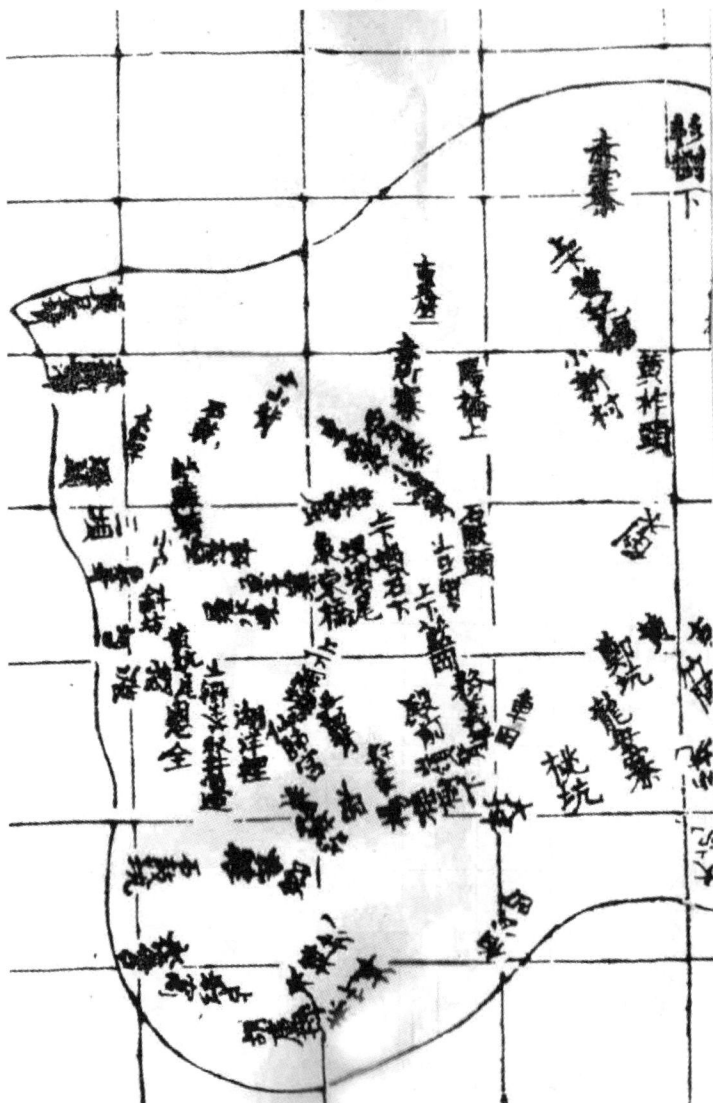

图二 溪南里图

金豊里圖

每方十里

岐嶺

平水

筆竹

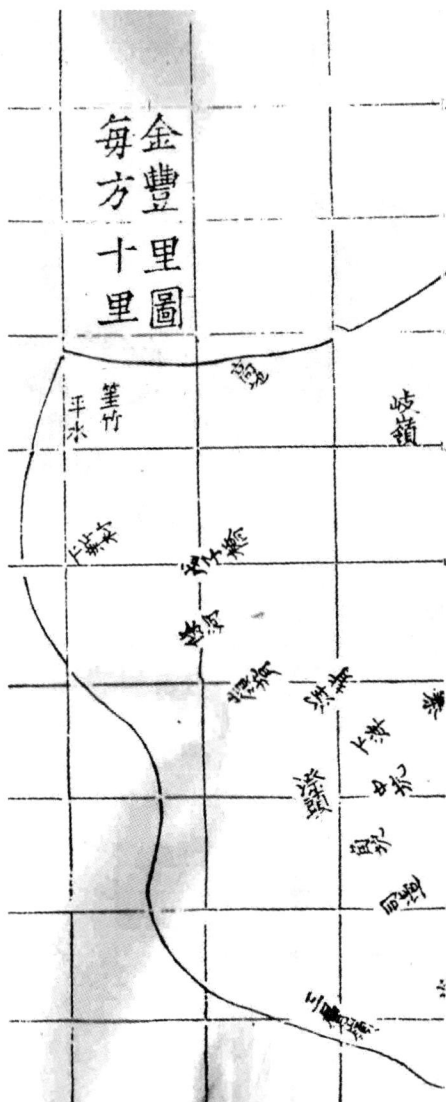

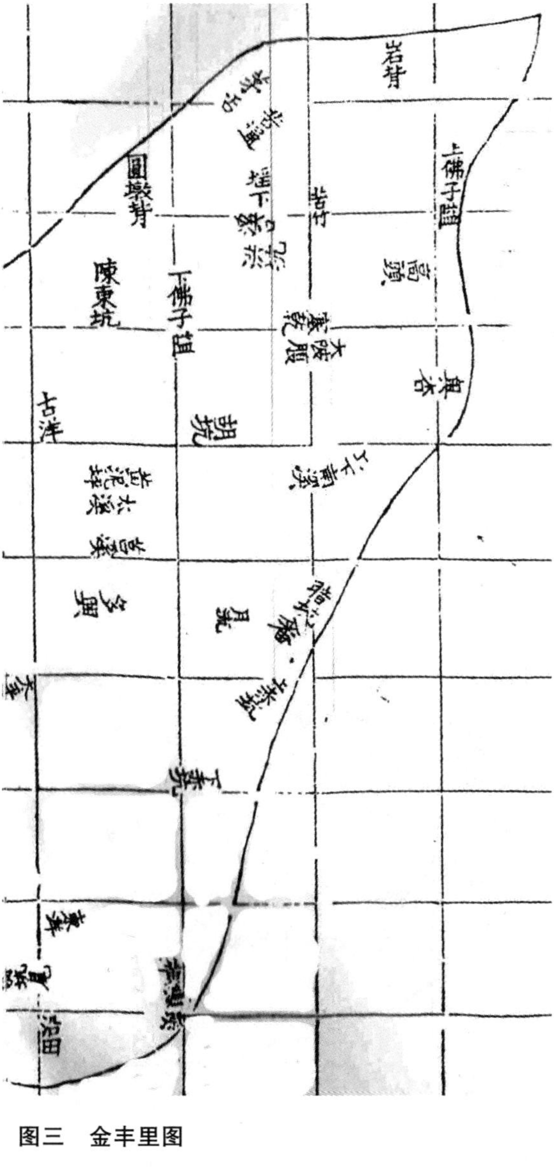

图三　金丰里图

豐田里圖
每方十里

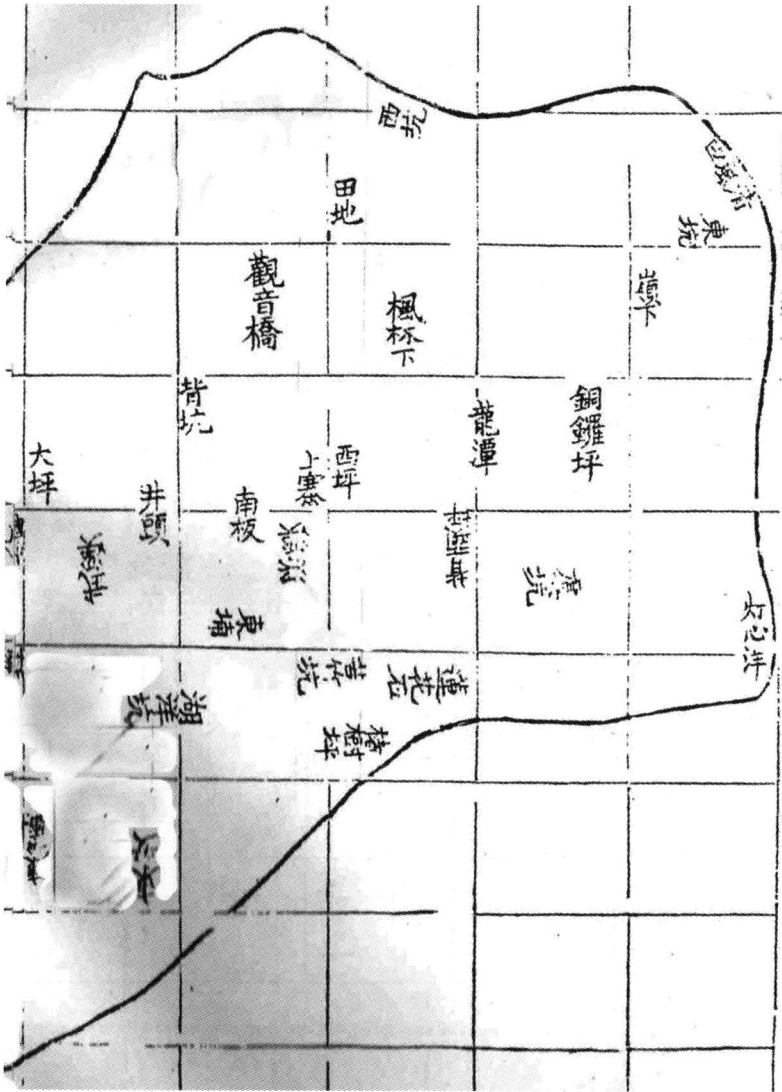

图四　丰田里图

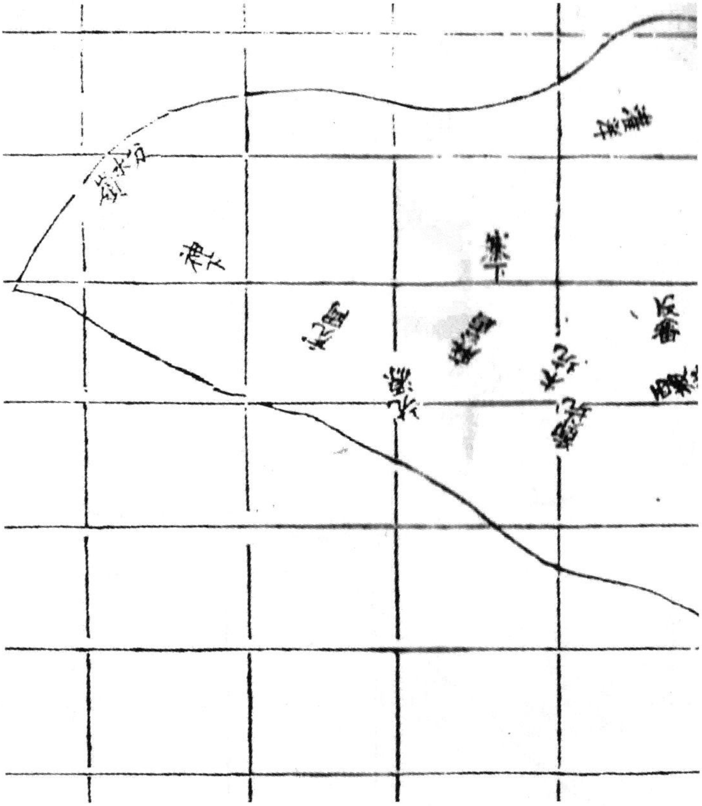

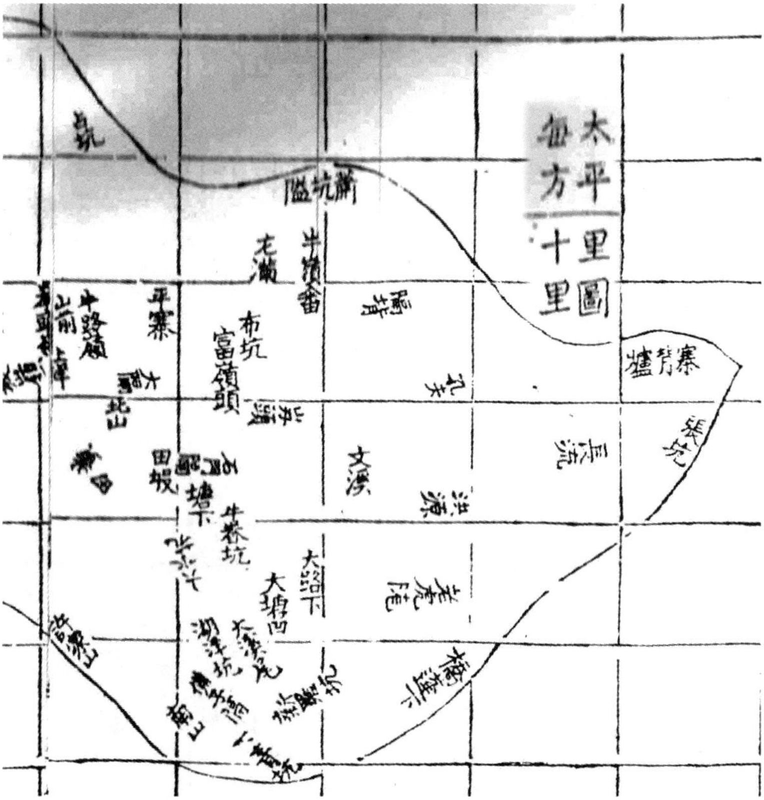

图五　太平里图

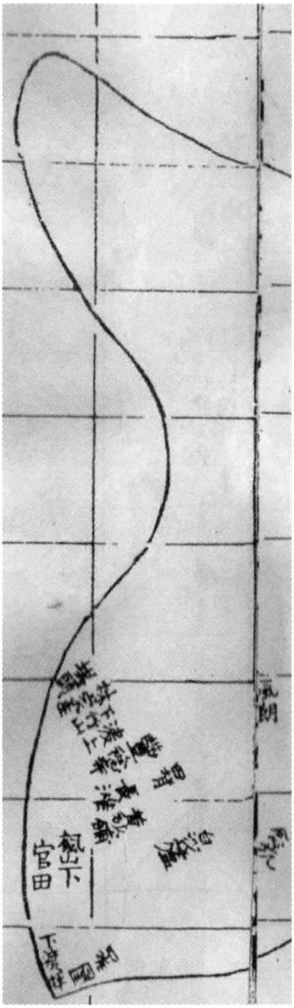
官田

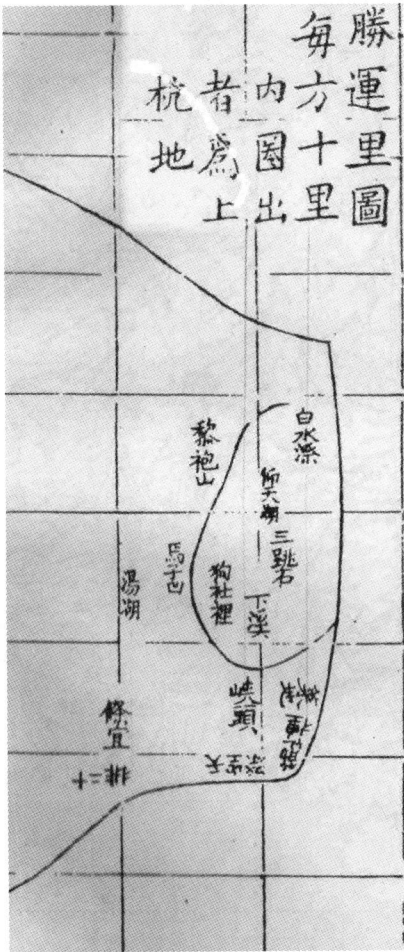

图六　胜运里图

图七　全境山图

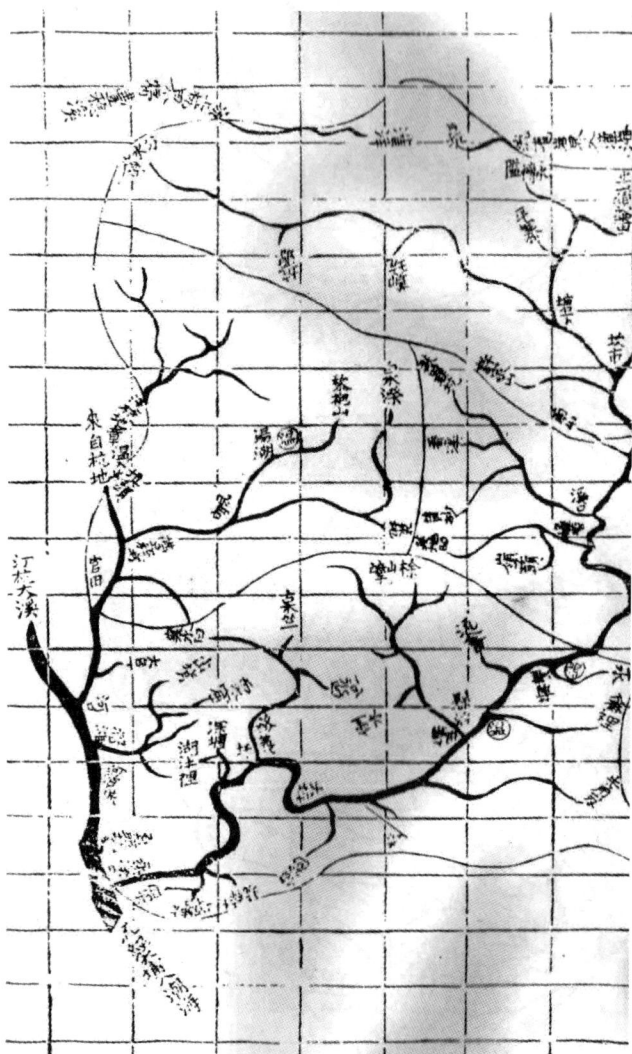

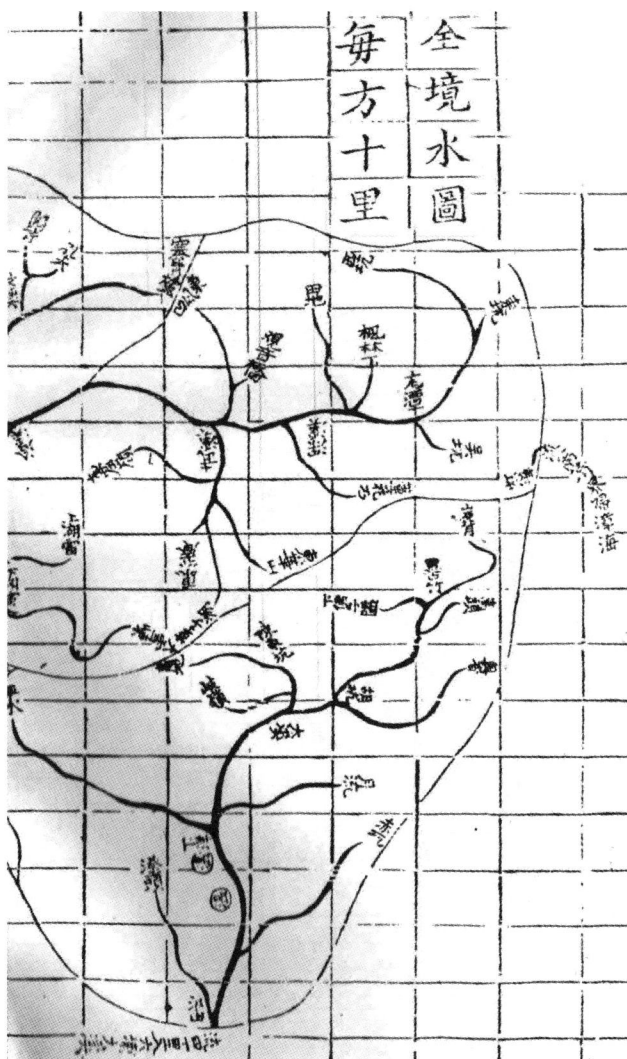

图八　全境水图

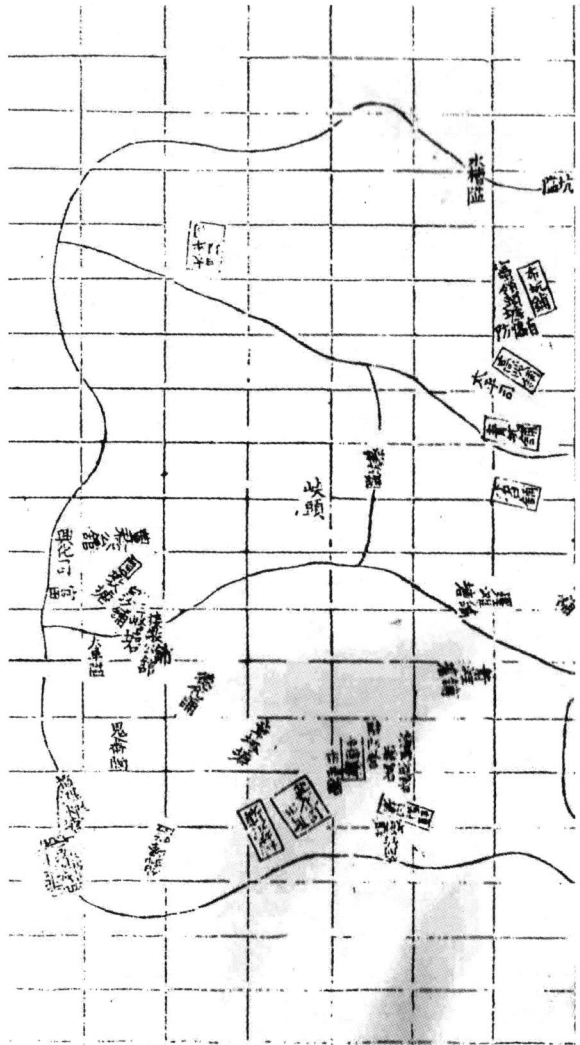

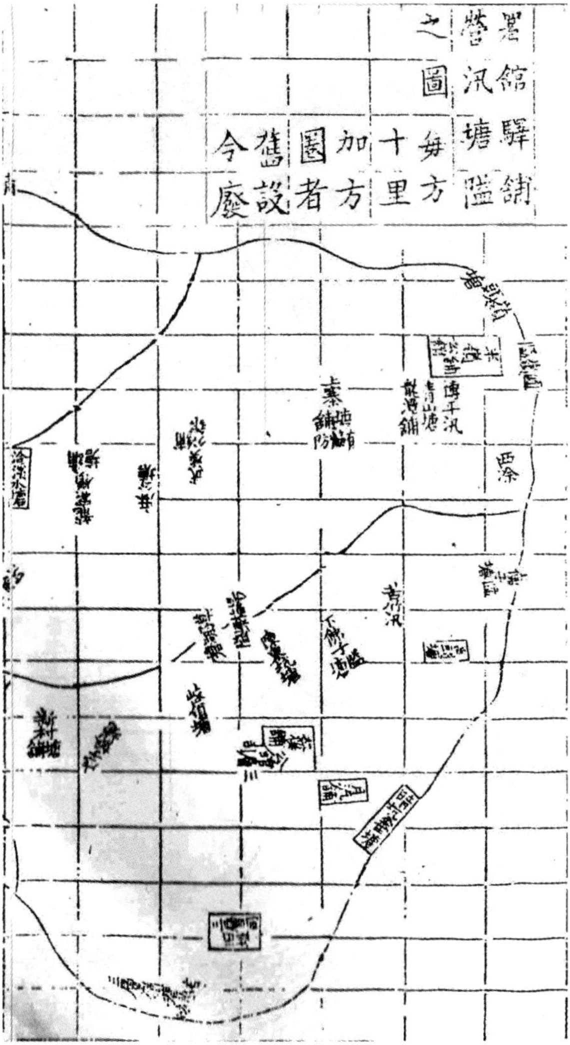

图九 署馆、驿铺、营汛、塘隘之图

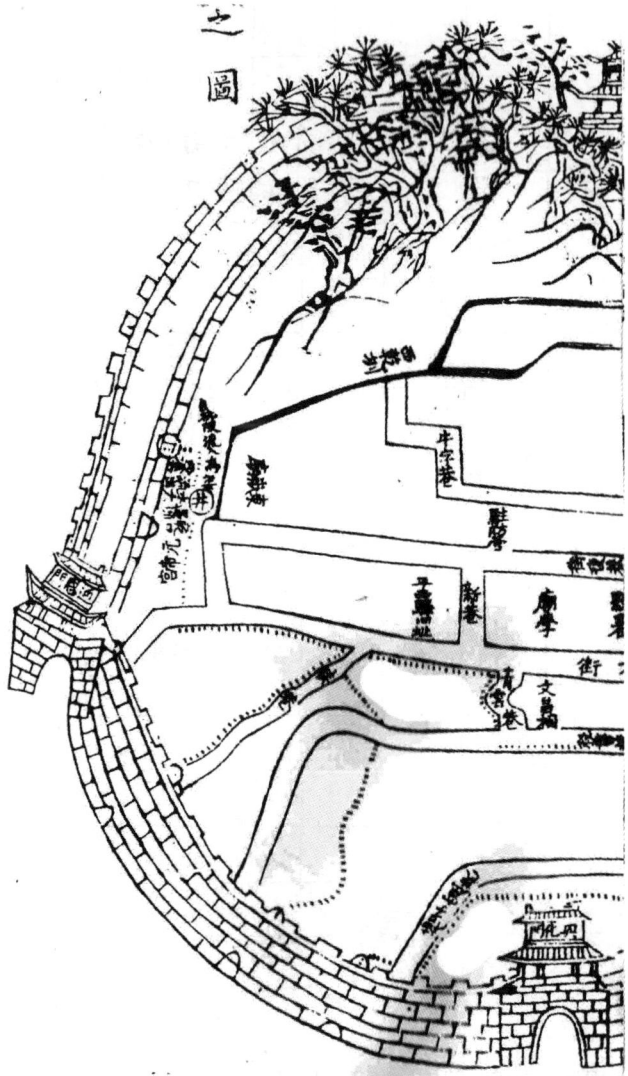

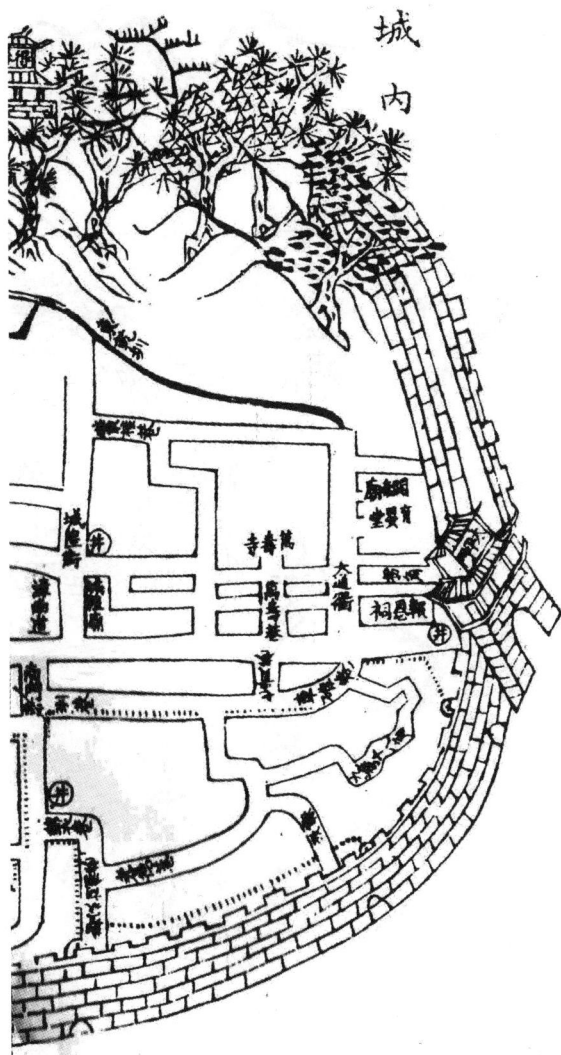

图十 城内之图

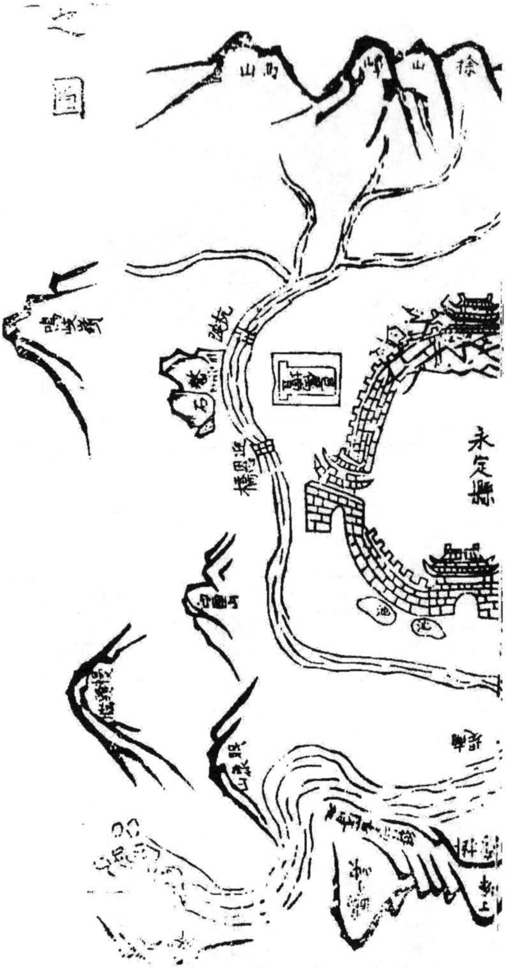
永定縣

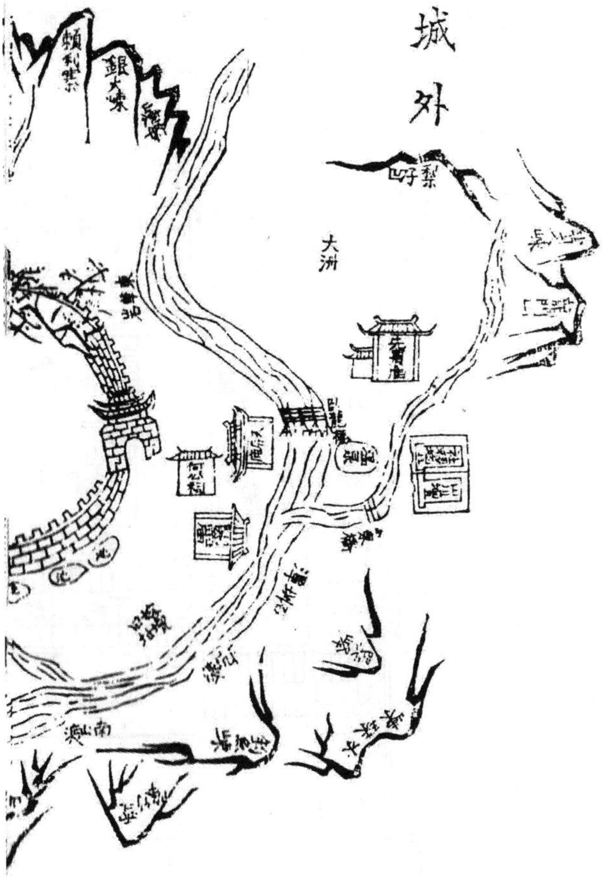

图十一　城外之图

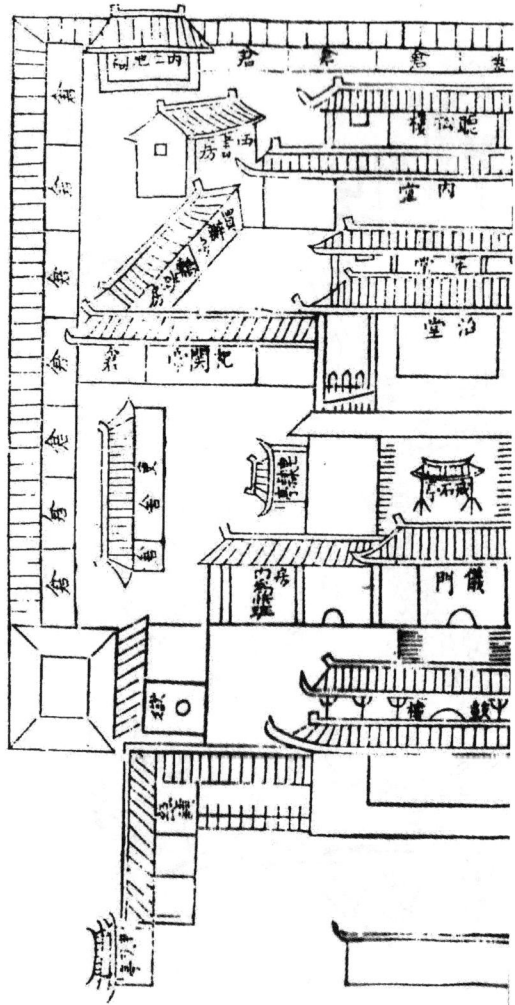

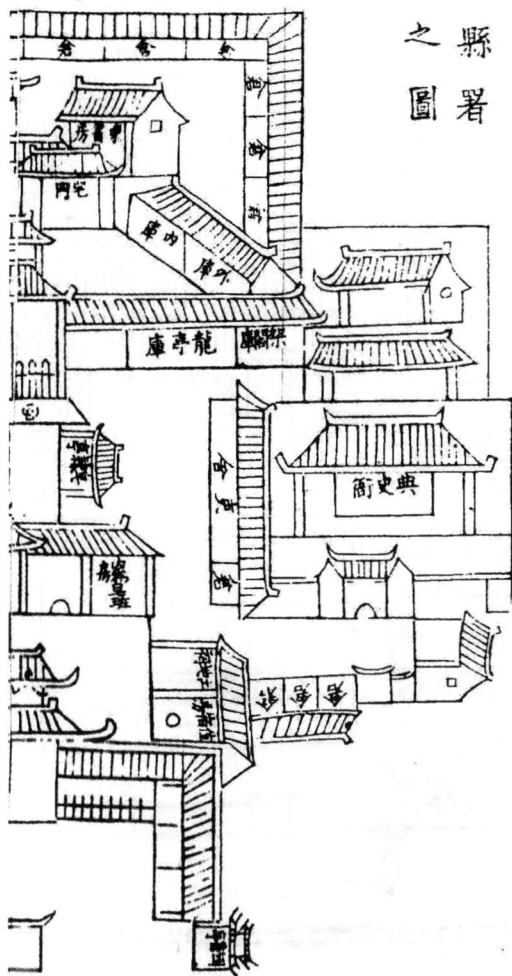

图十二　县署之图

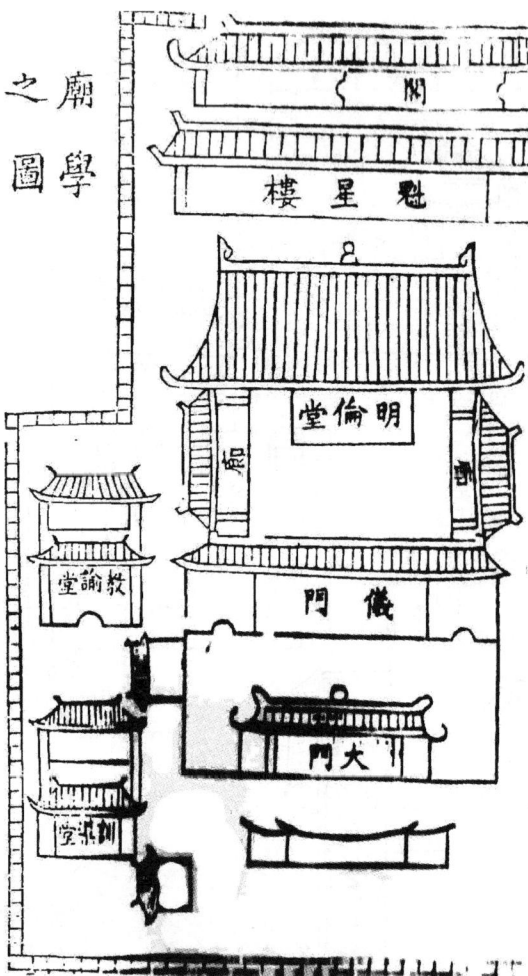

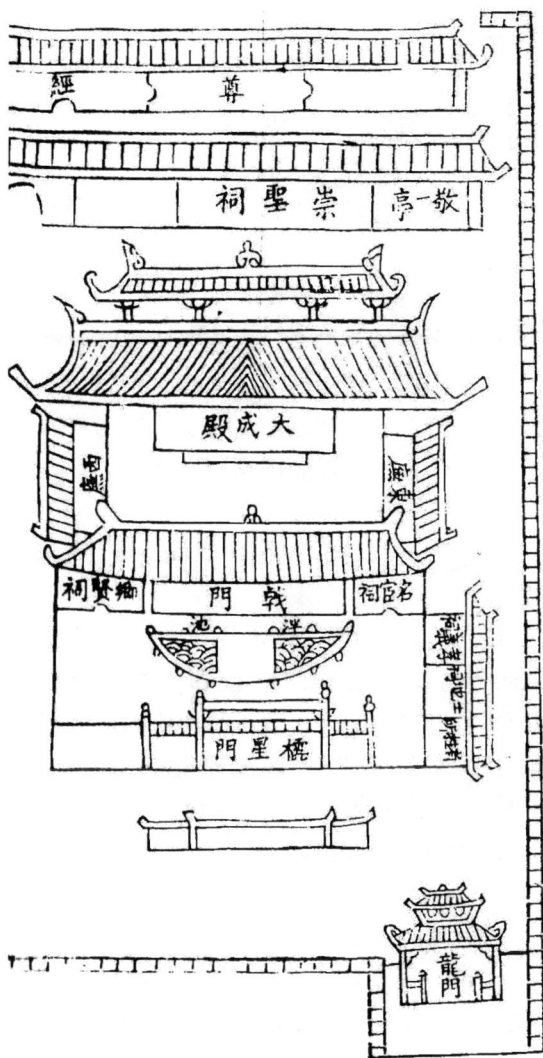

图十三　庙学之图

永定县志卷之一

封 域 志

建置、疆界、山川、土产、气候、星野

志为县作，必先明是县之封域、沿革。有建置错壤，有疆界山川，县之所由以奠定也。土产，地之所出，以养人也。亲下必亲上，而气候征焉。分星辨野，又灾祥之所由观也。次为封域六篇，俯以察乎地理，仰以观乎天文，而版图正以物审矣。

建 置

县之称，曷昉乎？《左传》："刘累迁于鲁县"，是夏后氏已有县之名。《小司徒》："四甸为县"，《遂人》："五鄙为县"，春秋卿大夫采地皆称县，列国并吞人国则县之。盖不待秦废封建而后为郡县也。古者郡小县大，《说文》："天子地方千里，分为百县，县有四郡"，是郡统于县。今则县统于郡，故《释名》："县，悬也，悬于郡矣。"秦汉县之大者，常跨六七百里。厥后渐分渐束，大都方百里内外之间。《风俗通》云："百里曰同"，总名为县是也。其建置或析或改，或升或降，县各不同。

永定析自上杭，隶于汀，属于闽。析邑之故，明天顺六年，胜运李宗政招诱流亡阙永华等作乱，自号白眉，破县治，杀都阃丁泉。七年，巡按御史伍骥擒剿之。成化十三年冬，溪南钟三、黎仲端等哨聚劫掠，御史戴用剿之，勿克。十四年，诏起右佥都御史高明巡抚福建捕治。嘉靖三十五年始专设福建巡抚，此时因事暂设也。高先以亲老致养。高授副使刘城方略擒斩仲端等十一人，平其余党。《通志》云：高明未至而寇已平。《明史》云：高明至，乃平寇。其高授刘城方略，则据《上杭志》也。钟三至十七年为上杭义民吴海所斩。乃会镇守、巡按及三司官僚金议，谓上杭县治来苏，其所辖溪南、金丰、丰田、太平、胜运等里，远者去治二百余里，接连漳广，山僻人顽，非立县镇抚化导之不可。遂奏析上杭溪、金、丰、太、胜五里一十九图，添设一县。

疏曰：为处置地方事，据福建汀州府上杭县申备，通县里老、耆民廖世兴等呈称：本县所管太平、溪南、金丰、丰田四里，相去本县三百余里，接连漳州、广东地方。凡干办一应公务，往复动经半月。又兼地僻山深，人民顽梗，平居则以势相凌，有事则持刃相杀。天顺六年间，李宗政等聚众劫掠乡村。今成化十四年，钟三等又聚贼杀人。实因地方广阔，治理不周，呈乞转达上司，添设一县管理，使公事易办，强梗知法等因到院。臣会同镇守福建御用监太监卢胜等，看得民心虽愿建县，未审山川有无相应去处，选差有才识按察司副使刘城、布政司参议陈渤，前去复勘民情，相度地势。

续据各官呈称：备审上杭县里老人民，万口一辞，俱言相应设添县分。又带同知县石塘，并谙晓地理术人，亲诣太平、溪南、金丰、丰田。四里万山稠密，地方窄狭。内有溪南里第五图，地名田心一处，山环水绕，地方平坦，南北约有七里，东西约有四里，畎亩相连，居民相接，堪以开设县治。其地东至漳州府龙岩县一百四十里，西至广东程乡县一百六十里，北至上杭县一百二十里，俱各地里适均，相去不远。独于南至广东饶平县二百余里，相离路远。况彼处地名大靖、小靖，顽民即来侵害，合于金丰里地名三层岭开设巡检司一所，守御地方。

查得上杭县总计十里五十九图，田地山塘共计三千七百九十七顷九十三亩。除环绕上杭县里分不动外，南以溪流为界，今拨溪南、太平、金丰、丰田四里属新立县分。但溪南里共该六图，内第三图在溪北，及太平里共该五图，内第五图仍属上杭县管理。又本县胜运里一十一图，内第五图、第六图又与新设县分相近，析出二图属新县所辖。今计上杭县共得六里四十图，新县共得五里一十九图，具结画图贴说。又呈到院，会同镇守福建御用监太监卢胜、巡按福建监察御史阎佐，并都、布、按三司署都指挥、同知等官郑贤等参看，得上杭县溪南等里贼情已息，贼党多擒，其余胁从之徒尽行招抚复业，与太平等里民心乐从，立县实为子孙保家之谋。万山中惟田心地势宽平，可以立县，足为封疆巩固之规。

揆之制度，百里一县，今约计上杭县，南北该三百余里，理宜添县。欲于地名田心开设县治，取名永定县。又欲于地名三层岭开设巡检司，取名三层岭巡检。又看得本地山多田少民稀，难设全县，乞敕吏部于旧任廉能相应官员中选除知县、典史、巡检、教谕各一员前来创始。其医学训科、阴阳训术、道会、僧会，待知县到任以后，拣选相应之人，起送赴部除授。但前项里分民多贫窘，又有新招复业者。今创立县衙、儒学、巡检司、城隍庙，并铺舍、医学等衙门，不取民间一钱一夫，俱会议于别项措置，木料工价足够取用。仍令原经手副使刘城、参议陈渤经营整理，分派钱粮；仍将上杭县四里一十九图户口钱粮割入新立县分，属汀州府所辖。如此则良善之民有所依归，强梗之人有所钤束，地方有托，永远无虞。缘系处置地方事理，未敢擅便，具本专差某亲赍谨题请旨。

制可。乃正疆界、割田粮、分户口、定学额，是为永定县，号曰龙冈，亦曰凤城。

十五年，知县王环、典史张明贤、三层岭巡检司巡检孙昶、教谕谢弼莅兹新邑，经营缔造，百度振举。总其事者，副使刘城、参议陈渤也。

刘城诗曰：建邑溪南帝命新，我来营度几经旬。野人正卜移家计，分职须教问俗频。负廓桑麻看渐好，阴山草木总回春。四民乐业闾阎静，早晚封章达紫宸。

督其役者，知县王环也。

祭酒吴节《新建永定县记》曰：汀之永定，乃上杭之析邑，而闽之绝域也。毗近潮、漳，僻居万山中，人民倚险习顽，衽席干戈。成化丁酉冬，渠魁钟三啸聚劫掠，四远勿宁。上命都宪高明巡抚其地，贼平，会三司议，非立县不可为长治久安计。遂奏析杭之溪南、胜运、太平、丰田、金丰五里一十九图，设立县治于田心，名曰永定。既定，知县王环廷玉，以异才遴选至，各宪器其才，事凡大小悉委焉。廷玉殚力营度，董督工匠，不少休暇，以成县治。左则布政分司，漳南道又其左也。右则儒学，府公馆又其右也。其前大街一，阔二丈，东西二里许。其后小街三，阔三丈，东西里数如前街。建城隍庙于街东，置急递铺于县西，山川社稷坛稍远于东北，邑厉坛又远于西北。谯楼、仪门，檐牙高啄。街坊里巷，民居比次。盖期年而邑成也。继是阴阳、医训各有学，在县后。旌善、申明各有亭，在县前。立射圃于学宫之北，立仓库于县厅之东。养济有院以恤孤老，乡社有学以训蒙士。北去县五里许，曰杭陂，为接官亭，以便迎送。又去亭二舍曰寒水凹，道阻怪石，凿通以便往来。立迎恩门于西街，立通明门于东街，俱去县一里许。功成时，复有昔之凶顽、谴戍者潜回肆暴，人民为之震惧，司府为之惊骇，发兵缉捕。廷玉恐其毒民，力止之，密发民兵四散缉访，悉获解官，民复以安。当道益器重之，盖再期而治成也。

自是民归日众，闾阎日辐，向之狼虎所居者皆宫室，向之荆棘所生者皆桑麻，向之干戈相寻者皆弦诵，此又三年之有成也。行当考绩，合邑耆民、生员，因吾同乡教谕谢弼具其事，走书币以求予记。予惟廷玉假令永定，举百工于创造之初，宜其病乎民，而民不病者，以佚道使之也；殄诸凶于残灭之余，宜其生乎怨，而人不怨者，以生道杀之也。况三年之间，百度修举，非其才之奇异，而政教兼举者能之乎？今当考绩，天官嘉其最。而羽仪皇朝有待矣，岂一邑所能淹哉！遂记以刻石，俟观风者采焉。成化十八年冬记。

王环诗曰：新邑俄成不日间，百工趋事岂辞艰？连居比屋周围绕，下隰高原左右环。狐迹敛藏民自乐，狼烟息灭戍偏闲。观风更喜台臣近，启我从容化蠢顽。

国朝因之。《明史》称成化十四年戊戌开治，据疏题奏可言也。邑志称成化十五年己亥开治，以建官莅治言也。

若夫开邑之先，历代辖属，《通志》、《汀志》、《上杭志》可稽。《通志》、《汀志》载历代沿革，与正史、他书亦有互异。今撮举大略：禹定九州，淮海惟扬州，北距淮东，南距海，皆扬域也。夏商仍之，周始有七闽之号。郑氏曰：闽，蛮之别也；七者，臣服之数。然与夷貉、戎狄并称，盖犹为荒徼耳。春秋属越，称闽越。战国属楚。秦属闽中郡，始专称闽。汉初复为闽越，武帝迁闽越民于江淮，虚其地。东汉分会稽为东南二部，南部领县五。侯官、建安、南平、汉兴。缺其一。三国吴永安三年，即南部改建安郡，领县十。建安、建平、吴兴、东平、将乐、昭武、绥安、南平、侯官、东安。此皆就全闽言也。永于南部，当为侯官县地；于建安郡，当为东安县地。晋太康三年，析建安郡置晋安郡。建安领县七。建安、吴兴、东平、建阳、将乐、邵武、延平。晋安领县八。原丰、新罗、宛平、同安、侯官、罗江、晋安、温麻。永为晋安之新罗县地。新罗，山名，在汀州西境。山南即古新罗县。凡长汀、连城、上杭、武平、永定、龙岩、漳平、宁洋，皆新罗地。今龙岩则新罗县之苦草坪也。直指龙岩城为古新罗城，误。宋、齐、梁、陈、隋五朝，闽地分合沿革各有可考，惟汀属地界莫知所隶。盖汀地山丛壤僻，所谓福、抚山峒，若今川广云贵犹有闲旷数百里地无所属辖者。
六朝天下分裂，日寻干戈，固无暇经理及此耳。唐开元二十四
年，始开福、抚二州山峒，置汀州。称福者，唐初迄五代，闽地
名号更换不一，开元十三年始定为福州。大历六年，又定日福建
也。称抚者，江西之抚州也。汀在福、抚之间，开治在新罗城，
后徙旧州，又徙东坊口，又迁为今长汀。隶福州都督府。唐惟建
都之地乃称府，余称州、称郡。汀本州也，天宝元年改为临汀
郡，属江南东道。乾元元年复为汀州，属福州。五代梁唐属王
氏。晋开运二年迄汉周属南唐。宋属福建路。元改为汀州路，属
福建道宣慰司。明改为汀州府，属福建布政使司。国朝仍之。领
长汀、黄连、龙岩三县，永为龙岩县地。上杭、永定、漳平、宁
洋皆龙岩地也。大历四年，析龙岩湖雷下堡置上杭场。即今丰田
里下湖雷，是为上杭之始。十二年，以龙岩县改隶漳州，上杭场
仍隶于汀。五代周显德元年，在南唐为保大十三年。南唐徙上杭
场于艺梓堡。即今太平里北山乡。宋淳化五年，升上杭场为县。
开治在艺梓堡，后徙鳖沙、语口市、钟寮场，四迁而治今来苏。
元、明因之。至成化析上杭为永定，历今乾隆二十年乙亥，为县
二百七十有七年也。唐宪宗制曰："分疆设都，盖资共理。形束
壤制，亦在稍均。"上杭广袤近三百里，准以百里为国之制，固
不待群凶逞暴，而知其必有分也。明制以繁简等天下之县，而永
为简。国朝以冲繁疲难，定缺之要简中，永为难而要邑，盖弹丸
耳。独学额之分，班然跻于大县。洗风声之顽陋，启山川之灵
秀，肇造诸君子，泽流无穷矣。

疆　界

陆桴亭曰："天无纪，治之以纬度；地无纪，治之以疆界。
纬度疆界者，圣人所以财成天地，范围大化者也。"是故，辨域

正封，定其则壤，稽其人民，俾守土者无事则休养生息，以成富庶之业；有事则巡警守御，而专保障之责。无论封建与郡县，皆不能不疆索是理也。又就其中而区分之，《周礼》之"比闾族党"，《管子》之"里轨乡连"，密矣。后世曰乡、曰团、曰里、曰都、曰图，名号纷更，统承不一，要无失乎体国经野之意，以储社仓而养亦行焉，以正乡约而教亦著焉，以严保甲而守亦固焉。聚族可以立宗法，保举可以登贤能，宾蜡可以兴礼让。故曰："观于乡而知王道之易。"儒者必谓："封建废，郡县不足以为治。"毋乃迂乎？

永于汀为正南微东，于闽为正西，抵汀州府三百六十里，抵福建省一千而奇五十里，抵京师约六千里有奇。

按：旧志及汀漳诸郡邑志、一统、广舆、寰宇①记等书所载，抵燕京里数各参差悬绝。一则闽燕相距数千里，中历数省，水陆兼行，或所由之途不同，或今昔纡直更变。一则载笔者偶就一志为据，以此郡邑抵彼郡邑之道里，乘除之相沿而异故也。今亦未敢臆定。但计日推之，当得六千里有奇。又旧志载，域内外广袤及距他郡邑里数，皆无定程，铺亭、塘汛从便而设，亦远近不一。以古方里为井法推之，六尺为步，步百为亩，井九百亩开方，每边三百步。古步六尺，当今人足行三步，是行九百步为一里也。今志中所书里数，皆本此，遍加亲履定之。

四至斜方，周五百二十里。自东之南奥杳山至东南隅案山之黄濂漈六十里，连平和县；自黄濂漈至西南隅之永溪口一百二十里，连广东大埔县；自永溪口至西北隅之分水岭一百四十里，连上杭县；自分水岭至东北隅之清风凹一百四十里，连龙岩州；自清风凹至奥杳山六十里，连南靖县。定以经盘表之准望，下湖雷在四境之中。自正南岃顶坪，距正北萧坑隘，袤一百一十五里；

---

① 宇，原文为"与"。

自正东上佛子隘，距正西官田，广一百四十里；自东北隅清风凹，距西南隅永溪口一百三十五里；自西北隅分水岭，距东南隅案山之黄濂漈一百五十五里。县治倚于西南，就治所以定四方之正，其东则月流，西则三坝，南则箭竹隘，北则灌洋之双股义矣。

由县而达邻封之路：东北三百八十里而至漳州府，其界则一百里，曰清风凹也；东二百里而至南靖县，其界则八十里，曰上佛子隘也；东之南一百七十里而至平和县，其界则七十里，曰芦溪凹也；南之西七十里而至大埔县，其界则二十里，曰箭竹隘也；西北一百二十里而至上杭县，其界则六十里，曰官田也；北一百三十五里而至龙岩州，其界则九十五里，曰水槽隘也。又西北以分水岭为界，自界一百里至上杭县，是为昔年汀、漳孔道，今则太平里往上杭者由之。东南以三层岭为界，自界四十里至大埔县，金丰里往大埔者由之。西南以大塘头为界，自界四十里至大埔县，舟行至炉下坝，起陆往大埔者由之。此县界之大段，以人迹所履而言也。合高下、方斜、纡直折算，虚空鸟道，盖在侯伯国之间矣。

其区画于域中者，明制：城中曰坊，近城曰厢，亦称关隅。在野曰乡、都，唐以乡统里，宋以乡统团，团统里。然亦有团多而里反少者，或团与里各统于乡也。元改乡为都，改里为图，然仍有乡统里者。明概称乡都，悉去诸团之称。所谓乡者，皆据一方之大言，非聚落之村之谓也。就乡、都而画为里、图。图即里也，不曰里而曰图，以每里册籍首列一图故名。或作啚。谢少连《歙志》云：啚，音鄙。《左传》都鄙有章，即其立名之始。亦通。国朝因之。今天下郡邑志，有以都统里者，有以里统都者，有以都统图者，有以里统图者，有以乡统里者，有以乡统都者。又有别称曰社、曰甲、曰保者，大概乡、都、里、图，历代虽各有制，而名号相沿，不能改而从一。汀属则皆以里统图。

　　永分杭之五里一十九图以为邑，明以一百一十户为里，推十户为里长，余百户为甲，总为一图。本邑十九图，黄册总一百九十户，是十九图即十九里。而一百九十户则里长也，其甲当有一千九百户。又统称五里者，犹五乡、五都云尔。故今编审解册尚称本县五都云。岁久迁移，有里东而居西，图甲而居乙者，籍与地岐，不能域民而处也。惟村落之广狭，民居之疏密，可得按里而数。约聚处千家上下者为大村，五百家以下者次之，百家以下者又次之。山巅水湄，烟井寥寥者不与焉。

　　一曰溪南里，领图五。宋名兴化乡，明初编九图，后省为六。分县时析出第三图。溪以西者仍属上杭，余五图隶本县。在西南境，逾县治而接丰田，山水错互，聚落星繁。自在城坊厢外，村之次大者，曰锦峰乡、恩全、斜坊、三坝、西洋坪、苎蔴塘、大阜、务义坪、蓝冈、金砂，乡有二十三坊，皆各自为村，总名金砂。大坪、龙安寨、黄竹隔、古镇、龙漈、杉树下、箭滩、下龙门。又次者，曰石鼓坑、仙师宫、湖洋里、双井边、黄坑尾、河口、象牙、黄屋背、小阜、秀山背、石乾、蜡石下、坝塘尾、象窟、象东桥、鱼子寨、罗水崠、茶树下、深塘、吴田背、殿前、车田、桃坑、郑坑、瓮窑前、杭陂下、倒水里、李田、黄柞头、小新村、胡家地、黄泥塘、赤寨、芹菜洋、萧地、罗坑、七桥、江坑、流畲、箭滩冈、中坑、黄坑、小平水、竹瓦窑、上龙门、隔背、瑶前、大洲、铁坑、南漈、上下畲、南坑、下坑、新寨、兰地、大坑、小坑、断缺背、伯公凹、岭背、杨梅树下、李坊、凹下、水城寨、木梓坑、葫芦坪、赤竹坪、占彩窝，凡八十有六。其至县也，近者一二里，远则三十五里也。

　　二曰金丰里，领图四。宋名乡，明初编十图，后省为四。在东境而达南，四面阻山，居丛而乡阔。村之大者，曰苦竹、高头、奥杳、南溪、胡坑、陈东坑、岐岭、洋背、泰溪、月流、下洋、中坑。次大者，曰东洋、司边、角坑、条河、筀竹、平水、高地、新村、古洋、太平寨、莒溪、黄泥坪、洪坑。又次者，曰岩背、窑下、溪口、塞乾、大陂腹、大岭下、蕉坑、圆墩背、茅舌、苦通、多兴、上赤坑、下赤坑、漈头、曾坑、翁坑尾、沿田，凡四十有二。其至县也，近者三十里，远则八十五里也。

三曰丰田里，领图四。宋名安丰乡，明初编十图，后省为四。在东北境，贯中而接溪南，支条纤演，乍旷乍僻。村之大者，曰西坪、背头坪、武溪、上湖雷、下湖雷。次大者，曰田地、岭下、铜锣坪、虞坑、龙潭、枫林下、观音桥、南坂、背坑、社前、井头、大坪、东安、阿鹊坪、水尾、李龙坑、龙窟、增瑞坑、石坑、象牙、溪口、赤径、堂背、马山堡、香溪、上青坑、溪东、莲塘、坪上、深渡、罗陂、弼鄱、前坊。又次者，曰东坑、西坑、灯心洋、上寨、深溪、莲花石、苦竹坑、楮树坪、湖洋坑、康公庵、东埠、杨梅坪、武溪隔、洽溪、马寨坑、新田坑、隔口、檬林前、黄砂、藕丝寮、林家山、番坑、岭子头、鸭妈坑、桥子头、白崠下、黄泥前、虾公崎、塘村、黄土灌，凡六十有八。其至县也，近者三十里，远则一百里也。

四曰太平里，领图四。宋名乡，明初编九图，后省为五。置县分四图入永定，其第五图仍属上杭。在北境，烟村相望，越岭隔水者仅数处。村之大者，曰虎冈、灌洋、平寨、上洋、北山、田塅、西坡岭、黄田、大塘坳、洪源、长流。次大者，曰坑源、牛眷坑、塘下、富岭头、布坑、尤满、孔夫、文溪、大路下、许家山、大水坑、大溪尾、新罗坑、下青坑。又次者，曰占坑、纸山前、木坑、郑坑、塅畬、白沙坑、拳头岭、山前、礐下、牛路岭、大隔、石门隔、蜡烛塘、背头田、岃头、半岭畬、寨背炉、张坑、老虎陇、桥篷下、巽坑、佛子隔、白土、高坑、南山、湖洋坑，凡五十有一。其至县也，近者六十里，远则一百一十里也。

五曰胜运里，领图二。宋名乡，明初编十六图，后省为十三。分县时析出第五、第六二图隶永定，余十一图仍属上杭。在西境，村少平衍，栖谷傍崖，兼杂杭地。村之大者，曰汤湖、风朗、丰稔寺、官田。次大者，曰菜地、调虞、黎袍山、马子凹。又次者，曰天空漈、筋竹里、峡头、林家庄、下竹山、渡上、白沙炉、磜角、田背、念坑、枫山下、下渡坪、长滩、黄砂铺、罗围、田螺湖、小户漈，凡二十有五。其至县也，近者四十里，远则七十里也。

区而列之，父母斯民者兴利除害，征发期会之间，按其大小远近施为之，缓急次第晓然矣。若夫水陆之冲，廛居为埠，其远商往来，货泉流通，充饷在官者，曰：

折滩埠　在溪南，陆行十里至仙师宫。

仙师宫埠　在溪南，水行一百三十里至深溪。

深溪埠　在丰田。凡外货由汀入漳者，折滩保夫至仙师宫，仙师宫保船至深溪，深溪保夫至南靖、水潮；漳货由汀出外者，深溪保船至仙师宫，仙师宫保夫至折滩，折滩保船至汀州府。

其邑人贩易米盐，凌杂不堪。充饷者曰：

炉下坝　在溪南。潮州盐、米自大埔虎头砂起陆，过半山凹，入县境五里。至此船运，或上深溪，或上坎市。

坎　市　在太平，船至此止，路通龙岩州。

丰稔寺　在胜运。潮州盐、米自大埔坊子坝起陆，至杭地碇头。船运由县境河口入至此。

日中为市，交易而退者，墟也。溪南则有东门墟、四、九日期。大院寺墟、一、六日期。金砂墟。三、八日期。金丰则有苦竹墟、二、七日期。高头墟、三、八日期。奥杳墟、五、十日期。湖坑墟、一、六日期。大溪墟、四、九日期。下洋墟、三、八日期。东洋墟、五、十日期。陈东坑墟、四、九日期。岐岭墟、四、九日期。新村墟。一、六日期。丰田则有龙潭墟、二、七日期。武溪墟、六日期。溪口墟、八日期。下湖雷墟。五、十日期。太平则有灌洋墟、五日期。虎冈墟、一、五日期。大排墟、八日期。狮子石墟、原九日期，近废，并于大隔。大隔墟、原四日期，今并狮子石墟，四、九日期。坎头墟。三、七日期。胜运则有下溪墟、一、六日期。汤湖墟、十日期。丰稔寺墟。二、七日期。

凡皆地势因便，而资民以利者也。所可异者，画疆制域，虽以道里远近为限，亦随流峙脉络而分。灌洋之于上杭也，占坑之于龙岩也，灯心洋之于南靖也，山条水派，皆趋于彼而隶于此。仰天湖、下溪各乡之在胜运也，四周皆永地，在腹留杭地十余里。且稽析县之初，有南以溪流为界之奏。今官田、枫山下、上渡坪在丰稔溪之西而隶永定，河头城、船篷里在大溪之东而仍上杭，未知当日之参错者何由？

国家一统全盛，宣化承流，固无此疆彼界之别，然讼狱之互推，如乾隆二年，程主任内，灯心洋拖石姓尸棺一案，南靖、永定互推；乾隆五年，周主任内，上渡坪刘姓溺水身死一案，上杭、永定互推。考试之混冒，如雍正二年，吴姓假官田人冒考；乾隆十六年，官田陈、李、邱、廖四姓冒考。俱费审，详府宪立案。积有成案，果岐周化行，自来虞、芮之质，楚材晋用，不嫌雍析之收乎！

山 川

升虚望楚，陟巘降原，立邑必相山川之大势，固也。顾提封壤错，唇齿辅车，或水由他郡分来，或山借旁邑补入，安所得四周青嶂，千派碧流，如筋骨荣卫，浑然自作结束，自为输灌哉？

永邑环境五百二十里，山皆一脉，而分其远脉，自长汀而宁化，而连城，而龙岩者不具述。自龙岩之背畲、度峡、左小池、右大池，腾踊三十里而至。双股又两山并耸，形如开剪，是入县界之始。由双股七里至大缺凹，形如双股，但双股东西两开大缺，南北中断耳。又五里落峡，曰佛子岭。左占坑水东流二十里，出龙岩之黄坑。

邑人王燕龙《占坑道中》诗曰：蹑磴巑岏屐齿斜，扶筇不惮入云赊。林深迹少人行处，插竹编篱四五家。

右灌洋水西流二十里，出上杭之井隍。是二乡者，如花之有萼附于蒂，而别为瓣者也。

由岭郁怒而起，嶂焰凌霄者，曰笔架山。自麓盘磴而上为占坑、灌洋，出县之路，山阴磴道名猴吊钩，山阳磴道名田螺蟒。其崎险陡峭可想已！

乡人王色灿诗曰：芙蓉拔地起，群峭断还连。碧入层霄影，青分夕照烟。挥毫谁握管？得句自惊天。家近南山下，登临未及巅。

是山于县境，挨西北于县治为子位，望若一片排峦，实则中分两条。左条障北，而东，而南，而西南。凡漳州、南靖、平和、诏安、大埔、饶平诸郡邑，悉源于此。而邑之左护，面案皆其支也。右条西趋，历崎坑山、灌洋凹三十里至分水岭。居西北境，杭永分界，太平达上杭者经此。南折迤东十里，鸿峻而雄峙者，茫荡洋也。为邑之祖山，跨太平、丰田、胜运三里。罩雾缭云，非晴霄秋霁不可见。脉由中入，顶开三洋，平衍各四五里。边围石垣，石阙中则水泽淫洿。是有倒生竹，本小末大，枝叶垂垂如倒生。乡人有缚茅垦田于此者，苗而不秀，盖高寒水冷云。支分者三：背出一支，二十里至虎冈山而止；面出二支，左支历金竹岭、九魁垒，散为太平、丰田诸山，是为县干之左翼。自九魁垒而下分三支：左出北行转东者为坑源、木坑、西坡岭、黄田、大水坑诸山，至大塘坳、田心而止。中出而东者尽于蝴蜞坑。右出趋东南者，北为许家山诸山，南为上青坑诸山。至构子岭又分为二，一为湖洋坑、佛子隔、新罗坑诸山，一为南山、白土、下青坑诸山。以上俱属太平。又南行为江峰隔、新田坑、象牙、赤径诸山，至上溪口而止。以上俱属丰田。

右支南行十里，顿起雄峰，端卓如笏者，曰牛阜涌。涌右分支，西南行为胜运诸山，是为县干之右翼。涌右支至黎袍山，岩岫层叠如衣襞积。

赖国华里居于此。诗曰：乾坤俯仰浩无涯，高入青霄是我家。一壑一丘团骨肉，不雕不琢自风华。连峦晴看清修色，古树春开得意花。闲日追欢随父老，细听松下话桑麻。

又分为二：左为马子凹、汤湖诸山，至条宜而止；右为林家庄、风朗诸山，至丰稔寺而止。

自涌正出为吊钟岽，南行三十里，左为马山堡、香溪诸村，属丰田；右为白水漈、仰天湖、三跳石、下溪等村，则杂入上杭之胜运里地也。曰双髻凹。又十里曰黄砂崠，高峰入云，前后数十里皆见。崠之左分支东北逆行为塘背、下溪口、番坑、莲塘诸山，内有富有崠，高秀可望。

又五里曰菜地凹，又五里曰柞树凹。自牛阜涌至此，山以东皆属丰田，山以西皆属胜运。自凹左右翼张横展十余里者，桧山嶂也，距县治三十里。北楼登瞩，状如列屏，是为邑之后襟。旧标为景曰"桧嶂连屏"。

知县王环诗曰：桧山崒嵂势重重，横向天开压四封。树色远笼金翡翠，岚光斜映绣芙蓉。浓云拨黛堆青嶂，急溜垂帘挂碧峰。百里新疆凭作镇，嵩高会见有灵钟。

嶂后西出一支，历天空漈、十二排至丰稔寺止。属胜运。又西渡溪六里至官田，为县境正西。东出一支为藕丝寮、林家山、弼鄱、坪上、罗陂诸山，至前坊止。属丰田。前为赤竹寨、新村岭、杉树下、芹莱洋诸山。属溪南。

嶂右拔起马山，仰突腾空，气色苍郁。旧志："山有石如马。"谣云："石马鸣，境有兵。"成化十四年，寇乱，太监卢胜遣人击毁之。今石马不复可见，乃其山亦殊，似天马竖跃也。溪南诸山于此发祖。嶂左拔起赖利寨，与马山对峙，若耸两肩者然。寨后分支东南行，左鸭妈坑，右石壁坑，至桥子头止，属丰田。为县干障溪之第三重，中有阴岩、阳岩，皆洞壑可游。又有铁砧崠，锐利刮目，与隔溪傸五詹公故里湖雷相望。公母梦铁山坠怀而生公者即此。前人挽公诗，有"结胎山是铁，贯耳里为雷"之句。

由寨前行曰银火崠，比肩于寨，博亦如之。曰峰崠，亦曰笔架山。崠下左出一支，至中坑口止，属溪南。为县干障溪之第二重。又前曰流畲冈。左出箭滩冈，为县干障溪之第一重。

至矿山凹而山势大断，万历间，税监诡言此处有矿脉，凿断山根，骚扰为害，实无矿也。穿田度峡，复起为五石山。山有五石，曰狮子、曰犀牛、曰砚池、曰幞头、曰朝元。

知县刘文诏诗曰：不是神明宰，朝元何处飞。燃犀惭朗照，伏虎愧严威。案牍劳池砚，风尘上幞衣。山头留五石，为吏作褒讥。

自是一线逶迤里许，始展为卧龙冈，则邑之主山矣。是山端整舒秀，中隆一脊，两翅匀拱，有翔羽腾骞之势。城周山巅，故号曰"凤城"。称"卧龙冈"者，原以山后冈脊蜿蜒得名，今沿以称兹山矣。山势位艮，而脉迤于癸，故县署学宫皆坐癸揖丁也。此由北而南作邑之山之经络也。

其自马山而西南者十里曰高南竹，左分一支历太湖山、盘古嶂、分水凹，至馒头脑。其西为金砂东壁诸山，其东散为古镇、旧标为景曰"古镇烽销"。黄竹隔、龙安寨、桃坑、大坪、车田诸山，至务义坪而止。

邑人孔庭训诗曰：水绕南溪净，山连古镇平。雨余烽火息，风静路尘清。处处闻弦诵，家家事种耕。提封十九里，老死不知兵。

自馒头脑前倒出一支，北行散为印匣山，顶圆平如匣，与古镇之眠象山尾附作邑西镇。又趋鸣岐岭，至李田而止，是为邑之右护。

又八里曰寒水凹，凹以西属胜运，凹以东属溪南。路通上杭。成化十七年，知县王环凿石开道，铭其石曰："千古乾坤，胚胎永定。成化肇分，万年归正。"接凹横起大嶂，东南为章塔、黄蜂寨、赤竹凹诸山。西北为念坑，白沙炉、丰稔寺、小阜漈、田螺围及凉伞崠诸山，与棕山嶂西出之天空漈、十二排诸山相连，广四十里，袤三十里。层峦叠嶂，人烟绝少。田汝成《改路记》所云"两山之阻，遂为大途者是也"。今虽塘、铺、公馆联络布设，实则行丛山间耳。嶂下五里曰铜钟围，分支为三：左出者由盐枫凹散为金砂诸山，右出者由石壁寨散为鬼畲隔、大阜、三坝诸山，中出者五里曰高源山。右分小支为石乾、苎麻塘诸山。又十里曰石子崠。右分小支为西洋坪、罗水崠、斜坊、河口诸山，至折滩而止。又十里曰洋西畲。左分为务义坪、深塘诸山，右分为茶树下、恩全诸山。又十里曰诰轴山。两头微隆，中如一字，故名。又三里曰大石下。左为锦峰乡，右为石鼓坑。由大石下断峡曰银子凹。通嘉应州大路。凹之左曰介石村，四山环合，中平，广数百步。左则三峰矗起，石骨棱棱。山麓蒙泉，流灌千亩。

村人诗曰：水有清与浊，犹人有智愚。水有甘与苦，犹人有瑕瑜。清者或苦涩，甘者或浊污。就下归于一，气质杂万殊。当其清且甘，又恐滴若珠。给用既有限，熯干遂或枯。我居介石村，有泉出山隅。深源涌觱沸，分流远回纡。绀寒明砂砾，冽香发杯盂。浣饪资千室，灌溉及万夫。时挹注我砚，光墨润豪须。坐令文采增，茗酿乃其余。将以拟诸人，禀赋清粹俱。品优入圣域，德盛业亦敷。所憾来石眼，烈性未全除。极能消秽滓，微觉损肥腴。岳岳夷与尹，鲁叟更何如。

右有甘乳岩，岩前石笋森立，各高大数丈、十数丈。狰狞怒健，或蹲、或伏、或离立、或肩摩耳语。两山之间悬瀑数折，绕涧涟漪而入永溪。中有精舍，村人王道存读书处也。

邑人谢德安《杂咏》，《春泉》诗曰：悬泉飞瀑涨生春，绕到庭除折几巡。带得桃花流洞口，沿溪迷却武陵人。《夏竹》诗曰：手倦闲抛自注经，夕阳西下小山亭。纳凉人在松根坐，细看琅玕万个青。《秋石》诗曰：云际秋高石笋长，离离透顶出山冈。晚烟横裹峰腰断，疑是长天雁一行。《冬梅》诗曰：数株墙角老扶疏，开遍梅花介似孤。过客岭头冲腊雪，向人指点说林逋。

自凹复起为高畲山，居西南境则永溪与汀水合流，而山势尽矣。此邑右股之山之经络也。

若笔架山，左条为漳、潮数邑之干，支条繁衍，盖不胜纪。然山以北则皆龙岩地也，山以东则南靖、平和地也，山以南则大埔地也。其三面支分环抱向永者，可得次第而详之。自分支历东髻山、五高峰，东行十五里曰尼婆岽。分支南出，至郑排落峡，度两池间涌起为莲花山，平寨、上洋、北山、大隔、田塅诸村环居焉。山之西曰石寨，高不三十仞，石耸枯棱如剑戟森密，岩窦诡幻，藏数百人无可迹者。昔人垣其巅以避寇，承平日久，委之荒榛矣。

乡人张成章诗曰：谁剥苍山骨，雕镂想巨灵。嵌空潜鬼怪，簇刃掣风霆。阴结屯云黑，深埋战血腥。乱离怜走险，尚有铁门屏。

山之东曰石麟山，山皆石骨，腰有白鹤洞。石鹤一飞一鸣，宛如琢就。旁陷为阱，投之石，击戛而下，声移时乃止。顶有玉屏、丹灶，麓有洞，深幽，燃炬可入，或如广厦，或如狭巷。仰视悬岩，云幻，垂峰指削。里许有窦，螺旋而上，渐见天光透射，则向投石阱也。返而进，境渐仄，或辗转作斜卧势乃入。入则复辟然，往往为积水所阻，莫得竟。

教谕李基益《东华、石麟二山记》曰：山之佳，大约以石。石之高者壁立，其深则窈然而洞。山不峭壁悬立，如人肤具而无骨。山不洞壑玲珑，如人果腹而心不虚也。永定之山少石，全体皆石者，东华也。初至，小径穿叶影中，溯水声而上，山门内外石大小或散或整，若迓客者。入门，旋转石中，仰见悬壁观音阁，三层附壁如挂灯。登阁俯视，佛殿脊瓴如弩牙外张，堂宇不可见，缩于石也。从阁降而左，真武阁跨土山，山前又皆石。折而下，坐佛殿前楹，远望如列屏，苍翠层起。屏外若伸掌见五指者，为五子峰。天气晴霁，可见大埔界，则粤东诸山咫尺耳。石麟稍平夷，山腰巨石如数间屋，无源而时滴沥，所谓乳泉也。石下穴如井，小石投之，声断复续。时有燕子飞出，入亦闻蛙声。他石皆殊，状如旗、如灶、如枯树。偃者忽如缭垣。旁可外窥，如睥睨望，或如行夹道中，升复降，崇广皆不逾百尺，而仄涩险奥几于窘步，予谓："观止矣。"僧曰："未也。"出山门，折而右百余步，得石门。炬以入，石多倒垂，腻而滑，照之乃见。时积雨多水，浅者涉；稍深，负以渡。皆偻其首，侧扪垂乳。路穷，旋而上，如沿螺壳中。出穴，则前投石处。因悟向所蹈皆玲珑嵌空。何以名石麟？则山势趋伏若俯其首，林树其毛鬣，石奋竖者角也。康熙乙亥中秋后三日，由丰田陟东华。越六日，探石麟于太平里。予爱东华，以其负骨而峭立。石麟之可喜者，中虚能受，不徒妍好其外以悦人也。续闻溪南有晏天湖，又欣然愿往。

山后狮子石，石下有穴，注水为池。或云前洞深入，可自池窦出，意或然欤！

张成章诗曰：石狮池接石麟洞，地道潜通事有无。最怪三江吴楚隔，包山直透洞庭湖。

又历黄坑凹、永定、龙岩分界。水槽隘，达龙岩大路。二十五里曰萧坑隘，居县境正北。分支南出有燕子岩，鼻洞双开，左洞深广仅三丈，右洞外如左洞，内则若剖瓮者三。礐折连互，每入一折，辄黯然无睹。久之，彼此相视，须眉朗然。盖石质光润，日光射照洞壁，壁光转映入右，又转映入左也。再昏行数十步，穿窦上出，则烟井桑麻，如亲謦欬于藜藋鼪鼬之径矣。山后别开一洞，如重阿覆屋，斜磴错出。尝六七人游其中，人各循一磴而登。出洞周仰，则有若凭窗而瞰者，有若排闼而入者，有若扶栏而过者，有若蹑梯而上者，其玲珑折皱如此。洞内多石燕，巨獒随游人入，见石燕群飞，猗猗狂吠。逮登者下集，则或惊吠声如豹，或云寂无所闻，其通隔诡越又如此。

自岩又西南曰铜鼓山。左文溪，右塘下，与莲花山相望，势趋大塘坳而止。山左绝壁有倒书"千季"二字，莫知谁为之者。

邑人王介石记曰：太平铜鼓山，高五百仞，周回三十里，峰棱骨峭，树碧云深。旧志云石壁有倒书"千年"二字，唐李阳冰篆。余读书山下十二年，登陟屡矣。寻所谓"千年"字者，正如韩昌黎衡岳觅禹碑，千搜万索何处有也！意名胜图经，多出于好事者诞说，而邻近州邑以铜鼓名山者不一，或所指不必在此欤！

乾隆甲戌，余方从事邑志之役，削而不书，且缀数语为辨。暇日，复偕诸子陟极巅眺览，已无复寻求石字意。归途，别取山左小径，里许，绝巘嵁岩，石壁胸突，两旁峻削，下临无际巉险，非人迹可到。对望石色苍黝，黯黯有镌凿痕，谛视则倒书"千季"也。"千"字楷，"季"字从"禾"、从"千"。《书》云："禾一岁而熟。"故"年"字从禾，又从千为声，盖古字也。山有谣云："铜鼓闻，岁大稔。"其以此欤！字径尺，镌作双钩，晲睨不辨，指省，人皆朗然。惟"季"下千画，澷不可识。盖字本倒书，第一横为积溜漫灭也。低徊久之，欣然有得，又爽然自失。苏子云："事不目见耳闻，而臆断其有无，可乎？"谅哉！若所云李阳冰篆者，阳冰，天宝乾元间人，于时汀州山峒初开，其游屐固未至此，且字非篆体，其为附会无疑已！因为诗曰：

三代古文留遗迹，多铭钟鼎少书石。岐阳石鼓始周宣，继此琅玕之枭峰。方碑圆碣终移徙，唐宋以来乃镌壁。
或于深洞或岩阿，近在平夷未奇特。铜鼓山头峰砐硪，
上陡下削高无极。有石隆然面势开，倒书千年字径尺。
初疑石泐冰裂痕，又疑雷文飞霹雳。注观老健作双钩，
分明斧凿深镂刻。想像当时欲下锤，凭虚岂有御风翼？
将从地底架天梯，凌空接笋谁能植？不然悬腰倒缒下，
百丈绳牵定丧魄。嗟哉古人真好奇！不顾躯命殉题勒。
矢心字待留千年，只今千年尚可识。愧余他日搜不到，
辄以讹传删故册。岂知天壤古怪多，有无安敢凭胸①臆。
指点同游仔细看，申作长言纪其实。水底鹤铭屾嵝文，
寄语后贤莫轻测。

旧志云：“昔传有铜鼓从空而下，至山腰击石裂泉，溢为巨
井。下有二湖夹左右，曰铜鼓湖。”今山无井，亦止有一湖，积
水灌田，经冬不涸。又云：“山周数百里，跨上、永二县界，则
形势脉络，胥失之矣。”

自尼婆峡至此，岩洞胜者四五处。隔溪支分，自九魁垒而来
者，又有狐狸石、灵鹫山、龙显岩，皆洞壑可游。王世懋《闽部
疏述裴太仆》云：“永定接龙岩界，奇洞极多。”信矣！

又二十五里曰寨背炉，分支南出，历张坑山至东风凹。东丰
田、西太平。西南行者，散为长流、洪源、桥篷下、大路下诸
山，至洽溪口止。西南转东北者，散为大坪、井头、背坑、南
板、上寨诸山，至西坪止。

又十五里曰寒袍峡，嵸茏积翠，气雄一方。其支北出者，由
龙岩入漳平界，为漳州府及南靖之祖。南出者为田地、枫林、下
龙潭、铜锣坪诸山。又三十里曰博平岭，顶为清风凹，居东北
境，达漳州大路也。自是山势转南，行三里曰圆岭。永定、南

---

① 胸，原文为“胷”。

靖、龙岩分界。旧为永定、龙岩达水潮至漳州大路，后永定改由
博平岭至龙岩适中达水潮。宋丞相文文山驻师处也，石碑在焉。

分支西南行，历虞坑至龙潭止，是有龙岩、鳌鱼石水口诸
胜。龙岩者在虞坑背，山岩如厦屋，有石龙，纹大如柱，长数
丈，头、角、爪、鬣毕具，与岩州之龙岩古洞相仿佛。鳌鱼石在
虞坑村，巨石穹然，张口空腹，可容数百人。顶如悬钟，其水口
竦岩峭壁，苍然如玉。石峰耸秀，石根透脱，老藤古藓，结罩蒙
密。汀城东郭苍玉、霹雳诸胜不逮也。随涧桥曲折而上，在田在
路，怪石粼粼，皆具辉山留云之态。但未经搜洗，山灵亦懒于选
客云。

邑人卢致诗曰：一憩虞溪一怅然，足音空处草含烟。非因扃
幌山回俗，也以破觚石不圆。苔谱篆文嘤鸟读，岩舒冷簟懒云
眠。桂丹绝胜桃花岸，迷路谁寻晋汉前。

又十里曰西漈，分支西行至琼山嵊，又分为三：北支至背头
坪，中支至上寨，南支为莲花石、苦竹坑、东埔诸山。又五里曰
白石凹。凹下灯心洋，丰田、金丰分界。水流南靖，民亦籍于
靖，地则永辖也。逾凹分西南、东南两支。其东南支界于南靖，
历县境正东上佛子隘，行四十里为高头、奥杳、南溪、胡坑诸
山，所自者曰银山嵊，曰金星寨，又界平和。行二十里为泰溪、
黄泥坪、莒溪、月流诸山，所自者曰葛山嵊，曰马莽嵊。又二十
五里为上赤坑、下赤坑、沿田诸山，所自者曰锅子嵊。又二十里
至案山之黄濂漈，居东南境，则永定、平和、大埔分界矣。案山
绵亘百里，三邑各据一面。其势趋饶平入于海，窟穴深阻，箐林
蔽密。往时黄宜加、曹昌隆啸聚数百人四出劫掠，康熙四十九
年，游击沙永祥领兵搜捕之。

自白石凹左出至黄濂漈诸山者，金丰里之东壁，邑左之外护
也。由白石凹右出西南行者，十五里曰上石山、苦竹，大坪山其
分支也。又二里曰层石山。两山怪石崔巍，耸特天杪，远望若三

衢之江郎石。自是东极南靖之潦头、梅林，南极金丰之下佛子
隘，西北极丰田之东埔、岭下。周五六十里，高崖堑谷，羊肠路
错不可辨。山下岩背村，属金丰。土寇罗郎子、温丹初盘踞啸聚
处也。又十五里曰东华山，嵯峨千仞，石峰攒簇，旧为虎穴。羽
流黄华音开荒结庐，患始息。当秋深乍晓，白露弥漫。久之，山
头微露，如园笋苗生，俄顷骤长。及阳曦上吸，又茫如洋海矣。
山门危径欲坠，突起一拳，有石方平，旁列石可坐数人，曰"棋
枰石"。石壁罅裂数丈，斜透日光，曰"一线天"。左山穴嵌风入
作枹鼓声，曰"石鼓"。林深多猴猿，时悬崖走壁，与游人嬉逐。
春秋，众猴揭他冢纸，环挂绝顶天池峰，陈果而祭。相传上有猴
王墓云。

　　邑人卢子文诗曰：选胜东华山，扶筇及朝发。逶迤仄径斜，
幽涧频跳越。翘首浮云端，有门若天阙。盘磴悬千寻，古藤垂百
尺。仙人何处去？棋枰留遗迹。崖偏烟树迷，殿角画然截。石室
草传青，丹丘砂带碧。杰阁倚危峦，如灯孤挂壁。折旋三四层，
钩心斗石骨。胁息上天池，猴犹相出没。双髻堆黛螺，五指掬明
月。苍宇下秋高，远眸姿雄豁。穷探意未已，白日忽忽夕。归来
宿中峰，长夜屡披阅。

　　东出一支至下佛子隘，左出为苦竹诸山，右出为五子峰，散
为陈东坑、胡坑、洪坑诸山。又五里曰杨梅隘，十里曰草子湖，
十里曰大雪岽。自东华山至此，山以东属金丰，山以西属丰田。

　　分支北行为石城坑、康公庵诸山。转西南至光山寨，左分一
支为虾公崎、石坑、下湖雷诸山。本支历龙窟岭、瑞堂山、大人
岽、白岽，至洋泥前止。其阳为增瑞坑、上湖雷诸山，其阴为龙
窟、李龙坑、阿鹊坪、武溪隔、洽溪、马寨坑、檬林前、溪东、
深渡、北角诸山。俱属丰田。又二里曰高地凹，又三里曰八字
岽。分支西行为小平水、竹瓦窑、黄坑诸山。自黄坑北行为罗
滩、黄土灌诸山。南行为上龙门、箭滩诸山。黄坑以北属丰田，

以南属溪南。又十里曰水湖崃。自此以下，山以东属金丰，山以西属溪南。分支东行，历筌竹凹至岐岭，雄峰倚天，尖岐为二，一方之表也。散为戊子桥、古洋、陈东坑诸山，至泰溪狮子潭止。

又五里曰平水凹。凹前右出为畲里、下龙门山。旧标为景，曰"龙门樵唱"。

邑人孔庭训诗曰：蹑足上龙门，云深碧树蓊。烂柯人不见，伐木句犹存。响答渔歌晚，声随天籁喧。疏风传远韵，遥入夕阳村。

廖枫《避寇龙门道中》诗曰：畏读当年行野诗，流离此日更堪悲。担飘风雪扶筇急，桥断山蹊得路迟。有客不能充麦饭，无家何处望晨炊。莫须张俭高门启，子母相将信所之。

度梨子凹至阔滩头止，畲里之北顿起贵人峰，端植尊严，与龙门山并峙，作邑东镇。

逾凹右出南行为白叶凹、巽峰、旧标为景，曰"巽峰迎旭"。

邑人熊兴麟诗曰：岭表净朝烟，红光遍海壖。孤峰伸半臂，擎日快登天。消得群阴伏，催将众动连。余霞明的的，皓魄又澄鲜。

钓鱼崃，是诸山者皆邑之左护。钓鱼西委方幅平亘者，曰挂榜山，是邑之正案。

邑人林桢诗曰：冠世文章绕地开，名山崛起胜蓬莱。霞明嶂外霓裳舞，露布岚间玉笋栽。支遁与钱难买去，谢公有句待携来。寻芳不惜扶藜杖，得路青云入上台。

与印匣山下之南堤、眠象山隔溪互抱，则又邑之内关也。

平水之左出者十里，曰当风凹。又十五里曰岁顶坪，居县境正南。永定、大埔分界。自此以下，山内皆永定，山外皆大埔。分支东南行至黄柞坑，又分为二。南出者曰三层岭，金丰达大埔道也，为埔邑祖山。其支散为东洋、沿田诸山。东出者散为司边、角坑、中坑、下洋、洋背诸山。俱属金丰。

自岃顶坪四十里至松柏嶂，中间水珠崊。两山卯角，界流瀑水。旧标为景，曰"水珠叠翠"。

教谕谢弼诗曰：崖泉飞瀑落珠玑，双洞名留旧日题。蟪组纹交苔径绕，水晶光动夕阳西。回波荡漾花飘雪，滴地缤纷玉溅泥。几度登临携杖屦，云深不辨路高低。

知县赵良生诗曰：青山界破落飞湍，搅雪翻银峡势宽。老树烟迷晴亦雨，阴岩风卷夏犹寒。只应野客携琴听，消得闲僧倚杖看。疑是凌波仙子下，曳来环佩玉珊珊。

雪竹峰圆秀耸拔，丁峰位邑治南，县署儒学拱对之，峰后即箭竹崊。鹞子崊奋身昂首，双岐峰并肩竞秀。诸峰罗列案外，城头一览，如玉笋班联也。山下为上畲、下畲、南漈、龙漈、兰地、大坑、小坑诸村。又五里曰桃坑嶂，又五里曰大石门，又十里曰赤竹坪山。分支逆行，至崊子岃，散为水城寨、凹下、李坊、杨梅树下诸山，至桃坑口止。与大坪、车田山隔溪互抱，为邑之外关也。

又八里曰大塘头。路通大埔。拔起孤峰群峦绝附者，曰犁头寨。上有招提，夕阳披冈，见点点烟村，溪流一线，仿佛李长吉梦天游也。又五里度半山凹，与大埔分界，粤货入永接运大路。至满山红，与隔溪右条之高畲山夹峙，为永溪口，而邑界止矣。此左条之山经络也。

自满山红回，北为响石山。山有石怀响，前后寂无所闻。至石下，若惊涛怒浪，排山倒海。于其中过者动魄。本名"响漈石"，以其声似水从高泻下也。俗音混为"纺绩石"，《府志》作"怀响石"。

邑人江联辉诗曰：能言石偶尔，怀响更希奇。鼓似春雷动，声如万马驰。非因风怒窍，不见水流澌。索解殊难得，肠鸣腹自疑。

又为天紫寨，与犁头寨负气争高，是皆山气壮盛，余力犹能结撰耳。

统而计之，双股叉而下，首也；佛子岭，咽也；笔架山分左右两条，肩也；至高畲山、满山红左右条，合足也；其中左丰田，右太平，胸也；溪南，腹也；左条白石凹分支而下，右条牛皁涌分支而下，两手也。金丰、胜运各居左右肘之间，不俨然肌肤之会、筋骸之束也哉！

若乃山以水为界，水亦以山为限。永山一气罗络，故他境之水，涓滴不入。昔人随地命名，一水而称数溪，总其实不过左、中、右三条而已。中条径①县治者，源始于永，委讫于永，为永定溪。左条流金丰两壁间，尽全里之水而出大埔，为金丰溪。右条丰稔溪，源自长汀铁场，径龙岩、上杭地，至坝头入永界，流五十里而出河口，东永定，西上杭。奏请开邑之疏所云"南以溪流为界"者，此也。是界永之水，非永境之水也。

又就其发源会流而析之，永定溪自丰田、太平而来，至洽溪始合为一。其来自丰田者，源于西坑，东流二十里至东北博平岭下，左五里，东坑水注之。屈而西南流十里，左受圆岭水，右受铜锣坪水。至龙潭，左十里虞坑、背头坪水注之。右十五里田地水、枫林下水各注之。又十里，左受莲花石东埔水，右受观音桥西坪水、背坑南板水。径深溪，又二十里至武溪，而阿鹊坪之水左入焉！一源于草子湖，合康公庵水；一源于杨梅凹，径东安；一源于龙窟岭，径麻公前。各流二十里，合流径阿鹊坪，又五里北注溪。又十五里，左受李龙坑水，右受井头水、大坪水、桥篷下水。西径武溪隔而至洽溪。

其来自太平者，源于西北分水岭，东流二十里，左受段畲水、白沙坑水，右受坑源、虎冈水，郑坑、木坑水。径西坡岭。

---

① 径，经过。后世多作"经"。

又南流十里，左受山前、上洋诸村水，大隔、北山、田塅水，右受黄田水。至高陂，左与塘下水会。塘下水①源自半岭畲，西流径悠满，至傅坑，左合岁头水，右合水槽凹水，又径富岭头，右合平寨水。自此转南，水伏地行，春夏暴涨，始流地面，径石门隔至塘下，复出地而至高陂。其流二十五里。高陂旧通舟楫，列肆成市。康熙四十年水废。又南流五里，左受牛眷坑水。至双溪口，右大水坑、高坑水注之，左则大路下之水入焉。大路下之水②源自寨背炉，南流径张坑，又西径长流、洪源，洪源水常涸，旱岁或不给烹饪。至文溪，合隔背、孔夫水，南径大路下，至坎市通舟楫。又至双溪口，其流三十里。又二里至大溪尾。右二十里许家山水、湖洋坑水径佛子隔注之。又五里径新罗坑，而至洽溪与丰田之水会矣。

自洽溪西南流三里，径下青坑，右七里南山、白土水注之。又南流三里，径马寨坑口，左十里马寨坑水注之。此下西南至隔口，凡十二里，两岸崇山陡立，草树丛密，舟行备柴火处也。左则李公畲水、黄山崎水、石东坑水、檬林前水，右则江峰隔水、新田坑水、隔口水，各十余里以次注之。江峰隔口有磨石滩，建瓴高泻，遇水涨，雪浪翻空，旁无缚路，下者如驶，上者束手。又西流五里，右受象牙水。至溪口，而赤径之水右入焉。赤径之水③源自珠罗坑，东南流径马山堡，合上青坑水，又合香溪水，香溪出口两山虬结，远不一里，逐水回互，则三四里也。人行山半俯视，水白寸寸如断线，棼乱声淙淙上闻，耳目为之清洒。至塘背又合黄砂水，径赤径至溪口，南注溪，其流三十五里。

又南流转西南五里，而坪上之水右入焉。一源于菜地凹，东

---

① 此三字为校者所添。

② 此五字为校者所添。

③ 此四字为校者所添。

径藕丝寮、林家山，合番坑水，出坪上之上入溪，其流二十五里；一源于岭子头，东径弼鄱出坪上之下入溪，其流十五里。

又东南流转西三里，左受溪东水、深渡水。径罗陂，又屈而东，四里径下湖雷，左十里上湖雷水合增瑞坑水，又合石坑水注之。二十里大雪崠水合虾公崎水，径塘村注之。又西一里，右受前坊水，径鸭妈潭，右十里鸭妈坑水注之。潭下有滩，矶石齿齿。水浅则石露，水高则浪平。惟石没一二尺，则惊涛怒卷。舟触石立碎，往时覆溺多人。近乡人于滩头立天后庙镇之，患少息。然临滩无可措救，识者谓滩石与湖雷岸石平。倘水没岸石，宁舣舟以俟水消云。又西南流五里，左受黄土灌水、罗滩水。径桥子头，右十五里石壁坑水注之。又五里至龙潭。潭左深黑，岁旱祷雨，热铁沉之，辄作云雾状，雨多应。又三里，径中坑口，右十里中坑水注之。又二里径箭滩，上有温泉，而上龙门之水左入焉。源自小平水，西南流径竹瓦窑，又径上龙门，此下为石漈者三，漈高十余丈，瀑走白虹，倾珠喷雾。匡庐石门、黄山九龙，未知伯仲，惜湮没此僻仄也。至箭滩入溪，其流二十里。

又西南流十里，右受流畲水、箭滩冈水。径大洲，左十八里畲里水，合贵人崠水，径下龙门注之。涧口有温泉，附近城市裸浴者日数千人。旧标为景，曰“温泉晚浴”。

教谕李基益诗曰：相邀何所适？澄湛一泓春。若尽如斯水，当无浊垢人。波中才问影，衣上亦消尘。归路无妨晚，行歌月色新。

又径城东，旧标为景，曰“凤渚维舟”。

知县赵良生诗曰：溶溶一镜平，驾言泛南浦。浅蘸绿波柔，垂杨正娇舞。招客共开樽，临流更怀古。孤鸟惊还飞，游鱼纤可数。向晚莫催归，停桡宿溪浒。

左十里白叶凹、铁坑水注之，绕城东而城南，凡三里。左受下坑水，右则西溪水入焉。

县北三十里棕山嶂下赤竹寨、杉树下、芹菜洋、萧坑各有水源，南至李田合流。又合黄泥塘、新村水、倒水，径县西杭陂，上有鳌石。旧标为景，曰"鳌石渔歌"。

知县赵良生诗曰：石鳌水绕碧于苔，小泊前湾近钓台。一曲沧浪残照下，数声欸乃曙烟开。浮家泛宅此中好，细雨斜风归去来。我亦忘机思属和，从今鸥鹭莫相猜。

又径南堤东注溪，又西径挂榜山麓屈而南，右受练坑水。循眠象山径古镇，凡三里，龙漈之水左入焉。龙漈之水①源自牛角岃，西南流合上下畲水、南漈水、南坑水，径龙漈峡，峡长数百步，两岸壁立，阔仅丈许。潴为潭，靓深莫测，人迹不能到也。又径龙漈西注溪，其流二十里。

又西南流三里，左十里兰地水注之。十五里大坑、小坑水注之。径黄竹隔，是有龟石，石浮水面，皆隆背裂文，大小百十为群，中有盘踞上者尤肖。旧标为景，曰"龟石浮印"。

教谕李基益诗曰：讵必堪燋兆，居然水一方。石形观物化，波面溯流长。欲曳非无尾，能支可近床。谁当持作纽？回顾孔侯章。

又五里径龙安寨，右十里郑坑水注之。又南流四里径桃坑，左十里伯公凹水逆注之。又五里径大坪。有滩，名镰子屈，旋折者三，皆磐石横截，舟行顾首恐妨尾，顾尾恐妨首，长年三老咸怵心焉。又屈为北流，转西北而西南，凡五里，左受杨梅树下水、岭背水，右受车田水。径务义坪，而兰冈之水右入焉。兰冈之水②源自寒水凹，东南流，左合苦木竹水、赤竹凹水、分水凹至洋桥上水、石陂头水，右合章塔水、黄蜂寨、罗畲坑水、西湖寨水、卓坑源、小溪背水。而径乌石下，又合棱禾窝水、上下蜡

---

① 此四字为校者所添。
② 此四字为校者所添。

石水，径上下兰冈至务义坪注溪，其流四十五里。

又五里，左受李坊水，右受殿前水。径凹下，自是东西三折，每折各里许。第一折西至仙师宫，右五里官坑水、湖洋里水、上下深塘水合流注之；第二折东至黄田埔；第三折西至镇里。是有扣马碹，滩高峡小，舟上下至此，如勒马衔枚，不敢轻骤，故名。又西南流四里，右受锦峰乡水。抵炉下坝，左五里木梓坑水注之。又大塘头水、半山凹水，径占彩窝口，合流逆注之。此下又五里，水穿石出，峻滩逼峡不胜纪。著名者：

曰鱼跳峡　渔人要峡设罟，鱼自上跃而入。春夏水涨，尽溪池之鱼随流而下，至潮海不宜于咸，逐队而归。渔者计各鱼行迟速，按日而收，时刻不爽。

曰矾石　状若莲花，壁间有老妇逐鹅形。至此，而溪委尽矣。崇祯间，木商有谋凿石贩木者，邑人王铨爵、吴懋中、沈文熠、赖馨鼎、吴迪光等，呈县申请三院批禁。盖中流砥柱，关一邑之形胜云。

金丰溪发源于岩背，东南流二十里径苦竹，右十五里，下佛子隘水注之。又十五里，左受洪坑水、塞乾水。至大陂腹，左十五里高头水注之。又南流十里径湖坑，左二十里奥杳、南溪水会焉。又十里径泰溪，左十里黄泥坪水、莒溪水注之。右二十里陈东坑、岐岭水注之。是有狮子潭，西自岐岭，东自葛山嵊，山脉至此合而为峡。夹岸石猛如狮，雌雄相守，下阔上逼，若可跃而过然。

《漳州游瀛洲记》曰：泰溪西麓，崇冈复嶵，与岐岭榛树山连及，中分十二涧，水争道出隙，至此而一束。万水张曦，狂涛沸午，居然顾长康所述会稽之胜也。行半里，有怒号卷浪而前，双角槎桠，遇人遂韬其爪目。而数十丈焰鬐铓脊，收卷不尽，仍曳火尾于绿波。此跃渊之物也，吾视如蜓耳。又里许，一物珊然，尻高颈缩，如有所守于滩潭之交。盖形鼍也，音逢逢然。至此，藤篁四塞，雷雨迷暝。脱履行百武，从山骨扪迹一趾，以两人悬援而下。忽狮兽前蹲逆觑，怒拒溪。右一雌伸首回盼，眼鼻概具。旁有数小猊，如卧、如跃、如馋、如取。为此雌率以承媚者，团然湫塞中，母子、夫妇也。初视怖甚，久乃敢登右雌顶。逼视巨狮，其唇颔仰翁，口痕似愠，两臂开攫，筋爪棱棱，顾左眼凹，尚藏斗水浴日，惜未并觑。其右，一尾缴左，皮骨毛豪①具肖，不知天工鬼斧，何代刻划而壁立雄奇至此。思从右雌脑上，伸长臂以摸巨狮铃项。俯眺百尺，洄深无算，未免足底凶畏。狮盖有灵昭昭哉！真腊部长畜之为奇，以侈其富贵，不察彼人与物，其巨小果何似也？既复下视，两岸如闉，列阪百丈，可坐千人。中有灶、有盂、有床、有臼，从游僧曰："卜此筑一静寺，何如？"予曰："兹境山高岸束，蓊树迷天，狮龙藏其奇于烟冥雾晦之中久矣，于此启蚕丛、衍象教，俾狮龙之灵，仗佛狎人以自显于天壤，奚为而不可？"于是呼童烧叶，炊茗煮酒，调我饥倦。僧又言："岸尽处有蟾蜍踞三望潭之心。"憩息，遂不果往。

又二十里径下洋，左二十里月流、太平寨水注之。右四十里，平水、新村、笙竹、条河、洋背水合注之。又五里径汤子角，上有温泉，下有高滩，滩下磐石隆然，水瀑石激，滚浪花飞。又十五里，左受上、下赤坑水，右受中坑水。至沿田与右十里角坑、司边、东洋水合流，出县界而入大埔。

丰稔溪自坝头南流五里，左受林家庄水、下竹山水。而丰稔寺之水左入焉。丰稔寺之水②，一源于白水漈，至峡头，合天空漈、菜地水，径条宜至风朗，又合黎袍山、马子凹、汤湖水，由丰稔寺入溪，其流四十五里；一源于寒水凹，径漈角，由丰稔寺

---

① 豪，通"毫"。

② 此五字为校者所添。

入溪，其流二十五里。又二里至长滩。上有西湖，广数十亩，深不可测，与溪比连，而水常高于溪。又十五里，左受黄砂铺水，右受枫山下水、下渡坪水。至齐头潭，左二十里小阜、潹水注之。又二十里，左受三坝水。径胡坑口，左二十里大阜、潹下水注之。又十里，左受小阜水、象牙水。至河口而止。

此三溪之原委也。

别有支涧，自入大溪者曰折滩水。源自高源山，径小山背、苎麻塘、西洋坪，合象窟、象东桥水，又径斜坊至恩全，合三望坑、茶树下水，又合双井边水，径折滩入溪。其流二十五里。

又石鼓坑水，亦西流自入大溪。

而三溪之归一，以大溪为受。大溪者汀水，径上杭，又径大埔，达潮州入海者也。自河口丰稔溪西入大溪。此下杭、永，又以大溪为界。大溪沿永界二十五里至矶石，永定溪入焉，是为永、杭、埔三县之分界。大溪又西南流六十里，至大埔邑治。金丰溪出沿田，流大埔界四十里入焉。

凡永水之归宿者如此。

穷源溯流，百体之津液沦灌矣。若水势之大小险易，以通舟为验。舟行永定溪，左自深溪，右自高陂、坎市，讫于炉下坝。丰稔溪，舟行自杭地黄潭，至坝头入永界，出河口行十大溪，讫碰头。金丰溪，舟所不通。其为舟也，一叶褊浅，容载仅千二百斤，数不及四百号。溪流殊狭急矣，而积霖暴涨，漂没田庐、人物，十数年辄一灾焉。夫兴云降雨，蕃财育物以利民生者，山川之力也。或淫溢为灾，天行诚莫可如何！彼惑于青乌之说，争流侵脉，遂使勺水丈山，莫非厉阶讼始，岂非人自狂蒙之咎哉！盖闻之，其山崔嵬以嵯峨，其水洴漯而扬波，其人磊砢而英多，谓流峙精华自凝塞而为人耳！嵩岳降神，伊水启圣，申甫阿衡，曾有宅冢于其间耶！

土　产

治一国犹治一家，中人握百金之产，于其家树艺之种，畜牧之群，蕃孳之类，工作之器，资生者几何，利用者几何，犹必藉而记之。而以用其有通其无，储其赢节其啬，然后立于不匮。况抚百里之国，可不周知其数，漫云天不爱道，地不爱宝，取不禁而用不竭也哉！然而天有时，地有气，橘逾淮为枳，貉逾汶则死。宋斤鲁削，迁地弗能为良，此有彼无，不可强也。豫章出黄金，长沙出连锡，取之不足以更费，则有而仅焉者也。

春秋鸜鹆来巢，天津桥闻杜鹃声，则有而偶焉者也。永虽扬域，于《禹贡》之琨、瑶、齿、革，《职方》之金、锡、竹、箭，并非其所有。六谷而无菽，六畜而无马，则其产之薄可知已。今取所有而区分之。五里均宜，随时获用者为通有。偏于一方，取给有限者为仅有。无种而生，移种而变，乍传而绝，外来而去者为偶有。其属凡十。

谷粟之属

民为邦本，食为民天。稼穑维宝，六谷、九谷所宜辨也。故首列而特详之。

通有者曰：

稻　谷之总名。永田两熟，早熟曰秥，耐旱。宋真宗以福建田多高仰，遣使占城，求得种十石，遗福民蒔之者是也。有白、赤两种，白者尤佳，性和质硬。晚熟名粳[①]，俗呼稳子，以其丛小易持聚也。分有芒、无芒两种，或随早稻栽插，早稻收乃发苗；或早稻收后另栽。皆小雪前后收，味减于秥。

---

① 粳，原文为"秔"。通用。

又米粘者曰秫，即糯也。可酿酒，可糕粿，分大小两种。又有红壳者，有有芒者。又岁一登者，俗名大冬，分大粘、大禾、大糯三种，永间栽之。又稻之香者，曰香禾，性冷，宜深山种之。分粘、不粘两种，皆煮食，极香，永亦间有。

又旧有夏至后收者，俗名三冬子，利于青黄间接济。此种宜肥田，近种烟者多。粪田不足，无复种者。近三十年，邑通栽一种，曰硬粘①，壳厚谷重，作饭硬而易变味，藏隔年即蠹。以其耐风，佃耕利之。田主无如何也。

麦　初夏而熟，接旧谷、新谷之绝续，故《春秋》他谷不书，无麦，禾则书，盖重之也。性有南北之异，北地燥，多雪少雨，九月种，四月收，备四时之气。昼花，故皮薄多面，宜人；南地卑湿，无雪多雨，十一月种，三月收，夜花，故食之生热腹痛。永昔年少种麦，今则通有矣。分大小两种，大曰䴬，止堪作粥；小曰来，可粉为面。小又分两种：一长穬，麦麸厚面少；一赤谷麦，麸薄面多。又一种名荞麦，实三棱而黑，秋花冬实。

粟　即粱也。古无粟名，以粱统粟。今通呼为粟，而粱之名反隐矣。黍、稷、粱，苗叶皆相似，永虽少种，然五里通有。一种名芦粟，又名高粱粟，春种秋收，高丈许，茎叶皆似芦穗，大如帚，粒大如椒，米坚实，黄赤色。又分两种：一黏者，可和糯作酒；一不粘者，可作糕煮粥，或曰即稷也。一种名黄粟，俗呼狗尾粟。苗略似禾，穗如狗尾。亦分粘、不粘，或曰即黍也。一种鸭掌粟，俗呼鸭踏粟，苗似禾，穗似鸭掌。春种夏收，实圆细而黑，质脆气香，可粉为粿，煮为粥。疑古所谓粱。

仅有者曰：

麻　或呼脂麻，以其子可榨油也；或呼胡麻，以种自大宛来也。有黑、白两种，皆可食。

---

① 永定俗，称早稻为"早禾"，并不称"粘"，而称晚稻为"稳子"。

旱棱禾 又名畲禾。山上可种，分粘、不粘两种。四月种，九月收，六月、八月雨泽和则熟。土人开山种树，掘烧乱草，乘土暖种之。次年则宜稷，不宜此矣。

赤米豆 圆小，两头截如枕，故俗又呼为枕头豆。可煮食。按，豆之属皆曰菽。以黄豆、黑豆为主，次绿豆、白豆，永皆无之。所有带豆、刀豆之类，皆宜入蔬属，其为谷属者仅赤米豆一种。雍正十二年，知县丁荃，浙江湖州人，自家运蚕豆种五石，刊示种法、食法，极言其利。分给教民种之，欠茂，又一年不实矣。虽地不相宜，其爱民之心不可忘也。

偶有者曰：

竹米 竹花结米，剥之亦可疗饥。然惟荒年有之，故永民见竹米以为荒年之占。

蔬菜之属

蔬以佐谷。后稷播殖，艺百谷而兼百蔬。不熟，曰馑与饥，同荒。次于谷。

通有者曰：

芥 冬下种，百日可刈。可煮食，可腌食，嫩心可瀹食，子可捣为芥酱。

苋

菠棱菜 俗呼角菜。

瓮菜 昔人用瓮从东夷载种来，故名。解毒，茎延数丈，花白可玩。

蕲菜

莴菜 出莴国。有毒，百虫不敢近。

红根叶菜 茎丝皆红，俗亦呼为菠棱菜。

苦荬 马齿苋 韭 葱 蒜

藠 音叫，一名薤。

茄

油菜　薹为油菜，子可榨油。

越瓜　花叶似冬瓜而小，外有棱。生熟皆可食，酱豉尤宜。

黄瓜　俗名菜瓜，又名胡瓜。

南瓜　俗呼为金瓜。

冬瓜　苦瓜

丝瓜　筋丝罗织，俗呼为乱绩。老可藉靴履、涤釜器、治病，极多用。

土瓜　即葛也。

瓠　芋瓠　匏

壶卢　长柄大腹者曰瓠，《诗》云"甘瓠"是也，可为酒瓢。瓠之首尾如一者曰芋瓠。瘦上而圆大形扁者曰匏，《诗》云"匏有苦叶"是也，可佩渡水。匏之短柄大腹者为壶，壶之细腰如蜂腰者为卢。五物一类。

带豆

刀豆　荚似刀鞘。

扁豆　虎爪豆

笋　凡竹萌皆名笋。永惟苗笋、苦笋，多而佳。又冬月掘竹根下未出土者，曰冬笋，尤佳。又六月黄竹笋，亦佳。又筀竹笋，可食。

蕈菌　木生为蕈，土生为菌，俗总呼为菇。多种：生松下者曰松菇，朱色者曰朱菇，亦曰红菇；生茅下者曰茅菇，黑色者曰炭菇，白大如盘者曰鸡肉菇，香韵可爱者曰香菇。香菇，永邑间有之。《兴化志》云：煮菇宜切姜，及投饭粒试之。姜、饭黑则有毒，不可食。

姜　芋

蕨　初生紫色，如小儿掌，连茎可食。掘根捣汁澄粉，凶年以御饥。

莱菔 即萝卜。

薯 俗呼似芋者为薯，长大者为土薯。巨者一株重数斤。

番薯 种自吕宋而来，由闽而广。万历中始有之。园地、高山皆可种。叶蔓延地面，根伏地中，大者可数斤。皮有红、白，肉有黄、白两种，黄者尤佳。可生食，可蒸食，可碾粉作糕，可酿酒。叶可为蔬，亦可肥猪。茎干可为火索，但留茎，次年种地又生。岁可两收，饥岁可充粮，味平无害，为利甚溥。近日，山乡皆广种之。

仅有者曰：

芹 亦作蓳。

同蒿 叶似艾，花如菊。一花结子，近百成球。

白菜 又名菘，北人谓之黄芽菜。永产茎扁叶薄，不逮黄芽甚远。

莙达 亦名甜菜，叶厚难干。烧淋汁可染衣。俗呼厚叶菜。

芥蓝 叶如蓝而厚，茶油煮食尤美。僧寺多种之。

胡荽 俗呼为芫荽，能发散寒邪。

蒲藤 叶圆厚可食，子紫黑色，可染布。

园香菜

偶有者曰：

山药 本名薯蓣。唐避代宗讳"豫"，改为薯药；宋避英宗讳"曙"，改为山药。四月苗生，紫茎绿叶；五月花开，香气远闻。根细紧实者，真山药也。永邑移种不一二年，松大如土薯矣。

御豆 即扁豆。荚长四五寸，子大如肥皂，以进御得名。永移种辄小。

木竹之属

材木之用，养生送死资焉。坚而理者，以室、以器、以棺；

花而果者，以养、以祭。余不尽名，犹供薪爨也。竹虽别于夭乔，用之广，与木类斯并之矣。

木之坚理而通有者曰：

松

杉　材可为栋梁、棺椁、舟车、百器之需，利用最博。先年甚多，三十年来，连筏捆载，运卖漳、潮。今本邑亦价贵难求矣。

檬　枫

冬青　即女贞。

乌柏　子可榨油，邑无收榨者。

榕　大荫数亩，冬夏长青。闽广皆有，闽尤多，故号榕城。汀惟数邑有之。

桐　子可压油，亦呼油桐。邑颇资其利。又一种不花不子者，呼为冈桐。

茶　一种树高，子可榨油，名油茶，又名梓；一种树不过三尺，叶可制为茗，各乡有之。气味皆平常，惟金丰茶颇著名，溪南赤竹坪茶尤佳，惜不能多。

油椎　大不过把韧，可为器柄。

棕

杨　但有水杨，生溪岸，无白杨也。

仅有者曰：

柏　与松并称，而永独多松少柏。

桑

柳　吴、越之桑，兖、豫之柳，多如芦苇。闽不蚕桑，亦殊少柳，园馆一二株，遂为佳植，永尤罕见也。

杞　细理。

朴　结子如豆。

槐

樉　构　柞　楮　樉、构、柞、楮皆大而坚，干可为礎柱、几棹，枝可为农器，斧、凿柄，柞不结子。余三者皆结子，可食。

椿　叶香，嫩者生可和馔，干可为菜。

樟　大而坚，有纹，可为几、棹、舟、车及雕刻器物。

楮　俗呼榖皮树，皮可为纸，汁可贴金。

漆

水松　可逐层薄剥，作盆、匣等器。

偶有者曰：

檀　枫叶有棱，年久叶圆化为檀，极香。

寄生　鸟食其子，粪而遗种，不论何树，皆可寄生。

木之花果而通有者曰：

梅　李

桃　一种红萼桃，花而不实；又一种冬实者，曰冬桃。

梨

柿　此木鸟不巢，无虫，叶肥大多阴，秋叶霜红可玩。有鹿心、牛奶、猴楩三种，熟皆黄赤。一种熟亦青黑色，名椑汁，可糊裱。凡柿藏干，生白曰柿霜，治病多用。

石榴

橘　柑　柚　橙　香橼　橘、柑、柚、橙、香橼五者，种类繁多，古来博物之彦，考辨各异。宋韩彦直《橘谱》，别柑为八种，橘十四种，橙子类橘者五种，合二十七种。虽干、刺、花、实、皮、肉、气味、生熟早晚，引据博辨，而名称彼此互异，卒不能定。今就永所有，随俗称呼别之。皮薄纹细，熟而黄者为橘。橘之小如豆者为山柑，大如弹丸者为金橘，形略长如枣者为金枣，大小同树者为公孙橘。大于橘，皮厚纹粗，熟而红者为柑。皮皱者为皱皮柑，皮薄者为薄皮柑，汁多而甜者为蜜柑，皮松可连皮而食者为沙柑。皮厚近寸，肉有红、白二种者为柚，红者甜，白者酢①。似柚树有刺，皮香，可茗、可糖，制为丁，蜜制为膏者为橙。似橙，皮光泽，肉白，厚如萝卜，置衣笥经旬犹香者为香橼。如人指参差，有屈有伸者为佛手柑，亦曰佛手香橼。

棟　俗名苦楝。

山梨　俗呼罩梨。

附：落花生　本草属，以其花果附此。开花牵丝，落地实于土中，故名。子可炒食，又可榨油，俗呼为番豆。

仅有者曰：

栗　梧桐

橄榄　树高子繁，不可梯摘，但刻其根，置盐少许，一夕皆落。

枇杷

棘九　一名万子梨。

偶有者曰：

枣

枳　似柚而皮松，肉厚少实。

竹之通有者曰：

苗竹　又名毛竹。质极坚劲，作器治室，其用最广。

慈竹　子母丛生，不离本根。长干中耸，群筱外护，故又名子母竹，又名孝竹，又名义竹。唐明皇诏诸王云："人世父子、兄弟，观此可为鉴者也。"

筀竹　性坚、节平，可破丝织器。

笏竹　芒刺森然，围屋墙种之可御盗。大而韧，可为杠。

黄竹　坚硬。

苦竹

---

① 酢，"醋"的本字。大酸谓之酢。

单竹　节长脆薄。

赤竹　长小而坚，可编篱。

仅有者曰：

紫竹　色黑，可为伞柄，中绳者可作箫。

斑竹　有大小二种。大者有斑点，不作螺纹；小者有纹，而蒙青膜，拭之始见。

箭竹　小而坚，中有微孔，节不满二尺，与《禹贡》"篠可为箭，节长五六尺"者异。

箸竹　干低小，而叶大于他竹，可编篷衬，垫箱笼。

淡竹　肉薄，节间有粉，多汁。可取竹沥。

棕竹

水竹　生于水，弱小似竹。

金竹

观音竹　干叶俱小，高四五寸，可点缀盆石。

凤尾竹

偶有者曰：

簜竹　大可为斗，竹山土肥偶有之。

药物之属

神农尝百草、制医药，以疗民疾。凡药之形、色、性、味，制合治症，昔人慎辨本草详矣。永虽有所产，而效用者少。姑著其名，不敢质言其必可用也。

通有者曰：

益母草　即蓷。《诗》云"中谷有蓷"是也。

豨签草　紫苏　薄荷

金银花　一名忍冬藤。此草与断肠草藤、花、叶皆相似，所别者断肠草藤右拂，此藤左拂，故又名左转藤。

草决明　艾　香附　山栀子　金樱子　瓜蒌

车前子　《诗》云"芣苢"是也。

青蒿　千里及　石菖蒲　羊蹄草

土茯苓　昔禹行山乏食，采此充粮而弃其余，故又名禹余粮，又名仙遗粮。根圆大连缀而生，岁歉，掘取捣碎滤粉，可充饥。有赤、白二种，白者佳，治诸疮圣药。

陈皮

巴戟　俗呼猫肠根。

甘菊　香薷　仙茅　椒　白头公　鱼腥草

仙人掌　不干不叶，形如伸掌，剥接而生，随地易殖。治汤火甚效。

仅有者曰：

茱萸　茴香

天南星　俗呼雷公杖。

牛蒡子

蓖麻　有红、白二种，红者胜。子可榨油，调印色。

五倍子　俗呼盐栋粕。

蒺藜　夏枯草　百合　半夏

麦门冬　惟湖雷有之。

偶有者曰：

三七　自广西传种，数年形性俱变。

蜂蜜　采花酿成。昔人谓蜂采百花，皆置两翅间，惟采兰则拱于背，验之果然。

附：穿山甲　俗呼为鲮鲤，非兽非鱼非虫。以其入药，附此。似鲤而四足，有鳞甲，常吐舌引蝼蚁，卷而食之。爪甲犀利，穿地而处，故名。医家用以引诸药透骨。油笼渗漏，剥其甲内肉靥，投入自至漏处补住。

花草之属

　　永无筑馆开园以莳花者，亦不讲艺殖之法，或庭轩三五盆适情耳，大都任其自荣自落也。草则资用甚溥，故独详搜焉。

　　花之通有者曰：

　　兰　有一干一花者，有一干数花者，有岁再开者。不论人家所植，或山间石崖所生，总谓之兰。《尔雅·翼》分"一干一花为兰，一干数花为蕙"，黄山谷亦云然，世遂指今之兰为蕙。《宁化志》辨"一花数花皆为兰，而蕙则别为零陵香草，可以泽头者"。又谓"经、史所称兰乃兰草"。泽兰，花叶俱香者，非今建兰之类，搏辨甚核。

　　桂　丹红者为真桂，邑偶有之，所有皆木樨也。黄者为金桂，白者为银桂。有秋花者，有春花者，有四序花者，有逐月花者。

　　菊　有黄、白、紫、红诸色，以黄为正。

　　茉莉　**鸡冠**

　　凤仙　俗名指甲花，子为急性子。

　　杜鹃　杜鹃鸣时开，故名。有深红、淡红及紫、白、黄各色。或云，此花盛开，则来年丰稔。

　　赛兰　一名珍珠兰，俗呼米子兰。

　　山丹　状如绣球，色深红。

　　山茶　有红、白二色，单叶、百叶二种。

　　海棠　木本。一种草本者名秋海棠。

　　芙蓉　一名拒霜，又名木莲。有大红、粉红、白三色。又有醉芙蓉，一日之内花容三变，由白而浅红、深红。《楚辞》"搴芙蓉于木末"是也。

　　芙霜　一作扶霜，或曰即木槿。花叶虽相似，然木槿花可食，芙霜不可食也。

　　木槿　有红、白二种。朝生夕陨。夏月盛开，可作蔬。《诗》云"舜华"是也。

　　紫薇　俗云紫荆，非也。紫薇自六月花至八九月。紫荆①春月先花后叶，甲间花发。其怕痒则同。永无紫荆。

　　长春　俗呼月月红。

　　百日红　花似杨梅。

　　蔷薇　俗呼盘墙花。

　　木笔　即辛夷。俗名木莲，又名木兰。

　　仅有者曰：

　　莲　有红、白二种。《诗》"隰有荷华"即莲也，北人以莲为荷。《尔雅》曰："荷，芙渠也。其茎茄，其叶蕸，其本蔤，其华菡萏，其实莲，其根藕，其中菂，菂中薏，皆可入药。"又一物而根、华两实，然则不独品似君子，其利用之功亦博矣。

　　瑞香　香重能损花，谓之花贼。

　　绣球　葵　夜合

　　萱　朝开暮蔫。即黄花菜，亦曰金针菜。

　　美人蕉

　　附：老少年　非花也，叶生绝红，可作花玩耳。

　　偶有者曰：

　　素心兰　兰品之最贵者，他处传种不能蕃茂分栽。

　　水仙　根如大蒜，叶茎如葱而扁。春初开白花，香洁风韵。永自漳、潮买种，花落即弃之，不能留种也。

　　风兰　俗呼倒吊兰。不用沙土，悬受露处，自长花叶。

　　草之通有者曰：

　　茅　芒　菅　茅、芒、菅、芦苇、葭、蒹皆同类相似。永惟有茅。芒、菅，通是茅属。俗呼丛生而叶柔者为茅，又一种气

————————

　　①　紫荆，又名"痒痒树"。

芬者为香茅。呼干大而叶如锋刃者为芒，皮可为绳，穗可为帚。呼叶滑无芒，根下五寸有白粉者为菅。

藻　根生水底，叶生水面。《诗》云"采藻"者即此。

荇　生流水中，长可丈余。杜诗"水荇牵风翠带长"是也。

蘋　根着水，浮于水面，四叶合成如"田"字形。《左传》"蘋蘩蕴藻"，《天问》"靡蘋九衢"是也。

萍　漂聚为萍，浮于流水则不生，浮于止水一夜生九子。《月令》"萍始生"是也。

蒲　生于水涯，叶扁而有脊，嫩者可茹。《诗》"惟笋及蒲"是也。叶温滑，亦可编为席。又一种名菖蒲，味香，可和酒。

蒉　生水涯，叶三棱，纤长而润，可为席。

苦草　茎实而松，有节。

萁　俗呼芦萁。永民资苦草与萁为炊爨者甚众。又豆干亦曰萁，曹子建诗"煮豆燃[1]豆萁"是也。

仙草　捣烂绞汁，和米粉煮之成冻，似石花冻而黑，宜暑食。

狮耳　凤尾草　狗尾草　马鞭草

薜荔　亦名络石。其生蔓，罩在石曰石鳞，在地曰地锦，在木曰龙鳞。《九歌》"被薜荔兮带女萝"是也。

淡芭菇　即烟草，种出东洋。取叶阴干之，细切如丝，燃少许管中，吸其烟，令人微醉，云可辟瘴。明季内人茍之。始闽、广人食之，今天下皆用之矣。

木贼　茎丛直上，有节无枝，叶糙涩。治竹木者用以搓擦则光滑，故名。

断肠草　根名野葛，叶名钩吻，毒人立死。每有因愤食之以死者，亦有愚民争斗，食之死以恣图赖者。昔知县危言欲去其

----

① 燃，原文为"炊"。

种，罪赎不征银，令锄草千斤抵赎，焚之。又太平巡检郭天福重加芟除万余斤。知县岳钟淑遇有服毒死者，令地方具棺埋之，不得图赖良家，其功尤深于锄去者。《南方草木状》曰："以瓮菜①汁滴其叶，当时萎死。"世传魏武啖野葛至一尺，先食瓮菜故也。解法：或以绿豆酱、或地黄酱、或甘草汤、或雄鸭血、或人粪搅水灌下，又鸡卵清调石榴干叶末灌下，或瓮菜汁，无叶则用根，俱可。总不如生羊血灌下，立吐出不死。无鲜者，干血调水灌下亦可。又其草既焚，灰随流水，误食其水者亦能致死。焚者慎之。

仅有者曰：

麻　《诗》"虽有丝麻"是也。有黄麻、白麻、青麻，永止有黄麻。子不可食，与胡麻异种。

水蕉　肥大，与芭蕉、美人蕉异种。

山葛　《诗》"葛之覃兮"是也。与土葛根可滤粉者异种。

苎麻　蕉　葛　苎　四者皆可绩，织为夏布。永无蚕桑、棉花，女工专藉此为业，然不敷用。

蔗　字从庶。一根丛生，汁甜。大、小两种。小者可绞糖，大者可断而食。永惟有大者，太平里民种之。

芨　似蒲，根下二三寸似笋，可为蔬。

马荠草　生水田，苗如藠，子实生根下，味清可食。

七星草　叶有七星，生深山中，可治跌打伤。

鱼藤　捣汁可毒鱼。

拿藤　可资农器、系桥梁。

偶有者曰：

芝

---

①　瓮菜，即空心菜。

畜扰之属

犹是羽毛也。《职方》："六畜与九谷同辨。"孟子言："王政，鸡、豚、狗、彘与农桑并举。"故别为一条。

通有者曰：

牛 有水牛、黄牛两种。水牛大，角尖拱，喜沐于水。黄牛小，角秃，有胡。

犬 豕 猫 鸡 鸭

仅有者曰：

鹅

鸽 本野鸟，必待家畜而后其种传。善认主家，虽远去必飞返。抱雏，勿断暖气。雌伏①卵时，欲出游食，则雄代覆之。雏生一月能飞，百日即成配合，故易繁孳。养鸽必为之房。杀鸽，避不令见，见则其群不蕃。以鸽卵饲小儿，永不出痘。

羊 但有草羊，无绵羊。永畜羊者，多不能蕃。《闽部疏》云："汀不产羊。"其信然与②。

偶有者曰：

番鸭 类于鸭。或白，或黑白斑，顶有红冠，面毛亦带红。人家畜之为玩。

鸬鹚 买自他处，畜以捕鱼。

马 营伍官马而外，人家畜马者不一二数。偶生一驹，无牝牡，不能再传。

水族之属

天地之产，鳞介为多，故先于毛羽。永地丛山，溪流清浅，

---

① 伏，孵卵。
② 与，同"欤"。

水族五斤以上骇见焉。供盘飧者，大半池畜也。

鳞之通有者曰：

鲤　鱼中之王。脊鳞一道，每鳞皆有小黑点。文不论大小，皆三十六鳞，阴数也；龙脊八十一鳞，阳数也。鲤能化龙，老阴变少阳也。

鲩　即草鱼.

鲢　亦名鳙鱼。《诗》"维鲂及鱮"是也。好群行，故取"相与相连"之义。小口，细鳞，形扁，腹白。

鲫　亦名鲋。《易》"井谷射鲋"是也。亦旅行，取"相即相附"之义。色黑，体促，腹大而脊隆。

乌鱼　俗呼乌鲻。全似草鱼，但色黑耳。

鲟　似鲩。而鳞稍长。

鳠　俗呼鳠黄。肉嫩味甜，多小骨。一种脊有黑路者，名赤眼。

石斑　生石涧中，有斑文，重不过三两。

锦鳞鱼　黑质，赤章，鳞粗，善斗。大不过指，食之无味。

鳝　俗作鳝。《汉书》"鹳衔三鳝"即此。今误作"鳣"。

鳅　俗作鳅。

虾

仅有者曰：

鳢　身长而圆，牙如锯。食小鱼。

鳗　色白无鳞，似鳝而大。有雄有雌，漫附而生，故名。

偶有者曰：

金鱼　一名变鱼。初生黑，后乃变红、变白，或纯、或间，尾有三岐、五岐者，脊尾皆金。盆畜，大不过四五寸止。

介之通有者曰：

龟

鳖　俗呼团鱼，亦呼脚鱼。

螺　生于田者壳薄，生石罅者壳厚。

蟹　多种。永止有蟛蜞，生土穴中。

蚬　出沙溪中，似蛤而小。

仅有者曰：

蚌　蛤类，圆曰蛤，长曰蚌。

禽兽之属

木山多禽，草山多兽，永宜蹄迹之交错矣。然怒飞挺走，珍异罕见。问肉登于俎，羽可为仪，毛堪充服者几乎。

禽之通有者曰：

乌　孝鸟，能反哺。亦名鸦。

鸦　《尔雅》曰："纯黑而反哺者谓之慈乌，腹白而不反哺者谓之鸦。"亦名鸒。《诗》"弁彼鸒斯"是也。

鹊　鸦属。《本草》："似乌而小，群飞作'鸦'声者曰慈鸦，即今寒鸦。"林次崖云："身乌而颈白者为夕鸦。"师旷以白颈者为不祥。北人喜鸦恶鹊，故曰不祥是同。然似乌而腹白者为鸦，颈白为鹊也。俗呼纯黑者为乌鸦，腹颈白者为鸦鹊，混三为二矣。今定以纯黑者为乌，腹白者为鸦，其噪皆近鸦，《纲目》谓"其名自呼"是也。腹颈白而声近鹊者为鹊，亦"其名自呼"也。又一种腹颈多白，尾长而翠者为山鹊，俗呼山凤凰。

雉

竹鸡　小于鹧鸪，褐色斑赤，声如"泥滑滑"，啼则白蚁死。

鹧鸪　似牝鸡而小，身有斑文，虽东西飞，开翅必先南翥。声似"行不得也哥哥"，亦曰"钩辀格磔"。

鸠　鸟之愿者，其类非一。严粲诗辑曰："少皞氏官有五鸠。"备见《诗经》"祝鸠、鹘鸠"也。《四牡》"嘉鱼之鵻"是也，雎鸠"关关"之诗是也。鹘鸠、鸒鸠非斑鸠。小宛之鸣鸠，氓食桑葚之鸠是也。鸤鸠，布谷也，《曹风》之"鸤鸠"是也。

鹄鸠，《大明》之鹰是也。永人以其鸣似"脱却布裤"者为鹄鸠，以其鸣似"郭公郭婆"者为鸤鸠，即布谷，《月令》"鸣鸠拂羽"是也。方耕时，鸣声又似"割麦插禾"，故名。以拙于巢，常逐妇可祝噎者为斑鸠。

莺　一名苍庚，俗呼黄栗鹠。其声圆滑。《诗》"睍睆黄鸟"是也。

雀

燕　玄鸟也。一种红颐，巢于堂；一种白颐，巢于檐。

画眉

杜鹃　一鸟而二十余名。永俗又呼为阳鸟，仲春鸣，仲夏止。谚曰："阳鸟雨前啼，高田不用犁。"盖占其少雨也。

百劳

鹡鸰　飞鸣不相离，鸣声自呼其名。

鸲鹆　似鸜而有帻，又名八哥，俗呼乌鸟。端午剪其舌令圆，能学人语。

翡翠　鹬也。羽可为妇人首饰。小鱼在水面者，飞击而食之。

啄木　嘴如锥，长数寸。啄震木，出蠹虫食之。

相思　细于瓦雀，雌雄不离。羁其一，纵其一，去必复返。

角鬐　首有毛如髻，畜之易驯。

白头翁　似雀而大，头有白点。

鹰　嘴勾，爪曲，鸷击之鸟。其名，古今南北夷汉各异，类亦小殊，曰鷂、曰鹘、曰鸥、曰鹯、曰晨风、曰鹄鸠、曰茅鸱、曰鹗、曰隼、曰鸢、曰鹑、曰鸡、曰鹭、曰青雕、曰角鹰、曰海东青，皆其类也。

鹞　鹰属。俗呼大者为鹞婆，稍小者曰角鹞。鹞捷于鹰。

鸺鹠　头目如猫，俗呼猫头鸟。夜察秋毫，昼瞑目。

　　附：蝙蝠

仅有者曰：

白鹇 素质黑章，尾长二三尺，距嘴纯丹，羽族之幽奇者也。李白诗备赞其美。

姑恶 小鸟，其声自呼"姑恶"。

米鸡 生田中。有白、黑两色，如初生鸡子。成群，母大如竹鸡。

偶有者曰：

凫 似鸭而小，卑脚短喙。成群飞浮水面，霜降后自他处飞来，俗呼水鸭。

鹭 水鸟，洁白，霜降后自他处飞来，俗呼白鹭。

戏鸟 小如相思鸟，红、黄、白、黑，各色俱备。数十为群，自他处飞来。

白鹊 纯白。

兽之通有者曰：

狸 多种，永有二种。一种圆头大尾者为猫狸，善窃鸡鸭；一种面白，缘树食百果者曰玉面狸。俗混称狐，不知狐足蹯，迹内，多疑，能为妖，与狸全不相似。永无此也。

鼠

仅有者曰：

兔 兽中惟兔最繁，每月一孕，多者生六七，少亦生三。每藏短草浅土中，有黑、白、褐三色，此真兔也，永间有之。一种石鼠，极似兔性，能窜走，穴地置坛，使居其中，则出入自如。人家所畜，多此种。

獭 形似小狗，水居，食鱼。《月令》："正月，獭祭鱼。"《淮南子》曰："獭穴知水。"盖前知来岁水潦高下，度水所不至而穴。则此物亦有礼有知①矣。

---

① 知，同"智"。

麈　鹿属。老者亦生角二寸许，色多黄，故俗称黄麈。小山《招隐赋》"白鹿麈麚"之"麈"，即此。

山犬　状全似犬，生于山。尝出窃食人家鸡。

野猪　全似家豕，大者百余斤。嘴长，牙利，皮厚，肉臊。

田猪　亦似家豕，一胎十余子。食人田禾、薯、芋，大不过二十斤。味佳。

豪猪　状似猪，项脊有刺鬣，长近尺，粗如箸，坚韧尖锐，状似笄及帽刺，白本黑端。怒则激去，如矢射人，人取为簪股。《星禽》"壁水貐"，即此。

猴

竹䶉　鼠属，食竹根。消竹毒，人或竹刺入肉，唉此立消。

偶有者曰：

虎　豹

豻　体细瘦，如棘人骨立。《尔雅》："足长，尾白，颊色黄。"俗呼豻狗，以体似狗也。能登虎背而抉其脊。《月令》："豻祭兽，豻祭方，布獭祭圆布。"

山羊　似羊，无角，力能陟峻。味最美。

虫豸之属

有足曰虫，无足曰豸。种类之繁琐不胜纪，自非蠹器聒耳，安必尽草熏灰洒也。

通有者曰：

蜂　《檀弓》："范则冠。""范"即"蜂"也。毒在尾，垂颖如锋，故名为蜂。种类甚多。《书》称"有君臣之义"，他蜂不可见。人家养蜜蜂，一日两衙，群绕而卫其主。无主则死，信义虫也。

蚁　《礼记》名元驹，《尔雅》名蚍蜉。有君臣之义，略与蜂同。黄、黑者善斗，进、止、攻、围，皆有队伍。白者损物，不可御。

　　蝉　又名蜩。《诗》"五月鸣蜩"是也。鸣声清者曰螗,《诗》
"如蜩如螗"是也。

　　萤

　　螳螂　前两足如斧。郭璞赞:"挥斧奋臂,当辙不避。"

　　蟋蟀　一名莎鸡。

　　螽斯　俗名草蜢。

　　蜻蜓　六足,四翼,尾如丁。

　　蝴蝶　多种,以须代鼻。

　　促织　又名纬络,似蟋蟀。鸣则频起频伏,声如织。

　　蜘蛛

　　壁虎　小如蜘蛛,常缘窗壁。

　　斑茅　有花斑,集园菜间,最毒。

　　蜣螂　有黑甲,取粪作丸而转之。

　　灶鸡

　　油虫　俗呼黄贼,能消毒。

　　地蜱

　　蠹　身有白粉,啮书虫。

　　蛀　食木虫。

　　蛾　如蝶而小,夜飞拂火。

　　蜉蝣　白蚁所化,朝生暮死。

　　蝇　蚊　虱

　　蠓　黑而极小,啮人成疮。

　　水鸡　俗名田鸡,又名坐鱼。

　　虾蟆　似蟾蜍而小,兼居水陆,吐沫成鱼。子为蝌蚪,俗呼
其子为"江鸡黏"。

　　蟾蜍　似虾蟆,陆居,皤腹,促眉,皮多珈磊。

　　鼀　又名蛙,水居,鸣声甚壮。

蛇　多种，毒虫也。

蜥蜴　似蛇，四足。《尔雅》曰蜥蜴，总曰螭。大者曰山龙子，缘木曰蝘蜓，在草曰蝾螈，在屋曰守宫，捕蝇曰蝎虎。首随十二时变色，俗呼盐蝎子。

蜈蚣　**蚯蚓**

水蛭　水虫，蠕动如血片。断之寸寸，得水复活。大者名马骐，腹黄者为马蟥。生深山草上者为草蛭，生石上为石蛭，泥中为泥蛭。

蛐蜒　暑湿化生，行处吐白沫成银色，后又化为蜗牛。

牵线　生水中，长一二尺，黑色如线，能箍断牛足。

尺蠖　似蚕而绝小，行则促其腰，使首尾相就，乃能进步。

孑孓　生于积水，小如针，长不一二分，在水中屈伸浮沉，久化为蚊。

仅有者曰：

石棘　似水鸡，俗呼石蜦。夜持炬入深溪岩穴间捕之。

蚕娥　蚕化为蛹，蛹又化为娥。

偶有者曰：

螟　食苗心虫。

螣　食苗叶虫。

货贿之属

物曲有利，成之以人能，曰货。然货者，化也。永之陶冶织作，不给土著之用，举其有余而懋化于他境者。

通有者曰：

烟　即淡芭菇。细切为丝者，始于闽，故福烟独著名天下。永以膏田种烟者多，近奉文严禁，即种于旱地高原，亦损肥田之粪十之五六。但货于江西、广东，多带米、布、棉、苎之类，回邑给用，是两利也。

仅有者曰：

纸　金丰、胜运所出。

篾灯

篾扇　乾隆十六年，圣驾南巡。永民极匠心造篾灯、篾扇，冀进御以效忠诚，呈之上官，谓不充御用发还。永匠器之朴拙可知。

篾枕　**箸**　**杉板**

辨其种，别其群，撮其类，陈其器，永之物产如是而已。虽使管、商复生，分土圆尽地力，庸可为富国乎！然《书》有之，"不贵异物贱用物"。读《豳风》，所陈皆农桑，节候近物，而勤朴忠爱之风见焉。则亦何取于合浦之明珠，朱崖之珊瑚、犀贝哉！

气　候

夫一室之内燥润殊区，一日之间燠凉易候。永虽蕞尔，为邑几三百年，广袤近二百里，独无气候之不齐哉！夫造化亭毒，阴阳炉铸，人日渐日淖于其中，谓是固然无足异。腹中之蛔，出腹而惊，别有天地。朝生蜉羽，抵暮而疑，屡改春秋。是故不参五方之异，不能别一方之气也；不历百年之变，不能定一岁之候也。

邑属闽汀，去海不数百里，于天近赤道暖带。是故郁岚霏雾或终日不解，淫霖暴涨或秋冬不免。当其积雨蒸霉，琴书衣物，无弗润且斑也。即或殒霜滴冻，草木虫鱼不尽涸以蛰也。此东南殊于西北之大分，闽瓯、江广无不然也。近就环境千里内征之，东南邻漳、潮，其水有信潮，风有信暴，其疾多疮疥，其应化多蛤蚌，其植多龙眼、荔枝，永无有也。西北接章贡建昌，其雪犹数尺，冰犹数寸，其饮啖皆椒姜，其来有鸿雁，其华有芍药、牡

丹，永无有也。更就二三里，百内征之，游子六曰："日阳彻地
而积火，遇石成硫，泉源经之则为温。"永之大洲、箭滩、汤湖、
下洋汤子角为温泉者六，四邻州邑不多有也。《淮南子》曰："土
地以类生人，皆象其气。山气多男，轻土多利，清水音小，浊水
音大。"永人多男子，同怀八九乳者率为常。其人喜怒易形，好
恶易转。其音清，中角无蛮聱之声，无厉促之响，四邻州邑不相
似也。马益诗云："两熟湖田天下无。"永土尺寸之田皆两熟，四
邻州邑不全然也。凡皆水土之气殊于近境者也。

至于节气之交，日月之出没，天下迟早不同，里差偏度，法
有定推。然早获先南而后北，晚收先北而后南，高山易晓而难
昏，村落易昏而难晓，即邑境百里内，细区之不能画一也。西术
云：地球圆九万里，每二百五十里差天一度。然则阴阳刚柔、寒
暖、早暮方殊，而刻异一，惟崇效卑法者之静对尔矣！乃若父老
纪闻，谓昔年拥絮，今或重裘；昔年烁石，今或凄骨。以今准
之，所谓昔年者又为当境，所谓或然者转成往事。盖天道三十年
而小变，百年而中变，五百年而大变。卒之无平不陂，无往不
复，迭运循环，变即其常耳。若夫气相伤谓之沴，则有暴作非常
以为时怪。若夏寒冬温，亢旱淫雨，疾风震雹，人畜草木之变，
此于五行传为灾异，邑时有之，不能琐书也。

星　　野

体生于地，精成于天。列居错峙，各有逌属者，星也。《周
礼》以星土辨九州之地。分星之说，有自来矣。然所主有异同，
所入有嬴缩。国殊窟穴，家占物怪，太史公已讥之。今天下郡邑
志书莫之定，而卒莫之敢删者，事天之学不可以不谨也。永隶于
闽，闽域于扬，扬之分星，即闽永所属。今就扬所分者列之。

北斗七星，在紫微垣魁四星，扬属第四星权。石氏云四主

吴，贾逵云蒙山以东，至江南会稽、震泽、徐扬之州，属权星。合魁杓七星，扬属第六星开阳。《星经》云："第六星属扬，常以五巳日候之。丁巳为吴郡会稽。"三台六星在太微垣，扬属上台下星。《星经》云："西近文昌二星曰上台，为司命，其下一星属荆扬。"天市垣二十二星，东西列各十一。扬属东垣，南数而上第六。宋两朝《天文志》："第六星曰吴越。"五纬，扬属火，为荧惑。《史记·天官书》："吴楚之疆，候在荧惑，占于鸟衡。"又云："越之亡，荧惑守斗。"

若夫历史所志，尤详于二十八宿。扬所属其辰在丑。卢欣松云："以《时宪历》推之，牛、女为元枵之次，其辰在子。盖今牛初度至危二度，已入子宫矣。"十二次舍为星纪，其星斗、牛、女。黄帝分星次斗十度至女七度，曰星纪。郑氏注《周礼》："星纪吴越也，斗、牛、女扬州。"贾疏："南斗，牵牛星纪也。吴越、扬州分野，南斗在云汉下流，牵牛为越分。"《尔雅》："星纪斗、牵牛，吴分野。"《史记·天官书》："斗，江湖牵牛、婺女扬州。"《汉书·地理志》："吴地斗分野，越地牵牛、婺女分野。"后汉《郡国志》注，引《帝王世纪》："自斗十一度至婺女七度，星纪之次。今吴越分野。"《晋书·天文志》："自南斗十二度至须女七度，为星纪，吴越分野，属扬州。"费直分星次："斗十二度至女五度为星纪，吴越分野"。《唐书·天文志》："斗，牵牛星纪也。初，南斗九度余千四十秒十二，太中南斗二十四度，终女四度为星纪之分。南斗为吴分，牵牛为越分。"《元史·历志》："起斗四度三十六分六十六秒外，入吴越分为星纪之次。"《明史》："福建皆牛、女分。"此其分合多寡，说愈丛，数愈纷。郑康成云："九州诸国中之封域，于星皆有所分。"其书亡矣，今存可言者十二次耳。夫可言者且纷杂如此，其他可知已。

论史者谓，《天文志》首推晋、隋。晋书各言州郡所入度而不及闽，或者据《星经》每度计一千四百六里二十四步六寸四分有奇之说，谓闽与会稽接壤，犹在一千四百里内，当与会稽同在牛一度。然《星经》所言，与今术以二百五十里为一度者，远近悬绝。而今术占测独准，且所云二百五十里者，以虚空鸟道言，安得计山川纤折之数，谓闽与会稽犹在一千四百里内，而强附于会稽也。

迩来修郡、邑志者，多据大明清类天文分野书，以西术推步，务得其度分之实。然牛七度四十一分、女十一度三十九分，自江南淮安已入牛分，尽浙江、福建、广东及广西梧州之四县，皆属牛女。而潮州则专属牛，惠州则专属女，其所推折，盖亦难尽信矣。要而论之，谓政失于此，则变见于彼，如景之象形、乡[①]之应声者，泥于占者也。谓郡邑于州百之一，州于中国十之一，中国于天下数分之一。不得以周天之星配中国，不得以一州之星概郡邑，且谓多寡与广狭不均，郡国随时代废置者，肆于辨者也。谓分国之始，实主此星，但分阴阳若街南北者，巧于遁者也。谓天道远，人道迩，付之不可知。又譬之心、腹、肾、肠一疾，则众体不安者，泛于理者也。泥于占则惑，肆于辨则废，巧于遁则穷，泛于理则怠，以天下山河之象存乎南北两戒，占测主山河，不主州国一行之说，儒者所以推为通论也。

至于占候之术，丛杂难举。窃谓分星以观妖祥，《春秋》纪灾不记祥。灾之大莫如水、火、兵、饥，其在于永：

成化二十一年乙巳，大水坏田庐，人畜溺死无算。

嘉靖二十一年壬寅十二月，大埔小靖贼傅大满、谢相寇县。典史莫住追击，死之。次年，大埔知县曾广翰计擒傅、谢，送军门斩之。

三十七年戊午，流寇千余人劫掠湖雷。乡兵追至县南，贼遁。是时，闽苦倭犯，山寇乘乱而起。汀、赣、惠、潮之间，莫

---

① 乡，通"响"，回声。

非盗窟。七月，大水漂去高陂、深溪二桥。

三十八年己未，大埔铲坑，温祖源、刘元球等五百余徒劫县。至南城外，夜杀三十余人。府通判郭子进与知县许文献督兵擒灭之。二贼啸聚铲坑看牛坪，与上杭三图贼张四满等声势相依，肆劫泰宁、尤溪、归化、永定等县。其寇永时，巡道王时槐提兵驻三图，大埔知县吴思立乘虚捣其巢穴，截其归路。二贼无可逃窜，故就擒。

四十年辛酉二月，上杭李占春倡乱，溪南饶表、萧碧，太平黄九、叶游仙蜂应。放火劫掠，杀万余人。窜寨投城者染瘟疫死。占春，上杭胜运山背人，宗政之裔也。因岁饥，以平谷为名，聚众万人，劫永定、连城。署县黄震昌遣义民赖一凤等招之，不从。巡道金浙督三县兵合剿。永定兵自汤湖鼓楼冈进，上杭兵自安乡半径进，连城兵绕贼后。战未决，上杭兵却。贼冲之，追至上杭南冈。杭兵争渡，溺死者甚众，一凤等亦死于垒。浙乃檄武平令徐甫宰、诸生李琛招降。后又迫夺杭民邱明裕女。明裕绐以亲迎，醉以酒而扼杀之。是岁饥，斗米价银一钱八分。署县同知黄震昌发粟赈济。

四十一年壬戌，叛兵李铁拐、韦高等至县攻城，诸生郑仁济等集金砂乡兵擒斩其酋，贼溃。

四十二年癸亥，饶平贼罗袍五千余徒，由箭竹隘突至，杀城外乡落男妇七百余人。欲击城，积雨，溪涨不得渡，乃去。罗袍，大埔沭教人，率大埔听招各贼，与饶平巨寇张琏相犄角，荼毒惠、潮、漳、泉等处，两广都御史张臬、平江伯陈圭南征。袍为部下缚送官司，解军门斩之。秋，饶贼李亚甫、薛封等劫掠金丰，高头民江宽山统乡勇追击，死之。亦张琏之党也。

万历二年甲戌六月二十六日夜，电光异常，大水沿溪冲去田二百余亩，漂没一十六家，溺死七百余人。诏加赈恤。

十四年丙戌，大水坏田庐。

　　四十六年戊午五月，大水溺死多人，冲坏田亩无算。是岁饥。斗米价银一钱八分。

　　崇祯十年丁丑正月，流寇陈缺嘴由南靖入永定。署道潘阳春、知府唐世涵、知县徐承烈、巡检倪思震剿之。四月乃罢兵。

　　十七年甲申二月二十九日，流寇数千围大埔。不克，遂从金丰至城下，放火焚东门桥及东南城外房屋。城中戒严。贼遁至湖雷村，掳掠六日。邑衿王芝兰、民童傅一率乡兵追击。伏发，芝兰、傅一被害。按，《大埔志》："十六年八月，饶平贼陈嵩、邱缙统伙数千劫县，不克，遁去。"疑即此贼也。当时知县伍耀孙督芝兰、傅一严守。侦知邑中奸民有通贼为内应者，急除之。贼闻故遁。六月二十日，程乡贼张大祥数千人袭破城，杀掠无算，掳去妇女千余人。大祥，名吉，绰号秤锤，程乡人。与上杭来苏张恩选绰号猪婆熊者连党，寇上杭，破永定、武平，官军莫可如何。

　　国朝顺治五年戊子四月，巨寇十三营共扶伪藩，由延平至永围困孤城，知县赵廷标间道请兵援救。是年，有江西宗室，不知主名，但称大禾尚，窜入宁化，聚众数千人，土人邹华、邱选率众附之。又有游僧伪称隆武，聚众数百，粤寇张、黄附之。又有男子伪称益藩，漳寇王镐、张文等附之。皆肆掠延、汀、漳、潮间。旧志云"十三营共扶伪藩，不知是何一伙"。又是年四月，上杭巡道游击有擒陈坑黄铺贼之役，武平有击截赤冈贼朱良党之役。五月，汀郡总兵有御流寇十余万逼郡城之役。三月，漳州府兵有御海寇许祚昌之役。廷标间道请援，不知何兵。秋大饥，斗米价广钱千文，折银五钱。知县赵廷标籴粟煮粥赈济。十月，大埔贼江龙万众攻城。凡三阅月，知县赵廷标誓众死守。贼遁，遣兵同乡勇击败之。龙，大埔蓝树窖人。因海氛告警，据大埔城为乱。至顺治十一年，随闽寇攻乌石寨，为寨民铳击殒死。六年己丑，金丰里苏荣伪称招讨大将军，沿乡送授伪札。胡坑李天成亦倡乱，杀戮乡民。八年，兵巡道赵映乘会三省兵擒剿，苏荣赴漳师投诚，李天成就擒。巡抚张学圣临永讯实，天成伏诛，苏荣监禁漳狱死。

十四年丁酉，金丰里岩背村罗郎子、温丹初聚众掳掠男妇，挖掘棺骸勒赎。兵巡道卫绍芳擒诛之，二贼屋产变价充饷。

康熙三年甲辰，大水坏田庐、桥道。是岁饥，知县孟熊臣、推官徐开远至县发赈。

十四年乙卯十月初四日，安达公提师援漳过永，时耿逆伪将军刘应麟部下石满库据永抗师。初六日城陷，焚南城楼、县署、鼓楼、东门桥及民居数百余间，杀戮男女数千人，拘系去者数千人。是年六月，郑经围漳州，海澄公之子黄芳度权知军事守御，使其兄诸生芳泰突围，入粤请援。时平南王尚可喜①拥兵十余万驻粤，遣其子安达公之信提师援漳。因永伪将抗拒，初六日城破，漳州府亦是日城破，不及援，间三日耳。所系去男妇，康熙十七年后，郑九畴等呈知县颜佐，通详总督郎公廷相、姚公启圣叠咨广东抚院释回。其携至直隶、江南、江西各省者，列疏具题，恩诏查发回籍。

三十三年甲戌至三十五年，连岁饥。斗米广钱五百文。民食树萌、草根殆尽。

三十五年丙子二月二十五日，上杭溪南三图贼郑德敬，聚众千人谋破县，渡河至大院寺。是夜，锦峰乡民邀击之，贼溃。德敬遁回上杭中村，乡人杀之。德敬自三十年辛未啸聚，屡劫大埔三河等处，杀官兵、乡民，阴结党与②数千人，至是谋劫县。二月二十二日，于碓头誓众。候集党与，不至。二十五日，始渡河。邑中有约为内应者，幸未至而败。

---

① 尚可喜，原文为"尚可嘉"。
② 党与，即党羽。

三十六年丁丑，大饥。斗米价银一两。

四十年辛巳六月十六日，大水坏田庐无算。

四十五年丙戌，浙民黄宜加、曹昌隆流入永境案山，聚徒百余人，连年劫掠四乡及邻封。四十九年，督抚檄游击沙永祥，会漳、潮兵搜捕七十余人，各置于法。

五十七年戊戌五月初八日，大水漂圮民房，卧龙桥废。秋，疫死者千余人。

雍正四年丙午，大饥。二月斗米价银三钱，渐增至五月，斗米价银七钱二分。民淡食。盐每斤价银自二分渐增至八分。

五年丁未，大饥。二月斗米价银三钱二分，渐增至四月斗米价银六钱。自是以后，民率以斗米银三钱以上为常食矣。淡食如故。五月初十日，大水，溺死者百余人，漂圮民房无算。丰田马山堡涧水壅没土堡，压死七十一人。

乾隆五年庚申闰六月十四日，大水坏田庐无算。恩发帑银五千两赈恤，豁免水冲陷田粮。

十四年己巳七月十二日，丰田、太平二里，大水坏田庐。

十九年甲戌，金丰里虎伤死八十余人。次年，太平里伤死十一人，丰田、溪南二里伤死三人。民各处设槛阱。金丰里毙虎六只，太平及龙岩近境毙虎三只，溪南里毙虎一只。

永定县志卷之二

营　建　志

城池、公署、坛庙、陂渡、寺观、古迹

封域定而营建兴，城池以辑人民，公署以尊官吏，坛庙以崇祀事，而上下得所，人神胥悦矣。陂湖桥渡所以利民，佛寺道观均以备用。古迹虽湮，亦并列焉。他若仓廪编诸食货，庙学编诸学校，营汛编诸兵刑，盖各从其类也。厘营建之目，为篇者六。

城　　池

《周礼》：有司险，以知山林川泽之阻；有掌固，以修城廓沟池之固。山林川泽者，地险也；城廓沟池者，设险也。王公守国，虑所必周，安得拘榖梁子①之说？谓凡城必书，以示讥乎？永治北枕龙冈，南屹眠象，龙门耸于东，印匣镇于西。两水左右，潆环合流。南浦四周帐塞，万室鳞比，车骑之所不能驰，营阵之所不得整，而犹必崇墉深堑以为固者。譬则人家备盗，既密其外、蔽之藩篱，仍不忘囊箧之扃鐍也。

永城筑自明弘治七年，讫工于十年。半挂山巅，半垂平麓，周围七百七十六丈六尺。基以石版，甃以陶砖。址广二丈有奇，面广三之二。南临田，高二丈九尺有奇。北倚山，杀于南十之一。内外马道，广一丈五尺。壕二丈余，深半之。为门者四：东

---

① 榖梁子，指榖梁赤。

曰太平，西曰迎恩，南曰兴化，北曰得胜。各建敌楼于其上。东、西、南三门内，左右各有盘诘所一间，周城窝铺一十有六所。今皆废。先是，弘治二年，太学生赖高奏请筑城，适岁饥不果。五年，知府吴文度具禀巡按吴一贯，奏行凡县无城者，悉令筑之。知县陈悦具申，未报，又不果。及巡按陆完暨藩臬按郡知府吴文度，仍力陈利害以请。于是筑城之议始决。参议王琳、佥事王寅先后临县，相度地势，询谋佥同，委知县陈悦、典史朱麟、医官张以璇等分任其事，推官徐楷催督之，邑人进士赖先为之左右。七年九月，肇工方殷，而徐楷罢，陈悦故，巡道周鹏乃委长汀主簿吴俊摄县监理。九年，都御史金泽巡抚南赣，《明会典》，弘治十年始设南赣巡抚兼辖汀州府。今云九年，从旧志也。《上杭志》亦云弘治八年金泽巡按南赣。首询及此，令新任知县宋澄稽查工料，趁时修筑。随荐旧分巡佥事伍希闵，再奉敕整札上杭。先以忧归。殚心经画，十年而工竣。其后，弘治十七年，知县陈济因北门不通衢路，岑旷可虞，用砖砌塞。

嘉靖三十四年，知县许文献重修东、西、南三门，城楼添窝铺十一所。三十六年，各垛俱增竹栅。今皆废。三十七年，于三城门增裹铁叶，横直施木楗。三十八年二月，以北门前砌单薄，加填三和土，祀元武于楼上，匾曰"北门锁钥"。旧标为景，曰"北楼夜月"。

知县赵良生诗曰：佳晨此登楼，众山满虚牖。高处月华多，林峦发烟绣。怀哉冰玉人，相对无愧负。空翠欲沾衣，严城起钟漏。坐久眉目殊，清光共幽秀。

邑人熊九祯诗曰：良夜何迢迢，直上北楼倚。一望无际涯，月色凉如水。群山荡漾浮，树影参差比。恍疑天半游，竟欲踏云起。高处不胜寒，应是琼楼里。

又因北门城下无壕，钉苗竹钉，阔一丈，长三百丈，以防攀城。四月，西城圮一十五丈。许文献督修。隆庆二年，知县陈翡鼎新西、南二门城楼。崇祯间，知县徐承烈继修。

顺治三年，西门城楼毁。知县赵廷标重建，高不及旧楼数尺。康熙十四年，南门城楼毁。四十八年，知县曾九寿重建。四十九年，倡修北楼。雍正八年，知县顾炳文重建西门城楼。高又不及赵廷标重建之旧。自弘治甲寅至今乾隆乙亥，二百六十余年，城之兴废、增修者如此。视他郡邑之圮于水、破于贼，亟治而亟坏者，址固而劳省矣。

顺治五年四月，巨寇围城，自夏徂秋。知县赵廷标间道请援，击败之。十月，广寇江龙穴地炮城，知县赵潴水淹之。又用飞梯附城，赵悬栅坠之。城卫之功于是为著。然非赵公誓众死。[①]

捐资复浚者，又漫不可识矣。按：康熙二十八年，知县吕坊之设立印簿，令诸赁公地者自书批赁于上，纳租入祀文昌祠。内开：张心友叔侄赁壕塘二口，郑复光、孔永成、赖立端各赁壕塘一口，是五塘者壕之有据可指者也。以百四十五丈之壕，今止有此区区，不无饩羊之爱矣。其东城内马道一丈五尺，虽犹如故，然许志修于嘉靖三十八年，廖林凤捐地于隆庆三年。许志一丈五尺，必据四城内外而言，不得以今东城寻丈之地，当许志所载之数也。其东城外官地店四间，亦填壕，为之以赁民者。《管子》曰："国有宝有用，珠玉末用也。"城廓险阻，宝也。先王重宝而轻用，以壕地赁锱铢之租，致渐积侵没而莫寻其故。其轻重不亦偾乎！

由城池而别街巷，由街巷而详渠井。量人所谓量市朝、道巷、门渠，易所谓改邑不改井，固与城池相为表里者也。其为街也，自东门穿城而达西门者曰大街。自漳南道右接大街，南下折西数步而出南门者曰南门街。自漳南道左接大街，北上达龙冈者

---

① 以下原书缺一页。

曰城隍街。邑中之为街者止此。东西径直为一，南北屈折为二，大概则十字中分也。是皆建邑之初知县王环经画。成化十八年，甃石砥平，今犹利之。旧志载大街阔二丈，南门街阔一丈五尺。今则市宅潜侵，得尺则尺，得寸则寸，殊不如旧矣。若四周通行，自东而南而西，皆由城脚马道。惟北而自大街之西元帝宫前，历东岳庙右，沿水圳北上，过山麓，至乾圳头，南下而出大街之东。盖城北阻山，不能为通道也。

巷之东西通者十：南门街南下始登云坊，东行至车碓下，湾①北出大街者，圳巷也。始秘书坊西行至席草湖，达城西马道者，秘书巷也；始井边，东行曲折至车碓下，会圳巷者，孝德巷也；始槽子窟栅门，西行湾南而达城南马道者，槽子巷也；城隍街北上，始井下，东行过万寿寺前，出大通衢者，万寿巷也；始孝义坊，西行过察院前，至元帝宫前出大街者，衙后巷也；始阴阳地，西行湾北，达水圳头者，牛字巷也；始练子树下，东行出大通衢者，丛桂巷也。又大通衢之东，有东行过布政司前而达东城脚者，有东行过十二家而达东城脚者，皆半巷也。巷之南北通者四，在东者二：始南城脚郑家祠左，北上达孝德巷，西北行达圳巷，转东北行跨大街而东，又北上，跨万寿巷而出丛桂巷者，长巷也。虽矩折连迤，实一巷耳。始南城脚洋塘下，北上出孝德巷者，洋塘巷也。在西者二：嘉靖间，缩儒学射圃地，南通大街，北通察院行署者，新巷也。天启间，创建文昌祠，辟其西边，北通大街，南通秘书巷者，青云巷也。布而列之，而纵横经纬，若缕纹之示诸掌矣。

其渠来自杭陂，由西城翼而入东南。流径九断石，又东径荒园，又东径秘书巷口，南折至登云坊，东折径圳巷出东城门右，是为渠身。为支流者四：一支分自九断石，西流出城外大洋寨；

---

① 湾，同"弯"。

一支分自荒园，南流径王家屋后，转西南出城外坡尾；一支分自秘书巷，南流径回龙，出城外郑家祠背；一支分自登云坊，南下径井边，东弯出郑家祠右，又岐为二，一南流出城外小路街头，一东南流出城外榕树坛。若西城门右有干沟口通西溪者，当春夏霖雨，北山西之水由大圳高泻而下，至东岳庙右冲渠溢岸，特疏为沟口，以杀其势也。自西而南而东，入水者一，出水者七，故俗有"七孔八窍"之谚。导而疏之，而条分派注，若荣卫之周于身矣。

井则五方各凿为一。中井，在县署仪门右，今湮；东井，在拐角头；北井，在龙冈下；西井，在元帝宫前。惟南井在锦衣坊左者，泉味清冽，应汲不穷。先是邑人吴璘开凿，深三丈，基稍狭。其曾孙吴懋中拓地五尺，汲者便焉。

邑人吴登瀛诗曰：君不见薛女①井，三月三日启造笺；又不见廖家井，丹砂百斛饮长年。异者为酒为盐火，幻者得玉得金钱，何如此井常勿幕？蠏珠蟹眼吐龙涎，非老亦非嫩，疑圣复疑元。陆羽携茶具，东坡活火煎。况在城闉司万命，银瓶素绠杂喧阗。标地老人凿，拓地子孙捐。少取不盈多不竭，往来井井莫相先。莫相先，但愿家家清肺腑，吾家惯自酌贪泉。

夫犹是公地也。马道井基有捐而扩之，城壕街巷或占而没之，公私异情，义利殊尚，人心之不同如此云。

公 署

在昔，公刘有匪居匪康之勤，使臣有不遑启处之感。岂弟君子，民之攸暨谁欤？处优而养尊者。然向明而治，退食而思，百官庶府有其制也。旌节所临，驰驱所届，树宫候馆有其所也。主

---

① 薛女，指晚唐诗人薛涛。

治者令，主簿与典史附焉。其署，创建于知县王环开邑之初，奉宪令营建。即今西仓地。左连布政分司，右连儒学。旋以地形未胜，欲申改不果。正德元年，迁射圃于学右，迁布政分司于射圃，拓其址为县署。东，上抵民居，下抵漳南道；西，上抵儒学，下抵龙门。南抵大街，北抵后巷。任其事者，署县典史叶珵也，尚书王鉴之为之记。略曰：

永定旧上杭地，成化间分建于溪南田心。山川环抱，文治渐蕃，讫为上邑。第县治未安，恒弗利于令。议者谓宜兼布政分司为之。歉于资力，久而未克也。癸亥冬，吾浙上虞叶君珵，以典史之邑。无何，署邑篆。里老张智等以改邑请，具实申详，御史饶君槺继，金事陶君怿按临，咨于郡守蔡君余庆、乡官户部员外赖君先，皆首肯。于是度材定位，迁布政分司于射圃，拓其地为县署。其制，中为治堂，五楹，邃三丈，广倍之。左二楹为主簿厅，簿裁而署仍设，暂为待客所。右二楹为典史厅。堂之后为知县衙，左为主簿衙，右为典史衙。堂之前为戒石亭，两旁为吏舍。又前为仪门，门附余地。左为狱，右为铺。又前为谯楼，冲街东为旌善亭，西为申明亭。轩昂闳厂，倍增于旧。盖赖君所力主，而叶君实成之。工始于丙寅之季冬，落于丁卯之季秋。既竣，新令曾君显走书币，征文于余。余乐叶君之得其职而能有成也。且曾君躬此率人，是亦贤者，吾独可无言乎？遂笔之为记。

万历十三年，知县姜子贞大加葺治。邑人郎中沈孟化为之记。略曰：

永定县改治自正德丙寅，历八十年所于兹矣。岁久倾颓，弗克宁居。虽拙于财用，亦当事者因循之过也。甲申冬，余姚姜君来尹吾邑。甫下车，周视县署，卑庂荒芜，慨然有兴修之意。明年，捐俸葺治，请于府、道，征纲银二百余两以助其费。首修正堂飞梁五道，内营穿堂，外设扉屏，而体统崇矣。次公帑，次东西仓。择坚革枯，选宏化陋，而国本重、民命固矣。仪门外新构一宇，匾曰"亲贤"。卓矣，倒屣之风！大门东旧狱颓圮，移建于西。高垣广衍，恻然泣罪之意。仪仗库、赞政厅，附堂而理；东西吏廨，旌善、申明随门而修。前抗谯楼，弥望极顾；后饬斋所，优游燕寝。《诗》咏"芋宁"，《易》称"大壮"，不是过矣！夫治国如作室，然以理易乱，以实易虚，自卑而崇，自迩而远。侯此举，匪直不敢传舍若官，蘧庐若署也。其安上全下，化民成俗之道，视此矣！

万历四十一年，知县龙应亮改典史厅于东畔，以吏舍三所为之。四十五年，知县吴殿邦于典史衙址建"听松楼"，附于县衙。国朝康熙十四年，大兵破城，焚烧县署、鼓楼。十六年，知县颜佐修复之。二十年，知县吕坊之重修，撤朽易坚，饰陋为文，全署焕然一新。易"亲贤"曰"寅宾"，额治堂曰"视履"。乾隆十七年，知县伍炜通修内外庭堂、书房、栏杆、谯楼及邑中桥梁、道路、演武亭、公馆，邑且为之改观也。

总今署制，正堂五楹。中为治堂，左第一楹为龙亭库，第二楹为架阁库。是二楹者，即昔之主簿厅，又为待客所也。所谓昔制者，皆就正德元年拓建后言。若正德前，则自县署中分，左皆布政分司地也。右第一楹祀关壮缪，第二楹为仓廒。是二楹者，即昔之典史厅，又为赞政厅也。由治堂入为穿堂，其左前为外库，后为内库。其右前为轿班房，后为买办房。穿堂后东行入宅门为廨舍，左为东书房，庖湢在焉，即昔之主簿衙旧址也。右为西书房，即昔之典史衙，又为听松楼旧址也。又入为后楼，仍以"听松楼"呼之。又后余地为仓廒，右为内土地祠。治堂之前，东西各建亭，以居皂隶。

前为**戒石亭**　宋高宗绍兴二年，颁黄庭坚书《戒石铭》于州县，令刻石。明因之。戒曰："尔俸尔禄，民膏民脂。下民易虐，上天难欺。"

两旁为吏舍，东曰盐房、简房、承发房、吏房、户房、礼房，西曰仓房、门房、铺长房、兵房、刑房、工房。州县设吏、户、礼、兵、刑、工六曹，始于宋徽宗。舍末各为仓廒。又其东为典史衙，正堂三楹。后为廨舍，又后小屋数间。大门外建土地祠，典史主之。后抵县库，前临寅宾馆。今改建为仓。左连漳南道，右连吏舍。万历年间改设，乾隆十七年典史陈益重修也。又其西为仓廒，本县旧设。但有东西吏舍末仓廒四口。今四周余地皆仓，则自康熙以后递有增建也。

戒石亭之前为仪门，门附耳房①，左为皂班房，右为快班房。仪门外，左为外土地祠，祠下为轻拘所。康熙间，邑绅卢化等请于县撤去，改为民壮直宿房。右为狱，前为谯楼。楼外右为总铺一间，余赁为市店。

冲街左为**旌善亭**　明制，令凡民间有孝子顺孙、义夫节妇，具揭其实行于亭，用以劝善。

右为**申明亭**　明制，老人以岁时聚民于亭，宣读教化榜文，俾知禁谕。凡平婚、田土、斗殴、赌博诸细事，皆主之民。作奸犯科者，揭其名氏于亭，用以惩恶。又设圣令牌，令曰：自古设官分职，本以为民，上为朝廷宣布条章，下为生民造福。无横邪暴敛之害，绝吏卒奸贪之弊，使民得安田里，斯为良有司矣！其或贪赃坏法，民受其殃，如此者鬼神鉴见，祸及身家。今出令昭示：凡有司为善者，或因事连累，或被同僚小人诬害，许耆民保奏。为恶者，四乡耆民置此牌于公厅，指陈害民实事，以礼劝谏，随牌而退。如其不改，置牌劝谏如初。倘三谏不悛，耆民赴京面奏，以凭拿问。敢有阻当，治以重罪。今此令即不行，其良法美意可思也。

又左建道揆坊，右建法守坊。二坊今废。

若行署，明制，福建布政使司有左右参政各一员，左右参议

---

①　"房"字校补。

各一员，为分守道。按察使司有副使、佥事各一员，为分巡道。其分巡两员：一曰建宁道，一曰福宁道。汀州辖于建宁，漳州辖于福宁。汀、漳之界若上杭、龙岩，多峻山丛木，寇盗窃发，两道分辖，每巡警不通。成化六年，顺天府治中邱昂，龙岩人。奏请添设一道，独莅二郡，驻节上杭，曰漳南道布政分司。漳南道暨府正官，各以时巡历地面。又有钦差监察御史，岁巡按诸郡县，曰察院。旧制：凡偏僻州县，御史不能遍及，但严督守巡官巡历，故永邑不及焉。嘉靖十九年，改龙岩东路由永定西路，侍御王瑛始巡按临永。

　　副使田汝成《改路记》略曰：汀、漳，岩郡也，介于万山，鸟道盘纡。先是按察分司两道领辖诸郡，而汀漳分隶，判不相统，使节寡历，故路废弗除。成化中，立漳南道于上杭，领辖汀、漳，而二郡始相联络。复立永定县于西偏岭。左邻壤抵漳入汀者，东由龙岩，西由永定。东路险远，不若西路便。第驿传、铺舍俱从东偏，故行部者率由之。嘉靖庚子秋，侍御王公瑛出按八闽。及于漳南，诹求疾苦，父老咸言："汀、漳比邻之国，缓急相援，非近易不可，宜开西路。"公然之，谋于分巡佥事侯君廷训。乃委永定令唐灿、上杭令伍箎综理之。堕高堙卑，而两山之阻遂为大途。迁铺舍于武陵、赤石、竹坑诸路，连延布列，以给传送，比之东路减其远三之一。又少险阻，行者安之。改平西驿附县治，因旧公署建御史行台。是举也，始于嘉靖庚子十月，成于十有二月，为费六十二金。

　　故总邑之公署有：

　　察院行台　在儒学后旧射圃地。原为布政分司，改为察院行台。东西抵民居，南抵衙后巷，北抵大水圳。

　　布政分司　旧在县治左，后迁射圃。后改为察院行台，又迁分司于治东卧龙山下，以山川、社稷二坛址为之。北至庙墙，东至吴宅墙，西至大水圳，南至大坪。其社稷、山川二坛，迁于东郊教场。

漳南道　在县治左。后抵民居，前抵大街，左抵城隍街，右抵典史衙。

府　馆　在儒学西。嘉靖十九年，改府馆为平西驿。国朝罢察院，改行台为驻防千总署。乾隆十三年，改布政分司为育婴堂，惟漳南道如故。其制：正堂三楹，入为穿堂，后为廨舍三楹，又后为燕室三楹。左右附房为庖湢。堂前为仪门，左右为角门，又前为大门。门外左右设鼓亭，冲街东西为辕门，署外余地赁为市店。居然古诸侯之国，而皇华客使税驾者仅有此，区抑蹙矣。

其属署：

兴化巡检司　明洪武五年设于溪南里古镇。正统十四年，乡宦范金以太平里虎冈寇盗出没，奏徙于虎冈，改名太平巡检司。天顺间，寇发于南，有司请添设于古镇，仍名兴化司。成化十五年开县，迁司于丰稔寺之右，拨隶永定。嘉靖三十七年迁于上杭碴头，隶上杭。万历间，于上杭河头隘筑城驻兵，设通判一员、百户一员，复迁司于丰稔寺，仍隶永定。国朝康熙十年，巡检刘杰以旧署滨河，洪水泛圮，于高阜买地迁建，署廨聿新。

太平巡检司　即正统间徙兴化司于虎冈者。景泰末迁于高陂，成化十五年开县，拨隶永定。原无廨舍，嘉靖十八年知县唐灿买民卢金稔屋地为之。废久。今巡司赁民舍以居，无定所。

三层岭巡检司　立县时，都宪高明奏请开设。地邻广东饶平，今为大埔。其大靖、小靖地方寇贼数起。该司所辖三大山，曰岐岭、曰苦竹、曰条河，盗常据为巢穴。司衙旧设于天德甲，防控为宜。今废。其址犹存。巡司寓于太溪公馆，非制也。

阴阳学、医学　旧志："在县治后第三街。"久落为民居，不可考。又载："改建阴阳学于旌善亭右，改建医学于申明亭左。"今亦赁为市店，训术训科，收其租利耳。

若夫公馆、驿、铺，随改路建迁。先是汀、漳阻隔，自添设漳南道兼辖二郡，始由上杭东门八十里至汤边。设平西驿。又二十里入龙岩界。经龙岩出圆岭，达水潮抵漳，是曰东路。成化十五年新开永定，又自上杭南门六十里至官田，入永界。过县，由金丰逾芦溪凹，出今平和抵漳，是曰西路。是时，邑西五十里设丰稔公馆。在旧巡检寨旁，知县毛凤建，编门子一名。邑东五十里设太溪公馆。编门子一名。又设新村铺、编铺兵三名。太溪铺、编铺兵四名。月流铺，编铺兵三名。皆有编徭。盖西路星轺罕通，故为公馆者仅二，为铺者仅三也。嘉靖间，改东路从西路，即今自博平岭，由丰田历百里达县，又自县西达上杭者是也。于是驿、铺、公馆有改、有增、有迁移。旧由东路，龙岩、上杭各有馆铺编徭。及由西路不便，独苦永定。金事侯廷训酌议，岩杭协编共为驿者一，为公馆者四，为铺者十有七。星罗棋布，候在疆而舍可施矣。今就所设者列之，而沿革附注焉。

其驿曰：

平西驿 原设上杭汤边。嘉靖十九年迁于县治，改府馆为之。北至周宅，南至大街，东至新巷，西至廖宅。官俸兵徭仍隶上杭，道通汀、赣、漳、泉、惠、潮。西至上杭，一站一百二十里；东至龙岩适中驿，一站一百二十里。夫价俱一钱二分。南至大埔，一站八十里，夫价八分，视他站为重。崇祯元年，驿丞裁，馆废，地基改建戴德祠二堂，孟公祠二堂，岳公祠二堂，何公祠二堂。雍正三年，改戴德祠为节孝祠。余地赁民架造店屋，收租入学公用。

参政陈朝用《晓发》诗曰：平西荒驿晚来投，晓发犹担万斛愁。漠漠阴云垂雨脚，悠悠险路挂山头。私情许可志公义，远虑其能省近忧。但得吾民安衽席，眼前辛苦复何尤？

详"阴云"、"险路"二句，当是未迁时汤边驿也。

其公馆：

县东北六十里曰**武溪公馆**　在丰田。嘉靖十九年，金事侯廷训增设，编门子一名。

一百里曰**半岭公馆**　在丰田圆岭，迁金丰太溪公馆为之。其太溪旧址，乡民建庙祀关壮缪。内为社仓，今为三层岭司寓署。先是东路龙岩，由适中驿经圆岭，达水潮抵漳。万历间，龙岩御史蔡梦说改从适中，由林田岭达水潮，而圆岭路不行，半岭公馆废。址存。

县西北三十里曰**接敬公馆**　在溪南、胜运交界，建设年月无考。编门子一名，即以半岭门子移编。意馆亦因半岭公馆废而移设也。

五十里曰**丰稔公馆**　未改路前，设编门子一名。自此十里至官田，上杭设有公馆。永杭相距一百二十里，官田在六十里中界。使节所过，必宿官田，道里始均，而丰稔公馆废。

参议陈渤《夜宿》诗曰：龙飞北海鸟图南，倚剑高歌酒半酣。功业未成人渐老，耻于世上说奇男。

其铺：

县东北十里曰**箭滩铺**　改路增设，上杭编徭。

二十里曰**罗滩铺**　改路增设，上杭编徭。

三十里曰**湖雷铺**　改路增设，铺兵五名，上杭编徭三名，龙岩编徭二名。

四十里曰**龙窟铺**　改路增设，上杭编徭。

六十里曰**武溪铺**　改路增设，上杭编徭。

八十里曰**上寨铺**　改路增设，龙岩编徭。

九十里曰**龙潭铺**　改路增设，龙岩编徭。

一百里曰**半庵铺**　改路增设，龙岩编徭。

县西门外曰**市西铺**　旧设铺兵四名。

西北二十里曰**德化铺**　改路增设，铺兵四名。

三十里曰**接敬铺**　迁金丰太溪铺为之。

四十里曰**白沙铺**　改路增设，独无铺兵。

五十里曰**信感铺**　在丰稔寺。改路增设，铺兵四名。

又有自湖雷分路，北达龙岩者，

四十里曰**溪口铺**　迁金丰新村铺为之。

五十里曰**青坑铺**　迁金丰月流铺为之。

七十里曰**高陂铺**　龙岩编徭。

八十里曰**傅坑铺**　龙岩编徭。雍正十三年，龙岩知州张廷球详裁高陂、傅坑两铺。

凡邑之所以处处有位通宾使者如此，居此者将使人适馆授粲，跻堂称觥，有燕笑誉处之乐乎？抑使人侧目，天关瘴心，当道怀逝，将弃女之悲乎？将布政行惠，使人思其德、爱其树，而歌咏弗替乎？抑师行旅从，使民饥弗食、劳弗息，而谗慝胥作乎？孰得孰失，何去可从？后之君子必知所以自处矣！

坛　　庙

世宙之鬼神，犹人心之事物也。人心包络绝无事物之迹响，而思虑所通，则六合之大，千古之远，物情事变，灼然此心之中。鬼神视弗见，听弗闻，及斋明盛服以承祭祀，洋洋乎如在其上，如在其左右。人不敢以事物之灼然于心者为无有，即安敢以在上、在左右者为幻化哉？顾其来格也，非可以徜恍而求也，必多方以致其一焉。是故，为之坛壝、庙祠以聚之，比时具物以祭之。而又正之以义，秩之以分，不僭不淫。然后昭明焄蒿，足以迓休祥而消衍慝。犹事物之应心，非能动念而得也。求之纪闻，触于时物，而又慎思其所当思，而禁其所不当思。然后藏往知来，足以益神智而破昏瞀。故曰国之大事在祀，祭之受福以礼。于邑则有：

社稷坛　祀五土五谷之神，在铁坑。

成化十六年，知县王环建于县东卧龙山麓。嘉靖十九年改为布政分司，迁坛于东郊教场，迁教场于南郊。嘉靖三十七年，洪水冲废东郊坛，知县许文献迁筑于铁坑。雍正十年，知县顾炳文重建。按颁定坛制，东西二丈五尺，南北二丈五尺，高三尺四寸，出陛各三级。坛下前十二丈，或九丈五尺，东西南各五丈，缭以周墙。四门红油，北门入其神主，用石，长二尺五寸，方一尺，埋于坛南正中，去坛二尺五寸，止露圆尖。余埋土中。又用木神牌二，朱漆青字，一曰县社之神，一曰县稷之神。身高二尺二寸，阔四寸五分，厚九分。座高四寸五分，阔八寸五分，厚四寸五分。临祭设于坛上，祭毕藏之坛外。神厨三间，库房三间，宰牲房三间。今邑设不能如制也。

春、秋仲月上戊日致祭，每位帛一，用黑铏一，簠二，簋二，笾四，豆四，羊一，豕一。

其祝文曰：惟神奠安九土，粒食万邦。分五色以表封圻，育三农而蕃稼穑。恭承守土，肃展明禋。时届仲春（秋），敬修祀典。庶丸丸松柏，巩磐石于无疆；翼翼黍苗，佐神仓于不匮。尚飨！

其里社各乡建设不一，祭随俗行之。

风云雷雨、山川、城隍坛　祭风云雷雨、山川、城隍之神，在铁坑。建迁与社稷坛同。定制坛式、神主，与社稷坛同。木神牌三：一曰风云雷雨之神，一曰永定县山川之神，一曰永定县城隍之神。坛主亦不能如制。春、秋仲月上巳日致祭，风云雷雨位，帛四；山川位，帛二；城隍位，帛一。皆用白。余如祭社稷仪。

其祝文曰：惟神赞襄天泽，福佑苍黎。佐灵化以流形，生成永赖；乘气机而鼓荡，和肃攸宜。磅礴高深，长保安贞之吉；凭依巩固，实资捍御之功。幸民俗之殷盈，仰神明之庇护。恭修岁祀，正值良辰。敬洁豆笾，祇陈牲币。尚飨。

先农坛 耕耤祀先农也。在大洲塅。原为接官亭地。雍正五年，知县顾炳文奉制创建。右为坛，左为庙。按，雍正四年奉颁坛制，高二尺一寸，四至各阔二丈五尺。坛后建正房三间，配房各一间。南向，头门三间，正房中供奉先农之神。牌高二尺四寸，宽六寸。座高五寸，宽九寸五分，红漆金字。今亦不尽如制。每岁部颁日致祭，帛一，用青。

余如社稷仪。祭毕，行耕耤礼。耤田四亩九分。

其祝文曰：惟神肇兴稼穑，粒我蒸民。颂思文之德，克配彼天。念率育之功，常陈时夏。兹当东作，咸服先畴。洪惟九五之尊，岁举三推之典。恭膺守土，敢忘劳民。谨奉彝章，聿修祀事。惟愿五风十雨，嘉祥恒沐于神麻。庶几九穗双岐，上瑞频书于大有。尚飨！

每岁孟夏，择日行常雩祭，亦于是坛祭之。

其祝文曰：恭膺诏命，抚育群黎。仰体形廷保赤之诚，勤农劝稼；仰惟菽屋资生之本，力穑服田。令甲爰颁，肃举祈年之典；惟寅将事，用伸守土之忱。黍稷惟馨，尚冀明昭之受赐。来年率育，庶俾丰裕于盖藏。尚飨。

城隍庙 祀城池之神也。在县治东。正堂三间，左右耳廊共六间。前饮福厅三间，外大门临大街。成化十五年，知县王环建。嘉靖间，知县毛凤、唐灿、许文献递修之。万历间，知县何守成、姜子贞继修。顺治十九年，知县岳钟淑修。康熙三十八年，知县吴梁修。乾隆十一年，知县赵燮按户出资重修。春、秋择日致祭，如山川坛。

土地祠 祀土神也。城乡建设甚多，春秋择日于县治仪门外左之祠祭之。

关帝庙 祀汉关壮缪侯也，在县治北卧龙山麓。旧址学地。万历二十三年，知县张正蒙创建。正堂三间，门厅三间。廊西建土地祠。每岁春、秋择日，五月十三日诞辰，凡三祭。帛一，用白。登一，铏一，簠二，簋二，笾十，豆十，牛一，羊一，豕一。

其祝文曰：维帝浩气凌霄，丹心贯日。扶正统而彰信义，威震九州；完大节以笃忠贞，名高三国。神明如在，遍祠宇于寰区；灵应丕昭，荐馨香于历代。屡征异迹，显佑群生。恭值嘉辰，遵行祀典。筵陈笾豆，几荐牲醪。尚飨！

雍正三年，封帝曾祖光昭公、祖裕昌公、父成忠公，建三公祠。今在庙廊西，土地祠后。祀帝日，先祭三公祠，每位帛一，用白。铏一，簠、簋各二，笾、豆各八，羊、豕各一。

其祝文曰：惟公世泽贻庥，灵源积庆。德能昌后，笃生神武之英。善则归亲，宜享尊崇之报。列上公之封爵，锡命优隆。合三世以肇禋，典章明备。恭逢诹吉，祗事荐馨。尚飨！

帝香火遍穷乡僻壤。其专庙祀者，一在东门桥头，一在高陂，顺治间，巡检郭天福建。一在半岭，一在坎市。雍正二年，乡民创建。

天后庙 祀五代闽王时莆田都巡检林愿之第六女也。在东关外。春秋择日致祭，如祭城隍仪。

其祝文曰：惟神菩萨化身，至圣至诚。主宰四渎，统御百灵。海不扬波，浪静风平。舟航稳载，悉伏慈仁。奉旨崇祀，永享尝蒸。兹届仲春（秋），敬荐豆馨。希神庇佑，海晏河清。尚飨。

各乡祀者不一。专祀者，一在高头乡，一在鸭妈潭。乾隆十六年，众乡合建。

邑厉坛 祀邑无主之鬼也。在邑西二里。成化十六年知县王环建，嘉靖十年知县毛凤修，雍正十年知县顾炳文重建。每岁清明、中元、十月朔，凡三祭。先期三日牒告城隍，祭日迎城隍神牌于坛上以主之，设无祀牌位于坛下左右，羊、豕各三，城隍位前一，坛下左右各一。饭米三石，香、烛、酒、纸无算。

其祝文曰：普天之下，后土之上，无不有人，无不有鬼。神人鬼之道，幽明虽殊，其理则一。故制有治人之法，即制有事神之道。念厥冥冥之中无祀鬼神，昔为生民，未知何故而殁。其间有遭兵刃而损伤者，有死于水火、盗贼者，有被人取财而逼死者，有被人强夺妻妾而死者，有遭刑祸而负屈死者，有天灾流行而疫死者，有为猛兽、毒虫所害者，有为饥饿、冻死者，有因战斗而殒身者，有因危急而自缢者，有因墙屋倾颓而压死者，有死后无子孙者。此等孤魂，死无所依，最堪怜悯。或依草附木，或作妖为怪。徘徊于星月之下，悲号于风雨之中。今迎尊神以主此祭，谨设坛于城西。兹当月上（中、下）元佳节，谨备牲醴羹饭，专祭本县阖境无祀鬼神等众。灵其不昧，来享此祭。凡或一县人民，倘有不孝不睦，侮法欺善，种种奸邪不良之徒，神必报于城隍，发露其事，使遭官府。轻则笞决杖断，重则流徒绞斩。若事未发露，必遭阴谴，使举家并遭灾害。如有克孝克睦，守法为善正直之人，神必达于城隍，阴加护佑，使其家道安和，农事顺遂，父母妻子，保守乡里。我等官府，如有上欺朝廷，下枉良善，贪财作弊，蠹政害民者，灵必无枉，一体昭报。如此则鬼神有鉴察之明，官府非谄谀之祭。尚飨！

坛右有义勇祠，开邑以来，死事之兵弁，招魂而祠之。祭附于厉坛。其乡厉，各乡野祭者多或附于义冢，无依制立坛者。

名宦祠 在戟门左。明洪武初，诏天下学校各建先贤祠。左祀贤牧，右祀乡贤。春秋祔祀孔子庙庭。成化中，诏分为名宦、乡贤二祠。万历二年，令抚按官查名宦、乡贤祠，有不应入祀者，即行黜革。旧志名宦、乡贤二祠，在明伦堂后穿堂之东，改馔堂为之。万历四十七年，改建戟门之左右。祀明知县王环、刘文诏、闵一崔，教谕谢弼、廖观海、冼谟，典史莫住，府同知署县事黄震昌，学使熊汲，国朝知县赵廷标，训导蔡祚周，总督范承谟，巡抚李斯义，布政司金培生，学使沈涵、高曰聪，一十六人。

邑人孔庭训诗曰：门外襟流合，祠前碧树阴。高风千载迥，遗泽百年深。

乡贤祠　在戟门右。祀明胡时、邱德馨、赖先、张僖、沈孟化、卢宝、赖维岳、詹天颜，国朝吴祖馨、卢英、吴云芝、胡逢亨，一十二人。

孔庭训诗曰：孤忠悬夜月，高谊薄秋旻。鹤梦归何处？风声启后人。

忠义孝弟祠　在泮池左。雍正元年，诏天下各建忠义节孝祠。雍正三年建。祀吴阶泰、郑懋官、廖显玢、郑完明、沈一熠、孔念厚、郑邦珍、郑学张、江兆凤、赖元璘十人。

祭之祝文曰：惟灵禀赋贞纯，躬行笃实。忠诚奋发，贯金石而不渝；义问宣昭，表乡间而共式。祇事懋彝伦之大，性挚莪蒿克恭。念天显之亲情殷，棣萼楷模咸推。夫懿德纶恩，特阐其幽光。祠宇维隆，岁时式祀。用陈尊簋，来格几筵。尚飨。

节孝祠　在新巷口右。本平西驿地，分为戴德祠。雍正三年改建今祠。祀赖守正妻简氏，张化妻郑氏，陈昊妻吴氏、侧室张氏，吴炉妻阙氏，吴门八烈：吴懋中妻王氏、媳熊氏、阙氏、廖氏、温氏、孙女贞姑、侍女兰娥、招姊，卢曰型女卯姑，吴茂榛妻卢氏，赖乐野妻王氏，王珍妻邱氏，赖心芊妻陈氏，张瑞上妻吴氏，郑仲敏妻赖氏，孔如承妻郑氏，王赓臣妻简氏，赖逢峻妻熊氏，卢崇任妻严氏，郑阎妻吴氏，赖希禹未婚妻萧氏，郑乃和妻张氏。乃和，上杭籍，妻张氏，永邑人。廖敏求妻汤氏，江三植妻吴氏，二十九人。

祭之祝文曰：惟灵纯心皎洁，令德柔嘉。矢志完贞，全闺中之亮节；竭诚致敬，彰阃内之芳型。茹冰蘖而弥坚，清操自励；奉盘匜而匪懈，笃孝传徽。丝纶特沛乎殊恩，祠宇昭垂于令典。祇循岁祀，式荐尊醪。尚飨！

凡此者，或报德，或祈年，或有功家国，或惠爱在人，义所当祀者也。或奉敕特建，或沿前代降敕护持，秩在有司分所得祀者也。尝窃论之，社祀五土，山林、川泽、丘陵、坟衍、原隰也。又别祀土地，何也？祭法曰："厉山氏有天下，其子曰：'农能植百谷，故祀以为稷。'"然则稷者五谷之神，先农其食于稷之神乎？风师雨师见于《周礼》，唐始祭雷，明始祭云，境内山川守土主之，日月星辰亦民所瞻仰也。今得祀风云雷雨，又得祀雩宗矣，何不及王宫夜明幽宗也？城隍之名始于《周易》，曰"城复于隍"，义取浚隍池之土以筑城。城圮，土复返于隍，为泰极复否之象。

《宁化志》据南阳王鸿儒之说，以《周礼》八蜡之祭有水庸。庸，城也；隍，水也。为祀城隍之始。夫八蜡，六曰坊，七曰水庸。坊，堤也，以畜水障水。庸，沟也，以受水泄水。今以庸为城，以隍为水，疏矣。其祀略于汉唐，遍于宋明。今春秋合祭于山川，又庙祭之。守土官入境，又祭之于邑厉，主之于祈祷水旱，牒告之，应，祷谢之。是其神为独劳，而其祭亦独数。古来忠义多矣，惟关帝祀遍天下。考其心迹，忠信明决，大致与圣门子路并而庙祀，拟于孔子，则元、明以来递加推崇也，尊之曰帝，锡之曰圣侯，初志宁及此乎？主水者海渎之神，而天后济流拯溺，屡著奇迹于海渎，岂水本阴类，而神女独得阴道之顺乎？此至元、永乐叠加封号，而国朝更崇为天后也。泰厉公厉犹曰："古帝王、诸侯之无后者推而及邑厉、乡厉，仁之至，义之尽矣。"永邑更附之以义勇，果其以死勤事，则特祀焉，可也。

名宦、乡贤始于胜国，忠义、节孝始于本朝。节孝既自择地立祠者，皆设于戟门之外。既非若两庑之从祀，又不若贤良之专祠。在文庙疑于丛，在诸贤嫌于厌，则曷若设于明伦堂、尊经阁左右之为愈乎？巡抚詹公以忠义晋祀者也，正位忠义祠，邑人必私跻其牌位于乡贤。旋正而旋跻之，则未知乡贤之与忠义何分彼此也。上蔡氏曰："惟仁智之合者可以制祀典。"非圣人，孰能与于此哉！他若：

玄[①]帝宫　一在西门大圳左，一在北楼。祀北方玄武之宿。

文昌祠　在儒学前。

邑人熊兴麟《重建文昌祠记》曰：晏湖为儒学外泮，碧水澄泓，奇峰环拱，诚风气之攸萃也。前明天启间，邑侯钱公养民建文昌祠于湖之上，霍公蒙拯继踵其成。楼阁巍峨，栋宇华丽，地钟其灵，科名寖盛。康熙乙卯年冬，邑罹兵燹，祠宇烬焉。历数载余，岩墙滴露，茂草栖萤。虽哀鸿渐集，然疮痍未起，逡巡莫之能举。壬戌秋，前邑侯颜公佐过故祠址，嗟啮低徊不能去，捐白金五十两倡始重建。明年，庠士耆民醵众庀材，公复出橐中金六十两。会摄篆者至，则郡司马胡公以涣也。胡公初按部，闻祠工肇兴，作序分募。及受篆日，见梁栋方升，资且不给，爰割冰俸六十金以勤厥事。又明年春，擢会稽太守，公慨然曰："莫为之后，犹之乎莫为之前也。"未几，而徐公印祖新膺简命来宰吾邑。甫至汀，与胡公交代。胡命首事诸生刘殿行、吴晋、卢鸿声等，谒侯行署，且托以祠事。及侯下车，登堂揽胜，即发胡公代解批银五十两，他木料、砖石、胶漆、垩墁之费，悉侯给之，费百十余金。今者帝象庄严，魁星炳焕，堂奥则华采而轩翔，门庑则伉爽而严翼。又别为房舍于堂之东西，诸士弦诵其中。外池有鳖，涟漪相漾，网鱼有禁，鳞甲腾飞。先是祠之东有社学余地数武，没于豪右，侯按法归之。又以公地岁入租银若干，充为守祠工食。废者兴，烬者复，庞密巩固，焕然一新。续功于甲子夏，落成于丙寅冬。邑人士交相庆曰："此盛举也，不可无记。"砻石属余文之。余惟文运之兴，关乎国运，今圣天子聪明神圣，重道崇儒，故文教之讫远逮下邑。如徐侯者，励廉洁之清操，布弦歌

---

①　玄，原作"元"，避讳字，径改。

之雅化，宣圣谕以道斯民，而民雍如崇帝。祠以课多士，而士庄如诚。应国运以振兴文运者也。继自今，贤声远播，侯行不次之擢。两庠人士凛师友之观摩，仰帝灵之默佑。腾踏飞翔，当必有倍于昔者。余宦游归里，尝徘徊殿阁，泊乎灰烬，怆然深思，不意复睹斯举也。再造之功，视前诸君子更堪不朽矣！爰叙其始末如此。

祀文昌六星，是亦在天之神也。

东岳庙 在治西元帝宫前，祀东岳泰山之神。是亦在地之示也。

三闾庙 在悠满，祀楚屈原。

邹公庙 在金砂，祀宋邹应龙。是亦古人之鬼也。虽未尝奉敕通祀，亦不禁人之祀之也。第俗指文昌为张亚子。梓橦，姓张，名亚子。蜀人仕晋，战没。弘治元年，礼科张九功、礼部尚书周洪谟以文昌六星与梓童神无涉，祠在天下学校者，俱令拆毁。指东岳为张巡。此与指城隍为纪信龙、苴灌婴者无以异，傅会甚矣。又若：

五通庙 亦称五显。一在万寿寺西，一在黄竹塌，一在龙安寨。雍正间奉旨禁祀。

三元庙 一在万寿寺西，一在高陂，

七姑庙 一在龙冈西麓，一在折滩。

麻公庙 在虎冈。

黄老庵 亦称仙师宫，各处有之。

通济宫 在胜运里。

镇龙宫 在大塘坳。

仙马宫 一在大排，一在虎冈。

神宫 在湖雷。

夫人宫 在苦竹。

将军庵 在长远塌。

康公庵　在小横溪。

是皆荒唐，影响狄梁公所为，毅然于吴楚也。

若夫**王侯祠**　在东岳庙右，原名纪功亭。知县王环建亭立牌，以颂开邑巡抚右佥都御史高明、巡按御史戴用、按察司副使刘城、布政司右参议陈渤、按察司佥事陈轾。后里民赖恒、张少璇等设诸公木主，并塑王侯像祀之，各捐资买田以奉祭祀。岁久亭圮主废，独侯像犹存。嘉靖十八年，知县唐灿改匾，曰"王侯祠"。三十八年，知县许文献修，复立诸公牌位，祀日列而并享。祀毕，藏主于城隍庙。今木主又废，独祀王侯。

邑人王芬露诗曰：百里坼封析，膺符第一人。六年劳定国，三善纪贞珉。报德祠垂旧，寒芳禴荐新。丁宁咨后起，保障念前因。

许侯祠　在东岳庙右，王公祠后。为知县许文献立。后并祀知县危言，匾曰"危侯祠"，实并祀许、危也。今许主废，而危主独存。生员吴赞等买田祀之。

王芬露诗曰：俯仰巍祠下，社神配汝阴。山城真斗大，方略具渊深。兵食安危计，绸缪久远心。岂惟诒继事，受赐到于今。

何公祠　在东城门口南向，为知县何守成立。今民以祀土地，移何公牌位于北向赵公祠并祀。

王芬露诗曰：步出东城曲，崇祠辟户庭。溪流长不断，山色远尤青。松柏空垂荫，茅芹未荐馨。他时征治绩，尚记豁徯丁。

何侯祠　在旧平西驿地，为知县何檀立。有塑像。

戴德祠　在旧平西驿地，为本府同知署县事熊茂松立。后改为武惠祠。今改为节孝祠。

闵公祠　在文昌祠东旧社学地，为知县闵一崔立。今并为文昌祠房舍。

吴公祠　在西郊外，为知县吴殿邦立。亦称书院。今废。

林公祠　在迎恩桥北，为本府照磨署县事林逢春立。今废。

伍公祠 在迎恩桥北，为知县伍耀孙立。今废。

赵公祠 在迎恩桥北，为上杭知县署县事赵硕来立。今废。

赵公祠 为知县赵廷标立。一在东城门口北向，与何公祠对立。一在文昌祠右，今并为文昌祠房舍。一在丰稔寺渡头。乾隆五年水荒，各宪发赈，民德之，改祀各宪，而赵主废。

孟、徐二公祠 在旧平西驿地。康熙三年，本府知府孟熊臣、推官徐开远至县发赈，永民立祠以祀。亦称功德书院。今有徐主，而孟主废。

卢公祠 为本府同知署县事卢裕砺立。一在文昌祠东，今并为文昌祠房舍；一在西郊，亦废。二祠旧亦称书院。

申公祠 在徐、孟二公祠后厅，为宁化县丞署县事申传芳立。亦称书院。今废。

郭、乐二师祠 学宫土地祠左。本省牲所，不知谁俑，始祀郭、乐二禄座于此。今则十余座，狼籍其中矣。

报恩祠 在西城门外，久废。移所祀并入东城内。

《报恩祠记》曰：岁在康熙乙卯，永邑遭屠城之惨，几靡孑遗。系累于广东，分散于江西、江南，携带于燕京者数千人。死者含冤九泉，生者参商两地。难平后，求觅父子、兄弟、母妻者，绎络不绝。得至其地，虽有音闻，而兵将之家，侯门似海，主如阎而仆如蜮，见面匪易，办赎尤难，惟付之血泪数行而已。越三年，邑侯颜公佐来莅兹邑，安集飞鸿。又明年，始与巡海道张公绘流民之图，为百姓祈命。又得按察于公恩详督、抚两院姚公、吴公，移咨各省，交章上闻，天子恩纶迅下，饬满汉文武衙门，兵、民毋得藏匿难民，务令释放完聚[①]。于是江左右各宪，或自行释放，或查访释赎。而江苏巡抚慕公且捐俸千金，安徽巡抚徐公、江苏按察崔公各捐金数百，助民赎取。一时义宦善士，

---

① 聚，原文为"娶"。

若桐城姚公文熊、句容王公都乔，梓生员张公英，南宁县章公龙吉，及吴门虞、方、吴、许诸君子，皆慷慨捐助，费金无算。囊尽，继之以贷以募。且同道士、行僧，不避寒暑，遍加踪迹。盖有一人而代赎数十人而不欲使人知感者。如是者二年有余，永邑难口之流亡而不得归者，不一二数矣。此皆圣天子覆育之仁，各宪之鸿慈，而诸义侠之深恩也。难民父老自江南、江西归者，于西郊建祠，撰记勒石崇祀，以申顶戴之诚，额曰"报恩祠"。邑绅黄公日焕、萧公熙桢、孔公煌猷、卢公化各为诗歌以纪其事。考报恩祠之设有二：在西郊者，祀江南、江西诸公；在东城内者，祀福建、广东诸公。年久，西郊祠废，邑人佥呈当事，迎诸禄座，并于东城内报恩祠合祀。因记其本末如此，庶诸公之恩德千秋不泯，而永人之铭戴奕世不忘也。

报恩祠　在东城内。后人祀五显其中，称为五显庙。诸禄座蛛网尘封，几不可识认矣。今谨记之：

刑部右侍郎宜公昌阿

总督福建部院广宁郎公廷相

总督福建地方兼理粮饷兵部尚书杏山姚公启圣

巡抚福建等处地方提督军务兵部尚书清河吴公兴祚

福建提刑按察使丁〔于〕公成龙

福建巡海道副使辽东张公翼鹏

中宪大夫知汀州府事广宁王公毓贤

文林郎知永定县事河内颜公佐

巡抚广东等处地方提督军务兵部右侍郎辽阳金公儁

广东按察使兼布政使王公令

广东分守岭东道布政使司副使尚公崇恩

中宪大夫知广州府事李公复修

中宪大夫知潮州府事林公杭学

署潮州府海防厅海阳县知县刘公永恩

广东盐市司提举山阴张公溙

镇守广东等处地方将军王公永誉

镇守广东等处副都统巴公喀

镇守广东左翼总镇都督府宁公天祚

广东总理副总府沈公上达

广东岭东道标官传宣事提标都司陈公上显

分抚江西南瑞道按察使司副使周公训成，号方更

提督江西等处地方总兵官太子少保许公贞，号荩臣

镇守江西南赣吉安等处总兵许公盛，号际斯

总督江南文武兼理粮饷部院满洲阿公席熙

巡抚江南安徽等处地方部院广宁徐公国相，号行清

巡抚江南江苏等处地方部院静宁慕公天颜，号鹤鸣

江南江苏等处布政使司广宁丁公思孔，号泰岩

原任江南江苏等处按察使新安崔公维雅，号阳庵

江南江苏等处提刑按察使宛平金公镇，号长真

中宪大夫知江南江宁府事惠安陈公龙岩，号孟象

公銜行理事满洲观音保，号天申

文林郎知江宁府上元县事广宁于公述统，号克高

赐进士原任陕西巩昌府阶州知州桐城姚公文熊

江南江宁府句容县康熙丙午科举人王公都，号俞也

其子康熙己未科榜眼王公喆，号既明

句容县生员张公英

抚州府南宁县善士章公龙吉

苏州府吴门虞公某、方公某、吴公某、许公某

按：诸禄座已多残缺，如按察于公成龙，生员张公英，皆禄座无存，犹得据前记查补。若虞、方、吴、许四君子，名已无可稽考。夫以永人自赎家口，偶带赎一二乡党亲友，其资又未必尽出于己也，后人犹推为美德。况崇高之位，疏逖之人，而休戚相

关，苦心求访，捐金代赎，其功德固宜永念无斁，奈何飘萍断梗
视之哉！

王芬露诗曰：一祠何足尽讴思，衔结犹嫌爱戴衰。况复石炉
香火冷，负墙神主网蛛丝。

岳公祠 在旧平西驿地，为知县岳钟淑立。亦称书院。

吴公祠 为知县吴梁立。一在南门大路头，原吴公所设讲约
所。今祀五显其中，人称五显庙。一在高陂，今废。

程公祠 在许公堤，为知县程芳立。今并祀多人矣。

原其建始，畏垒怀思，甘棠志爱，庶几法施于民者乎！然不
一二百年而废者过半，且或增或改，俎豆片席，若东西南北之人
传舍焉，岂其泽固有永短欤？抑民情始媚而旋玩欤？大抵幽明之
故，致祭者非有清明在躬之实，则其神不享。所祀者，非有功烈
在民之实，则其鬼不灵。《语》曰："有其诚，则有其神；无其
诚，则无其神。"此之谓也。

陂　渡

泽不陂障，川无舟梁，废先王之教也。单子陈述古义详矣！
汉魏以来，朝廷遣官发卒，兴水利者特勤。唐令国公①修畿甸桥
梁，其余属所管州县，随时营葺。然大都多在西北，元和后始渐
及东南。至宋明而大举。在闽，若蔡忠惠知福州，治濒海渠塘，
知泉州造洛阳桥；漳州守刘才邵开渠十有四，傅伯成为桥三十
五，其尤著也。

汀属山谷斗绝，守令未有以兴修水利闻者。而永邑旧志载陂
湖者仅九：

曰杭陂 在县西四里。通渠入城，烹饪浣濯咸资之。流出城

---

① 公，原文为"工"。

外，灌荫田塘。知县岳钟淑曾捐俸重修。康熙甲辰，水冲废，粮户捐资修筑。旧标为景，曰"杭陂春耕"。

知县王环诗曰：滚滚源流涨小溪，老农分引入杭陂。栉风沐雨歌无逸，锄隰耘畛诵楚茨。百亩朘菑芒种候，一犁膏雨早春时。伫看西畴收成日，报赛先农祀古祠。

知县赵良生诗曰：犁烟耩雨互商量，秧马柴车宿道旁。草野陈胡无叹息，山林沮溺自津梁。春郊报赛迎猫虎，社日祈年顺雨旸。不厌桑田频税驾，为勤农圃劳壶觞。

学博李基益诗曰：稼穑维民宝，辛勤贵及时。西畴新水满，春事老农知。不用篝车祝，行看秉穗遗。先生须酒食，亦可慰吾私。

邑人孔庭训诗曰：绿水绕杭陂，春耕正及时。东风鸣布谷，细雨事锄犁。北望皆沾足，西成可预期。人人知稼穑，重赋大田诗。

赖守芳诗曰：布谷声催趁早时，连阡越陌谷孜孜。锄云兼莳新田草，候雨忙修旧石陂。担食提壶昼饷亟，荷犁带插晚归迟。稻梁饱餍寻常事，稼穑艰难知未知。

赖揆庵和前韵诗曰：蚕桑牧树各乘时，勤动无如农倍孜。驱犊健挥晴日汗，翻车遥汲障江陂。耕泥乍喜先春毕，耘草还惊过夏迟。莫道陈诗风已渺，好赓豳雅冀周知。

曰蔡家陂　在溪南里龙漈。昔姓蔡者率众开筑，功归于蔡，故名。旧分水为上中下三则。乡官郑厚、监生郑迵呈请知县唐灿详允，令水源上增筑数尺，凿石通水，利始均焉。

曰白叶陂　在溪南里五图。

曰石陂　在溪南里金砂。

曰洛阳陂　在金丰里奥杳，贡生吴蒙筑。

曰大洋陂　在丰田里武溪。

曰石坑陂　在丰田里湖雷。

　　曰大陂　在胜运里乾田。洪武间，乡民开筑。后山树木属本陂，为修治之用。

　　曰晏湖　在儒学前。渠水经流，旧标为景，曰"晏湖鱼化"。题咏诸篇，绝无可诵者。

　　学博李基益易题为"晏湖荷艳"，其诗曰：露浥如将笑，风掀迴不齐。乍惊朝日薄，斜引夕霞低。款款蜻蜓醉，深深翡翠迷。兹湖原泮水，君子问濂溪。

　　凡标景尽属陋例。晏湖不盈半亩，未足深入流连。鱼化固俗，荷艳亦强缀。必欲溷凑为景，莫若易北楼之夜月为晚眺，易晏湖之鱼化为秋月也。遂为一律以倡之，未能免俗，聊复尔尔。

　　诗曰：孤高凉月夜三更，波静湖光一鉴平。半壁涵空圆相满，子天霁色在渊清。沉寥人向冰壶立，旷朗晖从水殿生。江汉秋阳怀皓皓，壁间隐隐有书声。

　　又有《通志》所登而邑志未载及有关于田亩者：

　　曰高陂　在太平里塘下。

　　曰涵水湖　在胜运里汤湖乡。旁有温泉。

　　曰田心陂　在太平里大塘凹。乾隆十三年，知县潘汝龙申详院、司、道、府，批示勒石永禁，不许开拆。碑立仪门。

　　盖尝疑之，通志载陂、湖、渠、堰之类，仙游县六百有五十，蒲城县五百有三十，余县以二三百计者难更仆数。汀属八邑，仅一百四十余，而永尤寥寥若此，岂士夫之不讲而官民之惰窳欤？迨周览县境，见夫百仞之高，一亩之地，苟有泉可潴，有流可通者，莫不堤防曲引以为溉。既以幸地无余利，而又叹土瘠民艰之可悯也。然其开也，费不逾十金；其修也，工不出三日。则固无烦守土者之经虑，亦无怪载笔者之略之矣！

　　惟夫桥渡之设以济不通，永虽无洪涛巨浸之险，然溪流如带，山涧错出，负戴脂辇，踵接辙随，苟非建制完善，讵无虞于渐帷厉揭者欤？就旧志而书之：

曰卧龙桥 在东关，正德二年建。嘉靖十三年，水废桥墩，知县毛凤修之，易名"飞虹"。邑人孔庭训记。三十七年，水废桥墩，知县许文献重修。四十五年，水废桥墩二，知县龙尧达重修，更名"跃龙"。万历二年，水废桥墩五，知县何守成重修，仍名"卧龙"，邑人张僖记。四十三年，大水，桥废，知县吴殿邦重修，更名"永定"。崇祯十七年二月，流贼烧毁桥店。六月，水废桥墩。至康熙十年，知县潘翙清属里民郑福麟、顾华明、张即举、王森启等捐募重修，更名"雄镇"。四十年，水废桥墩，知县吴梁重修。五十七年，大水，桥废。雍正七年，知县顾炳文易小石墩，架木桥，旋废。乾隆五年，知县周缉敬详支帑金，造浮桥，入《交代册》。水屡漂没，官民受累。十三年，知县潘汝龙详销。今架木桥行之。

孔庭训《修飞龙桥记》曰：永定有溪，发源自丰田、太平，合汀水入潮州以达于海，挟众流经百四五十里至城东。厥流既深且驶，涉者病焉。正德己[1]卯始建石桥，架屋于上，扁曰"卧龙"。嘉靖甲午夏，霖雨日集，洪水大至，桥之东冲决者殆半。农阻于耕，旅阻于途，商贾阻于贩。邑大夫桂林毛君凤戚之，乃召诸父老语曰："凤非才，来令兹土，弗克称职，以速水患，以贻民忧，咎将安辞？今与诸父老图修之，可乎？"民咸喜色相告，富者输财，贫者输力，罔不亟事无有后。于是众工毕集，斫者、削者、绳者、甃砌而结构者，振颓补敝，饬旧增新。阅数月而告成也。

凡为墩九座，为屋三十有二间。首尾表之以亭，两旁翼之以栏，复道若飞虹然，因易名曰"飞虹"。又岁编桥夫一名，以供洒扫。荡荡平平，可车可马，雄伟壮丽，为邑巨观。噫嚱，休哉！厥利溥矣！夫雨毕除道，水涸成梁，有司分内事也。今之牧

---

[1] 己，原文为"乙"。正德并无"乙卯"年。

民者，惟催科、讼牒、簿书迎送之是图。凡涉兴作，辄以速谤为辞。民事之勿恤，其如政何？毛君乃克，俾斯桥完美，又以其余力复建桥于城西溪。

呜呼！君政可述，固不止此。然即此，亦可见其用心于民事者矣！《春秋》凡有兴作必书，重民力也。"飞虹"之葺，其可书也已！是役也，耆民吴璘、陈惟盛等勤力董役，俱著有劳勋，则别书于碑阴。

张僖《重修卧龙桥记》曰：溪渎之济，必藉桥梁，而孔道往来，尤不可一日而或废。永邑东、西两水绕郭而南流，出其阛阓，辄有道阻之患。然西溪浅小，又不若东溪之大且深。自正德二年邑人锦衣卫指挥廖鹏于东溪建立石桥，历今六十余年，屡经水患，旋废旋修。至万历二年六月，洪水骤发，漂民庐及溺死者不胜计，而是桥复冲圮几尽。盖邑之水患，未有大于此，而桥之倾败亦未有甚于此者也。时则湖东何侯守成来莅吾永，甫下车而恫瘝念切，与典史李君钥日夜皇皇，以为民之急。

斯桥也，若饥之待菽粟，寒之需衣帛也。即捐金为倡，鸠工聚材，课程督役，坠矼、提杙、匦栏、结屋，务极款密键固，为久远计。木石取诸民者，平价易之。工匠计日给，饩无告窘。始于二年之腊月，越明年四月而落成焉。仍匾曰"卧龙"。夫"卧龙"，旧名也已。乃更而为"飞虹"、为"跃渊"、为"跃龙"。今复其旧者，以桥在卧龙山之侧，冀其安固不拔，与山终始焉！尔又革去桥夫一名。盖是时，侯方吁宪减免徭役虚丁三千余口，一切旧编工役，概行节缩故也。自是负徒、舆马、上下、远近，咸乐其便。而侯恻然，若有所不怿于色者。

噫！人睹斯桥之完复，皆归功于我侯。而我侯则奚乐于有是举哉！疮痍未起将息，民节费之不暇，特以地当孔道，不能为旦夕之待耳！继自今莅斯土者，清勤慈惠，感召天和，庶河伯、水师毋为灾害，而又补罅塞漏，俾此桥屹立终古，无复劳吾民而伤吾财，是则我侯之志也夫。

邑人黄益纯诗曰：垌外卧长龙，神工结构同。金鳌跨碧汉，云栈度晴空。未信迷川隔，无劳宝筏通。觉路登先岸，谁知济涉功？

曰箭滩桥 在溪南里。正德三年，邑人吴璇捐资建。水废，吴璘重建，又废。乾隆元年，邑人募千金建石桥。五年，水废。知县周缉敬详支帑金重修，易以木。

曰湖雷桥 在丰田里。正德八年，邑人吴常镇捐资创建。乾隆五年，知县周缉敬详支帑金重修。

曰深渡桥 在太平里高陂。旧废。乾隆二十年，里人捐资三千余金，伐石拱砌，计日落成。

邑人王介石为之募序曰：高陂之有桥也，由来旧矣。闻诸故老，昔年方盛时累石为梁，翼以长栏，覆以雕薨。桥之下松桧悠悠，或泛或泊。两岸开墟，列肆商贾辐凑。歌楼酒馆，掩映于榕竹阴翳之间。于时前后数十里附桥而居者，物阜材蓄，舆马往来，比诸隋堤灞岸。盖路通岩永，取便旅行，抑诸乡众流之会。彩虹一锁，形势亦藉以增雄也。溯厥兴废，成化十三年，里民吴克恭、简维时、卢宗善募资凿石拱砌。嘉靖三十七年，水废，易以木。康熙甲辰，又废，巡检郭天福仍修以石。辛巳又废，石梁尽圮，仅存两址，市亦寝衰，自是病涉者众。居人通以略彴，旋易旋朽。春夏波涛，魂销柱杖。秋冬板迹，足茧霜华。当夫残月清晓，野草夕阳，既醉无眠，欲题少柱，指顾几片余石，人人罩然于昔年驾鼋排雁之盛也。

余馆处桥侧者四年，近辑邑乘，以书局自随。编登及此，慨然生感。爰告里人，佥谋重建，梁空醹道，覆屋重檐。修也实创，踵焉而增。计縻金钱，当得二百余万，将募众而共勷之。夫川泽不梁，单子以卜人国，而火见水涸，举事必期于司里。况形胜所关，夙有明验。知输金庀材，必皆踊跃震动，万无道旁之虑。独念余跨策蹇驴，听残杜宇，徘徊此桥者数矣！兹际盛举，莫效大夫之舆，又愧学士之带，聊发一言以导之。含毫而书，自笑鹊枝之空衔云尔。

曰迎恩桥　在城西二里杭陂下。嘉靖十三年，知县毛凤募众用木肇建。隆庆二年，知县陈翡造石桥。康熙三年，水废。十年，知县潘翊清重建。四十年，水废。今移西门外，架板桥。

曰白沙桥　在胜运里白沙炉。

曰小东桥　在卧龙桥东路，通金丰。

曰大源桥　在县东南上下畲。

曰古溪桥　在溪南里，通道折滩。乡民江碧琳等募修架亭。今废。

曰罗滩渡　在丰田里。原编渡夫一名，岁食工银二两。康熙十四年，减一两。今全裁。

曰鸭妈潭渡　在丰田里罗陂岭下。

曰新罗渡　在太平里。原编渡夫一名，岁食工银一两八钱。顺治十四年，减九钱。今全裁。

曰高陂渡　在太平里深渡桥下。增生卢承璋捐资立。今改为桥。

曰南山渡　在县南挂榜山下。原编渡夫一名，岁食工银三两四钱。顺治十四年，减一两四钱。今全裁。康熙二十五年，知县徐印祖倡建浮桥，立碑亭。未期月，水冲去。

曰新寨渡　在县南眠象山下。原编渡夫一名，岁食工银二两四钱。康熙十四年，减一两二钱。今全裁。

曰下坑渡　在县南门外。

曰古镇渡　在溪南黄泥坑口。

曰葛傅渡　即车田渡，在溪南里。

曰清江渡　在溪南里务义坪。

曰锦峰渡　在溪南里上下二渡。

　　乡人王介石诗曰：东岸迢迢接烟市，西岸离离尽禾黍。扁舟渡水去来频，半是农氓半行旅。忆昔驰逐游京华，涉江泛湖乘危槎。秋风暮雨芦丛里，瞥见归艇便思家。此日溪头闲纵目，乡云关树纷历绿。人生动息岂能常，鞅掌或不已于行。

　　曰下洋渡　在金丰里。

　　曰丰稔渡　在胜运里。原编渡夫一名，岁食工银三两四钱。顺治十四年，减一两七钱。今全裁。

　　其在于今，旧所谓桥者，或存或圮，则皆编木为之也。所谓渡者，春夏以方舟，秋冬则皆易以略彴也。有旧设而志未录，新建而可垂永久者，溪南则有：

　　万济桥　在恩全。累石为址，叠木成梁。上有覆屋。

　　南新桥　在恩全。砌石为之。上有覆屋，乡人萧南新捐建。

　　象东桥　俗即以桥名乡，砌石为之。上有覆屋。

　　丰田则有：

　　高　桥　在西坪。明万历间，知县吴殿邦募建石桥。后水废，乡人募资重建。石础叠木，覆屋扶栏。

　　龙潭桥　在龙潭，叠木为之。上有覆屋。

　　太平则有：

　　永平桥　在木坑隔。累石高拱，上有覆屋。

　　邑人陈大鲲诗曰：神境支矶出，星河乌鹊通。连山惊落雁，卧水亘长虹。不数传书异，漫夸题柱雄。往来纷日夕，愿诵济川功。

　　赖国华诗曰：曳履青溪畔，峰回路转长。彩虹明峡水，朱雀卧斜阳。凭槛游鱼静，驰车过客忙。以时观动息，雌雄叹山梁。

　　隐堤桥　在文溪。累石为之。

　　渡，则自县溯而上之有：阔滩头渡、前坊渡、大洋陂渡、黄金坝渡；沿而下之有：石圳潭渡、黄竹隔渡、龙安寨渡、桃坑渡、水城寨渡、炉下坝渡。别有峰市渡，西岸杭地，东岸永地，渡则永民捐设也。凡邑桥渡之散布者如此。

夫舟楫以通溪谷之穷，桥梁又以休舟楫之力。故体不动而及物，功一成而永赖。逾绝为梁，其利尤溥。计县四达之大道，东出由丰田而达漳州者，涉水凡十二。东门外、箭滩、下湖雷、石坑、上湖雷、武溪、大路下、深溪、西坪、龙潭、铜锣坪、岭下。由太平而达龙岩者，涉水凡六。鸭妈潭、溪口、新罗坑、坎头、排头、高陂。东出由金丰而达平和、南靖者，涉水凡五。铁坑口、戊子桥、下洋、大溪、苦竹。南出由溪南而达大埔、嘉应州者，涉水凡八。南堤口、南山堂、新寨、车田、务义坪、恩全、锦峰、峰市。西出由胜运达上杭者，涉水凡五。西门外、章塔、白沙炉、田背、丰稔寺。寻丈之涧道，与夫各乡之自为往来者不与焉。为问鼍梁特起者几何，魂销独木者又几何，败车偿粟，解带鸠工，是所望于平政之君子。

寺　　观

将尽缁衣黄冠之流，而人其人，火其书，庐其居，此章甫缝掖者日扼腕而莫可如何。然势固有所难为，而事亦有所不必也。夫必火其书，畸士雄谭，迂儒曲说，累道伤治，可付秦炬者多矣！何独恶于《黄庭》、《参同》、《楞严》、《法华》诸籍而燔之？所怪者逃空废事之食人，天宫梵室之糜费耳。然有一物，即有一用，岂遂无术以处此，而必恣其人以饮食男女之欲，涸其居于鸡豚狗彘之畜哉？永之道风萧寂，羽客旧栖仅一：

东华山　在丰田里。悬磴千尺，殿阁丽空。阁内有鲤鱼石，盖围石笋架阁，笋顶似鱼也。夜月西残，凭栏远望，辄生羽化之思。其全山胜概见《山川》篇。旧志《仙释》篇："道人沈龙湖学道于青草湖。吏部尚书蒋德馨求嗣有验，撰诗及碑记其事。其徒黄华音开建东华，《黄庭》自课。龙岩刑部侍郎王命璿厚施之。"按此，华音师徒，但能援大宦作布施耳，志遂指以为仙，紫府何太易跻耶！

邑人苏映华《九日重游》诗曰：层层秋树锁寒烟，乘兴登临踞石巅。晓露岩头清到午，晚香篱下别经年。惊看野火荒山里，遥对飞鸿古寺前。回首夕阳归路远，茱萸斜插帽檐偏。

王锡圭《夜宿鲤鱼阁》诗曰：一夕东华作卧游，鲤鱼石畔竹床秋。天池露冷棋枰月，人在中峰最上头。

近亦废，遂①为僧人主持矣。乾隆十三年，奉禁白莲教。知县潘汝龙驱道流，焚藏经，拆藏骨之塔，毁华音之像，籍其田没官。乡人延僧主之。惟象教实繁，有徒即彼所云，妙旨宗风亦无能提阐精穷。而居高处闲，寺院累累。

城内外则有：

万寿寺　在县治东，祝釐之所。

兴化翁梦鲤诗曰：昨日憩西堂，今日憩东堂。东堂松柏郁岩口，西堂花竹明虚牖。西堂老僧西蜀来，东堂之僧东吴叟。东吴西蜀两相望，恒河沙数天一方。随缘杖锡俱来此，无著天亲乃如是。我辈何为惜追游，人生岁月水东流。相逢宝地且高歌，世上浮名奈若何。

邑人王燕龙诗曰：定钟几杵唤炊粱，短梦惊回到上方。扫壁旧题多墨客，翻经近喜谒空王。露葵菜供僧厨淡，雷芙茶烹涧水香。拂尘从容留半偈，坐看花雨散豪光。

沙墩阁　在城内北山西麓，旧名大悲阁。康熙十四年，城陷。阁有僧寂尚者，收被难骸骨五十余担，与巡检刘杰、邑人郑孙绥、卢鸿馨、郑九畴、吴兆华、赖麟玉、黄森柏、吴渤坤等，择西郊官山筑塔葬之。每岁春秋，僧仍具蔬纸致祭，寂尚无负于慈悲之教矣。

① 遂，原作"逐"，校改。

邑人廖枫诗曰：酒榼棋枰到处忙，投闲绀殿亦寻常。入门慢卷千山雨，坐榻寒侵一夜霜。啸发孙登矜我老，诗携谢朓几人狂。披衣远睇苍烟外，百虑全消兴自长。

东华岩　在东门外，下有蒙泉。

教谕李应选诗曰：出郭寻幽思不穷，晓烟开处古岩东。松声细逐泉声落，石径斜穿竹径通。宝座倚楼笼翠色，青莲随地散香风。年来独觉尘根净，世事浮云过太空。

邑人郑炳诗曰：满山佳气入楼台，石裂云窝一境开。欲觅寒泉消酒渴，凉风恰在水边来。

石潭阁　在东郊石爪横溪。可畜鱼。旧标为景曰"潭阁呼鱼"。

知县赵良生诗曰：昔人寄濠梁，鱼游知欣畅。天开石圳潭，浩荡不可量。网罟夙有禁，风波幸无恙。偶来一凭栏，洋洋惬心尚。如伤恐展转，于物乐同况。

教谕李基益诗曰：栖托若何许，潭深阁槛敧。呼之时欲出，乐矣竟谁知？寄意惟游咏，相怜莫钓丝。江湖亦浩荡，胡乃滞于斯。

印星庵　在南郊大路，西溪入东溪处。大堤云横，榕荫数亩。

溪南里则有：

观音堂　在县西大路。邑人服贾台湾者，敛金买田，施茶于此，故又称义民亭。

分水庵　在县西大路，有施茶田。

金谷寺　在金砂村。

教谕李应选诗曰：建寺何年岁月赊，乘骢偶过访烟霞。谈元不觉日将夕，人定无心云半遮。池畔正生春梦草，洞中初绽碧桃花。罚依金谷有常例，随手诗成漫自夸。

高源山　在小山背深山。

太湖山　在金砂深山。

太院寺　在湖洋里大路。

永丰庵　在务义坪桥头。

黄竹寨　在锦峰乡西山。

望　山　在恩全乡南山。

乡人萧廷璠诗曰：十亩云窝一掌开，萧然古寺傍崖隈。无多绿树遮楼屋，爱引遥山积翠来。

又曰：花飞洞口云迷径，鹤唳空庭月在天。浪说蓬莱山可望，望山深处是神仙。

高南堂　在锦峰乡东山。

乡人王介石《避暑》诗曰：避暑如避秦，南堂就问津。竹风宜是夏，花气过于春。松放孤梢月，池浮一寸鳞。下方空寂寂，可有未眠人。

又曰：一梦入华胥，兼旬兴有余。远山真绘似，冷簟欲冰如。多折题诗简，懒封招客书。轻烟开向晚，新月又还初。

翠丰庵　在锦峰乡。

乡人王介石诗曰：凭临小市接孤村，带绾青溪襟绿原。瘦透寒松癯有骨，吹斜古柏渴无根。红尘路断秋生草，白日人稀昼掩门。得句不嫌新泲壁，拭墙未见旧题痕。

福广庵　在犁头寨。孤峰特耸，可旷览全邑山原。

邑人王梅调诗曰：半生不作空禅话，迩日《楞严》读更深。数到旧游重借问，逐层缘引细追寻。芙蓉摇落秋光老，野火烧残日色沉。为语山灵莫寂寞，他年须待结知音。

满山红　在永溪口深山。

西竺庵　在李田大路。

马石庵　在棕山嶂。

天湖山　在下畲深山。

邑人廖枫诗曰：行到林深处，云开石路新。泉飞千尺雪，枫染一山春。煮桂烟浮磬，拈花拂近人。谈空忘落日，不暇问前津。

吴晋诗曰：游山非有约，如鸟倦投林。细数幽人迹，闲参古佛心。一炉容拨火，两足喜传音。幸免移文责，重来拂素琴。

元湖洞　在山子背深山。

邑人吴晋《冬日读书》诗曰：日费徒销骨，年多学已忘。虚窗遗故纸，枯坐破严霜。有钵传绀宇，无驹到食场。抚时深俯仰，谷鸟自相将。

龙凤庵　在龙门村。

白云山　在县东，牛角岕大路。

金丰里则有：

洋背庵　在洋背村。

福广寺　在三层岭大路。蹬道回盘，青松落阴。旁有甘露亭，僧人施茶于其所。

东林寺　在东洋村。

西霖寺　在下洋乡。近有温泉可浴。

西灵寺　在泰溪乡①。

东福山　在泰溪乡。

马莘崃　在泰溪高山。

北山洞　在泰溪深山。

天圆山　在莒溪山中。

太湖洞　在黄泥坪山顶。

古洋庵　在古洋村。

皮石庵　在湖坑大路。磐石层叠，平者如砥，立者如削。中构杰阁，俯瞰溪流，丹碧交映。左有古木寒泉，清幽可爱。旅行憩此，烦尘顿释。溯溪上二里许，亦有水石佳处。

---

①　泰溪乡，即今大溪乡。

邑人王介石诗曰：叠石层层似剪裁，重阶阿阁倚云开。秋江水净明如练，一幅丹青倒卷来。

西霖宫 在奥杳村。

金莲山 在奥杳山顶。

高头庵 在高头乡大路。

苦竹庵 在苦竹乡大路。

方广岩 在窑下山中。

乡人苏映华诗曰：最爱清幽结草庐，红尘半点尽消除。雨余深谷山光冷，风过寒林鸟迹疏。法向空中生妙悟，道从觉处寄真如。长明一盏归禅定，那管浮云卷复舒。

崇福寺 在陈东坑乡。

六和山 在下佛子山隘。

丰田里则有：

庆清寺 在下湖雷乡。

松荫庵 在鸭妈潭大路。

水口庵 在上湖雷大路。

横冈庵 在上湖雷大路。乡人祀知县顾炳文于其中，置有祀田。

瑞堂山 在上湖雷高山。

上湖山 在阮屋背山顶。

兴福堂 在增瑞坑大路。

般若山 在弼鄱山。

梅山寺 在赤径村。

慈惠庵 在溪口乡。

太莲山 在马山堡深山。竹树泉石，具有幽致。里许东灵山，其分庵也。

莲华山 在杏坑山中。

武溪万寿寺 在公馆前皇华驻馆。逢万寿，祝釐于此。

观音堂　在武溪大路。旧志："僧大智募铜铸观音像，不成，僧曰：'午当成像。'日午，有陈商携千金投之。像成，见金锭于衣袖间。"今迹犹存。夫镕铜铸像，骤投以金，金不及镕泻铸，而金质犹完见于衣袖，宜也。骇以为奇惑矣。

回龙洞　在水尾大路。

圆通山　在桃源坑山中。林木丛密，翳蔽天日。

卓坑庵　在李龙坑村。

石佛庵　在大路下山中。有自然石佛。

邑人吴祖馨诗曰：茅庵如笠挂峻嶒，投老孤栖破衲僧。最爱石身长不坏，一炉香火一支灯。

西竺山　在深溪东南山。石峰回水，仄径通幽。丹阁悬岩，绕屏如画。

乡人卢欣松诗曰：洞云深锁断轮蹄，流水声中觅小蹊。一笏回澜留砥柱，千章古木拥招提。扪天绝顶光迎阔，俯首群峰势自低。风驭冷然超世外，桂丛谁与共寒栖。

半天岩　在岭下深山。

邑人王燕龙诗曰：层层烟树簇，远眺势巃嵷。帘卷千峰月，窗开万里风。天如淳古上，人在小春中。多少闲来往，登临未许同。

又曰：丘坞半天分，迥然别世纷。孤骞临屴崱，片榻坐氤氲。仙犬迎人吠，山花绕路芬。安能长揖去，从此许留云。

慈云庵　在龙潭乡。

龙显庵　在虞坑水口。胜概见《山川》篇。

嵩华庵　在高地山顶。迥然云际，隔绝烟寰。

太平里则有：

龙归寺　在铜鼓山下。

心山庵　在牛眷坑深山。

邑人廖焕章诗曰：不待求禅觉，山深自息机。野花随意发，幽鸟背泉飞。酒淡滋人适，棋闲落子微。去来何所束，莫漫计斜晖。

石麟山 在石门隔乡。胜概见《山川》篇。

乡人王燕龙诗曰：碧洞松梢挂薜萝，尘心喜涤十年过。钟敲露月猿啼冷，竹静岩风鹤梦多。林翠淹留佳客裾，苔痕欲上老僧窝。游题石上争高唱，兴拂芭蕉一和歌。

邑人郑辉诗曰：柴关无锁客频游，风过林间宿雾收。华表鹤归留素影，玉屏仙去剩丹丘。旋螺洞暗魂如失，一线天光境转幽。炬尽正愁难到底，龙湫又隔水悠悠。

清水岩 在悠满村。

燕子岩 在隔背山。胜概见《山川》篇。

邑人王锡圭诗曰：探奇窥燕子，嵌空入云蟀。似劈万石瓮，岹岈频脱卸。忽失洞中人，咫尺鬼神诧。肌栗暗生寒，习习阴风泻。仓皇石燕起，欺人扑鼻胯。抖擞正无惊，依稀光欲乍。如雪映幽壑，如月生残夜。岩窦渐分明，须眉难假借。曲房窈窕深，有耀自他嫁。怪哉造物炉，铸此神灵舍。

王介石《夜游》诗曰：月欲穿岩窦，停云不敢留。灵光和石激，清影引人幽。反侧迷昏晓，凄凉混夏秋。举头天外想，蜗壳转潜蚪。

石　寨 在长流乡。

福星堂 在大排村。

西灵庵 在文溪村。

圆觉山 在奖坑村。

龙显岩 在黄田山岩侧。有石似龙，奋首掀爪，鳞甲俨然。

狮子石庵 在平寨村。石骨嶙峋，远望似狮子。

灵鹫山 在西陂岭山头寺左。石壁吐泉，味极清甜。

邑人张采屏诗曰：闲寻古寺陟欹斜，胜地良朋两可嘉。风咏林间三五友，井烟野外数千家。看云无事吞山雨，觅水有泉吐石花。归路岂须愁日暮，泛然不系学虚槎。

北山寺　在虎冈东北山。寺右白莲庵，分祀香火。寺前龙潭池，深不可测，流灌田亩。

西竺庵　在灌洋牛角塘山。

胜运里则有：

丰稔寺　在乡。今即以寺名乡。

参议陈渤《夜宿》诗曰：玉童双引入僧房，树隐帘栊近夕阳。欲镇山门无玉带，也应花笑紫薇郎。

清风林　在丰稔寺北山中。

西华庵　在汤湖乡。

罗滩坪庵　在罗滩坪大路。

今备登之，其兴废不书。山河、大地彼皆空之，何有于旃檀得失也？其善信布施不书，舍身同泰，卒饿台城，何以云无量功德也。惟分其在乡、在路、在山之别，在乡者可集讲约，可储积贮，用补公所之不足；在路者可休行旅，可给水火，用佐亭馆之不逮；在山者可防啸聚，可剪荒榛，用辅塘汛之不及。若夫山水清幽，楼台旷爽，约契消闲，读书习静者尤资焉。其徒但令之勤洒扫、严钟鼓、慎接引，特不令设场会众，以惑世诱民。是即人其人，庐其居焉尔矣！乃若非道非僧，彼所云比丘尼、优婆夷者，群妇聚处，渎乱伦常。其所居则有上斋、下斋，俱在北门山下。水口庵，在溪南炉下坝。黄伯畲，在溪南木梓坑背。云峰阁，在溪南务义坪。龙水庵、静水庵、树子冈，俱在溪南金沙。北角，在丰田下湖雷。龙泉庵，在丰田李龙坑。观音阁，在太平大塘坳山背。圆头寨，在太平黄田。乾寿山，在太平北山。他省罕见，独八闽皆有，而永地蕞尔，遂至十余所。此大道不分男女，妖士李贽之流毒于今未熄也。辅世长民之君子，急取而毁之可耳！

古　迹

　　夫人有胜情，即地有胜概，岂必崆峒访道，禹穴探奇，蹑屐穷搜，始称快览哉！山头堕泪，片石流芳。水曲流觞，一亭卓午。扪塔之藤萝日远，临濠之鱼鸟时亲，莫不拄策低徊，击流慷慨。又或秋风废垒，夜月荒墟，梦断烽烟，悲深禾黍。周大夫所为摇摇于行迈，苏学士因之袅袅于歌吹也。夫岸谷频移，烟尘歇绝，昔人名迹灭没于荒榛蔓草不知凡几！幸而流风余韵，仅克有传，固不惜登述之覼缕尔。若：

　　文山亭　在圆岭山。有石大书"宋少保右丞相信国文山文公天祥举义驻师故垒"。按，公自编《纪年录》："宋景炎二年正月，移屯漳州龙岩。"即此地。圆岭，永、岩接壤，东属岩，西属永。乡人以公曾过此，筑亭志之。石字则岩人所镌也。名贤遗迹，两地争重如此。

　　邑人阙恩诏诗曰：岭头犹记昔年碑，丞相南来虎节持。半壁河山经破碎，巍孤臣主更流离。于今客路空禾黍，自古忠魂想旆旗。枯木寒鸦斜照外，清风石上拜须眉。

　　系舟石　旧志："在云龙桥侧。王阳明于此系舟，故名。"按，《文成公集》："正德十二年二月，自赣提师平漳寇。"尔时，自汀入漳者尚由龙岩东路，疑公未尝至永。第四月班师，曾驻军上杭，或因事至此，未可知。今桥废，而名亦无定指。若旧志载公诗二篇，《龙潭夜坐》一首，自注在滁州作，误作永定之龙潭。《长汀道中》一首，误作《永定道中》。今皆删去。

　　访孝亭　在大埠岭郑懋官庐墓处。知县周齐访之，乡人为之建亭。今废。

　　邑人吴登瀛诗曰：孝不因亭著，亭因访孝名。白云犹隐隐，苍柏自菁菁。蛇虎当年伏，羊乌是子情。人心如不死，振古有讴声。

凤麓亭　在卧龙山麓。邑人熊国昌建。今废。旧志载，崇祯甲申重九，知县伍耀孙游此，见邑人吴阶泰于北山溉种松木，举酒慰劳，赠诗云："百年谁与辟蓬蒿，羡尔栽培独自劳。矫矫苍鳞应有待，樵人须共惜龙毛。"鼎革之际，流连景物，把酒吟诗，龙毛之惜，不知于龙髯之攀何如也。

文　塔　在县南黄泥坑口。万历间，知县许堂建。七层，秃而无顶。

许公堤　在县南，知县许堂筑。上建台以课多士。今废。旧标为景，曰"南堤烟雨"。

邑人廖焕章诗曰：春来何日不空濛，一带长堤烟雨重。驱犊声中人戴笠，问津忙处客倚松。轻笼极浦迷芳草，遮幕前山失远峰。倘得米颠图入画，墨光宜淡亦宜浓。

绿筠书院　在溪南挂榜山尾。旧志载："有堂有楼，诸生肄业其所。"隆庆间，知县谢良任置田，以给膏火。万历间，知县何守成植松木千株于山后护之。知县许堂重修。今废，址存。旧标为景，曰"松院秋声"。

邑人熊兴麟诗曰：凌空杰阁挂松楸，谡谡涛声杂濑流。鳞老薄霄亭日午，风寒飞线满江秋。谁为方夜读书赋，自有登高落帽俦。铛沸新泉茶七碗，恍疑羽化上琼楼。

石圳潭　在县东。康熙间，知县洪天开构亭其上。下为放生潭，游鱼充仞。今无好事者，鱼散久矣。

邑人郑辉诗曰：昔日濠梁富，今朝星罶贫。岂因弹铗客，怅望梦旗人。梆静余香麦，潭空长白蘋。大夫如惠保，生馈有鲜鳞。

榕树坛　在南门外。旧标为景，曰"榕坛春翠"。

知县赵良生诗曰：高榕郁参天，樛枝长拂地。古坛春雨余，芳草绿无际。生烟淡溟濛，斜阳远迢递。载酒可寻香，题诗继修禊。何须召伯棠，于焉足游憩。

教谕李基益诗曰：松柏非前号，枌榆著旧灵。斜连芳草翠，遥挹远山青。雨歇拖黎杖，临风倒玉瓶。游人敷坐处，根曲到沙汀。

甘乳岩 在溪南介石村。

村人王介石诗曰：石乳寻常有，所贵在甘腻。自非和气钟，安得无涩颣。兹山矗石起，拔地干云际。朝元众笏趋，赴宴群真会。上谷开崭岩，莲花倒垂蒂。菂薏落琼浆，寒玉受相溉。月液冷争辉，露华清可儗。服之舒心胃，醇懿矜仙饵。褻越者谁子？承将以秽器。遂令灵泉源，脉断永幽閟。吾闻龙湫水，亦不容浊秽。喧污辄兴云，雷电交疾厉。犹未如此泉，一触不再出。窃疑甘乳性，孤洁亦乖戾。何如零陵产，告尽还复至。

王殿崠 在象东桥山顶。有方石数千块，阔厚各五寸，长三尺余，磨砻光滑。昔传忽一夜鬼运至此，欲为鬼王筑殿，因以名山。其说荒唐，疑昔人有大筑作，伐石于兹，已乃遗而不用。然其石与本山及各处石质、石色皆大异，虹桥板架壑船事，固有不尽可解也。近为居民运用，存无几矣。

寨背炉 在太平里山间。有鑢铁数万斤，镕成一块。按其地名，当是先年铁冶之所，但不知镕此何用，或琉璃河铁仗类也。

上杭场 即今下湖雷。唐代宗大历四年，析龙岩湖雷置上杭场，是为上杭县之始。

艺梓堡 在太平里北山。按，杭志："南唐保大十三年，徙上杭场于艺梓堡。"在今永定太平里，即此。旧筑木栅为城。今废，壕址犹存。

博平堑 在博平岭下。康熙间，郑氏遣卒开凿以御马者，今存。

邑人卢欣松诗曰：长城犹不保，深堑意如何？应运有真主，违天漫自魔。事空归榤壁，时久戢干戈。百丈平山外，于今长绿莎。

平西驿　在县儒学右。久废。

太溪公馆　旧在金丰，后迁丰田圆岭，名半岭公馆。址存。

太平旧司　在虎冈。正统间，徙兴化司于此。后添设太平司，徙高陂。虎冈司衙废，址存，

三层旧司　在金丰天德甲，近民筑其址为园圃。

兴化寨　即今县南古镇，屡为驻兵地。洪武五年设司于此，名兴化司。后迁。今冢墓累累矣。

镇　里　在溪南，旧设镇。屡为驻兵地，山顶先有望寮，名隘子岃。今废。元吴吉甫为博罗知县，舆母彭氏槗归。至此，举引不行。卜葬于此，名玉枕穴。

谢弼墓　在香溪。开邑教谕谢弼，江西安福县人。官后不知去留何如。康熙间，香溪人凿石见古墓碑，载"谢弼之墓"，傍书"侄谢洪谟、谢洪诰"，别不具。掩而祭之。

邑人吴峄上诗曰：相寻下马来凭吊，指说先生雨化长。四面青山留带草，千年白骨葬桐乡。行吟空怅两竿竹，展拜殷酬一瓣香。垅上几忘归路晚，飞鸦历乱噪昏黄。

张氏墓　在城内西隅。

廖氏墓　在城内卧龙山。

以上二坟，皆未开邑前所有。及筑城而犹留，亦古迹矣。

凡此风景虽殊，大都河山犹昔也。若乃耸动观瞻，流连物色。稽古膺崇贤之典，披畴荷锡福之荣。于田以号慕垂芳，幽闺以悲辛著节。表之棹楔，树厥风声，则有：

承流坊　在县治左。

宣化坊　在县治右。

儒林坊　在学宫西。

迎恩坊　在县西门外。

以上四坊，弘治间废。

七贵坊 在城隍庙左，为邑人廖堂兄弟立。旧废。

总镇中州坊 在漳南道右，为邑人廖堂立。后改为鄞汀名邑。今废。

锦衣坊 在南街，为邑人指挥廖鹏立。今废。

文魁坊 在学宫左，为邑人赖先立。嘉靖间废。

进士坊 在漳南道左，为邑人赖先立。

登云坊 在南街，为邑人赖守芳、赖守正立。

登庸坊 在漳南道后，为邑人孔庭训立。

五马坊 在南街，为邑人赖先立。

进士坊 在平西驿右，为邑人张僖立。

风宪坊 在城隍庙左，为邑人沈孟化立。其父沈玉璋，嘉靖选贡，授海宁县主簿。以子贵，累赠中宪大夫。坊表父子风宪。

旌节坊 在学宫右，为邑人阙应桢母郑氏立。

孝义坊 在县后左，为邑人刘荣立。

孝子坊 在新巷口，为邑人郑懋官立。

世勋坊 在龙岗巷，为邑人孔庭训立。

进士坊 在玄帝宫左，为邑人郑宜立。

节孝坊 在东岳庙右，为邑人廖敏求妻汤氏立。

节孝坊 在务义坪，为邑人江三植妻吴氏立。

百岁坊 在上湖雷，为邑人熊含麟立。

百岁坊 在苦竹，为邑人苏廷儒立。

百岁坊 在高头，为邑人江景云立。

百岁坊 在中坑，为邑人胡震生妻张氏立。

是或紫街树极，或珂里增辉，亦既为烈于今，并可昭兹来许。又若舟藏夜壑，蜕委空山，玉树长埋，古藤醉卧。马系垂杨之树，杯浇宿草之坟，何必腹痛寻盟，自觉情深怀古？今就旧志所有，与夫显达者汇列之。

赖氏墓

元

赖明佐墓　在胜运里斗古坪。

明

学录赖祖隆墓　在上杭张滩挂袍山下。配陈氏，葬丰稔寺。

赠征仕郎赖宗茂墓　在下调虞。配曾氏，葬长滩乡。

州判赖瑁墓　在调虞。配游孺人，葬上调虞；王孺人，葬长滩乡。

赠承德郎赖恒墓　在胜运里赖坑塘。配李安人、蓝太安人、黄氏、刘氏合葬。

知府赖先墓　在太平里洪源村。

举人赖守正墓　在县南练坑口。配陈氏、节孝简氏合葬。

举人赖守芳墓　在古镇坪狮子脑。

主簿赖守严墓　在县西翼山。

知县赖玉墓　在汤湖乌啼坑。

知州赖锦墓　在东门外铁坑。

学正赖璞墓　在汤湖乡。

知县赖宪墓　在汤湖乡。

知县赖希道墓　在古镇。

教谕赖希乔墓　在张坑。

赠文林郎赖一召墓　在金砂乡对折窠。配林孺人，合葬。

署知县赖桓墓　在古镇。

主事赖维岳墓　在金砂乡章塔。

知县赖霖墓　在龙门。

知县赖昌祚墓　在城东石圳潭。

国朝

训导赖昌明墓　在新寨。配饶氏，葬西门外太阳寨。

训导赖昭墓　在礼田乡民牧寨。

训导赖洪图墓　在新寨。

千总赖安墓　在下湖雷贵塘。

应赠文林郎赖鼎玑墓　在溪南里南坑乡田冈上。配吴氏，合葬。

赖最一墓　在武溪乡水口，回龙洞背茶子寨。配严氏，合葬。

卢氏墓

宋

同安知县事卢县尹墓　在丰田里洽溪。按，宋称知县事，元称县尹，即今知县也。卢名字莫考，旧志载"同安知县事"，其子孙相传称县尹。

明

县丞卢九经墓　在太平里新罗坑。

教谕卢士志墓　在太平里龙归寺背。

卢日升墓　在抚溪公馆右。配张氏，合葬。

主事卢日就墓　在丰田里东埔。配罗安人，合葬。

卢一槐墓　在龙安寨。配孔氏，合葬。

赠承德郎卢宝墓　在武溪鸦鹊坪。

国朝

知县卢化墓　与继配林孺人合葬西郊太阳寨，继配饶孺人葬武溪卓坑白鸡崠。

　　知县卢清墓　在白土乡贵子塘。

　　训导卢之凤墓　在太平里孔夫隔口。

　　训导卢震行墓　在太平里白土村大坪头。配阙孺人葬太平里洽溪坪，黄孺人葬太平里南山突岭。

　　诰赠奉政大夫卢瑞苞墓　在太平里新罗坑。配傅宜人，葬太平里水车潭。

　　侍卫卢宏佐墓　在太平里大路下。

　　训导卢奏平墓　在条河村下水口。

　　赠儒林郎卢永成墓　在太平南崖。配陈孺人葬太平里龙归寺左边，郭孺人葬龙归寺右边。

　　恩授修职郎卢云举墓　在太平里大片田。

　　恩授修职郎卢山剑墓　在太平里白土乡老富坑。

　　恩授修职郎卢克缵墓　在太平里铜鼓塘村。

廖氏墓

宋

　　参政廖花墓　与冯恭人合葬卢丰都。杭永廖氏始祖也。

国朝

　　赠文林郎廖箕墓　在太平里青溪大坪山。配林孺人，葬太平里白土乡鸡心岕。

　　诰赠朝议大夫廖冀亨墓　在金丰里员田山箭管坪。配卢太恭人，葬丰田里武溪隔寨背山；王恭人，葬太平里青溪大坪山。

　　赠忠显校尉廖鼎泰墓　在大水源。配吴安人，葬横岕背。

　　教谕廖翼汉墓　在西郊恩坑里。

郑氏墓

宋

丞相郑清之墓　在龙安寨水口。配萧夫人，葬大埔县棋子隔。邑中郑氏，皆其裔也。

郑唐彦墓　在龙安寨。清之孙，宋时平贼至此，忽有石棺出，卒葬焉。

郑文昌墓　在溪南里桃坑。配林氏，葬龙门山子背。孙文彪、文忠、文斌，合葬祖坟下。

明

孝子郑懋官墓　在溪南里隘子岃。

国朝

孝义郑邦珍墓　在古镇。

训导郑孙绶墓　与配张氏合葬古镇老富寨。

应赠文林郎郑昌麟墓　在溪南里罗乾头。配黄氏、赖氏，葬龙安寨水口。

知县郑宜墓　配王孺人，葬溪南里象东桥。

吴氏墓

元

博罗县尹吴吉甫墓　在莲塘。

明

吴常镇墓　在古镇。配林氏，葬于右。

吴璘墓　在箭滩。

知事吴文绘墓　在古镇。

知县吴诰墓　在古镇。与配王氏合葬。

典簿吴谏墓　与配郑氏合葬黄天崍，阮氏、杨氏附葬于下。

主簿吴祖昌墓　在石螺岐蜡烛塘。

教授吴钦墓　在石水坑校椅窠。

诰赠奉训大夫吴茂葵墓　在井水窠。配张宜人、郑宜人、王氏，合葬于下。

知州吴日修墓　与配郑宜人合葬罗滩黄坑乡。

吴懋中墓　在兰地。

给事中吴煌甲墓　在黄泥坑富家畬。

教谕吴宾王墓　在东郊大洲银钩坑。配朱氏、汤氏、谌氏，合葬李田乡苎园坪。

国朝

吴迪光墓　在金丰里长富山。

赠修职郎吴阶泰墓　在东门铁坑。配郑孺人，葬龙漈。

乡贤吴祖馨墓　在县东白叶凹。

知县吴利见墓　在龙门增坑。配王孺人，葬溪南深塘。

乡贤吴云芝墓　在县北傅家地。

知县吴昭上墓　在溪南里葫芦坪。

熊氏墓

明

熊梦章墓　在檬林前牛眠坪。配李氏，葬湖雷雷窠里屋后。为熊氏始祖。

熊真佑墓　在湖雷龙窟岭。配唐氏妙真，合葬。

　　熊文彬墓　在橡林前碓子岕。配妙婳阙氏，合葬。

　　熊文凤墓　在丰田里洽溪荫凤池。

　　封承德郎熊彦恒墓　在武溪隔。

　　贡生熊铨元墓　在龙门。

　　监察御史熊兴麟墓　与配郑安人合葬金丰里豪灵村。

国朝

　　教谕熊见龙墓　与配邱氏合葬溪南里陈坑雨寮冈，阮氏、曹氏附葬于下。

　　恩授修职郎熊孙鹏墓　与配张氏合葬溪口横山岐。

　　赠修职郎熊廷幹墓　在大埔大麻乡。

沈氏墓

明

　　沈永实墓　与配张氏、罗氏合葬丰田里象牙。子孙九派，为邑蕃姓。

　　诰赠中宪大夫沈玉璋墓　在黄泥坑。

　　参政沈孟化墓　在南郊瓮瑶前。

　　沈文熠墓　在东郊外大人崃下田中。

国朝

　　赠文林郎沈先甲墓　在丰田里塘背。配卢孺人，葬塘背凹背窠。

　　知县沈光渭墓　在丰田里白莲塘。

　　赠修职郎沈朝举墓　在塘背枫山塘。

张氏墓

明

中书张僖墓　在乾罗上。

举人张尧中墓　在车田。

国朝

赠文林郎张凤彩墓　与配廖孺人、傅孺人合葬太平里莲花山。

知县张成章墓　与配赖孺人合葬太平里马寨山。

赠修职郎张世芳墓　在丰田里檬林前。配吴孺人，葬丰田里新田坑。

王氏墓

国朝

都司金书王筹墓　在溪南锦峰乡石寨背。与配童氏、范氏合葬。

赠文林郎王禹昉墓　在溪南里张公前。配彭孺人，葬河头城石壁庵侧。

赠文林郎王之宾墓　在溪南里半山凹。配卢孺人，葬溪南里石寨背。

赠文林郎王命钦墓　在溪南里介石村。配吴太孺人，合葬。

赠修职郎王盛墓　在溪南里郑坑。配萧孺人、高孺人，合葬。

恩授修职郎王春三墓　在县南下坑山。

江氏墓

明

训导江奋龙墓　在牛角岃。配刘氏、谢氏，合葬于九珠坑。

国朝

赠修职郎江绣来墓　在堆山河口。配邱孺人，葬北山银锭峡；张孺人，葬岐岭杨梅林。

教谕江淇墓　在小坑佛子隔。

赠文林郎江濬墓　在馒头脑牛路脚。配萧太孺人，葬阔滩头柯树窠。

诰赠明威将军江毓攀墓　在大阜漈下乡。配王恭人，合葬。

诰赠明威将军江兆凤墓　在上官坑乡。配赖恭人，葬务义坪赤岭下。

都司金书江犹龙墓　在蓝冈。配刘恭人，葬坝塘尾。

知县江联辉墓　在金砂乡王殿崬下。配卢孺人，葬金砂乡小溪背。

孔氏墓

明

诰赠奉政大夫孔瓒墓　在罗滩桥子头。

员外孔庭训墓　在南坑甜竹山。

知州孔庭诏墓　在县北李田。

主簿孔登墓　在罗滩桥子头。配吴氏，合葬。

国朝

　　孔如日墓　在城西北马尾竹。

黄氏墓

明

　　知县黄益纯墓　在岐岭陈圣塘。

国朝

　　赠文林郎黄孟淑墓　在丰田里麻公前。
　　同知黄日焕墓　在武溪龙窟岭下。

萧氏墓

国朝

　　萧天锡墓　在龙安寨禾仓窠。配简氏，葬上下湖内窠里。
　　知县萧熙桢墓　在溪南里象窟。配张氏，葬恩全牛栏坑。
　　赠文林郎萧澧有墓　在溪南里黄土坑。
　　赠修职郎萧沅有墓　在四图茶树下。配张孺人，葬大阜溦下。
　　知县萧廷玮墓　在胜运里白沙炉。配谢孺人，葬杨梅凹。
　　训导萧廷璠墓　在双井边。配熊氏，葬恩全乡。

阙氏墓

明

　　知县阙思温墓　在丰田里武溪背头凹。配朱氏，葬墓侧；严
氏，葬丰田里深溪陈坭坪。

举人阙和墓　在马山乡。

都司都事阙椿墓　在丰田里苦竹村海塘塅。配郑氏，合葬；江氏，葬金丰里石子畲；简氏，葬金丰里坑头坝。

国朝

知县阙振墓　在金丰里塘背艾芝山。配吴氏，合葬。

胡氏墓

国朝

乡贤胡逢亨墓　在大埔大宁社。

知县胡楼生墓　在天德甲磜子角。

众姓墓

明

知县谢贵墓　在太平里上洋乡文塘陂。配吴氏，葬太平里牛眷坑。

知县林钟桂墓　在武溪杏坑。

邱桢墓　在古镇。配王氏，葬金丰里天德甲乡。

巡抚詹天颜墓　在金丰里苦通乡。

国朝

陈静庵墓　在县南新寨。

训导简兆璜墓　在太平里洪源老鸦山。

是若堂，若斧，罢如，宰如者，虽未必动兴王之封，厉樵夫之禁，然小人休矣，君子息焉。千秋万岁，岂无欲起九原而从之者？敢曰响寂声沉，同归大暮，烟横草莽，共笑陈人也哉！

永定县志卷之三

食　货　志

户口、土田、赋役、储恤、义租

地定居安，莫急于养，莫重于教矣。食货以云养也。有人此有土，先户口；有土此有财，次土田；有财此有用，次赋役。损上益下，仰储恤也。衰盈济虚，藉义租也。邑故瘠啬，会计出入，罩然思三年报，政可使足民之才焉。爰悉各目之数，著于篇。

户　口

为治未有不务周知人数也。然户口版籍，自古难凭。《帝王世纪》载：禹平水土，民口千三百三十余万。其时，执玉帛者万国，是一国仅一千三百三十余人也。周公相成王，致治刑错，民口千三百七十一万有奇。其时，五等之封千七百七十三国，是一国仅七千七百二十余人也。其信然耶？历史户口之盛，若西汉元始、东汉永嘉、晋太康、唐开元、宋元丰、明成化，户无逾一千五百万，口无逾七千万。姑以天下广袤万里，开方计之，为方百里者万，每百里仅得户一千五百，口七千。果尔，则永之户口亦繁庶矣。

明成化十五年，永邑新造。十八年始届编审，户二千二百五十六，口一万一千一百二十九。弘治五年，户二千四百二十七，口一万六千三百三十八。以户则增一百七十一，以口则增五千二百而奇九。何蕃之暴耶？岂立邑之初，务饰增以为荣耶？弘治十五年、正德七年，两届编审，因与杭人讦讼，奏割互异，籍毁无稽。嘉靖元年，户二千四百二十七，口一万六千三百三十五。十一年，户减一千二百七十三，较开邑损其过半，口亦减一千七百三十六。此又曷故耶？二十一年，户一千一百九十四，口一万四千七百一十三。十一年，增户者四，口则如旧。四十一年，户一千五十四，口一万三千九百三十九。万历元年，户则增五百六十四，口则减一千一百七十九。相悬殊不可解也。

自嘉靖四十年，李占春等四起猖乱，更以流寇罗袍残杀，民死者不可胜纪。万历二年，水灾溺死者七百余人，举家沦没者十六户。于时赋役繁苦，以凋耗之民欲取盈于额数，是以十金之子责偿千金之债也。知县何守成吁除三千余口，诸监司鉴其诚，俞允。永民德之，为之谣曰："前有王父，后有许母。贤哉何侯，二公接武。其苏我生，其止我处。祝尔苍苍，永令兹土。"邑人赖希道为之记。至十一年，户一千一百而奇一，口一万而奇四十五。二十一年，户一千三百六十一，口一万一千八百九十八。三十一年，户一千九百，口一万二千而奇六十三。四十一年，户二千一百九十五，口一万六千八百九十三。天启三年，户二千一百八十四，口一万五千九百七十四。崇祯六年，户口俱如旧。十五年，黄册未定而国变。

夫十年编审，令人户、丁口各以实自占，州县正官躬亲磨算，府官省司又递磨算讫，始上部进呈。仍岁命户科给事中一人，御史二人，户部主事四人，厘校讹舛，立法綦慎审矣。然但验粮多寡为丁之损益，又黄册只属具文，有司征税，编徭自为一册，曰"白册"。则虚籍姓名，岂得据为实数哉？

国朝因明制，更为五年一审。顺治八年，男丁六千六百二十，女口五千六百而奇二。自汉算人而赋，一户数口，男女通称口也。唐制，民始生为黄，四岁为小，十六为中，二十一为丁，六十为老。老幼者不赋，丁中始赋，故称丁中。丁，亦口也，明分民年十六以下者为不成丁，十六以上者为成丁。万历间编《赋役全书》，名《丁口册》。后遂分男为丁，女为口，概称则皆曰丁。户口之称变矣。

自后以粮坐丁，历十审无所增损。康熙五十二年，奉恩诏，嗣后凡遇编审之期，地方官察出增益人丁，止将实数另造清册奏闻。其征收钱粮，但据康熙五十年丁册定为常额，续生人丁永不加赋。本邑原额六千六百二十丁，内分料差成丁四千五百七十四丁五分，不成丁一千二百六十六丁五分，有优免丁七百七十九丁。外新增料差成丁七十一丁，不成丁七丁，合原额新增共六千六百九十八丁。原额食盐课五千六百而奇二口，新增食盐课一十四口，合原额新增共五千六百一十六口。食盐课，即妇女口也。不曰妇女，而曰食盐课者，以妇女不别征差银，但征盐课，故名。

合男丁、女口共一万二千三百一十四丁，是为今之常额。其续生人丁另造清册，曰盛世滋生。自康熙五十年至乾隆十六年，八经编审，增男子成丁二百三十七丁，增男子不成丁并食盐课口一百而奇三。永邑户口之登耗者如此。

明制，户分三等：曰民、曰军、曰匠。民有儒、有医、有阴阳，军有校尉、有力士、弓铺兵，匠有厨役、裁缝、马船之类，濒海有盐灶，寺有僧，观有道士，毕以其业著籍。永惟有民籍，他皆所无也。又人户避徭役来居者，曰逃户。年饥或避兵他徙，令在所甲长编甲管辖者，曰流民。故官家属离本籍远，许收附者，曰附籍。朝廷所移民，曰移徙。移而屯处垦地者，曰屯户。经商居停者，曰"商籍"。在晋若侨人，在宋若客户，永皆无之。惟邑地析自上杭，其籍于杭，而世居永者，五里皆有杂处，永民十之二。此于诸色人户均无可名，会典载邑有棚民，殆谓此也。

土　田

雍正间，本邑程侯初莅任。适有土田之讼，将取质于《鱼鳞册》，吏曰无之。程以为欺也，杖焉。而永实无此册也。夫则壤成赋，必先度其国顷亩之多寡，田土之高下，然后贡赋由是定。自古井田、代田、限田、均田，口分世业产钱，胥是道也。明制，田分二等，曰官田，凡唐、宋、元时，所入职田、学田，没官田、废寺田。其后又有还官田，断入官田。皇庄牧马草场，城壖苜蓿地，牲地，园陵坟地，公占隙地，诸王、公主、勋戚、大臣、内监、寺观、乞庄田，百官职田，边臣养廉田，军、民、商屯田，通称谓之官田。曰民田。凡民所授受，或新开，或沙塞，或寺观，皆谓之民田。

洪武二十年，命国子生武淳等分行州县，履亩丈量。丈法以五尺为步。每横一步，直二百四十步为一亩，百亩为一顷。图其田之方圆、曲直、宽狭，书其主名及四至，编为册，曰《鱼鳞图册》，与黄册相为经纬。《鱼鳞册》以田为主，田各归其都，图诸原版。坟衍下湿，腴沃瘠卤之故毕具，是为经。洪武十四年编黄册，以户为主。田各归其户，详具旧管新收，开除实在之数，是为纬。于时永犹未分也。邑界道远山深，清丈不及。开邑后，历万历、康熙，再经清丈，永皆不及焉。故永之土田不能条分而缕析也。

旧志：成化十八年，本县官民田地、山塘九百七十九顷五十三亩七分。按杭志，原额二千七百九十七顷九十三亩，除分永定外，实存一千八百一十九顷九十九亩。则永之所分已浮额一百五十九亩七分矣！且徒具总数，不分官田几何，民田几何，地塘山又几何？甚矣，旧志之略也！

国朝顺治十四年，刊颁《赋役全书》，九年编，十四年颁发。

本省钱粮具照万历四十八年则例。本县官民田地、池塘、山溪埔一千五顷六十亩一分二厘八毫九丝五忽五微，内分官田并溪埔四十八顷四十三亩二分六厘七毫九丝一忽二微，民田并升科八百六十九顷七十五亩一分而奇六毫四忽三微。钞则地二顷六十六亩五分二厘，钞则地塘并充饷八十四顷七十五亩二分三厘五毫。明初分官田为官米，民田为民米，夏税钞，秋租钞。则地塘所出，即租米也。万历丈量相度，山塘、田地高下分为上、中、下、下下、坍涨五则，折为实亩。官民钞米一则均摊，要以无失各米原额而已。永未清丈，姑分摊作官折也。较万历元年编审原额增加二十六顷而奇六亩四分零。夫自万历至顺治初年，八十年间赋役繁兴，兵凶频仍，安得垦增？若是此，必万历清丈时溢额也。盖是时张居正当国。六年，议天下田亩通行丈量，八年而事竣。虽法令纤密，浮粮悉清，一洗成、弘以来欺隐赔累之苦，然居正尚综核，颇以溢额为功。有司争改小弓，以求田多，或搭克见田，以充虚额。故吴中谣云："量尽山田与水田，只留沧海与青天。如今那有闲洲渚，寄语沙鸥莫浪眠。"亦非尽口众也。尔时永虽清丈未及，盖必有派增以希旨者矣。康熙间，垦田升科者四十八亩九分三厘。雍正九年，报垦水田六年起科者二亩七分。定例，水田六年起科，旱地十年起科。雍正十三年，劝垦水田六年起科者三顷五亩五分七厘二毫，劝垦旱地十年起科者三顷而奇六分五厘一毫。自垦田旁余地报官者为首垦，别垦荒地报官者为报垦，官劝令垦者为劝垦。乾隆五年，豁免水灾冲陷沙堆田二十七亩二分三厘，合原额垦升除豁免总一千一十一顷九十亩七分五厘一毫九丝五忽五微。是为乾隆十六年审册实数。

　　然此在永征收之粮田，而永界之土田不止是也。析邑之初，原奏南以溪流为界，界内正耗米共该六千九百一十五石零，已而割入五千八百五十六石五斗六升九合一勺。有杭民郭明德等粮一千六十四石八斗五升八勺，田坐永界，惮于过县输粮，勒不肯割，托为梅花分管，互立寄庄之说以惑上听。知县王环力请割清，杭乃以永民简惟时等，有粮二百余石，田坐杭界，而粮亦在杭者割其粮归永，以实互寄名目。后来，永人与杭人自相抵换割清，今无田在杭界而粮在永者矣。各宪以为平允，遂就前后所割造册报部，置明德等粮不问。夫所谓寄庄者，田与粮并归于甲，乙人买过甲地之田，就甲地立户纳粮，谓之"寄庄"，非田在乙而粮在甲之谓也。厥后，节经居永杭民郑锦、永民吴璘、廖积等奏行查勘。正德间奉旨行镇守巡按各官，议将前项田粮推割入永造册，杭民鼓众揭旗挟制。上官遂令户部暨后湖管册，科道不敢留册。

盖自弘治迄嘉靖二十四年，岁经五纪，讦奏凡十有二，倪得而倪失。杭令马节辑诸案为解纷，纪其邑人邱道隆为之引，祖杭斤永，横决胸臆。夫粮从田出，田从界辖，形方氏所谓制域正封，使无华离者，此也。彼谓上杭为干，永定为支，则上杭析自龙岩，亦分根本枝叶，未闻上杭之田仍留龙岩之粮也。又谓上杭全设，永定裁减。则清流析自宁化，亦分全设、裁减，未闻清流之田仍留宁化之粮也。必恐支强干弱，繁瘦简肥，何不少割一图半里之地，而必使杭粮之田，错杂永界五里之内，以薮奸海逋也哉？揆厥所由，于时人苦繁役，粮多则役轻，杭民之附会者万口一词，分巡既札驻上杭，诸上官亦暱旧而忽新，故至此。今国家轻徭薄赋，各宪一视同仁。杭田之在永者，已尽过卖与永民，谓宜仿《鱼鳞》之制，分疆计亩，使田各有签业，粮各归都图，则经界正，而讼狱息矣！

赋　役

自古有田则有赋，有身则有役，而利病滋焉。三代之法至周大备，若赋、若贡、若役，其详于《周礼》者密致而慎审矣。汉兴什五税一，三十税一，蠲除之诏屡下，役民岁不过三日，年不出五十六，可不谓轻徭薄敛乎？然承秦旧制，田不井授，算赋口钱，更赋役之，而又税之。唐授民口分世业，而赋重于汉。调法既赋，其身庸役更七倍于古。宋赋袭行两税，占田无限。庸调已入两税中，而轮役不免衙前、里正，至令民自残以避役。统今古观之，后常不如前。就一代论之，末造之繁苦，常不如初、盛之宽逸也。

　　邑开自明，请详明制之及于永邑者。赋法，以官民二等定天下之田赋，以两税征于夏曰"夏税"，征于秋曰"秋粮"。其色目有米麦、钱钞、丝绢三项。两税色目，明初惟米麦、钱钞、丝绢三项。弘治、万历间，递增多目。各省府县有无多寡不同，本邑惟米、钞、丝三项。洪武初下令，凡民田五亩至十亩者，栽桑麻、木棉各半亩。十亩以上倍之，不种者有罚。此农桑、丝绢所由起也。凡桑四十株为地一亩，每亩征丝五钱，每丝十八两为绢一匹。夏税收钞，始于元成宗。明因之，并有秋租钞。福建原止有夏税钞，弘治间始有秋租钞。汀志以夏钞出于民田，秋钞出于官田。

　　《上杭志》：官民田皆配有夏税钞，其秋租钞出于官民地山塘，盖各异也。钞法，洪武七年造大明宝钞，以桑穰为料制，方高一尺，广六寸，质青色，外为横文花栏，题其额曰"大明通行宝钞"。上两旁为篆文八字，曰"大明宝钞，天下通行"。中图钱贯，凡六等。十串为一贯，五串为五百文。如制递减，至一串为一百文。其下云："中书省奏准，印造大明宝钞与铜钱通行使用。伪造者斩，告捕者赏银二十五两。"仍给犯人财产。凡钞五贯为一锭。每钞一贯，准钱千文，准银一两，准金二钱五分。二贯五百文准米一石。凡钱九十九文以下用钱，满百则用百文钞折之。十八年，更造小钞，有十文至五十文五等。于是九文以下方用钱，满十文则用十文钞折之。其后民间重钱轻钞。永乐间，值已减洪武初十之九。宣德间，钞五十贯折米一石；成化间，钞一贯不能值钱一文。计钞征民，每贯征银二分五厘，民以大困。弘治间，定钞一贯折银三厘。至是钞废，不行。

大略以米麦为主，而钱钞、丝绢次之。夏税钞，后入八分丁石内并征。秋租钞，后入秋粮内并征。农桑丝，后折价入条鞭、丁石内办纳。

其起科有则例，官田，亩征米五升三合五勺；民田，亩征米三升三合五勺。民田止一则，官田轻重悬殊。没官田重至一石以上，轻亦一斗。宣德四年，下减分之。诏凡官田亩征一斗至四斗者，减十之二；四斗一升至石以上者，减十之三。著为令。其征收有期限，夏税无过八月，秋粮无过明年二月。其输纳有本折，初，官米本折各半，折色征银解京，本色存留各仓。民米，七分本色输仓，三分折色解京。每石米折银二钱五分。正德十四年，御史沈灼奏准，官米俱折色解京，每石折银二钱五分至三钱六分不等。民米半本色输仓，半折色。每石折银五钱，以三钱解京，二钱补仓。其新增起科及浮粮，全征折色，每石折银二钱五分。其后，民米悉改征折色。各仓折价又轻重不同。其备损有加耗。官米每斗加耗三合五勺，民米每斗加耗七合，后皆纽入正额支销。又坐派各仓民米，耗至一石增耗五升，后亦作正额支销。始焉，官米重而民米轻。自加耗递重，又折价折料编纲徭，民米之重三倍于官矣！宣德间始有耗米，民米耗已倍于官米。弘治间，又于民米耗一石增耗五升。沈灼奏准，官米全折，民米半折。民米价又倍于官，编八分折料银。纲徭派银，官米三石准民米一石。站银，但及民米而不及官米。

本邑之为夏税者：夏税钞八十八锭一贯七百七十二文，农桑绢丝七两二钱。为秋粮者：正耗米五千八百五十六石五斗六升九合一勺，秋租钞一百三十九锭二贯八百六十四文。是为正赋。

此外，杂赋课税有：

盐粮　米九百四十四石八升。明初，男成丁、女大口，岁给盐三斤，征米八升；不成丁、小口半之。后盐不给，民纳米如故。天顺间，因钞法不行，罢米征钞。每口以四升折钞三贯，四升折钱六文。弘治元年，通折以银钞，一贯折银三两一钱，七文折银一分。万历初，本邑每丁口有闰征银一分六厘七毫八丝七忽七微四纤三沙，共银一百七十四两五钱三厘五毫零分，解京、司、府三库。

酒醋　课钞一十四锭四贯二百一十六文。

官房地赁　课钞三贯五百二十一文。

门摊　课钞八十五锭。

以上三者，太祖初，仍元制征收者也。

商税　课钞五百四十三锭一贯。太祖即吴王位，设通课司。征商估物，货三十而取一，竹木薪柴抽分不等。后各处多设税课司局，本邑则有司领之。有司责当年里甲之为巡拦者办纳。

茶　课钞七百七十五文。福建原贡果茶一万五十斤，先春茶芽二千八百七十八斤，后茶芽如旧贡本色，叶茶匀派，折银为课。

桃、李、柿树　课钞一贯九百九十二文。洪武间，屡诏有司及老人，督民多栽桑枣果树，造册报部。二十六年，定树株果价，照造报额数征收钱钞。

契本税契　课钞无定数。洪武二年，令凡买卖田宅、头匹，赴务报税。除正课外，每契纸一本，工料钱四十文。以上诸课，自洪武间起，中官、国子生及部委官核立定额收课，或本或折。宣德四年，以钞法不行，各课增旧五倍，悉令纳钞。正统初，复洪武旧额。成化八年，折收银。万历初，或停征，或并入秋粮。惟酒银充饷，犹存其目。

附征者则有：

寺租　银七钱八分一厘。嘉靖四十二年，闽省兵兴多故。抚院谭纶，议将各寺田产每十亩扣抽六亩充饷，以四亩还僧。充饷者每亩征银二钱，以八分纳办粮差，以一钱二分充饷。

赃罚纸赎 银无定数。洪武初，刑部纸札，以赃、罚钱钞买用。弘治间，令诸色赎罪人纳纸。在京大小衙门，从刑部关用在外，二分纳纸，八分折谷上预备仓。嘉靖间，搜括赃、赎，始征银充饷。

高陂市埠头一座 税银八两。

深溪市埠头一座 嘉靖间，巡按御史樊献科批，令埠户于该埠地方置渡船二只，雇船夫二名。逐日济渡，以便往来，免其纳银。

役法，括天下户口以籍为定。役有三等，以户计曰里甲，以丁计曰均徭，上命非时曰泛杂。其色目，里甲若里长、老人之类。

洪武十四年，编"黄册"。以一百一十户为一里，择丁粮多者十户为里长。余百户分为十甲，每甲十户统于里长。里各编一册，册首总为图。甲皆十户者名全图。不能十户，凡四五六七户者，名半图。鳏寡、孤独不任役者，著之图尾，曰"畸零带管"。洪武二十七年，令有司于里中择年高有德者，给以教民榜文，坐申明亭，主平婚、田土、斗殴、赌博诸小事，谓之老人。诸小事不由里老处分，径诉县官，谓之"越诉"。县门榜曰"越诉笞五十"，即谓此也。国家初甚优礼，后惟规避科差者充之，凭藉官府肆虐闾阎。洪熙元年，御史何文渊奏请禁约。自是选轻而权替矣。江南别有粮长，福建以里长兼之。又因地方设总甲、小甲，以觉察非常。如今地方练总之类，皆里甲之役也。

均徭，若院、司、府、县门子、皂隶、书手、狱卒、解户仓斗级、库子、民壮、弓兵、祗候、马夫、学斋夫、膳夫之类银力，各从所便。驿站驴马脚夫、机兵衣甲工食，统在均徭之内。嘉靖间，乃分均徭、驿站、机兵为三，并里甲，共曰"四差"。

泛杂，则敷之里甲，大略惟里长、解户库子、斗级、驿夫最苦，余役次之。

里长，始为催征钱粮，勾摄公事及出办上供物料。后乃以支应官府，若春秋社饮、存恤日用诸经费，令里甲赋钱以供，曰"里甲银"。浸至私馈杂供，无名百出。初计户，后计丁、计粮，酷索诛求，害不可胜。沈灼始为八分法，以折贡料，定正、杂两纲以总诸费，皆于该年里甲按额征银贮官支应，意主于宽。里甲乃官复给所输银于里长，责其营供，或给不一二而供十百，甚至一无所给。又多额外杂泛名色，俱令里长贴办。里长责甲首，甲首科十甲，豪有力者或高坐而免单，下户往往逃亡。卒之，里与甲同归于困而已。

解户解京库料物，收纳者悉中官恣意留难，不易中。不中辄破家，或募人代解，有侵冒仍责代偿，其痛累如此。库子、斗级，司钱谷出纳。上役、代役各有常例，有私馈郡邑有司，诸日用费毕取诸库子。盘查仓谷稍盈，名过收；稍耗，罪折阅，皆责斗级。或钱粮征收不及，辄向库子、斗级借输。后不尽偿，主守支放之，劳苦又勿论也。驿传之役，民持金募夫脚，策应迎送，传食需索，迫胁万丈。或遇巡方按临，或值军旅经宿，一朝之费，倾产覆家。黠者潜计竣事之期，嘱托幹旋，令之改日就道。嘉靖间，改归官。当然在官雇募，仍抑勒民户也。

其优恤有免复，凡民十六，成丁而役，六十而免，七十以上许一子侍养，免杂泛役。寡妇年二十前夫亡，五十不改节者免家徭。品官视职秩为差，京官自免六石六丁，至三十石三十丁止。外官各减半。教官举监生员各免二石二丁，杂职免一石一丁。官故，仍免三年。其轻重有编第，编册以人丁多寡、事产厚薄，第户为上、中、下三等。上户重役，中、下户以次递轻。其轮该有年限，一图，里长十人，岁役一人，管一图之事，曰该年。一图十甲，甲十户，岁每甲役一户，曰轮甲。皆十年一周。又休息五年一泛役。其事产有按征。有田者，每米一石准夫一丁。商贾富囊箧而不置田产者，听自占以廛赋，里布法征之，以佐银差。初，止役其身。自三办繁，而里甲始赋钱以供，又定为八分四差法，而诸役皆征银矣。三办者：额办、岁办、杂办也。额办者，常用之物贡，有定额；岁办者，非贡之常，上所取用，岁各不同；杂办者，非时之供及院司道府派用也。先是该年里甲米石丁人，各为银七钱以供。正德十四年，御史沈灼奏行八分法，丁粮对编，名曰折料。十年而八钱解府办贡。又四差法，纲、徭、机三差，皆丁四粮六编银。

本邑之为纲银者：正、杂两纲，共银三百六十八两。正纲，如各坛庙祭祀、乡饮贡举盘缠之类，共银一百九十三两；杂纲，如迎春桃符、新官到任、生童考试之类，共银一百七十五两。正纲可稽，杂则私而难诘。

为徭银者：银、力二差，共银七百五十七两六钱。银差，雇役法也；力差，差役法也。力差亦准工食，计银先是丁四粮六编银。嘉靖末，申倭调金华兵戍守，加派军饷，改编丁四粮八。机兵银一千四百六十八两八钱，机兵二百零四名，每名编银七两二钱。驿传银一千四百零九两一钱八厘，平西驿，本邑每年编米三百八十石零八斗四升，编户自纳。嘉靖四十三年，漳南道黎元申请，每米一石，追银三两八钱给官当。万历三年，奉军门刘尧诲、察院孙錝石减银一钱。每石征银三两七钱，解府转给官当。是为常役。

此外，匠役则有匠班银，每年一名，征银一两八钱，有闰加征银六钱。匠有匠户，以子辰申丑、巳酉寅午、戌卯未亥四班轮值，分住坐、输班二等。赴役者为住坐，每月上工十日；不赴役者每月输罚班银六钱，谓之输班。永无匠籍，派匠四名，每年值班一名。上供者，即三办贡料也。折银八百七十一两六钱零。解府办本色，输户、礼、工三部。则有牲口料：肥猪七口、鹅六

只、鸡二只，共折价银一十四两八钱八厘八毫。厨料：龙眼一百
三十五斤，荔枝一百三十五斤，香蕈二十斤，白沙糖四百六十五
斤，蜜糖三十七斤八两，黑糖二百零二斤。蜡茶料：黄蜡八十斤
十四两，白蜡九斤三两，芽茶五十一两，叶茶四十斤九两。药材
料：栀子五斤五两，百药煎五斤五两，五棓子一十二两，姜黄二
斤八两，乌梅五十三两。颜料：土朱一十八斤，银朱三十二斤六
两，黑铅一十七斤八两，锡四十斤五两，黄熟铜一十七斤十两，
紫草三斤，生漆一百六十斤，桐油六十七斤四两，牛皮二张，水
牛角四副。弓弦料：弓一百四十五张，弦七百二十五条，箭一千
五十七支。自条鞭行，各料统征料价，惟弓、弦、箭料各自为一
目征解。祥袄料：杂色皮九十三张，翎毛三千二百二十根。翠花
料：翠毛六个。

　　此万历初年以前，永邑赋役之大凡也。

　　分邑之先，自洪武迄天顺，世历百年，代经七帝。其时，君
皆宽仁俭约，国家会计量入为出，故公私充裕。虽以靖难之绎
骚，迁都之兴作也。先之边寇，而用不匮，民不扰。成化以来，
土木频兴，建斋设醮，张玩烟火，动费千万。且中贵用事，百度
侈丽。内帑耗竭，繁费杂出。盖自开邑初，即丁溢征苛索之会
也。孝宗力除积弊，振刷一清。武宗巡幸无度，进献多门，折料
行而赋始及于丁。世宗营缮日繁，大军数起，加派兴而粮始增于
额。一切无艺之征，至嘉靖之季而不堪问矣！穆宗加意节俭，国
用稍支。万历初年，张居正当国，丈田均赋，凡两税色目及诸课
钞，或停或并，概匀入丁粮举行。嘉、隆间，数行数止之一条鞭
法，福建巡抚庞尚鹏奉行尤力。自是赋、贡、役合而为一，而民
称便。

　　一条鞭者，总括一州县之赋役，量地计丁，丁粮毕输于官。
一岁之役，官为金募。力差，则计其工食之费，酌为增减；银
差，则计其交纳之费，加以增耗。凡额办派办，京库、岁需与存

留供亿及土贡方物，悉并为一条也。昔人称其善，谓先年轮甲，则递年十甲充一岁之役。且十年一差，出多易困。条鞭则合一邑之丁粮，充一岁之役，且每年零办出少易输，又所当之差，有编银一两。而幸纳如数者，有加二三至倍蓰相什百者，名为均徭，实不均之大。今合民间加纳之银，俱入官正派之数，而轻重匀、苦乐通。且十年轮纳，今年甲户丁粮多，则派轻；明年甲户丁粮少，则派重。今通十甲以编不分年，则丁粮均优免者，势不能分数户以几幸，则滥冒消合。银力二差并公私诸费征附秋粮，则名目简；富人不近官，从人不坐名，则觊觎寝；核实数以编银，则赔累息；官给银于募人，人不得反覆抑勒，则市猾屈。去头户贴户之派，则贫富平粮有多寡；役无轻重，毋需花分，毋为诡寄，则册籍清。盖愉快至于如此。然而里甲只应名罢实存，诸役猝至复金。农氓十余年役费之重，仍如嘉靖时。则是岁岁征其免役之银，而值役又百倍其钱也。条鞭之法不适为层累之阶哉！其后大征接踵，颇有加派。事毕，旋已至四十六年，骤增辽饷三百万。户部尚书李汝华援征倭播例，亩加三厘五毫，明年复加三厘五毫，明年复加二厘，通前后九厘，遂为岁征定额。

国初奉诏：福建人丁、地亩，通照万历四十八年则例征收。今按当时赋役额例，凡丁口有纲丁，成丁有优免者，征盐钞、征折料。有差丁，成丁无优免者，征盐钞、征折料、征纲徭机三差银。有食盐课丁口。妇女及不成丁者征盐钞。凡田粮有官田，但征官米。有官折，官田并入民田科米者。有料增田，民田有优免者，征民米、征官折。有粮增差田，民田无优免者，征民米，征官折，征四差银。有升科田，民田新垦者，不受官折派差充饷。有钞则地塘。租米所出，有官有民。其民米又有带官折、不带官折之分。

本邑前朝《赋役书》散失无存，郡、邑志又缺略失考。但据旧郡志，万历四十一年，丁口一万六千八百九十三丁。万历三年，旧邑志：官民田地山塘九百七十九顷五十三亩七分。此后有无增减及分科征收则例，莫得而详也。惟附征、起运、存留、四差各目，犹得搜查开列，以见一时经制。

附征者：

匠班银每年一两八钱，有闰加征银六钱。此项起运。

寺租银七钱八分一厘。

酒税银一两二钱四分九厘九毫五丝。

赃罚纸赎银无定额。

高陂市埠头牙税银八两。

契本税契银无定额。以上五项俱存留。

其起运：

金花价扛银六百九十六两一钱七厘。内府金花，原系明初折粮银两，解南京供武臣俸禄、各边缓急之用。正统间，改解北京太仓库。

折料价脚银三十两五钱五分。

京库盐钞价脚有闰银七十八两二钱三厘。

三司料价脚银一百六十六两八钱四分。

弓弦箭价脚银三百七十六两七钱六分二厘。

合共银一千三百四十八两四钱六分二厘也。

其存留：

抵解无征司库钞银一两四钱七分六厘。

抵补无零丝棉银二钱一分六厘。康熙十七年裁。

科举进士牌坊银一百五两。

司库盐钞有闰银三十二两三钱二分三厘。

料剩有闰银一百六两三钱六分五厘。康熙十七年裁。

备歉银一百七十八两五钱五分八厘。

粮剩有闰银五百五十六两七钱五分一厘。

原额升科米银一十一两一钱七分四厘。

仓剩解司银一百二十九两二钱三分六厘。

仓剩给武平营兵银一百八十四两八钱一分五厘。

武平仓折价给军银一千五十七两二钱七分六厘。原米一千七百八十五石五斗八升四合八勺。

府库盐钞有闰银一百六十九两九钱三分。

县学仓折米银二百三十二两二钱。原米三百石。

县际留仓折米银一百三十六两四钱七分三厘。原米三百四十七石五斗二合四勺五抄。

合共银二千九百四两七钱九分三厘也。

其为四差者，纲、徭、机、站是也。纲：始于里甲；徭，即所谓均徭；机兵，募民壮为之，编户给其资粮；站，本邑惟平西驿站，银出于粮。纲、徭、机银皆丁四粮六。

以纲言：

都察院心红、纸札、烛炭银四两四钱二分二厘。自厘以下多有零数，琐碎不尽列也。

察院考较府县学生员试卷、茶饼银九两六钱四分。

恤刑衙门心红、纸札、油烛工食等银一两八钱八分五厘。

总兵府心红、烛炭银一两一钱四分七厘。

布政司清军道纸札、工食银三两六钱七分。

夷人进贡宴赏银一两五钱九分五厘。

粮饷道纸札公费银三两七钱。

分守漳南道上任祭品、心红、纸札等银一十一两二钱。

首领官纸札工食银三两六钱七分四厘。

按察司道纸札银一两八钱。

修衙家火并新官到任，合用什物等银一十四两五钱四分。

提学道考较生员试卷、茶饼等银九两六钱一分三厘。

搭厂刊榜纸札、工食、工料等银七两。

驿传道纸札、书手工食银六钱二分五厘。

屯盐道纸札、书手工食银七钱三分五厘。

分巡道心红、修衙等银一十九两三钱六分六厘。

首领官纸札工食银三两三钱三分五厘。

上司巡历往来司道合用心红、下程等银二十两。

上司往赣雇募河船银二两八分二厘。

本府进表绫袱纸张、盘缠银一两六钱七分三厘。

造报朝觐须知等册绫袱、纸札等银二两九钱一分五厘。

升迁应朝祭江，并回任祭门银一钱三分三厘。

新官到任祭品并公宴银四钱一分四厘。

府佐贰盘查造册纸札银二两五钱。

季考府学生员试卷、茶饼赏纸银三两一钱二分五厘。

岁贡府学生员往京，陪贡往省，并两院助给盘缠等银三两一钱八分七厘。

佐贰官合用交际钱银一两五钱。

本府合用使客下程燕饯银六两四钱二分。

佐贰纸札银四两二钱四分四厘。

各衙墙垣棘茨并公座帏褥执事等银九两九钱三分三厘。

解囚差役盘缠并囚柜银六钱二分五厘。

龙山学舍门役银九钱。

本县造报朝觐须知宪纲等册绫袱、纸张银二十两。

升迁应朝祭江，回任祭门银四钱四分。

应朝扛夫盘缠银一十二两六钱六分六厘。

新官到任祭品、公宴银一两五钱。

习仪拜贺、救护、香烛、茶果银六钱。

春秋祭祀文庙、山川、社稷、邑厉等坛祠银一百二十二两九钱。

乡饮二次并修置家火银二十三两。

鞭春春牛、芒神、春花、彩仗、春宴、香烛、酒银二两六钱。

桃符、门神、花灯银一两六钱。

季考县学生员试卷、茶饼赏银一十六两三钱六分。

岁贡县学生员往京盘缠，并陪贡往省生员科举盘缠银五十一两三钱六分一厘。

朔望行香纸烛银一两二钱。

县正佐并首领、儒学修箬银八两三钱三分三厘。

佐领纸札银三两。

年例执事银六两四钱。

家火银一十六两六钱六分七厘。

公座帏褥银八两一钱。

库用心红、纸札、油烛公费银五十两。

往来使客下程庆吊银二十两。

祈晴、祷雨、谢神香烛、猪羊银二两。

院司道府馆衙门修理及杂物等银一十两。

查盘官合用下程纸札、门厨饭米等银三两一钱七分。

雇募听拨门皂迎送上司等银四十两。

存恤孤老夏冬衣布银一十两。

会昌参将备办杂物银五两。

管解南北二京军黄二册扛索、盘缠银五两三钱。

进士花币、旗匾年征银二钱二分二厘。

旧科举人盘缠、酒席年征银一十两一钱六分七厘。

武举盘缠年征银二两八钱三分一厘。

合共银六百一十八两七钱三分七厘也。

以徭言：

分守道皂隶一名，工食银七两八钱。

分巡道吏书一名，工食银六两二钱。

本县祗候五名，每名工食一十三两，共银六十五两。

马夫二十名，每名工食银四两，共银八十两。

门子二名，每名工食银七两八钱，共一十五两六钱。

皂隶十四名，每名工食银七两八钱，共银一百九两二钱。

库书、库夫共三名，每名银七两八钱，共银二十三两四钱。

禁子三名，每名银七两八钱，又刑具银五两八钱五分，共银二十九两二钱五分。

预备仓仓夫二名，每名银七两二钱。又修仓垫笪、造册纸张、裁扣充饷银二十五两六钱，共银四十两。

灯夫四名，每名银六两二钱，共银二十四两八钱。

本县儒学教谕喂马草料银一十二两四钱。

训导喂马草料银一十二两四钱。

斋夫四名，每名银十三两，共银五十二两。

膳夫二名，每名银二十两，共银四十两。

门子三名，每名钱七两八钱，共银二十三两四钱。

库子三名，每名银七两二钱，共银二十一两六钱。

斗级二名，每名银七两二钱，共银一十四两四钱。

殿夫一名，银四两。

典史书手一名，银六两二钱。

三巡检司书手各一名，每名银六两二钱，共银一十八两六钱。

看守察院门子一名，银二两。

看守布政分司门子一名，银二两。

看守漳南道门子一名，银二两。

看守丰稔寺公馆门子一名，银二两。

看守半岭公馆门子一名，银一两二钱。

看守武溪公馆门子一名，银一两二钱。

各行署公馆备茶果银共二两一钱。

守城隍庙门子一名，山川社稷坛门子一名，邑厉坛门子一名，每名银八钱，共银二两四钱。

罗滩渡夫一名，银二两；丰稔寺渡夫一名，银三两四钱；新罗坑渡夫一名，银一两八钱；新寨渡夫一名，银二两四钱；南山堂渡夫一名，银三两四钱。共银一十三两。

市西铺、德化铺、接敬铺、信感铺，每铺司兵四名。溪口铺、青坑铺，每铺司兵三名。六铺共铺兵二十二名，每名银六两，共银一百三十二两。

兴化司、太平司，三层司，各弓兵三十名，每名银七两五钱，共银六百七十五两。

合共银一千四百四十一两一钱五分也。

以机言：

解司充饷银七百七十五两五钱五分六厘。

出征路费银一百三十三两二钱。

会昌团操银一百二十六两八钱五分。

上杭操兵募兵银七十八两。

本县应役民兵银九百九十五两九钱九分四厘。

合共银二千一百九两六钱也。

以站言：

平西驿银八百二十四两九钱三分一厘。

通计起运存留四差，共银九千二百四十七两六钱七分四厘，而九厘之辽饷不与焉。其取诸丁粮者亦侈矣。

又查闽他邑志，州县有司儒学属员俸薪支给于县，上司俸薪派解于县。明初，官吏月俸本折兼支。本色以秋粮米折色，兼以钱钞绢匹杂货。隆、万后专折银。旧志未之条晰，亦无缘查载。又徭役定例，院、司、道、府佐杂各衙门祗候、弓兵、门隶、书手皆属邑派充。今止列分守皂隶一名，分巡吏书一名，则遗漏当不少也。原夫条鞭之法，会计万费宽为之额，欲使后之人无可复加。讵意启、祯之间，内外交讧，军兴日繁，加派之数，几侔于起存旧额，稽其目曰"辽饷"。每亩派银九厘，又亩加三厘。始于万历四十六七八年，亩加九厘。本邑石米派银一钱八分四厘三毫零，共加银九百七十一两二钱八分三厘零。天启元年，给事中甄淑言："天下户丁，有户丁之银。田土，有田土之银。辽饷，照田土加派，易致不均。"于是按银额加派。崇祯三年，兵部尚书梁廷栋请增田赋，又于九厘外亩加三厘。本邑通前共派银一千二百二十两四钱零八厘。自万历四十六年至天启七年，福建俱蒙布政司搜括盐钞料、剩仓、剩站、剩升科等银抵解。或一年全免，或年减派二、三、四分零不等。曰积谷，冬夏季各二百石。始于天启四年，每石折银三钱解京。曰藩府膳田，石米派银二分二厘。始于天启七年，本邑共派银一百八两五钱三分四厘。曰助饷，每两派银一钱。始于崇祯八年，总督卢象升请加宦户田赋十之一，民粮十两以上者同之，已而概征每两一钱。曰皇陵工料，石米派银五分四厘。始于崇祯十年，本邑共派银三百九十六两二钱七分四厘。曰均输，亩计米六合，石折银八钱。始于崇祯十年，因粮输饷，本邑共派银六十七两八钱六分八厘。曰溢地，石米派银五厘三丝。始于崇祯十年，本邑共派银六钱六分一厘，□□年免征。曰练饷，石米派银二钱四分六厘。始于崇祯十二年，杨嗣昌督师。曰搏节纸赎，本邑银八两。

又有税契，先每两税三分，崇祯十二年，每两改税五分。房号税，附郭关厢，每间征税银一钱。漳南道书手工食银，铺兵告增工食银，再加铺兵告增工食银，皆递有增派。繁赋重敛，民既以田产为累。又职役优免有裁，生员优免有裁，杂役机兵工食有裁，囚犯、孤贫口粮有裁，有司给从驿站有裁。凡四差银之扣解充饷者三之一，其所已裁，仍多责编氓供应。于是逋赋逃亡，民不聊生，固其所也。有明赋役之初，石米折银五钱，丁止役其身而已。既而征折料，征四差。嘉靖末年，丁粮一石至用银十余两。又其季也，一年而出数年之赋，一亩而输数亩之粮。小民卖田宅，鬻子孙，不能应公家之急。黠骜者但以"不纳粮"三字摇惑煽乱，以亡其国，岂不悲哉！甲申乙酉，福、唐二藩遗孽横征暴敛，尤称苦累。

国朝顺治三年九月，闽始归版图。四年二月，诏丁粮征收照万历则例，条鞭、四差亦悉仍旧。凡天、崇加派，两藩悉索，概行革除。惟九厘折色，奉文暂存本省，凑给兵饷。此项，顺治十四年并入田亩额征。于时军旅尚未息也。已而海氛日张，军费日广，料价之派递有新增。其派于顺治十三年者，则有颜料、石米派银七厘六丝九忽六微六纤六沙八尘。茶蜡、石米派银三厘七丝一忽四纤三沙六尘二埃四渺。铁课、石米派银三厘二毫三丝七忽三微三纤三沙六尘八埃九渺。麻铁翎鳔、石米派银一毫四丝九忽三微八纤九沙九尘二埃。螺壳、石米派银二毫二丝五忽九微二纤九沙五尘六埃。弓改牛角并弦箭、石米派银九分七厘八毫七丝七忽三微六沙五尘二埃三渺。军器盔刀甲、石米派银三分七厘七丝五忽四微六纤一沙九尘一埃五渺。袢袄裤鞋。石米派银四厘四毫八丝九忽六微二纤二沙四尘八埃三渺。以上新增，顺治十四年并入田亩额征。派于顺治十五年者，则有绫纱、纸张。石米派银三分五厘，康熙三年停止。派于顺治十八年者，则有练饷。每亩派银一分，康熙元年停止。派于康熙二年者，则有龙沥纸张。石米派银一钱。奉文自顺治七年以后皆补征。康熙三年停止。办解于康熙六年者，则有香料。沉香、降真香之类，动正供办解。增派于康熙十三年者，则有颜料不敷正价。本邑共派银四十七两四钱二分二厘零。内用削免银九两四钱九分四厘零，补凑实加派银三十七两九钱二分八厘零。康熙十八年，办解本色银朱、腻朱等料。二十五年，办解本色乌梅、五棓子等料。二十六年，办解本色锡蜡、紫草等料。俱动支此项银两。三十七年，停解本色。今征本折颜料铺垫水脚银，新增乌梅等料银，新增锡斤银三款，即此加派颜料不敷银也。

　　夫颜料、蜡、茶、弦箭、祥袄、朱、锡之类，异时已以八分折色带征于秋粮矣。今没折料之名，而再征本色，得无疑于重复欤？条鞭款目已为明季所裁，而仍旧额，日月几何！自顺治八年以后，节有裁解，几裁十之七八，概曰"充饷"。顺治八年，裁纲银八两，徭银三百二十四两，机银八百一十二两零。徭机匀闰月银九十六两零。九年、十二四五六八等年，又共裁四差银七百二十三两零。康熙元、二、四、五、六、十七等年，又裁官俸四差等银一千五十九两零。大概顺治八年、康熙十七年，所裁尤多。至于教职有裁、康熙四年，大学裁训导，小学裁教谕。廪饩有停、顺治十四年裁三之一，康熙十年全裁。绅衿吏承优免有削、顺治十四年，令绅衿止免本身丁徭，其田地与民一体当差。本邑削免银七百一十八两八钱三分四厘零。官吏俸薪有扣，顺治十四年，拨薪银凑俸。康熙十七年全裁。而且调民夫，调枪手，调水手，督师之军令刻不容迟。名供办，名协济，靖藩之供亿有加无已。凡钦差之出，三院之巡，抚院、巡按、虔抚。折夫协应，皆所不免。闻诸故老，尔时免一丁一石，省费可五六十金，则其时事可想矣。迨康熙二十二年以后，山海清晏，与民休养，向之加派者以次蠲除。如绫纱纸张、龙沥纸张等，先已奉停。本邑至康熙三十六年尚带征各色名目，三十六年后方除。向之裁扣者，以次酌复。今存留支解内，如官俸、廪饩、祭祀、乡饮、进举花币盘缠、孤贫口粮、门禁书隶工食等银，或半复、或全复、或改编、或增添不等。革大当，先是计值，年里甲丁粮若干，分为十二。总值月只应日大当。官司百费皆取给于是。康熙三十一年后递革。分花户。先是甲户丁粮统于里长户内输纳，有司督里长，里长催甲户。浸久，里长之于甲户，如奴隶役之，有求必应，甲户不敢与里长齿。康熙四十年后，准各立花名。渐次，甲首皆出户矣。其于丁口也，配匠班，始于康熙四十八年。配差丁，始于康熙五十四年。配人丁妇女口。始于雍正六年。其于田

粮也，有溢额，雍正六年，奉文查溢额银米。经知县裘树荣、顾
炳文俱查详，永邑从前并无溢额银两，只有先年削免项下，尚存
裁扣银一百二两九钱八分零，为通邑绅衿优免之项。雍正七年，
奉文将此项银两改作溢额，归并起运项下。批解后，奉文饬查溢
额亩数，经知县程芳、周绲敬，皆具结申明。原系裁扣优先银，
并非溢额田地，无从开报亩数，申复存案。有垦升，雍正九年、
十三年皆有开报。有豁免。乾隆五年，题豁地丁银三两四钱零。
逮今八十余年，土无莱芜，人敦本业，就一邑之度支计之，而乐
利之休可睹也。

其岁征于人丁者：

料盐丁二千四十五丁五分，又新增七丁，内本分人丁一千二
百七十三丁五分。有优免丁七百七十九丁，俱每丁征银八分八厘
二毫七丝五忽二微七纤，共征银一百八十一两一钱八分四厘九毫
九丝一忽六微七纤五沙。本邑丁口征银，比闽他州邑皆较重。

料差丁四千五百七十四丁五分，又新增七十一丁，每丁征银
四钱五厘四毫三丝七忽三微七纤二沙，共征银一千八百八十三两
四钱五分九厘三毫一丝一忽六微二纤六沙。

食盐课五千六百二口，又新增一十四口，每口征银二分二厘
九毫四丝六忽八微二纤，共征银一百二十八两八钱六分九厘三毫
四丝一忽一微二纤。

总丁口一万二千三百一十四丁，共征银二千一百七十三两五
钱一分三厘六毫四丝四忽四微二纤一沙也。

岁征于田粮者：

官田并溪埔四十八项四十三亩二分六厘七毫九丝一忽二微。
内分：

官折升科充饷田八十六亩二分二厘三毫二丝一忽八微。计亩
征银，每亩银九分四毫七丝三忽九微五纤二沙。若计米征银，每
亩科官米二斗七勺，每四亩九分八厘二毫五丝六忽为米一石。共

米一十七石三斗五勺零。每石征银四钱五分九毫九忽二微五纤一沙一尘，实共征银七两八钱九毫五丝五忽五微。

官田溪埔四十七顷五十七亩四厘四毫六丝九忽四微。计亩征银，每亩银六分六厘九毫五丝二忽四微一纤三沙一埃。若计米征银，每亩科官米二斗七勺，共官米九百五十四石七斗四升三合三勺七抄零。每石征银三钱三分三厘五毫九丝四忽四微八纤四沙三尘八埃七渺，实共征银三百一十八两四钱九分五厘六毫二丝一忽六纤二沙。

民田八百六十九顷七十五亩一分六毫四忽三微。内分：

料增田一百五十五顷七十九亩三分三厘九毫七丝四忽。计亩征银，每亩银五分一厘四毫三丝二忽二微八纤四沙六尘六埃五渺。若计米征银，每亩科民米五升三合五勺，每一十八亩六分九厘一毫五丝九忽为米一石。共民米八百三十三石五斗一升四勺二抄零。每石征银九钱六分一厘三毫五丝二忽九微八纤四沙四尘，实共征银八百一两二钱九分八厘二丝四忽四纤九沙。

料增差田七百一十一顷四十五亩六分六厘二毫五丝六忽三微。计亩征银，每亩银九分九厘九毫九丝六忽九微一纤三沙二尘八埃九渺四漠。若计米征银，每亩科民米五升三合五勺，共民米三千八百十六石九斗八升七合六勺零。每石征银一两八钱六分九厘一毫一忽一微八纤三沙，实共征银七千一百三十四两三钱四分六厘三丝二忽八微四纤六沙九尘。

升科充饷田四十九亩八分三毫七丝四忽。计亩征银，每亩银二分四厘一毫一丝七忽三微六纤五沙五尘。若计米征银，每亩科民米五升三合五勺，共民米二石六斗六升四合五勺零。每石征银四钱五分七毫九丝二忽，实共征银一两二钱一厘一毫三丝五忽。

钞则地塘八十七顷四十一亩七分五厘五毫。内分：

料增钞地二顷六十六亩五分二厘。计亩征银，每亩银一钱五分三厘八毫一丝三忽二微九纤七沙。若计米征银，每亩折税米一斗六升，每六亩二分五厘为米一石。共税米四十二石六斗四升三合二勺零。每石征银九钱六分一厘三毫三丝三忽一微六沙二尘四埃，实共征银四十两九钱九分四厘三毫一丝九忽九微一纤六沙。

料增钞地塘八十四顷一十三亩九分六厘一毫二丝五忽。计亩征银，每亩银三分七厘六丝三忽三微六纤二沙五尘八埃。若计米征银，每亩折税米三升三合，每三十一亩二分五厘为米一石。共税米二百六十九石二斗四升六合四勺六抄零。每石征银九钱六分一厘三毫五丝六忽一微五纤二沙，实共征银二百五十八两八钱四分一厘七毫四丝七微。

充饷钞地塘一亩八分八厘。计亩征银，每亩银七分二厘一毫九丝八忽九微二纤六沙二尘。若计米征银，每亩租米一斗六升，共租米三斗八勺。每斗征银四分五厘一毫二丝四忽三微三纤五沙，实共征银一钱三分五厘七毫三丝四忽。

充饷钞地塘五十九亩三分九厘三毫七丝五忽。计亩征银，每亩银一分四厘四毫二丝五忽三微四纤。若计米征银，每亩租米三升二合，共租米一石九斗九勺。每石征银四钱五分七毫二丝七微，实共征银八钱五分六厘七毫七丝五忽。

总官民田地、池塘、山埔一千五顷六十亩一分二厘八毫九丝五忽五微，共征银八千五百六十三两九钱七分三毫三丝八忽七纤三沙九尘也。

附征者：

匠班银二两。每年该一两八钱，有闰加六钱。匀推每年二两征解。

寺租银七钱八分一厘。

酒税银一两二钱四分九厘九毫五丝。无闰减银九分六厘一毫五丝。

搏节纸赎银八两。

以上通征，人户丁口田产附征，共银一万七百六十九两五钱一分四厘八毫八丝二忽四微九纤四沙九尘。此顺治十四年《赋役全书》旧额也。

又征：

官折内未载《赋役书》升科田四十八亩九分三厘，折民米二石六斗一升七合二勺。每石征银四钱五分七毫九丝二忽，实共征银一两一钱七分九厘八毫一丝二忽九微。

绅衿吏承削免银七百六十八两八钱三分四厘七毫二丝。

办解颜料、铺垫水脚并折色估价，共银二十两八钱六分六厘六毫九丝九忽三微七纤五沙。

新增乌梅等料，共银一十六两四钱六分六厘五毫六丝五忽六微。

新增锡六斤九两八钱，共银五钱九分五厘一毫二丝五忽。以上三项，即颜料不敷正价。除削免款内凑补，实加派三十七两九钱二分八厘三毫八丝六忽八微七纤五沙之银。

原续增升科米银二两四钱三分三厘五毫六丝七忽八微。

续增升垦充饷银一百八十五两七钱四分一厘九毫四忽六微。以上二款，不知所始。查郡志，康熙间本邑有溢额田六顷八亩九分二厘三毫，征银一十一两八钱八分七厘三毫六丝二纤二沙三埃三渺。今征收册内无此款项。

雍正七年，开报溢额银一百二两九钱八分二厘三毫七丝六忽三纤二沙一尘。此即裁扣绅衿优免银改作溢额者，实无田亩，但另配入现在田亩征解。

雍正九年，报垦额外溢出官田二亩七分，每亩征银六分六厘九毫五丝二忽四微一纤三沙一漠。共征银一钱八分七毫七丝一忽五微一纤五沙一尘二埃七渺。遵例，乾隆元年起科。

雍正十三年，劝垦额外溢出充饷田三顷五亩五分七厘二毫，每亩征银二分四厘一毫一丝七忽三微六纤五沙五尘。共征银七两三钱六分九厘五毫九丝一忽六微一纤五尘六埃六渺。遵例，乾隆五年起科。

雍正十三年，劝垦额补溢出充饷地三顷六分五厘一毫，每亩征银一分四厘四毫二丝五忽。共征银四两三钱三分六厘九毫九丝六忽八微九纤六沙三尘四埃。遵例，乾隆九年起科。

乾隆五年六月，洪水冲陷，难以垦复田二十七亩二分三厘。总督德沛题豁应征银三两四钱三分四厘六丝五忽三微七纤九沙九尘九埃四渺五漠。

以上田产料价削免，除豁免外，共增银一千一百零七两五钱五分四厘九丝八忽八微四纤九沙一尘四埃八渺五漠，皆顺治十四年后迄今乾隆二十年新征也。

通旧额、新征，合共银一万一千八百七十七两六分八厘九毫八丝一忽三微四纤四沙四埃八渺五漠。无闰，少征九分六厘一毫九丝。

此奏销所列岁征之目也。若民间输纳，有司征收，则一出于田产，第官民租数原额可稽。今按实征册，官租则增多，民米则减少，岂非官租轻而民米重，百年以来，民间买卖抑重作轻，而书册之飞洒，诡寄又多，不可究诘欤！

征银丁口，康熙五十二年已奉恩诏定额。而向来有司审编黄册之外，别有"白册"。多添丁口，以广征税编徭之资，及奉文配丁入粮，不以黄册而以"白册"现数配入。故丁口数溢。五十二年，黄册定额过三之一。旧成丁五千四百二十四，丁五分；今所配五千八百四，丁五分。旧不成丁一千二百七十三，丁五分；今所配七千二百一十七丁。旧妇女五千六百一十六口，今所配五千八百六口。惟征银，则所配之差丁，视旧征差丁，每丁减银九分五厘二毫零。旧差丁每丁征银四钱五厘四毫三丝七忽三微七纤二沙，配入差丁，每丁征银三钱一分一毫八丝七忽八微五纤七沙。其不成丁妇女口，征数如故。至于匠班、锡斤、酒税、纸赎以次配之。锡斤本同颜料铺垫、乌梅等料，两款俱为颜料不敷正价银，派自田粮。康熙三十七年，停解本色，其锡斤银归入充饷另征。四十八年，配归田粮、酒税、纸赎。雍正六年配征。而赋役概征于田粮矣。

合一邑之官民租米：

官米九百八十六石八斗二升六合四勺三抄二撮一圭。每石原征银三钱三分三厘五毫九丝四忽四微八纤四沙三尘八埃七渺。总配入者，匠班银八分四厘四毫八丝，锡银二分一厘三毫九丝三忽。计两配入者，差丁银一钱九分五厘四忽九微五纤二沙，人丁银六分九厘四微二纤八沙八尘一埃五渺，妇女银一分四厘四毫二丝九忽六纤三沙一尘六埃三渺三漠。计石配入者，酒税、纸赎银三毫三丝三忽七微三纤七沙六尘。

民米四千六百四十五石七斗七升八合八勺八撮二圭六粒。合料、增料、增差升科三则匀摊，故原征银数与前不符。每石原征银一两八钱四分八厘八毫八丝五微三沙。总配入者，匠班银二两二钱三分三厘五毫，锡银五钱五分八厘一毫八丝。计两配入者，差丁银一钱九分五厘四忽九微五纤二沙，人丁银六分九厘四微二纤八沙八尘一埃五渺，妇女银一分四厘四毫二丝九忽六纤三沙一尘六埃三渺三漠。计石配入者，酒税、纸赎银一厘八毫三丝三忽九微九纤二沙。

租米三百二十六石九斗七升二合九勺四抄八撮三圭。每石原征银九钱六分一厘三毫四丝六忽八微二纤六沙。总配入者，匠班银八分二厘，锡银二分四毫二丝二忽。计两配入者，差丁银一钱九分五厘四忽九微五纤二沙，人丁银六分九厘四微二纤八沙八尘一埃五渺，妇女银一分四厘四毫二丝九忽六纤三沙一尘六埃三渺三漠。计石配入者，酒税、纸赎银九毫五丝一忽五微三纤四沙。

积计：凡官米每石征银四钱三分六厘六忽一微八纤五沙八尘一埃三渺，民米每石征银二两三钱七分七厘六毫九丝八忽六微七纤九沙一尘八埃三渺六漠，租米每石征银一两二钱一分六厘七毫九丝一忽九微八纤六沙。三米共征银一万一千八百六十七两六钱三分四厘七毫五微二沙。

外，雍正九年、十三年垦溢三项，除抵乾隆五年豁免外，实增征银八两四钱五分三厘二毫九丝四忽六微四纤二沙三埃八渺五漠。

通三米并新征，共银一万一千八百七十六两八分七厘九毫九丝五忽一微四纤四沙三埃八渺五漠。较奏销岁征册数减九钱零。

其为起运者：

一、香料银五两二钱五分。

一、本折色颜料银九十五两八分九毫一丝六忽一纤七沙六尘四埃八渺一漠。

一、户部银一千八百八十三两八钱二分二厘二毫四丝一忽八纤七沙五渺五漠。其起解款目：颜料折色银七十一两三钱七分八厘一毫五丝一忽九微六纤七沙，金花价杠银六百九十六两一钱七厘三毫，京库盐钞银七十八两二钱二厘八毫四丝九忽五微，九厘地亩价脚银九百一十一两二钱八分三厘九毫三丝四忽六微二纤五渺五漠，南赣会昌团操原解赣饷银一百二十六两八钱五分。

一、工部银一千二百四十八两五钱一分三厘六丝六忽七微二纤二尘。其起解款目：新增弦箭银四百八十五两七钱二厘七毫，新增铁课银一十六两四分四厘四毫九丝八忽七微二纤，新增螺壳银一两一钱一分九厘七毫二丝三忽，新增翎鳔银七钱四分三毫八丝七忽，新增祥袄裤鞋银一十七两三钱一分六厘九毫，新增军器盔刀甲银一百八十三两九钱八分三厘五丝，三司料价脚银一百六十六两八钱四分四毫八忽，弓弦箭料价银三百七十六两七钱六分二厘四毫。

一、兵饷银四千四百五十三两三钱六分六厘三毫六丝五微四纤九沙九尘。其抵解款目：武平仓备款银一百七十八两五钱五分八厘四毫八丝，武平仓改折并折价改饷银一千五十七两二钱七分六厘二毫八丝五忽，仓剩折价银七十四两八钱一分八厘五毫四丝五忽，仓剩改折银一百二十九两二钱三分六厘二毫九丝三忽三微二纤二沙五尘，粮剩银五百五十六两七钱五分一厘四毫三丝四忽三微八纤七沙四尘，县儒学仓粮拨剩银二十二两四钱七分二厘一忽二微，际留仓粮拨剩银二十七两三钱八分三厘七毫六丝二微，清出垦田升科米银一十一两一钱七分四厘四毫一丝二忽二微，司库盐钞连闰月银三十二两三钱二分三厘一毫六丝八忽七微，府库盐钞银一百五十六两五钱八分七厘四毫三丝六忽三微五纤八沙，府库盐钞闰月银一十三两三钱四分二厘五毫八丝，抵解无征司库钞银一两四钱七分五厘八毫九丝二忽，寺租银七钱八分一厘，酒税有闰银一两二钱四分九厘九毫五丝，撙节纸赎银八两。以上前明旧款。

纲原裁银八两，徭原裁银三百二十四两，机原裁银八百一十二两五钱五分六厘，徭机匀剩闰月银九十六两一钱四分七厘七毫三丝三忽二微，原裁纲徭机站银七百二十三两四钱二分六厘八毫三丝八微，新增丁口银二十九两七钱二分五厘二毫三丝五忽七微八纤二沙，原续增升科银二两四钱三分三厘五毫六丝七忽八微，续增新垦银一百八十五两七钱四分一厘九毫四忽六微。以上本朝新款。

一、匠班银二两。

一、裁扣裁官，并节年续裁、新裁银一千七十五两二钱八厘四毫二忽二纤五沙。

一、削免银七百一十六两四钱五分六厘五毫五丝三忽八微九纤三尘五埃一渺九漠。

一、新裁站银一百四十八两八钱。

一、新裁民壮工食银一百八十六两。

一、雍正七年开报溢额银一百二两九钱八分二厘三毫七丝六忽三纤二沙一尘。

一、雍正九年报垦溢额官田，乾隆元年起科银一钱八分七毫七丝一忽五微一纤五沙一尘二埃七渺。

一、雍正十三年报垦充饷田，乾隆五年起科银七两三钱六分九厘五毫九丝一忽六微一纤五尘六埃六渺。

一、雍正十三年报垦充饷钞地，乾隆九年起科银四两三钱三分六厘九毫九丝二忽八微九纤六沙三尘四埃。

通计起运为银九千九百二十九两三钱六分七厘二毫七丝二忽三微四纤四沙二尘三埃八渺五漠也。此就无闰计算，若有闰，减一十五两八钱三厘八毫五丝。

其为存留者：

解司支应：驿站银三百四十七两二钱，宴赏贡使银一两五钱九分五厘，科举进士牌坊银一百五两，大比进士花币、旗匾银二钱二分二厘二毫三丝，新科举人花币、旗匾银四两，旧科举人盘缠银一十两一钱六分七厘，武举人盘缠银二两八钱三分一厘三毫四丝二忽八微。

解府支应：龙山学舍门子工食银九钱。

本县支应：知县俸薪银四十五两。门子二名，工食银一十二两，带征四钱。皂隶一十六名，工食银九十六两，带征三两二钱。民壮二十名，工食银一百二十两，带征四两。马快八名，工食银四十八两，带征一两六钱。库子四名，工食银二十四两，带征八钱。斗级四名，工食银二十四两，带征八钱。轿伞扇夫七名，工食银四十二两，带征银一两四钱。禁卒八名，工食银四十八两，带征一两六钱。

典史俸薪银三十一两五钱二分。马夫一名，工食银六两，带征二钱。皂隶四名，工食银二十四两，带征八钱。门子一名，工食银六两，带征银二钱。

县儒学教谕俸薪银四十两，训导俸薪银四十两。斋夫三名，工食银一十八两，带征六钱。门斗三名，工食银一十八两，带征六钱。岁贡生旗匾银一两三钱五分。廪生二十名，廪银五十六两，带征银一两八钱六分六厘六毫六丝六忽。膳夫二名，工食银一十三两三钱三分三厘三毫三丝。

兴化司巡检俸薪银三十一两五钱二分。皂隶二名，工食银一十二两，带征四钱；弓兵二十名，工食银三十七两二钱，带征一两二钱四分。

三层司巡检俸薪银三十一两五钱二分。皂隶二名，工食银一十二两，带征四钱；弓兵二十名，工食银三十七两二钱，带征一两二钱四分。

太平司巡检俸薪银三十一两五钱二分。皂隶二名，工食银一十二两，带征四钱；弓兵二十名，工食银三十七两二钱，带征一两二钱四分。

圣庙香灯银二两五钱二分，文庙春秋祭祀银五十四两，崇圣祠春秋祭祀银六两，山川、社稷坛春秋祭祀银一十两，风云雷雨坛春秋祭祀银一十两，城隍庙春秋祭祀银三两，土地祠春秋祭祀银三两，孟夏常雩祭祀银三两，关帝庙春秋祭祀银一十八两，天后庙春秋祭祀银三两，名宦、乡贤祠春秋祭祀银六两，忠义节孝祠春秋祭祀银六两，邑厉坛春秋祭祀银一十八两。

习仪、救护、香烛银六钱，祈晴祷雨香烛银二两二钱，乡饮酒席银七两。

院司道公馆门子二名，工食银三两。武溪公馆门子一名，工食银二两。官田公馆门子一名，工食银一两五钱。山川、社稷、邑厉三坛，坛夫工食银二两四钱。市司等六铺司兵二十一名，工食银一百二十六两，带征四两二钱。

孤贫五十三名，口粮连闰银二百三两五钱二分，夏冬布衣银一十两。因犯月粮银七两二钱。

通计存留，为银一千九百六十三两五钱五厘五毫六丝八忽八微也。此就有闰计算，若无闰，减一十五两九钱一分八厘。此皆就起存之多者会计，若有闰，则起运减而存留增；无闰，则起运增而存留减。所减各一十五两八钱九分零，其逐款分有闰、无闰，细数烦碎不尽列。每年起存实数，有闰一万一千八百七十七两五分八厘六毫六丝一忽一微四纤四沙四埃八渺五漠，无闰少一钱三厘八毫三丝。合诸奏销岁征之数，余欠仅分厘间耳。外有附征解司者，牙税银二十一两。原有深溪埠一座，税银五两；原高陂埠移置折滩埠，税银十两。崇祯间，添置仙师宫埠，税银六两。税契银，岁无定额。

若夫耗羡一款，前明科征本米，则曰鼠耗。条鞭法行，统折征银，则曰火耗。每正银一两折算九钱，其一钱为耗，余各项使费及上司年节规礼资给于此。有司以其非奉制定例也，往往重耗殃民。雍正六年山西巡抚诺敏、七年河东总督田文镜，皆奏请核定提解归公，酌给养廉。福建布政司潘体丰详准各州县地丁钱粮皆加一取耗，每两一钱，外计并封一分，平余一分，共一钱二分。咨部定额，归入正供。

本邑额征地丁银一万一千八百七十七两六分八厘九毫八丝一忽三微四纤四沙四埃八渺五漠，无闰减九分六厘一毫九丝。随征耗羡，连并封、平余，共银一千四百二十五两二钱四分八厘二毫七丝八忽九微三纤七沙三尘八渺六漠，无闰减银一分一厘五毫三丝八忽。

一、解府养廉银三十两三钱七分二厘五毫九丝五忽。

一、本县知县养廉银六百两。

一、拨本县典史、巡检四员，每员养廉银四十两，共一百六十两。

一、解司公费银六百三十四两八钱七分五厘六毫八丝三忽九微三纤七沙三尘八渺六漠，无闰减一分一厘□毫三丝八忽。

盐课者，办纳自商批解于潮州分司者也。宋时，汀州各属皆食福漳盐。明始改食广盐，于潮州广济桥下盘验，故又曰潮盐。

明初计口给盐，纳米入官。开邑时已纳米如故，而盐不给。旧例，召商开中给引广盐，亦商贩也。万历后有官有商，然汀州非行盐额地，亦听民从便贸易。本朝始定汀州额引，初散商，后总商。雍正二年，两广总督孔毓珣以商人奢侈居奇，误课病民，奏请改为官运官销。知府具印领备盐价，水脚领盐运回，按八县通融销售。乾隆二年，御史甄之璘奏请，仍将各处官销地方召商认办。第永地与漳接壤，潮盐黑而淡，漳盐白而咸。故金丰、太平二里及丰田之近漳者，概食漳私。民趋利如鹜，商不得诘，官亦不得而禁也。

　　其食额引盐者，溪南、胜运二里，丰田里十之三而已。又界连大埔，他埠盐船自潮运来者，多带私白，于埔属青溪、虎头砂等处沿路发卖。计包头之重，价值之轻，每斤少额引盐价银几二厘。穷民肩挑背负，以谋朝夕。追缉究诘，官与商亦并劳矣！乾隆二年，奉部咨查，行盐地方可否就盐地远近改易，清、归、连、永四县详请改销闽盐。福建盐道高元崑据上杭县议，覆以连、清、归等县改配闽盐，岁亏河税银若干，格不行。永盐虽与上杭河税无涉，亦概寝。今按潮盐引额，每盐一十五斤为一厘，每十厘为一分，每十分为一只，每十只为一河。每三河九只一分六厘为一票，亦曰一程。计盐五万八千七百五十斤。每一票折引二百五十道，每引计盐二百三十五斤。永定埠原派额引四千五百八十三道九分八厘，饷银二千七百四十一两二钱一分三厘八毫三丝二忽七纤九沙八埃三渺二漠八末四逡。康熙五十八年，知县叶思华详拨三分之一于长汀埠代销，计引一□□□□□十七道九分六厘零，饷费银九百一□□□□钱三分四厘八毫。永邑实存销□□□□□□引三千五十五道九□□□厘八毫零。计票，一十二票八只七分六厘零；计河，四十七河八只七分六厘零；计盐，七十一万八千一百四十七斤。饷费银一千八百二十七两四钱七分六厘零。每票一百四十九两五钱二厘。盐价银九百六十三两四钱九分九厘零。每票八十两二钱九分一厘六毫。外随杂款银共七百一十两二钱零。自潮运至虎头砂，水脚铜钱二十七万二千四百文。此水脚随杂，虽非国课，亦商人成本，食盐者之所出也。

合明、清观之，其取民也，昔兼乎丁，今专于粮。昔也，起运一而存乎九；今也，起运九而存留一。纲徭二目，昔之为官吏经费、优礼绅士者分，存留十之三，裁扣充饷；今之为养兵者抵起运之半，损益盈虚，与时偕行。国家所以处此，必有道矣！语曰："不知其形，视其影。"开邑而后，民康物阜，上恬下熙[①]，未有逾于今日，岂非经制得而通变宜哉！过虑者鳃鳃然曰："并丁于粮。"他日或曰："率土王臣，何以独征王土也。"则役未有以已也。料价既并征起运，他日或曰："宾祀服物有常。"夫岂无土地之所宜也，则贡未有以已也。防兵棋布，一兵之饷米，溢于一尉之俸薪。缓急有用，团操行粮之费，岂尽出诸积储也？官吏之薪蔬帏褥，仪从交际，概从简汰，安必欲敝衣羸马以勤民也。是亦鉴于前而惩于后。然一人有庆，兆民赖之。今圣哲在上，良司牧承宣于下，爱养黎元，厚培国脉，重熙累洽之盛，曷其有极乎！

储 恤

积贮者，储有余以备荒歉，生民之大命存焉。永地岁不必荒，而民无不歉。盖合一邑之土田，一千顷而奇一十一顷零，地、塘、溪、埔居其一，园、廛、庐、舍居其一，所耕者八百余顷耳。又硗确多而膏腴少，即粪多力勤，风时雨顺，早晚两获，谷不满四十万石，米半之。总五里生齿，不下二十万，除工商之寄食于外者，仍十五六万人。岁米二石，常少米石十余万。向来

---

① 熙，通"嬉"。

仰济于潮、惠者十之八，江右者十之二。

自潮、惠严出海之禁，彼游食者藉为阻遏口实，永民告籴，包出场、包下船、包过境，勒索百端，不得已远藉江右。遇饥，则长汀、上杭又往往留难。故为永民生命计，积贮缓而开通接济急也。然天灾流行，何国蔑有？倘粤、江皆歉，将枵腹而待沟壑乎？则积贮仍不可不急也！前明洪武初，令天下州县皆设际留仓，每岁存贮秋粮，给官吏月俸，使各①续食及膳养孤贫。

旧志：本邑际留仓四口，在县治内东西。又令州县于东西南北四乡，各设预备仓一所，选耆民运钞籴米贮之，以备荒振②，兼戒不虞。永乐中，令预备仓之在四乡者，移置城内。凡预备积谷，或劝输敕奖，或拨存秋粮，或准纳吏，或以赃罚罪赎，或以契税引钱，或计亩岁派，官司考满，稽积贮多寡为殿最。

旧志：本邑预备仓四口，在县治内东西。夫治内东西仓四廒耳，际留在此，预备亦在此。邑之积贮亦仅矣。已而东仓二廒废。本朝康熙二十一年奉文置常平仓，令官民各捐谷，并收捐监谷实之。自后，节有增建。乾隆十三年奉文："永邑应额贮仓谷二万三百三十一石零，每年春夏平粜。如粜系溢额之谷，以价解司，无容买补；如粜额内之谷，俟秋收如数买补还仓，或以续收捐监谷补额。"

本邑之为常平仓者，旧存西吏舍末仓廒二口。康熙十年，知县潘翊清重建东吏舍末仓廒二口，增建西边空地仓廒二口。康熙五十二年，知县曾九寿建赞政厅右仓廒二口，捕衙右侧仓廒二口，仪门右廊下仓廒一口。乾隆四年，知县周缉敬建西边空地仓廒二十五口，捕衙右侧仓廒二口。乾隆九年，知县林炎建赞政厅后仓廒六口。乾隆十三年，知县赵燮建东书房后仓廒五口，赞政

---

①　各，原文为"客"。
②　振，通"赈"，救济。

厅右仓廒一口。乾隆十五年，署县方南潘建内署后仓廒八口。凡仓五十八口。其应存谷额，今犹未敷，陆续收捐，虽溢额不为限也。古来积贮之策详矣，得其人则法皆可行。惟唐始有和籴法，宪宗令府县配户督限，迫蹙鞭挞。宋始有推置对籴、俵籴、括籴诸名，此则朘民以生，法之必不可行者也。永邑积贮费经画者，莫难于逐年之买补。盖邑地所产，既不足支本邑一年之食，势必泛舟邻省平籴之价。幸则仅敷籴值，水脚杂费，官已不无赔累。况近例惟在本地买补，不得越境。人无千斛之产，零星斗石，剜肉医疮，商量交易，盖重烦良有司之委曲矣！

社仓者创自朱子，即长孙平义仓法也。但义仓敛散自官，社仓敛散自民，均道里为设处，视丰歉为敛息。其法最为尽善，前明嘉靖间偶行之。本朝康熙二十年，设置社仓。四十七年，巡抚张伯行檄诸县建立社仓。五十三年，奉檄劝捐社谷。本邑节有捐积，久为白手侵销。乾隆十八年，巡抚陈宏谋檄颁规条十五则，按各里适中之地建仓贮谷，许民春借秋还，什一取息。以其息之八归公，以二给社长、副。其社长、副从公推择，俾专任度支。岁终官为稽察。知县伍炜劝民捐输新谷二百八十二石一斗，追取旧谷六百一十五石四斗零，共八百九十七石五斗有奇，匀拨城乡各社存贮。

在城社，万寿宫后殿仓四口，贮谷二百二十一石一斗。

溪南里

金砂社，金谷寺仓一口，贮谷七十三石一斗。

溪南社，大院寺仓二口，贮谷九十石。

书华社，郑翘芳家仓一口，贮谷二十一石五斗。

象窟社，陈炳南家仓一口，贮谷四十二石二斗。

金丰里

太溪社，司署内仓一口，贮谷三十一石一斗。

苦竹社，苦竹楼内仓一口，贮谷二十五石八斗。

中坑社，中坑楼内仓一口，贮谷五十九石六斗。

丰田里

湖雷社，庆清寺仓一口，贮谷九十五石一斗五升。

武溪社，观音堂仓一口，贮谷二十九石。又拨贮东华山没官寺田租四十一石四斗。此项田租，乾隆十三年查禁邪教；知县潘汝龙查详东华山没官田租共二百零七桶，折实官斛四十一石四斗，每年纳粮银二两七钱一分五厘八丝。乾隆十九年，奉抚院陈宏谋批，拨武溪社，每年收租贮仓，永作社本。

龙潭社，慈云庵仓一口，贮谷六十石五斗。

塘背社，梅山寺仓一口，贮谷四十八石六斗。

太平里

坎市社，五显宫仓一口，贮谷二十九石四斗七升五合七勺。

胜运里

丰稔社，丰稔寺仓一口，贮谷一百石。

若乃寇疫相仍，凶荒洊至，预备、常平、社仓之所不能周，则惟良司牧之卵育是依。若万历二年题振之巡抚殷从俭、巡按朱光宇，顺治五年告籴①邻封、煮粥振济之知县赵廷标，乾隆五年题发帑金，振恤水灾之总督德沛诸君子者，重念民瘼，已饥已溺，其惠曷可谖②哉！

养济院者，洪武初，诏天下郡县各立孤老院。十四年，改为养济院。籍境内贫病老孤之民而养之。人月给米三斗、薪三十斤、冬夏布一匹，死则棺一具。小口给三之二。口粮出自田赋，衣布出自均徭。旧志，院在县治南，知县王环创建。嘉靖十五年，知县毛凤迁于县东山麓。周围四十丈，外缭以垣，内厅一间，左畔住房七间，右六间。三十七年，许文献重建。今久颓圮

---

① 籴，原文为"耀"。

② 谖，通"谖"，忘记。

无存矣。

本朝永额养孤贫五十三口，每口日给银一分。除小建连闰，每岁发银二百三两五钱二分，冬夏衣布银十两。诸录养者平日散处四方，按季集县给领。琐尾开报颇烦，将伯方得注籍已注，以次顶补。盖有觊望，没齿而不及沾一日之惠者。昔闻江南有官，于属役家搜缉赌具，检获私册一本，开载某县孤贫银若干，内分某吏银若干，某役银若干，雇人顶领银若干，如数瓜分殆尽。以怜孤恤寡之惠，为饱蠹肥蟊之物，有官者不可以不察也。

育婴堂者，乾隆十一年，知县赵燮改布政分司为之。堂设而事不果行。程伊川曰："食己子而杀人之子，非道。必不得已，用二子乳食三子。"此为一子不能自乳，雇妇代乳者言也。若聚百十婴儿于一堂，即以一妇乳二子，须乳妇数十人。无论同异生暌，内外生嫌，计三年，生子者几何？妇生而不育者几何？妇不育而肯为他人乳子者几何？妇肯为人乳子而温良慈惠者几何？妇必谓厚其廪饩，以招之贫窭之家，保无私溺其子，以待雇者，此势之难行者也！第五伦，贤人也，犹自谓视兄子之病不如己子，况妇人乎？妯娌、娣姒之亲，能代育所生者何人，况疏逖乎？此情之难行者也！善乎，王洋之奏立举子仓也。逐乡置仓积谷，贫民受孕者，五月以上书之，籍至免乳日。计日授米，赡本生之母，养所生之子，而势不劳，情不贰，优于育婴堂远矣！

义冢者，亦明制额设。宋所谓普同院，元所谓漏泽园也。万历三年，知县何守成创建于山川坛侧。今久废。惟城乡义士善民设立义冢，捐置祀田者凡数处。

一在东关外养济院后，举人赖世芳、郑雄、贡生吴奉璋、职监江天灼、生员王烈、赖观光等建。

一在东山，民邱承烈等募建。

一在西关外，卢锡麟、李元昌建。

一在西关山窠里，民赖麟玉、黄森伯、廖振宇等九人募建。

一在金丰南溪赤岭背，民苏乃眉、苏介眉建。

一在金丰岐岭桥头塭，民陈友元、李彩昌建。

一在金丰通济桥头，民张参云等募建。

一在丰田武溪羊头山，监生李正辉、李正绶建。

一在丰田青山塘，生员卢显荣建。

推而行之，多为之所，无使青磷悲风、瘠胔泣露可耳！所可悯者，南方习尚风水，子孙零落，亲属孤寡，往往掘发祖父、伯叔墓冢以鬻人。豪富者或诱致无赖发卖发买，并罪。律有明文，泽枯之君子，事觉按律而重惩焉。薄俗庶乎其砭诸。

义　　租

《大学》之言治平也，曰："上好仁，而下好义，未有其事不终。"而府库之财非其财者，若课农育才，济行修祀，诸经费皆国家之必不可已者。但使人兴于行，本有者毋攘为己有。宜有者共识勚所未有，则不必尽藉府库之财，而政无不举。邑之为公租者，厥有数端，或系一邑，或系一方，即一人所捐，数家、数十家之所敛。既已慷慨归公，即不得复据为私物，统曰义租。公辞也。合勺锱铢，不嫌猥琐，如其义一介，与千驷万钟等也。

首重农事，则有籍田四亩九分。

一张文芳耕大洲庙侧田一处，原田租五石九升。先年因田步窄狭，减租二斗一升，实纳租四石八斗八升。

一赖宗球耕迎恩桥田一处，原田租一石二斗。先年因水冲陷，减租三斗四升，实纳租八斗六升。

一张乾裔耕蓝冈乡田一处，原田租三石八升。先年因水冲毁，减租六斗六升，实纳租二石四斗二升。

次隆学校，则有：

儒学公地

自新巷直下，左以儒学为界，右以新巷为界，后以廖得玉民居为界，前以大街为界，横至龙门。出赁门斗人民架造房屋，每年收租。

廖德顺一间，租银一钱。

廖得立一间，租银一钱。

黄应田一间，租银一钱。

黄思盛一间，租银一钱。

黄应盛一间，租银一钱。

黄刘福一间，租银一钱。

黄应茂一间，租银一钱。

郑振英一间，租银七分五厘。

郑以就一间，租银七分五厘。

李用臣一间，租银二钱。

黄应全一间，租银五分。

巫必台一间，租银一钱。

黄思升一间，租银一钱五分。

郑兰英一大间，上下两栋，租银三钱。

以上自新巷至大街，依次直下旧射圃地。

戴元盛一大间，上下两栋，租银二钱。

黄应寿一间，租银二钱。后并入戴元盛。

陈元恭一间，租银二钱。

邓谷生一间，租银一钱。

李接臣一间，租银一钱。

黄应芳一间，租银一钱。

戴文盛一间，租银一钱。

李含生一间，租银二钱。

张志谷一间，租银一钱。

赖膂臣一间，租银一钱。

范元胜一间，租银三钱。

王明兴一间，租银二钱。

李以德一间，在龙门右。本系民居，崇祯三年，署县霍蒙拯捐俸银二十两买置。李以德赁住，出偿期银二十两，仍岁纳。租银二两。

以上自大街，从西而东，至龙门横列。

收李以德偿期银二十两，买置吴惺卿漆店背店三间。

张汝才赁一间，租银七钱。

刘淑初赁一间，租银八钱。

沈君弼赁一间，租银六钱。

文昌祠公地

原属儒学前大坪。西以登云路为界，东以黄思升民居为界，南以园墙为界，北以大街为界。天启元年建立文昌祠，前后仍余塘园地基，出赁收租。

赖运中赁祠前池塘一口，即晏湖也，旧泮池。并菜园四区，租银二两。

赖友禄赁祠前园地二区，租钱六十文。

廖恒春赁祠前园地二区，租钱六十文。

赖友捷赁祠前园地三节，租钱四十文。

张佛赠赁祠前园地二区，租钱四十文。

张应发屋地一间，租银一钱。

赖得俊屋地一间，租银二钱三分五厘。

戴元进屋地一间，租银一钱。

赖膂臣屋地一间，租银二钱。

赖膂臣于学地外，借筑祠左社学后空地丈余，租银一钱。

以上在祠后，从西而东横列。

举人卢日就捐银十两，出息共二十两，于学地架楼店一间。

张应发赁租,银二两四钱。

其他公所余地,出赁收租为文庙及文昌祠祭祀香灯之用者:

县署前公地

东边店二间,每间租银五分。

又上店一间,租银六分。

西边店一间,租银二钱。

又西角店一间,租银一两二钱。

西边原有巡查监禁巷一条,借为西片民店七间通用,租银一钱九分六厘七毫。七店分纳,每店纳二分八厘一毫。

漳南道公地

东辕门内店一间,租银一钱。

东边店内埔地一块,租银一钱。

东边城隍街上店一间,租银三钱。

东边城隍街口店一间,租银一钱。

又一间,租银五分。

东边城隍街口屋一所,租银一钱。黄琼孙赁住。

西辕门内前店一间,租银五钱。

中店一间,租银三钱。

后店一间,租银二钱五分。

西边店一间,租银一钱。

西边内埔地一块,租银五分。

布政分司改为育婴堂,仍余公地。

东边一块,租银□□。

察院行台改为驻防,仍余公地。

东边架兵房,租银一钱。孔集野纳。

东边架兵房,租银三钱。郑以新纳二钱,郑彰胜纳一钱。

平西驿久废,分建各祠,仍余公地。

赖养盛房地一栋。

陈茂清二间。

罗元盛一间。

杨汝奇一间。

廖景运一间。

郑育英一间。

周君盛屋一所。

以上各租，旧志载入学公用，未详数目。

城隍庙公地

东边役房一间，租银三钱五分。

城内公地

吴桂兰，东城关内店一间，租银一钱。

张永龙，东城关内店一间，租银一钱。

赖成玉，北山东大水圳屋一间，租银一钱。

郑仲亨，北山东大水圳屋一间，租银一钱。

郑志先，北山东大水圳屋一间，租银一钱。

陈国宣，北山东大水圳屋一间，租银一钱。

廖秀台，北山东大水圳屋一间，租银一钱。

熊兆甲，北山东边屋地一间，租银一钱。

简笏珍，北山东边屋地一间，租银一钱。

城壕公地

廖林凤捐东城内马道地四尺，租银二钱五分。

东城外壕地店四间，共租银二两。

南城外壕池一百四十五丈，共租银一两四钱五分。

以上二款，旧志未详赁人姓名，今多为人侵匿。

郑复光赁南城外壕池一口，租银四钱五分。

张聚九赁南城外壕池二口，租银二钱三分。

孔永成赁南城外壕池一口，租银六分八厘。

赖立端赁南城外壕池一口，租银一钱四分。

刘汝全，南城下店一间，租银五分。

郑以秀，南城下店一间，租银五分。

廖仲泰，南城下店一间，租银一钱。

廖君乐，南城下小路口店一间，租银六分八厘。

赖邦材，南门外店一间，租银二钱一分二厘。

沈九生，南门外店一间，租银八分。

刘荣生，南城外西边土地祠店一间，租银五分。

东关公地

东门桥头店地二间，其租拨入桥会修桥。

李盛茂赁汤池边地，租银一钱。

刘允睦赁天地坛边屋一所，租银三钱六分。

蓝维玉赁天地坛边屋一所，租银二钱四分。

黄兴九赁天地坛边屋一所，租银三钱六分。

廖九胜赁天地坛边菜园，租银五分。

南关公地

南山寨旗尾，原有店六间，洪水冲去。今止存一间。

廖以通一间，租银一钱。

河坝公地

郑民歌，租银一两八钱八分三厘。

郑英乃，租银二两一钱六分七厘五毫。

郑勉为，租银七钱二分二厘二毫。

郑绍英，租银一两九分。

郑子恩，租银八钱。

郑樽，租银八钱四分。

赖振太，租银一两六分。

黄应赐，租银四钱八分。

郑扬芳，租银五钱七分五厘。

谢元亮，租银五钱四分。

郑时德，租银二钱四分。

郑尚益，租银四钱八分。

郑以章，租银一钱九分。

郑以振，租银一钱八厘。

张周，租银一两七钱六分五厘。

又有官吏、士民捐置田税，归学以赡贫生、资膏火、助科举、善义学者：

知县何守成倡士民捐置学田。

万历初年，邑人卢赞记曰：永定原无学田，盖学宫之缺典也。诸士子资费不供久矣。贤侯湖东何公聿重兹典，每留意焉。乃命通学佥议其事，即捐俸金为倡，收买各姓田税。其间，士民闻风兴起，愿捐田入官，充为学田，以济厥美者。共田税若干，每年收租银若干归学，应充公用及每年给膳贫生，使之俯仰有赖，学业不荒。士大夫感激，乐睹盛举，为之伐石树于学宫，为文以记之。

知县何守成捐俸十两。

教谕温理捐俸五两。

巡检周曰仁、祝大顺、杜乔岁各捐银一两。

廪生卢一松、张一澜、张一澈、卢赞、卢贯、邱德盛、赖桓、赖矗、赖一鲤、赖一麟、赖有缘、吴茂梧、陈应峰、陈应春、卢嘉会、卢世宁、卢士元、曾子毅、廖显武、赖宗周，共捐廪银四十两。

生员沈孟作、卢宝、赖一相、赖一忠、赖浣、郭书、吴茂棠、卢士科、吴赞、邱应兆、廖道充、孔志达、郑洪道、范荣先、廖灿等一百五十人，各量力捐助。

一收买生员卢一松丰田里赖乾地方田三十七亩四分，载粮米二石。

一收买生员卢赞丰田里赖乾地方田三十七亩四分，载粮米二石。

以上二款，后卢家赎回。粮米四石，卢家自认。

一收买生员吴茂梧溪南里龙门白饭坑竹瓦窑等处田一十一亩二分五厘，载粮米六斗一合八勺。

一收买民简珪太平里石斑塘田五亩五分，载粮米八升。

一民简廷选捐太平里三圣塌石斑塘田七亩，载粮米一斗。

一民熊滋捐上湖雷田二秤三分零，粮米在溪六图十甲吴元闻户纳。

一生员阙明轩捐马山堡田六桶七籯，粮米仍在阙户。

一民王礼纲捐太平里苦竹坑田十秤，载官米仍在王振宗户内。

已上田亩，皆折收租银，其耕佃姓名列后。

曾廷玉兄弟并孔升共耕田税十秤四斗，每年纳租谷三十四箩。

余积凤耕田税八秤，每年纳租谷二十箩。

廖才耕田税十秤，每年纳租谷二十二箩；又池塘一口，每年纳租谷八箩。

以上三款，即收买吴茂梧之田，每年共应租谷八十四箩。每箩折银五分，共折银四两二钱。除纳粮银四钱，仍三两八钱。

陈成耕田税十二秤半，每年纳租二十七箩。

陈积盛耕田税七秤，每年纳租谷十四箩。

以上二款，即收买简珪之田，每年共应租谷四十一箩。每箩折银五分，共折银二两五分。除纳粮银六分四厘，仍一两九钱八分六厘。

简芳每年纳租银一两七钱。

陈元信每年纳租银一钱。

以上二款，即简廷选捐出之田，共租银一两八钱，纳粮在内。

王文渊每年除纳粮外，实纳租银一两。此款即王礼纲捐出。

阙际章每年除纳粮，实纳租银三钱四分。系阙明轩捐出。

熊元智每年纳租银三钱五分。此款即熊滋捐出之田，纳粮在内。

廖以行每年纳租银一两。田在太平里田塅。

黄思禄每年纳租银一两二钱五分。

马得盛每年纳租银二钱八分八厘。

马汝太每年纳租银四钱二分五厘。

陈贵每年纳租银三钱二分五厘。

吴应瑞每年纳租银三钱一分五厘。

吴子由每年纳租银一钱。

吴子冲每年纳租银二钱五分。

以上六款，田在太平里铜鼓湖。

黄茂塘、茂志、甲生三人，每年共纳租银五钱二分五厘。田在太平里占坑。

林心拱每年纳租银七钱。田在太平里孔夫。

阙兴南每年纳租银一两一钱。田在丰田里马山堡。

廖得运每年纳租银五钱。田在丰田里溪口赤径。

张守成每年纳租银二钱。田在溪南里金砂。

张印秋每年纳租银一两五钱。田在溪南里苦竹崠笔架山下。

张有上每年纳租银七钱。田在溪南里新寨。

郑明秀每年租银六钱。田在溪南里下龙门。

胡升龙每年纳租银三钱五分。

胡有凤每年纳租银四钱。

以上二款，田在金丰里角坑。

吴上锡每年纳租银二钱一分。田在金丰里三层岭。

吴官梅每年纳租银四钱五分，除纳粮八分，实三钱七分。田在金丰里东洋。

以上二十款，田税或当日士民所捐，或将卢一松、卢赞二款收赎之银买置，未详所自。

署县霍蒙拯捐置文昌祠祀田。崇祯二年。

吴应旺耕税二十桶。此款田不详何处，依旧志载入，学内收税册无此款。

教谕郭万完捐置学田。顺治十七年。

陈达行耕苎蔴塘田，每年纳租银六钱。

总督姚启圣发银买置学田。

康熙二十二年，通庠为立碑记曰：总督福建、太子少保、兵部尚书、正一品兼世袭仍带余级姚，颁发买置学田纹银五十两到学。前任教谕郭亨都，会同原任知县颜佐及通庠生员陈舜日、赖廷升、刘殿行、吴祖光、卢鸿声、郑九畴、卢英、赖龙光、詹捷、朱笏、吴廷芝等，凭中见上杭学生员吴晋等，将原发纹银五十两，买到本学生员邱天麟腴田六亩一分六厘八毫二丝二忽四微，原载租谷二十石零九斗。坐落土名罗滩，共田七处，三十六区一节。遵照宪行通省例，将本县首图首甲，新立姚兴儒一户，将所买学田，原系邱昌盛户内额，载民米三斗三升，推割入姚兴儒户内纳粮。递年该教官与掌业生员眼同收贮入仓，除纳正供钱粮外，徭役尽行豁免。递年纳粮外，所存租谷，俟年终给发本学贫生，取各领状造册缴县，转缴总督部院，以凭查核。合遵刊示，以垂久远。

余应元耕社墩上田二区，载租谷二石七斗八升七合。

巫得宝耕暖窠里田五区，载租谷一石三斗二升。

陈思献、陈思旺耕大圳下田六区，载租谷四石四斗。

吴瑞进耕冈上田六区，载租谷四石四斗。

童秉宪耕长桁里一区一节，载租谷二石四斗三升。

巫育有耕黄土灌田四区，载租谷四石四斗。

邹汝永耕寨背塅上田三区，载租谷一石一斗六升三合。

　　知县吕坊之以均徭剩银置买义学田。康熙三十三年，共税一百四十五桶一斗。田在溪南里恩全、横桥、黄坑尾、折滩等处，共载杭粮一两五钱一分三厘，在溪三图陈光生户纳。

　　廖辉章耕田税二十六桶。

　　廖元秀耕田税二十七桶。

　　以上二佃，在横桥。

　　萧子东耕田一十一桶。

　　萧绍麟耕田税三桶。

　　以上二佃，在恩全。

　　范元兰、元荣共耕田税三十一桶，又接刘河生耕田税一十六桶。

　　范光龙耕田税一十九桶一斗。

　　以上三款，在黄坑尾。

　　黄学元耕田税一十二桶。在折滩。

　　张卓魁充出藕丝寮田税二十五桶。此款，乾隆十三年，卓魁因争田讦讼充出之田。其田五十桶，共载杭粮一斗。今充出二十五桶，应分载粮米五升，尚未割出。其谷每桶折官斛斗八升八合为一桶，二十五桶折实，止谷十桶。

　　高陂汲古文会田众姓。捐买平寨阙屋侧田，税三十二桶。

　　次及桥渡：

　　东门卧龙桥田，知县潘翊清倡捐首事。郑福琳、顾华明、张即举、王森启等募建雄镇桥，续置买田税九十一桶四篇，南磜、树山共七处。建桥头关帝庙后店一间，后郑东生、邱振周、邱承烈经理。乾隆十四年，桥水废。通邑择吴绍宪、赖应捷、郑能恭、熊广轮经管建造木桥。旋水废。募二十余人捐修复，逐年田谷余利建东关桥头楼店一间，置买新寨田税六桶。知县叶思华倡捐首事。邱承烈、吴渤坤、廖振宇、赖麟玉、郑东生、黄森伯、阙亮云等九十人捐置，并续买田税三百五十余桶，又买树山二所，名为"百缘桥会"。

铁坑四座小桥田：里民廖振宇、邱承烈、赖麟玉等二十四人，置大洲塅田税一十二桶四箕，中坑寨背田税一十八桶。

西关外桥田：贡生郑开、生员赖飞龙等四十四人，置买罗坑乡跳石背田税四十三桶，馒头脑三桶四箕。

罗滩渡田：沈九山捐田税七秤。

鸭妈潭渡田：生员阙明轩捐田税三十桶，其孙阙戴恩捐田税六十桶。

前坊渡田：里民张淑恭捐田税二十九桶四箕。一赖友奇耕竹瓦窑大税一十四桶四箕，一巫士章耕塘村大税九桶，一巫象桂耕盘古寨大税六桶。

大洋陂渡田：里民李俊成捐苦竹坑邱家水口塅田二十箩，生员阙圣宗捐盘古寨大税十桶，里民张兴周捐湖洋坑田税八箩，李、赖、张等众姓渡会内置田税四十箩。一老鸦岭神坛前田税一十五箩，一杏坑、园子坑田税十箩，一大洋陂楼背田一十五箩。

黄金坝渡田：里民李俊成捐鸡母潭黄家门首塘一股，载税二十箩；里民黄丹溪捐条河下田税十箩。

南山、下坑、古镇三渡田：里民张晋珩捐大洲塅田税三十桶。

新寨渡田：里民江兆凤捐田税一百二十桶。一渡头路面上田三区，载税二十四桶；一龙潆赤沙洋垅尾田五区，载税三十六桶；一新寨麦园里田一区，载税四十八桶；一李坊窑背坑田一区，内拨出税一十二桶。里民张晋珩捐大洲塅田税五十桶。

清江渡田：里民江茂聪捐渡头永丰庵后田税八十桶。

锦峰上、下二渡田：里民王化募置本处田税三百一十桶。

炉下坝渡田：王、汤、黄等姓募置田税五十六桶。

下洋渡田：僧慧光募置田税六十九桶。

丰稔渡田：里民赖珮珰募众买田税五十八秤五分。

峰市渡田：此渡杭、永接壤往来孔道，石粗水驶，桥梁不施。顺治十六年，里民倡捐银。王殿生六两、黄仲初五两、刘秉中三两、江敏攀三两、王庆凡三两、王功兆二两、汤思添二两、汤君德二两、王宏泰一两七钱、赖台行一两、曾民宪一两、王功度八钱、王哉生八钱、王伯泰七钱、汤思华七钱、王友义七钱、王用轩六钱、王友信六钱、王友崇五钱、王伯元五钱、王伯森五钱、王毓材四钱、王及芳四钱、王吉修四钱、王友辉四钱、陈表忠三钱、邱仲先三钱，共银三十七两三钱。出息，至康熙二十二年始立渡船。又募众姓好义者或两或钱，共勷成事。前后捐银姓名立碑渡亭，今漫灭不可读矣。

众姓募置田税四百九十桶。一窑上细坑里田税五十桶，一窑上墓坟下、赤石冈、长窠尾三处共田税七十五桶，一窑上新塘里田税二十九桶，一窑上老楼前田税一十六桶，一窑上陂塘、赤石、黄屋背共田税二十四桶，一杀象坑田税九十桶，一赤石、黄屋背田税六桶，一木梓坑田税四十七桶，一石鼓坑、河源洞、塘尾、沙坝塘、蔗坑口、寨子背、黄竹坑、屈塘、山子里、矮子岇下等处，共田税八十桶；一檬树陇、占彩窝、桥子头、社子前、上下小蕨潭、新田冈，共田税七十三桶。

水城寨陈、彭、张、顾四姓，共捐官坑田税六桶。

次及茶亭：

章塔水口茶亭田，监生张崇远捐田五十桶。土名员墩背、山子里、石窠里、半铺、枫林等处。

灌洋堵南塘茶田，郑资祚妻林氏捐石岗田税十桶。

大阜岭茶田四十二桶。郑懋赏暨孙颢人捐冬瓜坑、关门石共税二十四桶，郑懋宣捐何树下田四桶，生员郑景幼、景龙，监生升共捐岭脚冬瓜坑二处田，税十四桶。

次及祠祀：

王侯祠祀田：里民赖恒等买置溪南里大圳田税一十五秤。赖

恒、张以璇、赖宗辉、卢景象、简銮、赖伯凤、林廷瑞、张清、
谢璘、吴璟十人，各捐银二两；张宗宝、郑烨、廖世兴、范林
受、张盛五人，各捐银一两；朱仕富、徐真二人，各捐银五钱。
里民简惟广等买置溪南里大洲庵前田税一十秤。简惟广捐银二
两，陈庆、林祥二人，各捐银二两；卢宗善、吴克恭、邹文瑶、
简宏、吴顺、简明、张以玑、邹显、张玉、林永昌、谢永宁、林
琼十二人，各捐银一两。简惟广捐太平里塘下西间鱼池大小二
口，载税五秤。以上前所买祀田，明季转鬻于生员郑绍之。顺治
十六年，邑人熊兴麟、卢乾亨、郑士凤、吴祖馨、张鼎焯、萧熙
桢、郑士鸿等，募禁山银三十四两，向绍之赎回。共田税六十六
桶，以四十二桶为王侯祀田，以二十四桶择人看守北山树木，祀
王侯日并祀北山真武。

　　许、危二侯祠祀田：生员吴赞等买置溪南里古镇窑窟里田税
二十七桶，又买置漳南道前左右店二间，岁纳租银三两六钱。吴
赞、耆民廖同文等十八人，共捐银三十一两。举人赖维岳、赖朝
选各捐银一两。

　　次及厉祀：

　　东山义冢祀田：里民邱承烈、王鼎臣等十五人，买置中坑田
税一十桶。

　　东关外义冢田：举人赖世芳，郑雄等四十八人，买置七桥乡
田税一十七桶二簋，南门外下坑田税五桶。

　　西关外义冢祀田：里民卢锡麟、李元昌等九人，买置溪南里
大新村田税一十八桶四簋。

　　西关山寨里义冢祀田：里民赖麟玉、吴渤坤、廖振宇等，置
太阳寨田税十二桶，李田龙潭背田税九桶，矿山前溪边田税八
桶，练坑田税六桶。

　　赤岭背义冢祀田：里民苏乃眉、介眉兄弟，捐金丰里赤岭
背、上杭背二处，共田税一十二桶。

岐岭桥头塥义冢田：里民陈友元、李彩昌等买置田税一十三桶。

羊头山义冢祀田：监生李正辉捐丰田里龙窟黄泥坑田税七箩，监生李正绶捐金丰里老鸦岭神坛前田税四箩。

青山塘义冢祀田：生员卢显荣捐丰田里东洋内山角田税八箩。

又有废寺田，没官公用者。

石子崠没官寺田。一罗光裕、罗光淮、罗象珀、罗彩文共耕锄蘇坑陂子田税二十五桶六䈽，一许辉彩耕赤竹窠田税二十二桶，一罗其莘耕黄溪前田税三十桶二䈽，一罗茂猷耕细陀坑田税九桶，一罗昌廷耕饭南坂田税三桶，一郑万山耕檬树凹田税八十五桶，一罗自林耕檬树凹田税一十五桶，一罗锡华耕芷墩上田税一桶，一曾及玉耕葱竹窠田税二十二桶，一曾及全耕巴塘尾田税六桶，一曾其瑞耕巴塘尾田税十四桶。以上共田税四百零六桶，折实官斛八十一石二斗，每年征粮银三两五钱五分九厘八毫三丝。内每年拨二十石与本庵祀奉香灯、饭食，余归公用。

备书于册，利也，即义也。然义也，非利也。倘计利忘义，将侵其所入，匿其所出，一人觊灭众人之迹，后人垂涎先人之遗。则是缕缕者乃害己之籍，其不急思去之者几希。

永定县志卷之四

学 校 志

庙学、崇祀、礼俗

富必继以教。庙学，重其地也；崇祀，报所宗也。上导以礼，下厚其俗，教化之实在是矣。崇祀，曷详乎尔？曰：天下食一人之福，处处戴之，人人祝之。四海同君，不以一邑之竭诚共颂为赘也。君师一而已，读者鉴之。

庙 学

东莱吕氏曰："汉武表章六经，光武投戈讲义，魏孝文欲改戎俗，唐太宗广增学舍。但文饰治具耳，非其中真有不能自已也。"致堂胡氏曰："明帝尊师重傅，临雍拜老。唐太宗大召名儒，增广生员。教至矣，而未知所以教也。"由二子之言，将建学育士，曾无裨于化理哉！盖言古之教者，本之人君，躬行心得之余，不待求诸生民日用彝伦之外。其起化有源，其成材有术。区区崇学地，广员额，颁书史，勤董戒，皆末也。然有其具，不可无其本。而有其本，亦不可无其具。此虞庠、夏校、商序，代有规设。周合建四代之学，而家塾、党庠，且遍乡邑也。秦汉而后，州县之有学也，自隋文帝始也。郡邑学之立孔子庙，则自唐贞观四年始也。至开元二十六年，而学遍天下州县矣。明洪武二十年，罢武庙而独尊文庙矣。

永学，建自成化十五年。其地在县治右，前抵大街，后抵民居，东抵县舍，西抵新巷。原有小巷，嘉靖十九年改儒学后布政分司为察院行台。因缩射圃地，辟为新巷。袤四十七丈，广上一十六丈三尺，中二十五丈，下一十八丈。其下之东，原有李姓民居一所。崇祯间，署县霍蒙拯买为学地。其制：前为文庙，后为明伦堂，又后为穿堂，又进为后堂，又进为教谕宅。伦堂左右，插廒各一间，左曰博文斋，右曰约礼斋。其前：东为仪门，穿堂之东为馔堂宅，西为廪仓。伦堂东西及文庙西庑后为学舍，凡三十有二间。庙之制：大成殿五楹，东西两庑各十楹。前为戟门，门西为宰牲房，又前为棂星门。棂星，疏通之义。凡坛埏无宫室，周垣设棂星门以为闳①，以通神明之气，见浩荡雄阔。虽别内外而实无内外也。孔子入鬼庙用棂星门，亦神明奉之之意。棂星之左，临街为大门，前竖坊匾曰"道德高厚"。偏西为儒林坊。其泮池，初，巡察副使刘珂议以晏湖为之，因湖系周琼地，不果。已而佥事林克贤以值得之，而郑姓民居亘于中，莫知其为泮也。嘉靖四年，知县刘文诏以学宫隙地易郑居，撤屋而池见焉。计池与地，北抵大街，南抵园墙，东西抵民居，直一十六丈，广九丈二尺。天启间，于池北建文昌祠，余地赁为民居。

　　开邑之初，创建庙学者，副使刘城、参议陈渤、知县王环、教谕谢弼也。弘治十年，伐石重建棂星门，并修殿庑、斋舍者，署教谕梁铸、继任教谕李祯也。正德十五年重修殿庑者，知县邢瑄也。启圣祠，嘉靖九年始奉诏祀启圣公，知县刘文诏改东上学舍为之。敬一亭，嘉靖五年，颁《御制敬一箴》于学宫。十四年，知县毛凤始改东下学舍为之。名宦、乡贤，明初诏祀于学校，开邑建学未有应祀者。嘉靖三十年，知县何文经始改馔堂为之，同祠而别案也。年久庙学颓圮，知县许文献次第修建，则自嘉靖三十四年迄于三十八年也。以泮池不宜设于学外，移戟门入

----

①　闳，通"黾"。

五尺，外为泮池，则知县龙尧达凿于隆庆元年也。按，国学曰辟
雍，学外四周皆水。乡学曰泮宫，学外惟东西南三面有水，形如
半璧，故名。则泮池正在学外，何谓不宜？但晏湖不能如制耳。
且立庙于学，庙非学也，于庙设泮，亦失古意。于启圣祠、敬一
亭之间，以学舍旧址为土地祠，则知县何守成建于万历三年也。
又隆、万间，知县赵良任、许堂亦小有修葺。此永庙学之旧制
也。

万历四十七年，诸生张尧中、吴懋中、赖馨鼎等言位置未
合，佥呈知县吴殿邦详允改建。于是尽撤旧制，奋然更新，作兑
卦画式，内建尊经阁五架，联为一画中。左启圣祠、右魁星楼，
两所联为一画。外则左文庙，右明伦堂，齐肩并峙，中开甬道，
为上缺之形。盖学地坐癸揖丁，前有丁峰，取纳甲兑丁相配之意
也。文庙、殿庑、泮门皆如旧，但改祀名宦于戟门左，祀乡贤于
戟门右，移省牲所于泮池东，其上为土地祠。国朝又祀忠义于土
地祠之上，明伦堂制亦如旧。但移仪门于正中，又前更为大门。
敬一亭设于启圣祠之左，教官宅附于明伦堂之右。宅凡四栋，教
谕、训导分居之。周缭以垣，迤东冲街为龙门，是为今制。当时
改造，材力、规模颇为宏壮。厥后，署县霍蒙拯修启圣祠于崇祯
二年，知县岳钟淑修魁星楼于顺治十六年，教谕郭亨都、训导蔡
祚周修于康熙十八年。至雍正九年，知县顾炳文倡募千余金，通
修文庙及尊经阁，今犹轮奂也。

第庙以主学，学以明义。朱子已从飨，庙庭又设位于尊经
阁。雍正十一年，诸生设朱子位于尊经阁，匾曰"紫阳书院"。
咫地而两祀之，疑于渎启圣公敕隆专祠。今更封祀五王，改曰崇
圣。顾不得特巍殿宇，自辟门庭，乃混诸列屋之间，疑于亵斗
魁，以建四时而均五行。文昌，天之六府，以魁星为武曲，主文
章，以梓潼神掌文昌府司禄籍。说本荒唐，并列祀于学宫，是干
禄也。且学前有文昌祠，又祀之魁星楼，不其诡乎？魁星楼与启

圣祠平连，始建即祀魁星于上，故曰魁星楼。后奉文昌并祀，又
称曰文昌阁。已又以其名无所主，乃称尊经楼，别称五架尊经阁
为五经阁，通志因之。夫五经如日月经天，江河行地。五经之
外，又别尊何经耶？省牲所，宰割之地，所以严祀。今宰官禄位
十余座狼籍其中，是奚为者？噫！古义之不明，则学之疚矣！

　　若射圃，旧在县治西北隅。正德元年，以其地为布政分司，
迁射圃于学右。古者宾祭选造，皆有事于射，故殷取以名其学。
明洪武三年，诏天下儒学皆辟射圃。凡射式、射器、射职、射
位，具载仪注，颁示学官，令诸生以时习射，而有司教官及各官
员子弟一体娴习。嘉靖三十八年，知县许文献就圃建亭，复备射
器贮学库，则知当日盖犹秩秩奉行也。其器乏。侯并架，洗并
架、水罍、尊、勺、爵、笾、豆、磬、瑟、笙、鼓、弓、决、
矢、旌并架，扑、福、鹿中、筹五十根，丰、漆棹、油屏一座。
万历间，改建学官，而射礼废，圃地悉赁为民居矣。

　　生员者，在汉称博士弟子。唐分国学、太学、郡县学，置生
各若干员，此生员之名所由始。洪武初，在京府学生六十人，外
府学生四十人，州学生三十人，县学生二十人。有司给廪供膳，
免差徭，是为廪膳学生。二十年，复令多材之地增广生员，不拘
额数，是为增广生。宣德元年，定增广生如廪生额。先是生员入
学，由县、州、府考送布按两司，巡按御史取定，巡察官以时考
课有无成效。正统元年，始特置提学官，专提督学政，三岁两
考。先以六等试诸生优劣，谓之岁考。继取一、二等为科举，俾
应乡试，谓之科考。十二年，准凤阳府知府杨瓒条奏，于常额
外，军民子弟愿入学者，县、州、府考选，送提学官考取，附于
廪增之末，一体考送乡试，无定额，是为附学生。先是廪增额
外，亦有考取之生待补增广，但谓之入学寄名。今则兼待补增
廪，一体考送乡试矣。万历间，核减天下生员，有一州、县仅录
一人者。崇祯八年，命礼部差定州县大、小、中三等府学。大州

县学额，取附生五十名，中三十名，小十五名。材多者量送府学。于时，永学额取附生三十名。国朝，廪增额如旧。顺治四年，定取附生额：府学、大学四十名，中三十名，小十二名。时闽新造各学，增溢不尽如额。十五年，复定府学二十名，大学十五名，中十二名，小五、七名不等。永额十五名。雍正二年，诏查实人文最盛州县，大学准取二十名，中十五名，小十二名。知县唐得鹏申请督学黄之隽，题升永定大学额，取附学二十名，送府学者五、七名无定数。

武生者，宋右庠也。唐设武科，而无武生。宋置武学，选知兵书者判之。程明道、朱晦庵皆尝为是官。明初，设京卫武学，教武官子弟。礼部请如前代通立武学，太祖曰："分文武为两途，是轻天下无全才也！"不允。正统六年，从成国公朱勇奏，于两京立武学，不及外省。寻渐置天下各卫武学。都司卫所应袭子弟，提学官选送武学读书，以待武乡、会试。崇祯十年，令天下府、州、县学皆设武学生员。国初仍之。提学官一体考取，无定额。有岁考，无科考，附文学教官管理。康熙十年，定府学二十名，大学十五名，小学八名。永额十五名。送府学者亦无定数。

监生者，国学所养士也。明制：举人入监者曰"举监"，郡县科贡者曰"贡监"，勋戚子弟或依叙或特恩入监者曰"荫监"，皆坐监肄业；纳粟、上马入监者曰"例监"，不必尽入监也，亦归于府、县儒学管束。国朝因事开例者不一，凡庠生、俊秀，援例、捐纳，许就京、省乡试。永之监生，彬彬近二千人，登隽则犹有待也。

士子未入学者，通谓之童生。明时大比之年，或间收一二异敏，三场并通者，俾与诸生一体入场，谓之"充场"。儒士中式，即为举人；不中，仍候提学官考试。合格，乃准入学。今不能然。然读书绩文岁科县、府试待补弟子员者，尝千五六百人焉。

其库藏书籍，旧志所载凡三十四部。《十三经疏注》四十四本，《易经》六本，《书经》四本，《诗经》四本，《春秋》十本，《礼记》八本，《易经大全》八本，《春秋大全》十二本，《礼记大全》八本，《四书直解》、《史记》二本，两《汉书》四十本，《唐书》三十八本，《五代史》八本，《资治通鉴》六本，《通鉴纲目》二十本，《少微通鉴》六本，《路史》十四本，《性理大全》十二本，《朱子全①书》四本，《东莱博议》二本，《止斋论》一本，《楚辞》一本，《韩柳文》十本，《大诰》一本，《诸司职掌》三本，《射礼仪注》一本，《乡饮图》一轴，《迎恩录》二本，《洪武正韵》六本，《五伦书》十本，《正俗编》二本，《医书》五本，《悬镜》三本。或经兵火，或久朽蛀，无有存焉。所有者，乾隆四年颁发《十三经》、《二十一史》、《明史》、《四书解义》。十八年，巡抚陈宏谋发手纂《大学衍义辑要》、《大学衍义补辑要》、《小学纂注》、《孝经注解》、《四礼》、《四礼翼》、《近思录集解》、《吕子节录》、《豫章书院学规》、《从政遗规》、《在官法戒录》、《训俗遗规》、《养正遗规》、《教女遗规》而已。有奉敕特颁垂训多士者：明世宗《御书》、程子《四勿箴》、范濬《心箴》、御制《敬一箴》，皆勒石启圣祠左。久剥落，不可读。顺治九年，钦奉镌立卧碑，竖明伦堂之左。与洪武所颁卧碑互异。康熙四十三年，《御制训饬士子文》刊版，尊奉魁星楼。

若闾里启塾立师，曰社学。明太祖尝敕行之。旧志：社学二所，一在漳南道左，旧废，赁为民居；一在东北卧龙山麓，万历二十三年改建关帝庙。夫祀帝，仰其忠义也，废学，将忠义何有？然嘉靖、万历皆尝以多费查革天下书院矣。尔时，乡社之废学也固宜。国朝顺治八年，诏立乡社学。邑绅熊兴麟、生员郑孙绥等呈请建社学于文昌祠东，旋为师旅损废。十七年，署县同知卢裕砺倡捐重修。康熙十四年，又毁于兵火，并及祠宇。二十三

---

① 全，原文为"成"。

年，知县徐印祖乃并其地，重建文昌祠。继任吕坊之设处田租若干，岁延生员优等首列者，就祠开设义学。今亦德宇将摧矣。雍正六年，令闽、广正乡音，郡、县设置书院教习，以昭同文之治。郡志、通志皆载："永定在城三所，在乡五所。"此据有司饰[1]报具文，直厣气耳。又旧志："书院七所，大都长吏香火，院无可容学子者。"惟绿筜有堂有楼，松木千章，惜已成故墟也！

夫学校所以兴贤，开邑以来，国家所为处之者，未尝不安；收之者，未尝不广；资之者，未尝不具；勉之者，未尝不笃。而明体达用，进可匡时、退可传后者何人？盖闻朱子之记龙岩学矣，曰："龙岩为县，斗僻介于两越之间。俗故穷陋，其为士者，虽或负聪明、朴茂之资，而莫有开之以圣贤之学。是以自其为县以来，今数百年，未闻有以道义、功业显于时者。"又曰："夫所谓圣贤之学者，非有难知难行之事也。孝弟忠信、礼义廉耻，以修其身，而求师、取友、颂诗、读书，以穷事物之理而已。是二端者，岂二三子之所不知不能哉！特怵迫于俯仰衣食之资而不暇顾，诱夺于场屋雕篆之习而不及为尔！夫徇区区目前近小之利，而忘其所贵于己者，固已悖矣。况其所徇，又未必果可求也。二三子循己事而观之，则曷若慨然返是心以求之，而一用其力于吾之所谓者乎？使吾孝弟忠信、礼义廉耻之行日笃，而身无不修也。求师、取友、颂诗、读书之趣日深，而理无不得也。则自身而家，自家而国，以达于天下，将无所处而不当。固不必求道义、功业之显于时，而根深末茂，实大声闳，将有自然而不可掩者矣。"夫闽学莫大于朱子，入圣之阶无切于此记者。况永定析自上杭，上杭析自龙岩，风声气习今犹相近，即谓朱子此言，并永士而提命之可也。邑之学记累矣，未足以策人。故特诵是以告学者，俾有所震于衷焉。

---

① 饰，通"饬"。

崇　祀

　　至圣先师之秩祀，昭矣，远矣，梦奠以还迄于今，代加钦崇。其详见于《阙里志》、《大成通志》、《礼》、《乐》诸书。盖天下所普瞻而万世所共仰也，于一邑乎何述？第学者群奉一经师，于先生之履历、世家，及其从学与私淑之徒，犹必通为谱之，人挟一册。况夫子教学之本，敢祭川而略河源乎？且邑之诸祀，得备礼、备乐者惟文庙。今即器数声容未能如制，而考历朝之损益，明昭代之典章，则亦崇术立教之一助云尔。

　　洪惟尼山发祥周灵王二十一年庚戌十月庚子。即鲁襄公二十二年十月二十一日。《公羊传》作十一月庚子，是岁十一月无庚子也。《穀梁传》作襄公二十一年，则距哀公十六年卒，孔子七十四岁矣。他书考索多有异同，今据《左传》、《史记》。孔子生于鲁昌平乡陬邑，三岁父没，葬鲁东防山。六岁嬉陈俎豆，设礼容。十九岁娶宋亓官氏。二十岁伯鱼生，仕鲁为委吏，又为司职吏。二十二岁始教于阙里，二十四岁母颜氏卒，合葬于防。已而适周、适齐。四十三岁，是为定公元年，季平子强僭。五年，平子卒，桓子立，阳虎囚之。八年，阳虎作乱，故孔子连年不仕。退修《诗》、《书》、《礼》、《乐》。五十一岁，是为定公九年，阳虎出奔晋。为鲁中都宰。五十二岁为司空，进为大司寇。五十六岁摄相事，据鲁世家，是五十四岁。齐人归女乐，去鲁适卫、适陈，过匡至蒲，自曹适宋、适郑，返鲁复如陈、如蔡，及叶至楚，往复周游。六十六岁自卫返鲁，乃叙《书》，传《礼记》，删《诗》，正《乐》，序《易》、《象》、《系》、《象》、《说卦》、《文言》。六十九岁伯鱼卒，七十一岁作《春秋》，周敬王四十一年壬戌夏四月乙丑卒，即鲁哀公十六年四月十八日。《史记》作己丑，是岁四月朔戊申，终月无己丑。"己"、"乙"文相近，当是十八日乙丑也。年七十三岁，葬鲁城北泗上。此先师履历之大凡也。

自鲁哀公十七年谏曰"尼父"，西汉平帝元始元年追谥褒"成宣尼公"，东汉和帝永元四年封褒"尊侯"，北魏孝文帝大和十六年谥"文圣尼父"，北周静帝大象二年封"邹国公"，隋文帝赠"先师尼父"，唐太宗贞观二年尊为"先圣"，四年尊为"宣父"，高宗显庆二年复尊为"先圣"，先是太学以周公为"先圣"，孔子为"先师"。贞观中，以左仆射房玄龄、博士朱子春言，别祀周公，以孔子为"先圣"，颜子为"先师"。永徽中，复圣周公，师孔子。至是以太尉长孙无忌言，复以孔子为"先圣"。乾封元年赠"太师"，玄宗开元二十七年谥"文宣王"，宋真宗大中祥符元年谥"元圣文宣王"，五年改谥"至圣文宣王"，元成宗大德十一年封"大成至圣文宣王"，明世宗嘉靖九年改称"至圣先师孔子"，至今因之。此历代封赠之谥号也。

宋元丰间，有请尊孔子为帝者。明成化十二年祭酒周洪漠，二十三年詹事杨守陈又请，皆不果。至嘉靖辅臣张璁议去封号，御史黎贯、给事中王汝梅皆极言不宜去，引先儒罗从彦、周敦颐、邵雍之说为证。吴沈有云："师者，君所不得而臣，褒以王之贵，何若事以师之尊！"丘濬亦曰："千万世下惟称先师，以见圣人为后世尊崇者，在道德，不在爵位。"张璁因而厘正之，允矣。然是时帝方尊其本生之亲与尊天同，而疑孔子封王，祀孔子全用祀天仪为僭。故璁缘帝意而行其说，遂至笾豆、舞佾皆降也。

凡庙制，阙里故宅之立庙，自鲁哀公十七年始，庙制同诸侯礼。自宋武帝孝建元年始，立庙于京师。自梁武帝天监四年，江左始郡学之立孔、颜庙。自北齐文宣帝天保元年始，国学分周公、孔子各一庙。自唐高祖武德二年始，郡县学之立庙。先止郡，今及县。自唐太宋贞观四年始，敕天下皆立孔子庙。先，郡县犹有未立庙者。自唐高宗总章二年始，至宋太祖建隆三年，令庙门立戟十六枝，称戟门。徽宗政和元年，诏戟用二十四枝。徽宗崇宁四年，御书辟雍文宣王殿名"大成殿"。金章宗昌明二年，敕置"下马牌"于庙门。明太祖洪武二年，令天下文庙门称"大成门"，殿称"大成殿"。英宗正统三年，禁祀孔子于"释老宫"。世宗嘉靖九年，改"大成殿"为"先师庙"，"大成门"为"庙门"。其他阙里、国学、郡国诏起建修葺者，代不胜书。雍正六年，阙里庙灾。世宗宪皇帝诏令修建，悉准天子宫殿制度。今上御极，特命国学文庙易盖黄瓦，尤极崇丽。

　　凡释奠过鲁，祀孔子，自西汉高帝十二年始，因事祀于学。自东汉明帝永平二年，令郡国于学行乡饮酒礼，祀周公、孔子，始春秋两飨。自桓帝元嘉二年始，祀孔子于学。自灵帝光和二年，置鸿都门学，始祀于辟雍，正名释奠。自三国魏齐王芳正始二年始，四时有祀。自晋武帝泰始二年始，太子释奠于太学。自泰始七年始，设坐于中堂释奠。谓之朝祀。自东晋穆帝升平元年始，有司荐飨。自南宋孝文帝太和十六年始，初定春秋仲月释奠。又每月朔，国学祭酒以下，郡学博士以下，率诸生展拜。又诏将讲经于天子，先定经于圣庙。讲毕，行释奠礼。自北齐文宣帝天保元年始，定四仲月上丁释奠，又州、县学亦称释奠。先有司止云荐飨。自隋文帝开皇中始，天下郡县学皆祀孔子。自唐太宗贞观四年始，国学遣官释奠。自贞观二十一年，以祭酒、司业、博士备三献，始诣鲁，遣使祭墓。自玄宗开元十三年始，登墓释奠。自后周高祖广顺二年始，登极遣祭阙里。自宋真宗始，孟春元日释菜。古者，士之见师，以菜为赞。故始入学必释菜，以礼其先师。释奠有乐无尸，释菜无乐。自徽宗政和三年始，至宁宗庆元间，定孔庙为中祀。元成宗大德初，敕到任官先谒宣圣，而后从政。

　　明洪武二年定制，遣祀国学前一日御奉天殿降香，又令新进士于国子监行释菜礼。郡邑新生员、乡贡、庶吉士初入翰林院，皆踵行之。七年，仲春上丁日食，改仲丁。十七年，敕每月朔、望，祭酒以下行释菜礼，郡县长以下诣学行香。北齐止月朔展拜，今兼朔、望，且国学行释菜礼。二十九年定，凡遇登极遣祭阙里，幸太学行释菜礼。宋真宗始一行之，至是定为常例。成化二十二年二月朔，当释菜值上丁，令以次日释菜，其他循故而行。因事而告者，如京师庙灾、庙成、新定礼乐成，遣告阙里之类。代不胜书。国朝列圣临雍，康熙三十六年平定朔漠，遣祀阙里。雍正三年平定青海，献馘释奠于太学。康熙二十三年、二十八年圣祖东巡，乾隆十三年皇上东巡，皆诣阙里及孔林致祭，尤极隆礼。

　　则有章服像貌，以对越者。东汉灵帝光和三年，尽先圣及七十二弟子像于鸿都门学。又文翁立学于成都，设孔子坐像，七十二弟子绘侍两旁。绘塑先圣像，大都依异质四十九表及苌弘、庄周诸人所称，摹拟而为之。《孔丛子》云："我先君无须眉，而诸侯未尝不敬。"又子思适齐，齐媵臣美须眉立于侧，齐君指而笑曰："假貌可相易，寡人不惜此之须眉以与先生也。"子思曰"非所愿也"云云。则先圣与子思皆无须眉。古绘像不可得见，今曲阜圣庙后殿有石刻行教像、司寇像，诸履历小像，殿上塑先圣、子思像，皆浓眉长髯。或曰唐人吴道子所益，未知是否。要之，如《论语》所记威仪容貌，固万万非绘塑可及也。文翁成都坐像，敛踞①在后，曲膝在前。朱子白鹿洞壁像说曰："两膝着地，伸腰及股，而势危者为跪。两膝着地，以尻着踞，而稍安者为坐。闻成都有文翁琢石坐像，属杨方钱子言，仿为土偶以来，塑手不精，有似跏趺②。又属杨玉休仿为木刻以来，精巧视其坐而踞，隐然见于帷裳之下。"因叹惜白鹿当时不解塑反踞而坐之像，

①　踞，同"跖"。
②　趺，原文为"跌"。跏趺，和尚盘膝而坐。

此朱子则古之情。然古坐似跪，若塑古坐像。后人入庙，反似像
之跪对，于心不安。礼固以时为大也。

　　梁元帝承圣初，于荆州宣圣庙亲图圣像。唐玄宗开元八年，
诏颜子及十哲为坐像，曾参大孝亦塑坐像于十哲之次。澹台子以
下七十弟子、何休等二十二贤，图像于壁。二十七年，出王者衮
冕服以衣孔子像。以前圣像俱用司寇服。宋真宗大中祥符元年，
加宣圣冕服九旒九章，桓圭始用玉。先用木。仁宗明道元年，诏
左丘明以下二十二人，并以本品衣冠图之。神宗熙宁三年，诏文
宣王九旒九章，弟子七旒七章。徽宗崇宁四年，令太常考正庙像
冠服制度，冕用王者十二旒，衮用九章。政和元年，加孔子执镇
圭。金世宗大定十四年，诏加孔子像冠十二旒，服十二章。颜、
孟九旒九章。明太祖洪武十四年，南京文庙成，祀神主不设像。
太宗[①]永乐八年，正文庙圣贤绘塑衣冠，令合古制。太宗迁都北
京，庙像仍元之旧。英宗天顺元年，铜范饰金先师，并四配像安
于文渊阁。世宗嘉靖九年，诏天下学校，撤塑像易木主。其说始
于宋濂，至是张璁议而行之。主为像者曰：“人情见像则生敬，
见木主则怠，感于其所似也。”主为木主者曰：“佛入中国始有塑
像，抟土为像，近于外教，且失神而明之之义。按，程子谓，人
子绘亲像以祀，绘未必肖，不肖其亲，必有他人肖其像者，祀之
大不便，况先圣、先贤像摹拟为之，安能必肖？设主为宜也。”
永邑建学之初，即依南京国子监例，用木主。拟定大小尺寸。国
学先圣木主高三尺三寸五分，连上云下座，共高五尺二寸；阔七
寸，连左右云，共阔一尺一寸五分。四配高一尺九寸五分，连上
云下座，共高三尺；阔五寸，连左右云，共阔一尺一寸。十哲高
一尺九寸，连座共高二尺五寸，阔四寸。两庑诸贤高一尺七寸，
连座共高二尺一寸，阔三寸。郡县学先圣，木主高二尺三寸七

---

　　① 太宗，即明成祖。

分，阔四寸，厚七分，朱地金书；座高四寸，长七寸，厚三寸四分。四配高一尺五寸，阔三寸二分，厚五分，赤地墨书；座高四寸，长六寸，厚二寸八分。十哲两庑先贤，高一尺四寸，阔二寸六分，厚五分，赤地墨书；座高二寸六分，长四寸，厚二寸。先儒高一尺三寸四分，阔二寸三分，厚四分五厘。余同先贤。启圣公如四配式。配飨如十哲式，从祀如先儒式。夫易像为主，恐其亵也。雍正三年，世宗宪皇帝谕避先师孔子讳，凡遇讳字，皆加"阝"作"邱"，读期音严敬，更在形声视听之表矣。

则有挥豪摛藻以表章者。梁元帝承圣初，荆州庙画像赞而书之。唐玄宗开元八年，亲为颜子赞，令文士分赞十哲。宋艺祖[①]建隆三年，亲撰文宣王、兖公二赞，从祀贤哲，命当时文人为之。真宗大中祥符元年，命王旦撰颜子赞，文臣为七十二贤赞。又自左丘明以下十九人，并命为赞。即唐贞观时，从祀先儒二十二人，内少卜子夏、王肃、杜预三人。仁宗庆历四年，赐孔氏飞帛书殿榜金字篆牌。高宗绍兴十四年，御制文宣王及七十二子赞。理宗淳祐元年，制孔子并四配赞。明宪宗成化十二年，阙里庙成，上亲制碑文。夫宸翰聿颁以昭荣也。康熙二十四年，圣祖仁皇帝御书"万世师表"匾额颁挂。二十八年，东巡谒阙里，御制《先师孔子序赞》及《四配赞》，又撰记赋诗。雍正二年，世宗宪皇帝御书"生民未有"匾额颁挂。八年，阙里庙成，御制碑文立石。乾隆三年，皇上御书"与天地参"匾额颁挂。十三年，东巡谒庙赋诗，阐扬更契广大精微之蕴矣。

若乃祀孔子而及其徒，汉高帝十二年，过鲁祀孔子，以颜子配。东汉明帝永平十五年，至鲁祀孔子，并祀七十二弟子。此祀孔子弟子之始。唐、宋乃有配飨十哲从祀之分，明于从祀，又分先贤、先儒配飨者，颜子最先。唐太宗贞观二年，定孔子为先

---

① 宋艺祖，即宋太祖。

圣，颜子为先师，配止一人。高宗总章元年，以曾子并飨孔子庙。玄宗开元八年，诏祀十哲，仍以曾子列九人之次。宋神宗元丰元年，从晋州教授陆长愈请，以孟子并配。若子思子，徽宗大观二年，始诏从祀。理宗端平二年，始升祀十哲之间。至度宗咸淳三年，以曾子、子思升同颜、孟配飨，而后四配由是定。十哲之祀，始于唐开元八年，颜子已先配飨，并曾子为十人。宋咸淳中，曾子升配，以颛孙师补十哲。国朝康熙五十一年，跻朱熹于十哲之次。乾隆三年，从礼部尚书徐元梦请，升有若于十哲下位，朱熹上，共为十二哲。

诸弟子从祀，始于唐开元二十七年。按《史记》孔子弟子传，凡七十有七人，《家语》亦七十七人。王肃本少颜何一人。但《史记》公伯僚、秦冉、鄡单三人，《家语》所无。《家语》琴牢、陈亢、县亶三人，《史记》所无。文翁成都石室图止七十二人，较《史记》、《家语》少公西舆如、县亶、原亢、公肩定、公夏首、句井疆、邦巽、颜何八人，而别有蘧瑗、林放、申枨三人，开元始祀。以《史记》七十七人，依《家语》增二人，琴牢、陈亢。又依石室图增三人，蘧瑗、林放、申枨。共八十二人。宋则但祀七十二人，于开元所祀去十人，公夏首、后处、公肩定、颜祖、鄡单、罕父黑、秦商、原亢、乐款、廉洁。祥符初，真宗问王旦："何故《史记》所载，曲阜所祀，人数多寡不同？"旦以太祖定议对。意宋祖以孔子世家身通六艺，七十二人为断故，但祀七十二人也。高宗为赞，于开元所祀去十一人，公良孺、公夏首、公肩定、颜祖、鄡单、句井疆、罕父黑、申枨、原亢、公西舆如、公西蒧。增文翁图内，以党为棠者一人，申棠。亦七十二人。又与太祖所定互异，莫知其升斥何据。度宗咸淳三年，进伯鱼从祀，合子思、孟子，共七十五人。明嘉靖九年，定祀先贤，配四人、哲十人，东西庑各三十一人，移配启圣祠三人，颜无繇、曾点、孔仅。进启圣祠配飨者一人，孟激。盖就开元所祀，合申枨、申党为一人，罢祀三人，公伯僚、秦冉、颜何。改祀于乡二人，蘧瑗、林放。增子思、孟子、伯鱼、孟激四人，共八十人。国朝雍正二年，定祀先贤九十七人。又就前明所祀八十人，增复祀者四人，蘧瑗、林放、秦冉、颜何。据《家语》增弟子一人，县亶，据《孟子》增弟子一人，牧皮。改先儒称先贤为弟子者一人，左丘明。以孟子弟子从祀者四人，乐正克、万章、公都子、公孙丑。改宋先儒称先贤者六人，周敦颐、张载、程颢、程颐、邵雍、朱熹。共九十有七人。

诸儒从祀，始于唐太宗贞观二十一年，以周、汉、魏、晋间传经之士，并飨为先师，谓之经师，贞观二人，已尊孔子为先圣，颜子为先师。凡二十有二人，左丘明、卜子夏、公羊①高、穀梁赤、伏胜、高堂生、戴圣、毛苌、孔安国、刘向、郑众、杜子春、马融、卢植、郑玄、服虔、何休、王肃、王弼、杜预、范宁、贾逵。盖从祀在十哲、两庑诸贤之先，故卜子夏亦在二十二人中。其后代有增祀，亦历有进退。宋神宗熙宁七年，从祀者三人，荀况、扬雄、韩愈。徽宗崇宁三年，配飨者一人，王安石。政和三年，从祀者一人，王安石子王雱。钦宗靖康元年，以谏议大夫杨时议，黜罢配飨，犹从祀者一人，王安石。孝宗淳熙四年，黜祀者一人，王雱。理宗淳祐元年，从祀者五人，周敦颐、张载、程颢、程颐、朱熹。黜祀者一人，王安石。景定二年，以皇太子请，从祀者二人，张栻、吕祖谦。度宗咸淳三年，从祀者二人，邵雍、司马光。元仁宗皇庆二年，从祀者一人，许衡。

明太祖洪武二十九年，从行人司副杨砥请，从祀者一人，董仲舒。黜祀者一人，扬雄。英宗正统二年，从祀者三人，胡安国、蔡沉、真德秀。八年，从慈利教授蒋明请，从祀者一人，吴澄。孝宗弘治九年，从阁臣徐溥请，从祀者一人，杨时。世宗嘉

---

① 羊，原文为"阳"。

靖九年，从辅臣张璁请，从祀者五人，后苍、王通、欧阳修、胡瑗、陆九渊。改祀于乡者五人，郑众、卢植、郑玄、服虔、范宁。罢祀者十人，荀况、戴圣、刘向、贾逵、马融、何休、王肃、王弼、杜预、吴澄。从祀启圣祠者三人，程珦、朱松、蔡元定。穆宗隆庆五年，从祀者一人，薛瑄。神宗万历十二年，从祭酒张位请，大学士申时行主议，从祀者三人，陈献章、胡居仁、王守仁。二十三年，从祀启圣祠者一人，周辅臣。四十二年，从福建学臣熊尚文请，从祀者二人，罗从彦、李侗。国朝康熙五十三年，从学臣余正健请，从祀者一人，范冲淹。雍正二年，从祀崇圣祠者一人，张迪。复祀者二人，郑康成、范宁。增从祀者十四人，诸葛亮、尹焞、黄幹、陈淳、魏了翁、何基、王柏、赵复、金履祥、许谦、陈澔、罗钦顺、蔡清、陆陇其。乾隆二年，复祀者一人，吴澄。

先惟国学及曲阜庙通祀配哲诸贤儒，郡县学但祀孔子，配颜子。宋神宗熙宁七年，始令诸州学祀十哲。明洪武二十年，始诏天下学宫并祀四配、十哲诸贤诸儒。然名爵位列天下，一彼一此。宣德三年，始刊定成书颁示，以式其称崇也。始自唐高宗总章元年，赠颜、曾二子。厥后或特封，或加赠，人各不同。今分注各贤儒名下。凡云唐封者，玄宗开元二十七年，通封诸弟子为公侯伯有差也。凡云宋封者，真宗大中祥符元年，进封诸弟子为公侯，封诸儒为伯也。其太祖所去公夏首等十人，则徽宗大观二年追封为侯，今亦通称宋封也。凡云改封者，徽宗政和六年，诸贤封爵，郡县犯先师讳，悉改从别封也。十哲云加封者，度宗咸淳三年，以十哲郡公加封为国公也。其有特加封赠者，别表年标明。至明世宗嘉靖九年，尽去诸封号，改称四配为复圣颜子、宗圣曾子、述圣子思子、亚圣孟子，十哲两庑弟子称先贤某子，诸儒称先儒某子。启圣祠称启圣公孔氏，颜、曾、思、孟四配称先贤某氏，从祀称先儒某氏，亦从张璁之请也。

洪武初，宋濂本建安熊禾之说，议四配外尽去七十子之祀，并指摘诸儒，又欲去设像，革杂乐，别祀圣父，以颜、路、曾点、伯鱼配。太祖斥为邪说，谪濂安县知县。继，王祎、张九功、吴沈、丘濬、程敏政、谢铎诸人，各建议大旨如濂，而别议增进诸儒。至是，张璁得君，多祖其说，议行。崇祯十五年，诏改左丘明，并宋周敦颐、张载、程颢、程颐、邵雍、朱熹六人，俱称先贤。末造沧桑，文治阗汶。诏下仅及国学，而天下如故。国朝雍正二年，左子、宋六子始并称先贤，位公、縠①之上。又以孟子弟子四人从祀，俱称先贤。乾隆六年，省诸某子之称，直称先贤某名，先儒某名。其位列，唐开元以前，至圣坐庙堂西楹间东向。先是周公并祀。周公南面坐，故孔子西坐东向。贞观中别祀周公，而孔子西坐如故。颜子于先圣东北南向，诸贤、儒以次东陈南向西上。开元二十七年，定至圣南向，颜子十哲东坐西向从祀，绘壁东西相向。后唐明宗长兴三年，诏十哲升祀堂上。宋祥符中，改十哲东西相向。其后曾、思、孟升配，亦东西相向如今式。其前后位次，前人犹哓哓著辨。国朝乾隆六年厘定，十八年再定，而师弟中表世次后先之疑尽释。今就所定者列之，其履历、世家可考者附注焉。

东　配

复圣颜子　名回，字子渊，鲁人。彝父颜之后。父无繇，母姜氏。《史记》：“少孔子三十岁，陋巷志从之。娶戴氏，生子歆，三十二岁卒，葬鲁城北防山之阳。”唐贞观中，诏称先师。总章元年，赠太子少师。太极元年，赠太子太师。开元中封兖公，宋封兖国公，元至顺元年封兖国复圣公。配戴氏，封交国夫人。按《史记》、《家语》载：诸贤少孔子年岁，不尽可信。如颜子少孔

---

①　公、縠，指公羊高、縠梁赤。

子三十岁，其卒当孔子六十二岁，先伯鱼卒七年，与《论语》不合。王肃谓久远之书，年岁错误，允矣。又疑《论语》为设词，则殊非语意。《通鉴》前编，周敬王六年丁亥秋七月，颜回生。当鲁昭公二十八年，是少孔子三十七岁。三十二而卒，当敬王之三十七年，鲁哀公十二年，孔子六十九岁，是其卒与伯鱼卒共年，其说可通。

述圣子思子　名伋，字子思，伯鱼子，至圣孙。不称姓，嫌于先师也。生子白。六十二岁卒，《阙里志》作百余岁，葬先圣墓南。宋崇宁元年，封沂水侯。咸淳三年，封沂国公。元至顺元年，封沂国述圣公。

西　配

宗圣曾子　名参，字子舆，鲁之南武城人，父点，生于周敬王十五年，即鲁定公五年，少孔子四十六岁。尝仕于莒，生子三：曰元、曰申、曰华。卒葬嘉祥南武山之西。唐总章元年，赠太子少保。太极元年，赠太子太保。开元中，封郕伯。宋封郕侯。寻封瑕丘侯，改封武城侯。咸淳三年，封郕国公。元至顺元年，封郕国宗圣公。

亚圣孟子　名轲，字子舆，一字子车，鲁公族孟孙氏之后。父激，母倪氏，娶由氏，生子仲子。八十四岁卒，葬邹县四基山之阳。宋元丰元年，封邹国公。元至顺元年，封邹国亚圣公。明洪武五年，太祖览孟子书至“草芥寇”，仇之，论罢配飨，且令金吾卫射之。刑部尚书钱唐祖胸受箭，曰：“臣得为孟氏死，死有余荣！”上见其诚恳，止之。逾年，上曰：“孟子辨异端，辟邪说，发明孔子之道，有功天下后世。”配飨如故。

东　哲

先贤闵损　字子骞，鲁人，少孔子一十五岁。唐封费侯，宋封琅琊公，加封费公。

先贤冉雍　字仲弓，鲁人，少孔子二十九岁。仕为季氏宰。唐封薛侯，宋封下邳公，加封薛公。

先贤端木赐　复姓，字子贡，卫人，少孔子三十一岁。仕齐为信阳宰。唐封黎侯，宋封黎阳公，加封黎公。

先贤仲由　字子路，亦称季路，鲁之卞人，少孔子九岁。仕为季氏宰，又为卫蒲邑大夫，遇难而死。唐封卫侯，宋封河内公，加封卫公。

先贤卜商　字子夏，卫人，少孔子四十四岁。仕为莒父宰，教授西河，魏文侯师之。卒葬曹州西三十里卜埒都。唐封魏侯，宋封河东公，加封魏公。

先贤有若　字子若，鲁人。《史记》："少孔子十三岁。"《家语》："少三十三岁。"唐封汴伯，宋封平阴侯。咸淳中，曾子升配，议补十哲，举朝请升有若。一祭酒引陆九渊论有子孝弟之说为支离，因力诋之，遂跻子张而抑有若。明罗恢言："有若宜居十哲。"王世贞著论亦谓十哲，偶因陈、蔡而列若、宰予之短，丧冉求之聚敛，宜降置两庑。必欲补十哲之缺，则有若、南宫适二子，可从颛孙进补之例。今跻有若于堂上，允合人心同然也。

西　哲

先贤冉耕　字伯牛，鲁之郓城人。孔子为鲁司寇，以伯牛为中都宰。卒葬兖州府东平州北十五里。唐封郓侯，宋封东平公，加封郓公。

先贤宰予　字子我，鲁人，少孔子二十九岁。仕齐为临淄大夫。卒葬曲阜西南三里。唐封齐侯，宋封临淄公，加封齐公。

先贤冉求　字子有，鲁人，与仲弓、伯牛同族，少孔子二十九岁。仕为季氏宰。唐封徐侯，宋封彭城公，加封徐公。

先贤言偃　字子游，吴人，少孔子四十五岁。仕为武城宰。

卒葬姑苏之虞山。唐封吴侯，宋封丹阳公，加封吴公。

先贤颛孙师　复姓，字子张，陈人，少孔子四十八岁。卒葬江南萧县堀坊村。唐封陈伯，宋封宛丘侯，改封颍川侯，加封陈国公。寻称陈公。

先贤朱熹　字元晦，后更字仲晦，号晦庵，亦称晦翁，世为徽之婺源松岩里人。父松，官于闽，母祝氏。宋建炎四年庚戌九月十五日甲寅生于南剑之尤溪。绍兴十七年举于乡，十八年举进士，累官至焕章阁待制侍讲。娶刘氏，生子三：曰塾、曰野、曰在。七十一岁庆元六年二月甲子卒，葬建阳唐石里之天林谷。嘉定二年，谥曰"文"，赠中大夫宝谟阁直学士。宝庆三年，赠太师，封信国公。绍定三年，封徽国公。元至正二十二年，封齐国公。

东　庑

先贤蘧瑗　字伯玉，卫人，仕卫为大夫。唐封卫伯，宋封内黄侯。明嘉靖中，以《论语》孔子称伯玉为夫子。又《史记》云："孔子于卫严事蘧伯玉，谓非及门之士，改祀于乡。"国朝复从祀。

先贤澹台灭明　复姓，字子羽，鲁武城人，少孔子三十九岁。墓在兖州府邹城县。唐封江伯，宋封金乡侯。

先贤原宪　字子思，鲁人，《家语》作宋人，少孔子三十六岁。夫子为鲁司寇，以思为宰。墓在费县西。唐封原伯，宋封任城侯。

先贤南宫适　复姓。适，《史记》作"括"。《家语》名韬，一作绦，字子容，鲁人。孟僖子之子，居南宫，因姓焉。谥曰"敬叔"。唐封郯伯，宋封袭丘侯，改封汝阳侯。

先贤商瞿　字子木，鲁人，少孔子二十九岁。唐封蒙伯，宋封须昌侯。

先贤漆雕开 复姓，字子若。《史记》字子开，鲁人，一云蔡人。少孔子十一岁。唐封滕伯，宋封平舆侯。

先贤司马耕 复姓，字子牛。《家语》名犁耕。宋人，司马向魋弟。葬诸丘舆。唐封向伯，宋封楚丘侯，改封绥阳侯。

先贤梁鳣 字叔鱼，一作鲤，字子鱼，齐人。少孔子二十九岁。唐封梁伯，宋封千乘侯。

先贤冉孺 字子鲁，《家语》名儒，字子鱼，鲁人。少孔子五十岁。唐封纪伯，宋封临沂侯。

先贤伯虔 字子析，《家语》作子晳。一云姓后，名石，字子晳，又云子楷，鲁人。少孔子五十一岁。唐封聊伯，宋封沐阳侯。

先贤冉季 字子产，鲁人。唐封东平伯，宋封诸城侯。

先贤漆雕徒父 字子有，《家语》字子文，或作子期，鲁人。唐封须句伯，宋封高苑侯。

先贤漆雕哆 字子敛，《家语》名侈，鲁人。唐封武城伯，宋封濮阳侯。

先贤公西赤 复姓，字子华，鲁人。少孔子四十二岁。唐封郜伯，宋封巨野侯。

先贤任不齐 字子选，《史记》字选。楚人。唐封任城伯，宋封当阳侯。

先贤公良孺 复姓，字子正，一作儒，字子幼。唐封东牟伯，宋封牟平侯。

先贤公肩定 肩，《史记》作"坚"，字子中。《家语》名肩，字子仲。或以为复姓者，误。鲁人，一云晋人。唐封新田伯，宋封梁父侯。

先贤鄡单 字子家，或曰即《家语》县亶。唐封铜鞮伯，宋封聊城侯。

先贤罕父黑 复姓，字子索，鲁人。《史记》作罕，《家语》

作宰。唐封荥丘伯，宋封祈乡侯，明称先贤。宰子误作单姓。

先贤荣旂 《家语》作祈，字子旂。鲁人。郑康成曰"卫人"。唐封雩娄伯，宋封厌次侯。

先贤左人郢 复姓，字子行。《史记》字行。鲁人。唐封临淄伯，宋封南华侯，明称先贤。左子误为单姓。

先贤郑国 字子徒。《家语》作薛邦，字徒。《正义》曰：《史记》以邦作国，避高祖讳，薛、郑则字误也。古史亦作郑邦，鲁人。郑康成曰"宋人"。唐封荥阳伯，宋封朐山侯。

先贤原亢 字籍，鲁人。《史记》名亢籍，《正义》亢又作冗。《家语》名桃，字子籍。唐封莱芜伯，宋封乐平侯。

先贤廉洁 字子曹，《史记》字庸，一字子庸，卫人。唐封莒父伯，宋封胙城侯。

先贤叔仲会 复姓，字子期。鲁人，郑康成曰"晋人"。《家语》少孔子五十四岁。唐封瑕丘伯，宋封博平侯，明称先贤。叔子误为单姓。

先贤公西舆如 字子上，鲁人，《家语》名舆。唐封仲丘伯，宋封临朐侯。

先贤邽巽 字子敛，鲁人，《家语》名选。或以邽为邦，避高祖讳，作国选。唐封平陆伯，宋封高堂侯。

先贤陈亢 字子禽，一字子亢，少孔子四十岁，陈人。或曰子贡弟子。墓在开封府太康县北二十里。唐封颍伯，宋封南顿侯。

先贤琴张 字子开，《家语》名牢，《文翁图》字子张。唐封南凌伯，宋封顿丘侯，改封平阳侯。

先贤步叔乘 复姓，字子车，齐人。唐封淳于伯，宋封博昌侯。

先贤秦非 字子之，鲁人。唐封沂阳伯，宋封华亭侯。

先贤颜哙 字子声，鲁人。唐封朱虚伯，宋封济阴侯。

先贤颜何　字冉，《家语》作颜冉，《史记索隐》曰："《家语》字称"，今王肃本《家语》缺。唐封开阳伯，宋封棠邑侯。明嘉靖以《家语》不载，罢祀。国朝复从祀。

先贤县亶　字子象，亶或作丰。《家语》有，《史记》无。或曰即郓单，姓名音近而误。又《史记》："单，字子家。"《家语》："亶，字子象。"家、象字亦相类。国朝始从祀。

先贤乐正克　复姓，齐人，孟子弟子。宋政和五年封为侯，配飨亚圣庙。国朝从祀文庙。

先贤万章　宋国人，孟子弟子。宋政和五年封为伯，从祀亚圣庙。国朝从祀文庙。

先贤周敦颐　先名敦实，避英宗讳，改惇颐，字茂叔。宋道州营道人，居濂溪，因以为号。官为提点南康军。五十七岁卒，葬江州德化县。嘉定十二年谥曰"元"，淳祐元年封汝南伯，元至顺元年封道国公。

先贤程颢　字伯淳，宋洛阳人，受学于周子。官知扶沟县事。生二子，曰端凝、曰端本。五十四岁卒，葬伊川祖茔。文彦博题其墓曰"明道先生"，学者称之。嘉定十二年谥曰"纯"，淳祐元年封河南伯，元至顺元年封豫国公。

先贤邵雍　字尧夫，宋河南人。嘉祐间举遗逸，称疾不赴。生二子，曰伯温、曰仲良。六十七岁卒，赠秘书省著作郎，葬河南府嵩县。元祐中谥"康节"，咸淳三年封新安伯。

先儒公羊高　复姓，周末齐人，子夏弟子。宋封临淄伯。

先儒伏胜　字子贱，秦济南人，为秦博士。汉文帝时，命晁错往受尚书。宋封乘氏伯。

先儒董仲舒　西汉广川人，治《春秋》。景帝时为博士，武帝时为江都相。明洪武二十九年封江都伯，成化三年改封广川伯。

先儒后苍　字近君，西汉东海郯人，武帝时为博士。

先儒杜子春　　东汉缑氏人，宋封缑氏伯。

先儒诸葛亮　　字孔明，季汉琅玡人，昭烈帝丞相。

先儒王通　　字仲淹，隋龙门人。卒，门人私谥之曰"文中子"。

先儒范仲淹　　字希文，宋吴县人，大中祥符八年进士，官至参知政事。卒，赠兵部尚书，谥"文正"。

先儒欧阳修　　复姓，字永叔，宋庐陵人。天圣八年进士，官至参知政事。谥"文忠"，葬新郑旌贤乡。

先儒杨时　　字中立，宋南剑人，程子门人。熙宁九年进士，官工部侍郎。八十一岁卒，谥"文靖"，学者称龟山先生。明弘治八年封将乐伯。

先儒罗从彦　　字仲素，宋南剑人，杨时门人。谥"文质"，学者称豫章先生。

先儒李侗　　字愿中，宋南剑人，罗仲素门人，朱熹尝受学焉。学者称延平先生。

先儒吕祖谦　　字伯恭，宋婺州人，吕好问之孙。隆兴元年进士，官著作郎兼国史院编修。四十五岁卒。嘉定九年谥曰"成"，嘉熙二年改谥"忠亮"。学者称东莱先生。景定二年封开封伯。

先儒蔡沉　　字仲默，宋建阳人，元定次子，朱子门人。作书集传，谥"文正"。学者称九峰先生。明成化三年封崇安伯。

先儒陈淳　　字安卿，宋龙溪人，朱子门人。

先儒魏了翁　　字华甫，宋浦江人，庆元五年进士。

先儒王柏　　字会之，宋金华人，何基门人。

先儒赵复　　字仁甫，宋末元初德安人，私淑朱子。

先儒许谦　　字益之，宋末元初金华人，金履祥门人。

先儒吴澄　　字幼清，宋末元初崇仁人。至顺三年谥"文正"，正统八年封临川郡公。嘉靖九年，以忘宋事元，罢祀。国朝复从祀。

　　先儒胡居仁　字淑心，明余干人。五十一岁卒。学者称敬斋先生。

　　先儒王守仁　字伯安，明余姚人，王华之子。弘治十二年进士，官至副都御史，总制两广、江西、湖广军务。嘉靖元年封新建伯。八年，五十八岁卒，葬横溪。学者称阳明先生。隆庆元年谥曰"文成"。

　　先儒罗钦顺　字允升，明泰和人，弘治六年进士。

西　庑

　　先贤林放　字子丘，鲁人。唐封清河伯，宋封长山侯。明嘉靖以《史记》、《家语》、邢昺注疏皆不载弟子之列，改祀于乡。国朝复从祀。

　　先贤宓不齐　字子贱，鲁人。《史记》"少孔子四十九岁"，《家语》"少三十岁"。仕为单父宰，葬凤阳府寿川南六十里铁佛冈。唐封单父伯，宋封单父侯。

　　先贤公冶长　复姓，字子长，鲁人。《索隐》名苌，一字子芝，齐人。葬青州府诸城县西，《史记》云"在姑幕城东南"，一云在淮安。唐封营伯，宋封高密侯。

　　先贤公皙哀　复姓，字季沉，齐人。《史记》字季次，《索隐》名克。唐封郕伯，宋封北海侯。

　　先贤高柴　字子羔，齐人，郑康成云"卫人"。《史记》"少孔子三十岁"，康成云"少四十岁"。齐敬仲高傒十代孙。仕为成宰，又为卫士师。唐封共成伯，宋封共城侯。

　　先贤樊须　字子迟，鲁人，郑康成云"齐人"。少孔子三十六岁。仕于季氏。唐封樊伯，宋封益都侯。

　　先贤商泽　字子季，一作子秀，鲁人。郑康成云"吴人"。唐封睢阳伯，宋封邹平侯。

先贤巫马施　　复姓，字子期，《史记》字子旗，陈人。郑康成云"鲁人"。少孔子三十岁。仕为单父宰。唐封鄎伯，宋封东阿侯。

先贤颜辛　　《史记》名幸，字子柳，鲁人。少孔子四十六岁。唐封萧伯，宋封阳谷侯。

先贤曹恤　　字子循，蔡人。少孔子五十岁。唐封曹伯，宋封上蔡侯。

先贤公孙龙　　复姓。《家语》名宠，字子石，卫人。郑康成云"楚人"，一云"赵人"。少孔子五十三岁。唐封黄伯，宋封枝江侯。

先贤秦商　　字子丕，《家语》字不慈。《正义》引《家语》曰："丕兹则不慈，乃丕兹字误也。"鲁人，郑康成云"楚人"。少孔子三岁，一云"少四十岁"。唐封上洛伯，宋封冯翊侯。

先贤颜高　　字子骄，《家语》名亥，鲁人。一云"燕人"。少孔子五十岁。唐封琅玡伯，宋封雷泽侯。

先贤壤驷赤　　复姓，字子徒，《家语》壤作"穰"，字子从。秦之成纪人。唐封北征伯，宋封上邽侯。明称先贤壤子，误作单姓。

先贤石作蜀　　复姓，字子明，秦之成纪人。唐封郈邑伯，宋封成纪侯。明称先贤石子，误作单姓。

先贤公夏首　　复姓。首，一作守。字子乘，《史记》字乘。鲁人。唐封元父伯，宋封钜平侯。明称先贤公子，误作单姓。

先贤后处　　字子里。《家语》姓石，名虔，字楷。一作姓伯，字子楷。又作字坚，又云"字子皙"，齐人。唐封营丘伯，宋封胶东侯。

先贤奚容蒧　　字子皙。《家语》姓奚，名蒧，字子偕，鲁人。《正义》以为卫人，奚仲之后。或以为奚容复姓，误。唐封下邳伯，宋封济阳侯。

先贤颜祖　字子襄，鲁人。唐封临邑伯，宋封富阳侯。

先贤句井疆　句音"勾"，复姓，字子疆。《正义》字子孟，一作子野，卫人。唐封淇阳伯，宋封滏阳侯。明称先贤句子，误作单姓。

先贤秦祖　秦之成纪人。唐封少梁伯，宋封鄄城侯。

先贤县成　字子祺。《家语》字子横，鲁人。唐封巨野伯，宋封武城侯。

先贤公祖句兹　复姓，字子之。《家语》名兹，鲁人。郑康成云"魏人"。唐封期思伯，宋封即墨侯。

先贤燕伋　字思。《家语》名级，字子思。秦人，或曰鲁人。唐封渔阳伯，宋封汧源侯。

先贤乐欬　字子声。《家语》名欣。秦人，一作鲁人。唐封昌平伯，宋封建成侯。

先贤狄黑　狄，亦作翟。字皙，亦作子皙。唐封临济伯，宋封林虑侯。

先贤孔忠　字子蔑。《家语》名弗。先师兄孟皮之子。唐封汶阳伯，宋封郓城侯。

先贤公西葴　字子上，亦作子尚，鲁人。唐封祝阿伯，宋封徐城侯。

先贤颜子仆　字子叔。《史记》字叔，鲁人。唐封东武伯，宋封宛句侯。

先贤施之常　字子常，一作子恒。鲁人，一作齐人。唐封乘氏伯，宋封临濮侯。

先贤申枨　字子周，鲁人。《史记》作申党，《家语》作申绩，《文翁图》作申棠，又别有申枨。后汉王政云"无申棠之欲"，即指此。郑康成注《论语》："申枨，盖孔子弟子申绩。以棠为党，以绩为绩，皆字讹也。其实棠即党，绩即绩。"《家语》："绩，字子周。"《史记》："党，字周。"则绩即党，而党言无欲，则党即枨也。唐封党邵陵伯、枨鲁伯，宋封党临川侯、枨文登侯，明嘉靖改枨党为一人。

先贤左丘明　春秋时汶上人，楚左史倚相之后。宋封瑕丘伯，改封申都伯。

先贤秦冉　字开，蔡人。唐封彭衙伯，宋封新息侯。明嘉靖以《家语》不载，罢祀。国朝复从祀。

先贤牧皮　按郑夹漈《氏族志》谓："传《春秋》者姓左，名丘明。《鲁论》：'左丘明，则居左丘，以地为氏者。'或□朱子曰：'《鲁论》左丘明，非传《春秋》者耶?'朱子曰'未可知也'。今《鲁论》与传《春秋》者，为一为二不可知，但《春秋》内外传言典礼甚核。成公十三年载刘康公一段，尤极性命之源。昔人谓左氏受经于圣人，而为素王之臣。又谓左氏以同圣之才，膺受经之托，上询夫子，下访其徒，则亦及门弟子矣。牧皮事无可考，然孟子与琴张、曾晳并举，其为弟子无疑。国朝进二子于颜、秦之间，允当。

先贤公都子　孟子弟子。宋政和三年封为伯，从祀亚圣庙。国朝从祀文庙。

先贤公孙丑　齐人，孟子弟子。宋政和三年封为伯，从祀亚圣庙。国朝从祀文庙。

先贤张载　字子原［厚］，宋郿县人。嘉祐二年进士，官著作佐郎。五十八岁卒，葬涪州。学者称横渠先生。嘉定十二年谥曰"明"，淳祐元年封郿伯。

先贤程颐　字正叔，宋河南人，明道先生之弟。二十四岁举进士，擢崇政殿说书。七十五岁卒，学者称伊川先生。绍兴元年，赠直龙图阁。嘉定十二年谥曰"正"。淳祐元年封伊阳伯，元至顺元年封洛国公。

先儒榖梁赤　复姓，字原始，周末鲁人，子夏弟子。宋封龚丘伯，改封睢阳伯。

先儒高堂生 复姓，字升平，秦末鲁人，西汉博士。宋封莱芜伯。

先儒孔安国 字子国，西汉鲁人，先师十一世孙。武帝时为博士，历侍中至临淮太守。宋封曲阜伯。

先儒毛苌 西汉赵人，大毛公亨之子，号小毛公。河间献王博士。宋封乐寿伯。

先儒郑康成 名避，国朝庙讳，以字称。西汉北海高密人。宋封高密伯。

先儒范宁 字武子，晋鄠陵人。官豫章太守。宋封新野伯。

先儒韩愈 字退之，唐南阳人。贞元间举进士，官吏部侍郎。卒赠礼部尚书，谥曰"文"。宋元丰元年封昌黎伯。

先儒胡瑗 字翼之，宋海陆人。官湖州教授，擢国子监立讲。谥"文昭"。学者称安定先生。

先儒司马光 字君实，宋夏县涑水乡人。宝元初进士，累官尚书左仆射兼门下侍郎。六十八岁卒，赠太师，封温国公，谥曰"文正"。

先儒尹焞 字彦明，宋洛阳人。师程子，学者称和靖先生。

先儒胡安国 字康侯，宋崇安人。绍圣四年进士，官宝文阁直学士，作《春秋传》。谥曰"文定"。明成化三年封建宁伯。

先儒张栻 字敬夫，宋绵竹人，魏国公浚之子。以荫补，官至秘阁修撰。四十八岁卒，学者称南轩先生。嘉定八年谥曰"宣"，景定二年封华阳伯。

先儒陆九渊 字子静，宋金溪人，乾道八年进士，官将作监丞。五十四岁卒，葬延福乡朱坡下，学者称象山先生。嘉定九年，谥曰"文安"。

先儒黄幹 字直卿，宋闽县人，朱子门人。

先儒真德秀 字希元，宋浦城人，庆元五年进士，官参知政事。卒葬浦城南孝弟里，谥"文忠"。学者称西山先生。成化三年封浦城伯。

　　先儒何基　字子恭，宋金华人，黄幹门人。

　　先儒陈澔　字可大，元都昌人，注《戴礼》。

　　先儒金履祥　字吉甫，元兰溪人。

　　先儒许衡　字仲平，元河内人，官国子监祭酒。七十二岁卒。大德二年赠司徒，谥"文正"。至大二年封魏国公。学者称鲁斋先生。

　　先儒薛瑄　字德温，明河津人，永乐十九年进士，官礼部左侍郎。卒赠吏部尚书，谥"文清"。学者称敬轩先生。

　　先儒陈献章　字公甫，明新会人，正统十二年举人，荐举授翰林检讨。谥"文恭"。学者称白沙先生。

　　先儒蔡清　字介夫，明晋江人，成化二十年进士。学者称虚斋先生。

　　先儒陆陇其　字稼书，国朝平湖人，康熙九年进士，官监察御史。

　　合计配飨四人，东西哲十二人，两庑贤、儒一百二十三人，配祀崇圣祠九人，共一百四十有八人。其斥而不复祀者，公伯僚以愬子路黜，荀况以言性恶礼伪黜，扬雄以事新莽黜，王安石以不畏天变、不法祖宗、不恤人言黜，其子王雱抑又不足罪矣。诸经师虽各有训诂之劳，然戴圣守九江婪污不法，何休《春秋解诂》黜周，王鲁、马融依邓骘媚梁冀、王肃，世为魏臣，为司马济恶。王弼宗尚老、庄，贾逵附会图谶，刘向言黄金可成铸作不验，下吏当死。杜预短丧灭性，伐吴屠杀。皆于名教有亏，黜焉何疑？改祀于乡而不复者，郑众、卢植、服虔，原与康成、范宁五人，本无大过，以行己著书，未能合道而改祀。

　　第康成学《易》，笺《诗》，注三礼、《论语》，为功最多，又独识《周礼》，为周公致治之迹。范宁《穀梁集解》义精，为世所重，故郑、范得以复祀，而三子不能。吴澄在宋非显仕，而所学不可掩，故亦得复祀。其他褒贬宽严，前人论辨甚夥。皋陶曰：“亦行有九德，亦言其人有德。载采采彰，厥有常吉哉！”

由至圣而溯其先，自黄帝四传而至契，佐禹有功赐姓。子又十四传至成汤有天下，又十六传至微子，周成王封于宋，主殷祀，其弟微仲嗣之。自仲八传至孔父嘉，以字别族，孔姓始于此。孔父嘉生木金父，木金父生祈父，祈父生防叔，防叔生伯夏，伯夏生叔梁纥，纥娶颜氏生至圣。自黄帝至至圣，凡四十有八世。昔人有言，契为司徒，敬敷五教，是为立教之祖。其后言性言学，皆肇自有商。先师世有德让，所以为万世教学之宗也。追本返始，礼宜隆报。

宋真宗大中祥符元年，始封圣父齐国公，圣母鲁国太夫人，并封圣配亓官氏郓国夫人。元文宗至顺元年，封圣父启圣王，圣母启圣王太夫人，圣配大成至圣文宣王夫人。明嘉靖九年，改称启圣王为启圣公，令天下学校各建启圣祠祀圣父，迁颜无繇、曾点、伯鱼，进孟子父，四人配飨。后世从祀诸儒，其父应祀者，咸从祀启圣祠。原其建始，盖以子虽齐圣，不先父食。颜、曾、思、孟坐堂上，无繇、点、鲤不应坐庑下，求所以安处者，特祀。叔梁纥则可配诸贤，而通典礼之穷。叔梁以前，当为先师隆报者不暇计。天启元年，御史董翼已疏言之，欲并进祀伯、防叔。国朝雍正元年，特追封五代，命礼臣议定爵号，部议并从公爵。又特命加封为王，令天下学校改启圣祠名崇圣祠，定为同堂异室。今志其位列，并列其配祀者。

肇圣王木金父　　　中一室。

裕圣王祈父　　　　东第一室。

诒圣王防叔　　　　西第一室。

昌圣王伯夏　　　　东第二室。

启圣王叔梁纥　　　西第二室。

皆南向。

配飨，堂上四位，东西相向，南列北上。

先贤颜无繇　字季路，一云名繇，字路，回之父。少孔子六岁。唐封杞伯，宋封曲阜侯。元至顺三年，封杞国公，谥"文裕"。配姜氏，封杞国夫人。

先贤曾点　点，《史记》作蒧。字子皙，参之父。唐封宿伯，宋封莱芜侯。

先贤孔鲤　字伯鱼，伋之父。五十岁卒。宋崇宁元年封泗水侯。

先贤孟激　字公宜，轲之父。元延祐三年，封邾国公。

从祀，两庑五位，东西相向，南列北上。

先儒周辅成　敦颐之父，仕宋为桂岭县令，累赠谏议大夫。

先儒张迪　载之父。

先儒程珦　字伯温，颢与颐之父。以曾大父羽功，授官知龚州，累转大中大夫。封永年伯。

先儒朱松　字乔年，号韦斋，熹之父。举宋进士，历官司勋吏部郎，出知饶州。元至正二十一年谥"靖献"，二十二年封齐国公。

先儒蔡元定　字季通，沈之父。学者称西山先生。宋嘉定三年赠迪功郎，谥"文节"。

由至圣而及其后，自伯鱼迄今七十余世。魏安釐、秦始皇已有文信君、文通君之封。汉高而后，世膺封爵不绝。赐土田，免粮役，授典籍、司乐，给庙户、佃户额，四氏学乡举岁贡生员，代有增锡。国朝现设有世袭衍圣公，有世职曲阜知县，有世袭翰林院博士、太常博士、国子监学正、学录，有三品至九品执事官，有额中举人，有陪祀恩贡暨四配十哲之闵子骞、冉伯牛、仲弓、子贡、子路、子游、子夏、子张，宋之周子、张子、二程子、邵子、朱子，各有世袭翰林院五经博士。内惟朱子世袭二人，一在建阳，一在祖籍婺源。邑无波及者，其沿革不具录。

　　而崇报之隆，莫大于礼乐。古者合四代之礼乐以祀先圣。是故，首、心、肝、肺，备味也；韍火、山龙，备服也；敦琏、瑚、簋、梡、嶡、椇房，备器也；拊搏、玉磬、揩击、大琴、大瑟、中琴、小瑟，备乐也。礼不相袭，乐不相沿，后世固不尽如三古，举累朝因革之略，而特详疏。国制之通于郡县学者，苟其不备，不可以不正也。

礼　器

　　东汉桓帝诏曲阜庙置百户，卒史一人，掌领祭器。宋徽宗颁礼器一副于阙里。明太祖更定祭器，笾用竹豆，簠、簋、登、铏悉用瓷。

国朝定用

　　爵　圆腹，两柱，三足，双耳，侈口。有流，有鋬，有座。爵先奠于案，有献爵，三献所用皆有。坫用白瓷为之，或以铜。旧有茅沙池，将献先灌，今祭无灌。

　　登　首尾大而中小，有盖。

　　铏　形如仰磬，头圆、尾平、腹大、而下渐敛，覆以盖。盖齐于口，旁缀两耳，并肖螭形。盖施三纽，下有三足。

　　簠　外方内圆，首尾大而中小，有盖有纽。

　　簋　外圆内方，两旁有纽，四隅微棱，上覆以盖，微大于口。以上四者，皆范锡为之。

　　笾　上为腹，中为柄，下为足，覆以盖，合口共成为圆头。以竹为之。

　　豆　制如笾，以木为之，加以疏刻。

　　笾巾　竹为匡[①]，冒之以绤，以覆笾、豆、簠、簋。

---

　　① 匡，古代盛饭用具，后通作"筐"。

俎　形如几挑，屈其足，下加跗。《鲁颂》大房是也。古无盖，今有盖，加二环。祭则举环去盖，名曰"牲匣"。

筐　椭竹编成，髹以朱。今名献帛盘。

鼎　古以和味，今以焚香。方形，两耳四足，遍铸云雷，范铜为之。

祝版　梓楸木或柏木为之，有座。用白纸书祝文，贴版上。祭毕，揭而焚之。

祝案　置正殿，以阁祝版。

烛台　铜、锡为之。重盘三足，以树烛。有大有小。

高案　明太祖始之。诏曰："孔子高座，而祭物陈于座下，弗称其宜。"故用高案。

象尊　古画象于腹，或饰以象骨。今通作象形，穴其背以受酒。上覆以盖，盖后有纽，穴上附以耳，如半璧。

牺尊　通作牺牛之形，穴盖耳纽如象尊。

泰尊　腹大胫小，口侈角约，胫似螭首。

山尊　或云即云雷尊，然礼书又别有云雷尊。形似银锭，上下侈而中束，刻为山云。

壶尊　形如壶，胫饰饕餮，腹著风雷，有耳无文。

著尊　口足约而中博，体质尚耸，著地而无足，胫作夔龙盘足，象腹刻云雷回旋势，胫旁两耳作螭首。

罍尊　腹大，口足约，腹刻兽首于云中。

云雷尊　腹大，口足侈，口纽以螭首，两旁有耳。按：诸尊皆范铜，或精铁为之，大小尺寸各有异同，今不具悉。《周礼》司尊，彝祠禴朝践用牺尊，再献用象尊。尝烝朝献用著，馈献用壶尊。四时之间，祀朝践用泰尊，再献用山尊，皆有罍。后代或以分贮各斋，或以分贮初、亚、终三献酒，或以分贮正殿、配哲、两庑，酒不定所用。《明堂位》云："泰，有虞氏之尊也；山罍，夏后氏之尊也；著，殷尊也；牺象，周尊也。"大概合数代之礼，取其备而已。

龙幂　绛缯为之。中画云龙，四角各缀以金钱，用以覆尊。每尊一幅。

勺　所以酌酒，实爵范锡为之，柄作龙头。

爵帛案　置丹墀，以阁爵帛。

尊案　无足曰棜，有足曰禁。髹以朱，中画青云气、菱苕花为饰，面穴三孔，置丹墀以阁酒尊。

盘　毛血盘，以盛毛、血。馔盘，以盛各馔。

枓　木为之，形方如斗，以奠水涤祭器。

洗　形似盆而底约，以贮水涤爵。

盎　似瓮，以盛弃水。

铁炉　以焚帛、焚祝文。

匜　以盛水待盥。

槃　用以盥。

帨巾　以拭手。

釜　以宰割烹饪。

礼　物

汉高帝祀以太牢。桓帝诏："出王者钱给大酒，直河南尹给牛、羊、豕，太司农给米。"晋武帝诏："鲁国四时以三牲祀。"唐玄宗诏："国学用太牢，乡学用少牢。"明宣宗登极，祭告配哲、两庑，俱用太牢。英宗令丁祭品，物非其土产者，鹿以羊代，榛、栗以所产果物代。景泰帝增两庑豕四只，枣、栗各五十斤，形盐五十斤，黍、稷各一斗。孝宗释奠加币。

国朝定用

太羹　或牛或羊淡煮，肉汁而不和。

和羹　肉汁之有和者。凡和肉，牛用藿，羊用苦，豕用薇。

今不以菜，但用酱、盐、醋等调之。

黍　稷　稻　粱

以上四者，皆净淘，滚汤泡涝作饭。

形盐　《周礼》形盐。盐似虎形，谓积卤所结，形似虎也。

鱐鱼　用鲜鱼薄腌，临祭净洗，酒浸片时。

鹿脯　枣　栗　榛

菱　即今菱角。

芡　菱类。《尔雅》："翼芡花向日，菱花背日，荷花日舒夜敛，芡花昼合夜拆。"

白饼　用小麦面造。

黑饼　用菽麦面造，皆以砂糖为馅，印作龙团饼。

韭菹　腌菜曰菹。生韭切去本末，用中三寸。

芹菹　芹水菜。

菁菹　蔓菁菜，头似萝卜，沸汤略瀹用。

笋菹

醓醢　肉酱曰醢，醢则无骨。有汁者以猪脊肉为之。

鹿醢、兔醢、鱼醢　凡作醢，每净肉一斤煮汁，冬入盐二两，春秋二两五钱，夏三两，净葱一两五钱，花椒、莳萝、茴香末各二钱，香油一斤，调匀为醢。鹿、兔、鱼同此科法。

脾析　用牛百叶肚，刷去黑皮，切细汤沸，盐、酒拌匀。

豚胉　胉，膊也。用猪肩膊肉一块。

牛　羊　豕

酒　明水醴酒，三代各有所尚。唐制：堂上设醴齐、盎齐。宋、元以泛齐、醴齐设堂上，以盎齐、缇齐、沈齐设堂下。《周礼》：凡祭祀，共五齐三酒，以实八尊。其量数有三贰、再贰、一贰及不贰之分。按，五齐皆酒之始，非可饮者。郑注谓："至敬不尚味，而贵多品是也。"

帛　每段长一丈八尺，旁织"礼神制帛"四字。

香　古人焫萧，今之香始自百越，亦取达臭阳之意。明初行上香礼，再拜。洪武七年罢，但先焚于鼎而已。

烛　司烜氏："邦之大事，共坟烛。"注：坟，大也，树于门外。今亦以照馔，有大有小。

庭燎　宋濂以秉炬为渎。必欲用庭燎，然烛不必去，而庭燎必不可缺。

其为数也，登实太羹，铏实和羹。登用一，铏或二、或一，簠实黍、稷，簋实稻、粱。一簠一簋者，减黍稻笾豆之实，本《周礼》。笾人、醢人，大概竹笾以实干物，木豆以实湆物。唐制定大祀：笾、豆各十二，笾实形盐、薧鱼、枣、栗、榛、菱、芡、鹿脯、白饼、黑饼、糗饵、粉餈。豆实韭菹、醓醢、菁菹、鹿醢、芹菹、兔醢、笋菹、鱼醢、脾析、豚胉、䏑食、糁食。笾、豆各十者，笾减糗饵、粉餈，豆减䏑食、糁食。各八者，笾又减白饼、黑饼，豆又减脾析、豚胉。各四者，笾用形盐、薧鱼、枣、栗，豆用芹菹、兔醢、菁菹、鹿醢。各二者，笾用栗、鹿脯，豆用菁菹、鹿醢。历代相沿，皆以数之多少为礼之隆。杀俎实牛、羊、豕，古用解体，有五体、七体、九体、十一体之分。左右前后，上下中边，各分贵贱。今牛用全体，羊、豕或全或解。尊爵烛帛之属，正殿具备；配哲、两庑、崇圣祠，有无多寡不同。今具列其数于左〔下〕：

皆郡县学所用，国学各有加隆。

正殿：筐一、白瓷爵三、登一、铏二、簠二、簋二，笾十、豆十、献爵三、牛一、羊一、豕一、小烛二对、香鼎一、大烛二对、尊三。

四配：每位白瓷爵三、铏一、簠二、簋二、笾八、豆八、筐一。共羊一、豕一，解为四体，每位一体。每位小烛一对，献爵三、香鼎一、大烛一对，共尊一。

十二哲：每位白瓷爵一、铏一、簠一、簋一、笾四、豆四、东西各筐一、先是东西每六位共筐一、帛一。乾隆十八年，新定每位各帛一，东一筐盛帛六、西一筐盛帛六。豕一、先是东西各用豕一，两豕解为十二体，每位一体，其豕首东西各一。乾隆十八年，部议解体零星，定为东六位共豕一，西六位共豕一，皆全体。小烛一对、献爵三、香鼎一、大烛一对，共尊一。

两庑：每位铜爵一。东西各三案，每案筐一、簠一、笾四、豆四、豕一、先是东西各用豕三，共六豕，解为一百二十三体，每位一体。每案豕首一。乾隆十八年，新定每案豕一，皆全体。小烛一对，每庑筐一、献爵三、香鼎一、大烛一对。

崇圣王：每位筐一、白瓷爵三、铏一、簠二、簋二、笾八、豆八、献爵三，共羊一、豕一，解为五体，每位一体，每位小烛一对，香鼎一，大烛一对，共尊一。

四配：每位铜爵一，豕肉一方，东西各筐一、每筐盛帛二。簠一、簋一、笾四、豆四、豕首一、小烛一对、献爵三、香鼎一、大烛一对。

两庑：每位铜爵一，东西各筐一、簠一、簋一、笾四、豆四、豕肉一方、小烛一对、献爵三、香鼎一、大烛一对。

乐　器

南宋文帝设轩县之乐，唐代宗奏宫县，宋徽宗颁唐上正声大乐一副于阙里，明太祖命礼官议大成乐制乐器，颁天下府学，令州县学如式制造。

国朝颁定

麾　以绛缯为之，揭于朱竿，前绘升龙以举乐，后绘降龙以止乐。古用一，今分升龙、降龙为二。

特钟　曰镈、曰鏄、曰特，诸书名目互异，皆特县也，故谓之特。其取材形制，《考工记·凫人》凫氏详之。

编钟 一架十六枚，大小厚薄各按十二律吕、四清声之数。

特磬 以灵璧石为之，形制亦详《考工·磬人》。

编磬 亦一架十六枚，按律为之，长短相近，厚薄不同。

簨虡 所以悬编钟磬者。

琴虡 《通礼》：象凤，上圆下方，面板用梓，或用桐，取材重桐。首尾面底高低、长短、宽厚其数，各有取象。领为岳山，上束为肩，下束为腰腹之肩，下为龙池。腰前为凤沼，下两柱为足，安弦处为轸眼。七弦分宫、商、角、徵、羽、文、武。丝如五音，二少之数，在手外者为大为外，在手内者为小为内。每弦系以轸，面用螺壳，为十三徽，应十二律，尾为闰。自五至九为中声，自一至四声清，自十至十三声浊，弹奏用案。

瑟 铜为面，梓为底，桑为岳，首宽尾狭。首尾各有岳，岳外各有小孔二十五以系弦，两岳之中曰隐间。瑟体名武崇，腹中施九梁，腹下两头开穴曰越尾。越之前为两足。古五十弦，黄帝破为二十五弦。大弦丝八十一缕，小弦七十二缕，中弦又稍粗。每弦施以柱，竖柱自外近尾，岳起以次，雁行而前，至内则近右手鼓处，上弦用止机。外十二弦为中声，内十二弦为清声。皆按律次，中弦设而不用。鼓瑟用架，首尾各一。

凤箫 择圆直合度、窍均厚薄之竹为管，凡十六管，长短按十二律、四清声之数，管底留节。每管口开半窍，自右而左，依律编排。上平列，下则次第而缩，置于木椟中。管口露上一寸五分，此声气之元，五音之正，十二律之本体也。吹法，两手捧椟吹之。

洞箫 截紫竹为之。前五孔，后一孔，口开半窍，名曰山口。其尾穿绳眼，乃黄钟律也。直吹。

龙笛 截紫竹为之，共七孔。上一大孔为吹窍，下六孔取音。首施木龙，头右向，横吹。

篪 截紫竹为之，共七孔。上一大孔为吹口，形如酸枣。次背下一孔，次面上四孔，次尾底一孔，近尾两旁为穿绳眼，名曰翘中。声所出，大则过浊，小则过清，仅容粒米而止。左向横吹。

笙 截小紫竹为之，十七管。备十二律、四清声之数，余一以象闰、长短按律。每管内方孔曰山口。开取有高低，尺字山口最高，工凡合四一、上勾、小尺、小工、小一、小六，以次而低。小凡并勾清，上并小六至小五，而孔最低矣。管脚接以黄杨木，脚内旁开半窍施簧。簧用好响铜，薄叶如雀舌状，厚薄适宜，令其声中律。或不协，用黄蜡沥清作点头管，按序植于斗中，用锡叶箍束斗。古用匏，取声在竹，而取名在匏，以匏母而竹子也。八音之匏止一笙，今以匏难周正，镟木为之。内安顶柱以撑盖，盖用牛角，于盖循边钻十七孔，与管脚相称，不令气漏，漏则不能动簧而声不应。旁开窍为嘴，以桐木为顶，势如壶嘴，名曰喝插，置嘴中。其铲簧审音之诀曰：四字合小工，小工合大工，大工合太一，太一合小一，小一合大凡，大凡合小凡。又曰：清上合大上，合字合清上，小尺合合字，大尺合小尺，大尺合大四，四字合小五。吹法：两手捧斗，依字律按孔，气呼吸不断，然后簧动而声发也。

埙 塑土为之，中虚上锐，平底圆体，顶为吹口。前三孔如倒品字，上二下一；后二孔平列。孔皆止容一米往来，过小则无黄钟律，过大则无四清声。

大鼓 即贲鼓也，古与钟、镛并奏，今入乐者唯应鼓。此则设于大成门左，初祭击以为严耳。

应鼓 制高六尺六寸，可谓之晋鼓；承之以趺[①]，可谓之足鼓；以柱为饰，可谓之楹鼓。《阙里志》以为应鼓，旁有四环，设重斗，中植以柱贯鼓。间通上，高出贯于顶，顶接朱瓶，上竖

----

① 趺，同"跗"，足背。

彩凤。顶下方盖，缭以红罗，有裹双檐。

搏拊　古以韦为之，实以糠。今以桑为鞶，两头冒革，腹微广，有二环系绦。司者以绦挂于颈，两手拊之。

柷　《书》所谓击也，以桑木为之，形如方桶，下有趺。其中，东青龙，西驺虞，南丹凤，北灵龟，中神螾。各图以其方之色外，三面绘山，东一面绘水。水上穿一圆窍，象日浮于海，设则以窍向人，其撞者名止。梓木为之，横为首，直为柄，状如丁字。

敔　《书》所谓戛也，以楸木为之。刻为伏虎形，背刻二十七鉏铻。其櫟者名为籈，以竹为之。碎其半为十二茎，籈以篾。

其舞器

旌节　本二物，古者武舞以旌，文舞以节。今通称旌节，所用则节也。簇红绒为缨，揭于朱竿。

籥　以竹为之，有三窍，而不以吹，朱饰之。

翟　以木为柄，柄端刻龙首，用雉尾三根，插龙首口中。

《闽志》尚有大钟、歌钟、歌磬、双管、悬鼓、楹鼓、足鼓、鞉鼓、田鼓，多本《阙里志》。舞器别有木铎、相鼓、干戚，今俱不用。

歌　舞

汉章帝作六代之乐歌，太吕应钟，南吕函钟，小吕夹钟，舞云门、咸池、大磬、大夏、大濩、大武。隋文帝创释奠乐章，备干戚之容。唐高宗撰登歌乐章七奏，曲名《和》，用宣和之舞。玄宗诏国学舞用八佾。宋仁宗登歌六奏，曲名《安》。哲宗增颜子配位登歌。徽宗更撰乐章，增十二奏，又增颜、孟二奏。度宗复加曾、思二奏。金世宗更撰乐章九奏，曲名《宁》。元成宗更撰乐章十奏，曲名《明》。武宗增十四奏。明太祖乐用六奏，舞用六佾，乐章摘用徽宗大观之旧，易《安》名《和》。宪宗增舞八佾，世宗仍改为六佾，文舞用大观乐章，易宣圣为孔圣，易王为师，并改式为率，改飙为神。国初因之，后更撰乐章，曲名《平》，仍歌六奏，舞六佾。乾隆九年，新颁乐章。

迎神，奏《咸平之曲》。大哉孔子！先觉先知。与天地参，万世之师。祥征麟绂，韵答金丝。日月既揭，乾坤清夷。

初献，奏《宁平之曲》。予怀明德，玉振金声。生民未有，展也大成。俎豆千古，春秋上丁。清酒既载，其香始升。

亚献，奏《安平之曲》。式礼莫愆，升堂再献。响协鼓镛，诚孚罍甒。肃肃雍雍，誉髦斯彦。礼陶乐淑，相观而善。

终献，奏《景平之曲》。自古在昔，先民有作。皮弁祭菜，于论思乐。惟天牖民，惟圣时若。彝伦攸叙，至今木铎。

彻馔，奏《咸平之曲》。先师有言，祭则受福。四海黉宫，畴敢不肃。礼成乐彻，毋疏毋渎。乐所自生，中原有菽。

送神，奏《咸平之曲》。凫绎峨峨，洙泗洋洋。景行行止，流泽无疆。聿昭祀事，祀事孔明。化我烝民，育我胶庠。

其为谱也，曰奏、曰歌、曰舞，古有各异其配者。《周礼》奏黄钟、歌太吕、舞云门，奏太簇、歌应钟、舞咸池之类是也。今则三者共一调矣。古有各异其候者，《仪礼》升歌三终，笙入三终，间歌三终，合乐三终，又歌终而舞入是也。今则三者同一时矣。又析而言之，凡奏必合七律为一调，欲合声，先须吹律。宋、元以来，乐章屡更，所用皆袭魏汉津律。宋濂讥之。今用太簇之羽仲吕调，则明冷谦之所定也。凡歌有唱有和，唱以发句，和以继声。诗辞之外，有叠字散声，以畅发其趣。今一字一律，惟期落韵之协，则仿宋赵彦肃十二诗之谱也。凡舞皆兼文武，文以翟籥，武以干戚。立为四表，进旅退旅，其节皆有所象，深之足以昭德，浅之足以美观。

今罢武用文，执而不移，微示手足之容，则少损益。宋叶防进用朝会之舞也，其条理始终。凡作乐，麾生举升龙麾以始之，次击柷以开之，次击特钟一声以声之，于是歌奏并发。每一句毕，击应鼓一声，拍搏拊一声，如是者三以为节。每一曲毕，击特磬一声以振之，栎敔以收之，举降龙麾以终之。三献将舞扬节以导之，舞一曲毕，抑节以止之。今闽志、汀志祖《阙里志》，每一曲始终有柷敔、有鎛钟、特磬，收宫有悬鼓四声一句，始终有编钟、编磬。收宫有楹鼓、足鼓、鞉鼓，九声一字，始终有歌钟、歌磬，收宫有搏拊、田鼓。二声果如此，则凡起曲之字，先击柷、击鎛钟以起曲，又击编钟以起句，又击歌钟以起字，凡四器七响而后歌奏也。而终之末，击歌磬、搏拊、田鼓后，收一字又击编磬、楹鼓、足鼓、鞉鼓，以收一句。又击特磬、悬鼓、栎敔，以收一曲。凡十器二十四响而后毕也，必不然矣。况每字皆待歌钟以始之，歌磬以终之，搏拊、田鼓以收之，所谓绎如者累累如贯珠者安在乎？此未喻乐之神理者也。

今先明所以用诸器者，凡乐律六律、六吕，皆有子声，曰半律。合正律、正半律为二十四声。又合变律、变半律于七均，则为八十四声。然自四清声外至应钟之半，仅二寸三分有奇，不成声矣。《国语》所谓五降而后不容弹也。故但用六律、六吕、四清，共十六声，皆有应字。黄钟为合，太吕为下四，太簇为上四。同是四字为应，大吕声下曰下四，太簇声上曰上四，余分上下者仿此。夹钟为下一，姑洗为上一，仲吕为上，蕤宾为勾，林钟为尺，彝则为下工，南吕为上工，无射为下凡，应钟为上凡，清黄钟为六清，大吕为下五清，太簇为上五清，夹钟为紧五入。用者唯黄合、太四、姑一、仲上、林尺、南工、应凡、清黄六、清太五九声，余俱设而不用。故编钟磬十六枚，除九声外，昔人谓之哑钟哑磬，非无声也，以其不用也。今乐所用，又止黄合、太四、仲上、林尺、南工、黄六六声，余三声不用。故于诸器，但明六声之所自出而已。

大鼓　将祀事，先击三通。初以两椎先击鼗者二，击鼓者一，如是者三。但末两击鼓以别之，曰"扎扎冬、扎扎冬、扎扎冬冬"，是为初起；次以左手轻击者一，右手重击者一，如是者三，曰"鼓冬、鼓冬、鼓冬"，是为第一通；又轻击者一、重击者二，如是者三，曰"鼓冬冬、鼓冬冬、鼓冬冬"，是为第二通；又相间轻击者二，相间重击者三，如是者三，紧加二重击以结之，曰"鼓冬鼓冬冬、鼓冬鼓冬冬、鼓冬鼓冬冬、冬冬"，是为第三通。共三十六击。当一岁之数既毕，又从容三击以象闰，曰"冬、冬、冬"。此所以为严而无与于乐者也。

麾　每起一曲，麾生举升龙，依歌目高唱一声，如迎神则唱曰："乐奏《咸平之曲》。"乐奏二字一顿，勃如而起，"咸平之曲"四字，长韵匀排，尾声渐大。每一曲终，听柷敔毕，举降龙高唱曰："乐止！"汎然而去。

柷　每起一曲，司柷者听麾生唱毕，两手举止，先击底一声，次击左旁一声，次击右旁一声。

特钟　每起一曲，听击柷毕，即击特钟一声，而后歌奏作。

歌　为一乐之主，八音皆以和歌。特钟声毕，歌者先发声，而诸奏随之。仲吕调清幽飘洒，歌者宜先于喉中少咽，引为曼声，清音激吐，转声和粹平缓。倘以喉中洪浊之音平曳而出，则入黄钟、应钟调也。曲字有不能合律者，以落韵协之。如"合"字属宫，出于喉而落于喉内；"四"字属商，出于齿而落于舌之上根；"上"字属角，出于舌上而落于上腭之近外；"尺"字属徵，出于舌头而落于上腭之近内；"工"字属羽，出于唇而落于上腭之鼻孔；"六"字属少宫，出于喉而落于喉外。此定字之音律也。《记》曰：上如抗，谓喉中高揭如人抗手。有从出字而抗者，有字后而抗，将收而抗者，谱作〴。下如坠，谓出字之后，喉中引抑而往，声圆滑而悠徐，谱作〷。曲如析，谓出字之后转声而下，曲折轻款，谱作〸。止如槁木，谓或句后或字后，音韵至此截然而断，谱作乚。倨中矩，谓声平出之后逆折而上，复持满而下，谱作凵。此合抗折坠为一格，谱中凡抗、折、坠相连者，即此格。句中钩谓声，委蛇平吐而有余韵，圆满悠长，谱作孑。累累如贯珠，谓咿唔唱叹，粒粒如珠之圆，谱作㔾。又有长声谱作厶，短声谱作止。即如槁木之意，或作乚，作止，俱可。此从腔不从字也。

编钟、编磬　每架上下两层，自下层由右而左，至上层由左而右，十六枚依律序编悬。第一黄合、第三太四、第六仲上、第八林尺，第十南工、第十三黄六，随歌字按律击之。

琴　以实声为主乐，歌之字必以实声出之，字间之调以齐撮和之。两弦齐声曰撮间，四弦曰大间勾间，三弦曰小间勾。调成而韵不足，以散声咏之。不按徽而弹曰散。吟猱绰注俗法也。雅乐所禁，数弦自外而内，第一弦黄合，第二弦太四，第三弦仲上，第四弦林尺，第五弦南工，第六弦黄六。每右手弹此弦，左手即按此弦之中徽。惟仲上、黄六二律按中徽之下。盖琴以中徽为君，实声皆取诸此调弦法，吹笙以定之。如笙吹黄钟律，则以右手中指勾第一弦，以左手中指摩七徽之上下。倘徽上音方协，笙则进其籥；徽下音方协，笙则退其籥。必使协笙之音正对七徽，则黄钟律也。谱有减字法，左手大指仍作大，食指减作人，中指仍作中，名指减作夕，右手食指向外为挑减作乚。中指向内为勾减作勹。如左手中指按七徽，谱作乚，右手中指勾第一弦，谱作勹，合之则黄合乚勹也。太四勹，仲上乚，林尺乚、南工乚、黄六乚，俱仿此。

瑟　四弦亦自外而内，除第十三中弦不用左手鼓外，右手鼓内皆中隔十二弦。如左手鼓外第二、第三弦，则右手鼓内第十五、十六弦。盖第十五、十六弦即内之第二、第三弦也。勾则两手皆勾，擘则两手皆擘。凡四：上、尺、工，皆兼前一弦双弹双应；合六则内外各单弹一弦。中清自相应，或以林尺、仲上，亦单弹单应。黄六则弹内一弦，以中弦应，亦自音谐。减字法：大指向外曰"擘减"，作尸；中指向内曰"勾减"，作勺。如鼓太四，左右手各以中指勾外内第二、第三弦，谱作勹、黄合勹、仲上匈、林尺尽、南工犀、黄六尸，俱仿此。

凤箫　十六管，一管一律，自右而左，依律次编排，随歌字按律吹之。谱与编钟、磬同。

洞箫　数孔，自下而上，六孔皆闭为黄合，启尾第一孔轻吹为太四。若重吹，则为清太五矣。启第三孔及下一孔为仲上，启第四孔及下二孔为林尺，启第五孔及下三孔为南工，启后孔尽闭前五孔为黄六。减字法：启减作"户"，闭减作"才"，前减作𠃊，后减作"幺"。古谱止有启闭减字，无前后减字，今补入较明。黄合才，太四户，仲上𢇫，林尺𢉙，南工𢍰，黄六𢉖。

笛　与洞箫同谱。箫启后孔，则笛启最上第六孔。

箎　数孔。除底自翘而上，六孔俱闭为黄合，六孔俱启轻吹为黄六。重吹则为清太五矣。启底孔为太四，启翘上第二孔为仲上，启第三孔为林尺，启第四孔为南工，底减作氐，黄合才，太四㡯，仲上𢇫，林尺𢉙，南工扁，黄六户。

笙　从吹口右旁缺处数起，自一至九为正面，自十至十七为背面。主簧所以定字，和音者应之。第十四管为黄合，第十二管应之。第四管为太四，第八、第十一管应之。第二管为仲上，第十管应之。第十五管为林尺，第四、第十二管应之。第七管为南工，第一、第三、第十一管应之。第十三、第十四管为黄六，第十二管应之。今谱黄合十二、十四，太四四、八、十一，仲上二、十，林尺四、十二、十五，南工一、三、七、十一，黄六十二、十三、十四。

埙　以两手无名指蟠屈埙底，两手大指按后二孔，两手食指按前上二孔，左手中指按前下一孔。五孔俱闭，俯唇轻吹为黄合，仰唇平吹为太四。俯仰之间微加重吹，则为姑洗一矣。启左手食指为仲上，启左手食、中两指为林尺，前三孔俱启为南工，五指俱启为黄六。减字：俯作"广"，仰作卬。古谱止分俯仰，举启以见闭。今并增闭。黄合搇，太四掔，仲上戾，林尺巖，南工㕓，黄六屘。

应鼓　每曲一句毕，击三声以节之。

搏拊　每一句毕，应鼓一击即一拍，搏拊以尾之，三击三拍以为节。初拍以左手，次拍以右手，第三两手齐拍。

特磬　每一曲终，听拍搏拊毕，即击特磬一声。

敔　每一曲终，听特磬声毕，司敔者两手举籈，先击虎首者三，逆栎龃龉者三，而麾生举降龙麾矣。

旌节　将阵①，舞节生执节前导。既列，分立东西，舞生之首如初献，麾生唱乐，奏《宁平之曲》。东阶节生亦扬节唱曰："奏《宁平之舞》。"舞毕，西阶节生抑节唱曰："舞止"。各植节架上。

籥　翟舞者左手执籥，右手秉翟，翟纵籥横。执者皆右手在外，左手在内，大指在外，四指在内。凡齐肩执之为执，起之齐目为举，平心执之为衡，垂手执之为落，向前正举为拱，向耳偏举为呈。翟籥纵横两分为开，纵横相加为合，纵合如一为相，各分顺手向下为垂，两手相接为交。舞者左右拱顾，东左则西右，东右则西左。谱其东而西可知矣。

就旧颁习用之乐章而总谱之。

迎神，奏《咸平之曲》。有乐无舞。

曲律

大太四哉南工至林尺圣仲上，
峻太四德仲上宏林尺功仲上。
敷南工文林尺衍仲上化太四，
百林尺王仲上是黄合崇大四。
典黄合则太四有仲上常林尺，

---

① 阵，原文为"陈"，"阵"的古字。

昭南工兹林尺辟太四雍仲上。

有黄六虔南工簾林尺簋仲上，

有林尺严仲上鼓黄合钟太四。

初献，奏《宁平之曲》。有乐有舞。金奏，已谱一曲，其五曲皆可类推。今但谱其歌、舞二者。

曲律

觉太四我仲上生林尺民仲上，

陶太四铸黄合前仲上圣太四。

巍南工巍林尺泰仲上山太四，

实黄合予太四景仲上行太四。

礼仲上备太四乐仲上和林尺，

豆黄合笾太四惟林尺静仲上。

既太四述南工六黄六经林尺，

爰南工斟林尺三仲上正太四。

亚献，奏《安平之曲》。有乐有舞。

曲律

至太四哉仲上圣黄合师太四，

天南工授林尺明仲上德太四。

木仲上铎太四万仲上世林尺，

式仲上是太四群林尺辟仲上。

清黄合酒南工维林尺醑仲上，

言林尺观仲上秉黄合翟太四。

太太四和南工常黄六流林尺，

英南工才林尺斯仲上植太四。

终献，奏《景平之曲》。有乐有舞。

曲律

猗仲上软南工素林尺王仲上，

示林尺予仲上物太四轨黄合。

瞻黄六之南工在林尺前仲上，
神林尺其仲上宁太四止黄合。
酌太四彼黄合金林尺疊仲上，
惟南工清林尺且太四旨仲上。
登仲上献太四既林尺终仲上，
弗黄六遐南工有林尺喜仲上。
彻馔，奏《咸平之曲》。有乐无舞。以下二曲，但谱歌。

曲律

璧仲上水太四渊仲上渊林尺，
崇太四牙仲上嵘黄合嵘太四。
既太四歆南工先林尺圣仲上，
亦仲上仪林尺十太四哲仲上。
声黄合金太四振仲上玉太四，
告南工兹林尺将仲上彻太四。
禋黄合假太四有仲上成林尺，
羹黄六墙南工靡林尺愒仲上。
送神，奏咸平之曲。有乐无舞。

曲律

煌太四煌南工学林尺宫仲上，
四黄合方太四来仲上宗太四。
甄黄六陶南工胄林尺子仲上，
暨南工予林尺微仲上躬太四。
思仲上皇林尺多南工士林尺，
肤仲上奏太四厥林尺功仲上。
佐黄六予南工永林尺清仲上，
三南工五林尺是仲上隆太四。

歌鐘鳳琴瑟洞笛簧笙壎　曲律　迎神奏咸平之曲 有樂無舞

曲律

大哉　四太 南
哉至　乙南
至聖　尺林 上仲
峻德　四太 上仲
宏功　尺林 上仲
功敷　工南

歌鐘鳳琴瑟洞笛簧笙壎 曲律

三　等匀戶辰堅摮　文　尺林
十　簋屏盧宕婁壘虐　行　六 上仲
八　慈展盧卫壘嚴　化　三 四太
六　等匀庄辰　尸辰庚　百　八 尺林
三　等匀戶辰堅摮　王　六 上仲
六　等匀庄辰　尾庚　是　一 合黃
八　慈展應辰壘嚴　崇　三 四太
六　等匀庄辰庚　典　一 合黃
十　慈屏尾宕婁壘壇　則　三 四太

塤笙簧笛洞瑟琴鳳鐘歌　曲律　蕭蕭磬

篁
有　尺林
嚴　上仲
皷　合黄
鐘　四太

有　上仲
常　尺林
昭　工南
兹　尺林
辟　四太
雍　上仲
有　六黄
虞　工南
籩　尺林

初獻奏寧平之曲，有樂有舞，金奏已譜一卷，共五
曲皆可類推，今但譜其歌舞二者

曲律
覺我生民林仲陶鑄臺前上聖以巍工

舞歌
開篇向　開篇向　合篇向　轉身向　合篇拱　合篇拱

曲律
巍尺林仲泰上山太實黄尋太景仲行太禮仲備太

舞歌
開篇向　合篇交　食篇交　食篇拱　合篇向　合篇向　合篇向　合篇曲　合篇曲

上起左　上起右　上拱面
手於君　手於君　顧西
垂右手　垂左手
於下瞻　於下跪
　　　　　地合篇
右足向　左足向　高拱

前
前

西面向東
側面向
側面向
面向西

西
東

林仲

樂上和　豆黄簠太惟
尺　　　　含籩四　林仲
　　　　　尺靜上太
　　　　　　　　既四述南六黄

歌

足
下曉左　上曉右
上拱杵　下拱杵
尚西由　向東由　右足
身側面　身側面　齊眉點
含籩轉　含籩轉　齊眉點　左足
　　　　開籩起　開籩起
　　　　左手杵　右手杵　深曲左
　　　　　　　　手出杵　手出杵
　　　　肩垂右　肩垂左　右
　　　　手杵下　手杵下
　　　　側面尚　側面尚　向西
　　　　　　　　　　　　向東

舞

曲律

經尺沒南　斜林仲
尺　　　工尺　三上正太
中　　　林仲　　　四
　　　　　　　　　　

歌舞

合籩左　交籩拱
右手拱　開籩出　合籩向
　　　　杵左跪　上深揖
鎮平衡　右足　左足

亞獻奏安平之曲（有樂有舞）

曲
律

至（太仲）哉（上）聖（黃合）師（太四）天（南）授（工）明（林仲）德（太木仲）

歌

舞

歌

曲
律
鐸（四）萬（太上仲）世（尺林）式（仲上）是（四太）羣（尺林仲）辟（上）清（太黃合）酒（南丁）

舞

歌

左足　右足　足　足　右足　西　東

曲律　維　醉　言　觀　秉　翟

歌

舞

曲律　流　英　才　斯　植

歌

舞

足面向西　足面向東

終獻奏景平之曲 有樂 有舞

曲律 猗仲上 歟南工 素林尺 王仲上 示林尺 予仲上 物太四 軌黄合 贍黄六

歌

舞 合籥由左拱於右蹺左足 合籥由右拱於左蹺右足 合籥轉身面向西由上拱於下蹺右足 合籥轉身面向東由下拱於上蹺左足 合舉籥齊眉點右足 合舉籥齊眉點左足 開籥起左手於肩垂右手於下面向西 開籥起右手於肩垂左手於下面向東 深曲右手出左舉右手於肩垂左手於下面向西

曲律 之南工 在林尺 前仲上 神林尺 其仲上 寧太四 止黄合 酌太四 彼黄合

歌

舞 深曲左手出右舉左手於肩垂右手於下面向東 合籥平衡低首 合籥左右拱復平衡 交籥拱於左蹺右足 交籥拱於右蹺左足 開籥出右足 合籥向上深揖 東頭三五班舞生帷方向下躬身相對拱 東二四六班舞生帷方向下躬身相對拱

曲律
舞歌

曲律　終仲黄南
上仲　弗六遯工有尺林喜仲
甲乙　甲乙　尺上

合籥先　合籥先　間籥高　間籥高　朝南深
拱扵左　拱扵右　舉右手　舉左手　揖手按
次拱扵　次拱扵　曲左手　曲右手　扵頂三
右復拱　左復拱　扵背面　扵背面　敢起身
扵背面　扵背面　向西出　向東出
扵上　扵上　左足　左足
右足

右侧栏：

曲律
歌
舞

金尺林仲南　靈上惟工清尺林且四旨上登仲
甲乙　甲乙　甲乙

轉面向　轉面向　合籥向　合籥向
西先垂　東共垂　上深曲　上深曲
左足對　左足對　左足拱
手次對　手次對　右足拱
拱出左　拱出右　眉左足　眉右足
扵右　扵右　交扵右　交扵左
足

足
足

徹饌奏咸平之曲　有樂無舞、以下二曲但譜歌、

曲律　壁上水太淵仲淵尺崇四牙上業業太晼四

歌，

曲律　歆南先聖亦儀十哲上聲金

歌

曲律　振上玉告茲將上徹駿假大

歌

曲律　成尺羡黃牆工靡尺愒上

歌，

送神奏咸平之曲 有樂 無舞

韵律

煌太 煌工 學林 宮仲 四 方太 來仲 宗太 甄黄 六
四 南 尺 上 四 台 上 四 六

歌

曲律

陶工南 冑尺林 子上 暨工南 微尺林 躬仲 思仲 皇林
上 徵上 太四 皇尺

歌 、

曲律

多工南 士尺林 膚上 奏太四 歟尺林 功上 佐六南 予工林 永尺
仲

歌 ，

曲律

清上仲 三工 五尺林 是上仲 隆太、四

歌 ，

中 巧

凡春秋祀，月用仲，取时之正也。日用上丁，取文明之象也。先期照会各官：正献官本县知县。分献官教谕、训导。陪祭官典史、巡检。康熙四十九年，诏武员把总以上皆入庙陪祭。凡上官至县，未祭先入庙行礼；平等官至县，或祭前、祭后入庙行礼，皆不与祭。明洪武六年，太学释奠。胡惟庸、刘基、冯冕等不与祭而受胙，上曰："基等学圣人之道而不陪祭，弗学者何以劝？既不与祭，不当缮胙，各停俸一月。"今丁祭，绅士偃息在家，亦得缮胙，可讶也。绅士随班行礼。示谕执事人等监宰牛、羊、豕为正牲，鹿、兔、鱼为脯醢。宰时留毛血少许，盘盛，置各神案下以告神，临祭瘗埋之。监洗凡祭器，皆监视洗涤，务洁。监造膳馐簠、簋之实曰粢盛，笾豆之实曰庶馐，监造务极精洁。收发祭器检视齐备。提调幂次安排案幂、燎烛之属。司罍洗尊爵、祝帛、饮福受胙皆编在学生员为之。赞礼生。有通赞、有引赞。

康熙二十五年，令府州县选在学肄业生员，仪表端庄、声音宏亮者补充赞礼生，太学六名，小学四名。考试时准为优等，仍行报部。乐舞生。歌奏者为乐生，舞者为舞生。汉唐均用品官子，号云门生，过十年量授散官。明初，国学以监生为之，府州县选民间俊秀补充，与生员一例优免。永乐后，充以宫观道士。康熙二十六年，令郡县选取乐生五十名，文舞生三十六名，执旌二名，给与衣顶优免。有志上进，免其府考，径送院试。乾隆五年，令郡县选乐舞生一百二十八名，丁祭用生员，蓝衫雀顶。按，康熙间乐生五十名，内执麾二人，柷敔二人，特钟磬二人，歌六人，编钟磬二人，琴六人，瑟四人，凤箫二人，洞箫六人，龙笛六人，篪二人，笙六人，埙二人，应鼓一人，大鼓一人，共五十人，并舞生三十八人，凡八十八人。乾隆五年，定一百二十八人。视旧多四十人，必新乐器数有增故也，俟考。

祭前三日，献官、陪祭官皆散斋二日，致斋一日。是日，省牲、设香案于牲房外用，赞礼生唱赞，不拜，进一揖，退一揖。
宰牲、视祭器、治祭品、陈设。

凡陈设祭物，按内，则分数豆实序列以行，今仿而行数之。
正祀：第一行坐爵三；第二行中太羹，左右和羹；第三行自中而
左黍、形盐、榛、白饼，自中而右稻、韭菹、芹菹、脾析；第四
行自中而左稷、毚鱼、菱、黑饼，自中而右粱、醓醢、兔醢、豚
胉；第五行左枣、芡，右菁菹、笋菹；第六行左栗、鹿脯，右鹿
醢、鱼醢。南向数之，簠左簋右，笾左豆右，是为内坛。又第一
行中牛、左羊、右豕，第二行小烛，第三行中香鼎、左右大烛，
是为外坛。祝案设于堂之西，酒尊、罍洗设于阶下之东，匜盘又
设于罍洗之东南。配哲、两庑、崇圣祠数有多寡，行列从同内坛
以致飧，外坛则拜献、读祝位也。四配五王，每位各具内外坛。
十二哲每位各一，内坛六位共一。外坛、两庑，每位各坐爵一，
东西各三。内坛豕、小烛附之，每庑共一；外坛惟设香鼎、大
烛。崇圣配位，每位各坐爵一，豕肉一，东西各一。内外坛从
祀，每位各坐爵一，东西各一，内外设笾帛、献爵，临祭而奠。
正祀：四配五王，笾帛奠于内坛坐爵之上，献爵奠于内坛笾豆之
下，余位俱奠于外坛。具正祀一图，各位可类推也。

内　坛

内壇

正号
祀号

坐爵　坐爵　坐爵
和羹　太羹　和羹

　　　　稻　黍　形鹽　榛　白餅
脾析　韭菹　粱　稷　鱐魚　菱　黑餅
豚拍　　　　　稷　　　　芡
　　許菹　　　　　　　　棗
　　兔醢　菁菹　黍　　　栗　　榛
　　　　　鹿醢　稷　　　　　　菱
　　　　　笋菹　　　　　　　　芡
　　　　　菁菹　　　　　　　　棗
　　　　　魚醢　庶醢　　　栗　鹿脯
　　　　　　　　庶醢

獻爵　獻爵　獻爵

神位前

此跪獻羹

外　坛

外壇

正祀

羊　牛　豕

小燭　小燭　小燭　燭

燭　香鼎

香案前

此跪胙受福飲祝讀

祝　柴

凡陈设乐器，按《周礼》：王宫悬谓"四面皆悬，如宫室"，诸侯轩悬谓"悬三面，去南面以避王也"。国朝仍前明，轩悬六佾，用诸侯礼。乾隆二年，新修《闽省通志》，凡器数多增于旧，镈、钟、特磬、编钟、磬、应鼓，皆云宫悬。汀志袭之，岂异时有所更定欤！诸书载前制亦多异同，谨参互列之：歌工六人，左右各三，横列北向；麾东、西各一人；东柷、西敔各一人；东特钟，西特磬，各一人；搏拊二人，皆东西相向；琴六人，左右各三，横列北向。瑟四人，左右各二，次琴之后，与琴间列北向。此其在堂上者也。堂下笙六人，左右各三；洞箫六人，东三人列笙之右，西三人列笙之左；笙之后凤箫，左右各一人；凤箫之间，左右各埙一人；埙之间，左右各篪一人；凤箫之旁龙笛六人，并于凤箫。而次洞箫之后，东编钟、西编磬各一人；又次凤箫之后，应鼓一人，次编钟之东南皆横列北向。庭东、西节二人，分立相向；各舞生十八人，横之三，纵之六，皆东西相向，是为六佾。具列一图，尚俟考诸太常新乐也。考明制，歌止二人，瑟亦止二人。无特钟、特磬，柷、敔在堂下笙箫之前。《阙里志》："歌八人，瑟四人。"亦无特钟、磬，盖成化时八佾舞也。

祭之日，先祀崇圣祠。以子虽齐圣，不先父食也。五鼓行事，并如祀正殿仪。惟不奏乐，不饮福受胙。曾子问摄主不假，谓不敢备礼也。梁天监中，郊庙受福，惟皇帝再拜，臣不拜，谓上灵降福，臣下不敢同也。后世遣祭亦受福，又主祭及陪祭各官皆拜。明制：祀启圣祠，不饮福受胙。《通志》、《汀志》：崇圣祠祀皆受福，俟考。其诣裕圣王、诒圣王、昌圣王、启圣王神位前行初献礼，皆在读《祝》之先。以正祀非分献比。

祝文曰：惟王奕叶钟祥，光开圣绪。盛德之后，积久弥昌。凡声教所覃敷，率循源而溯本。宜肃明禋之典，用申守土之忱。兹届仲春（秋），聿修祀事，以先贤颜氏、曾氏、孔氏、孟氏配。尚飨！

歌　奏　图

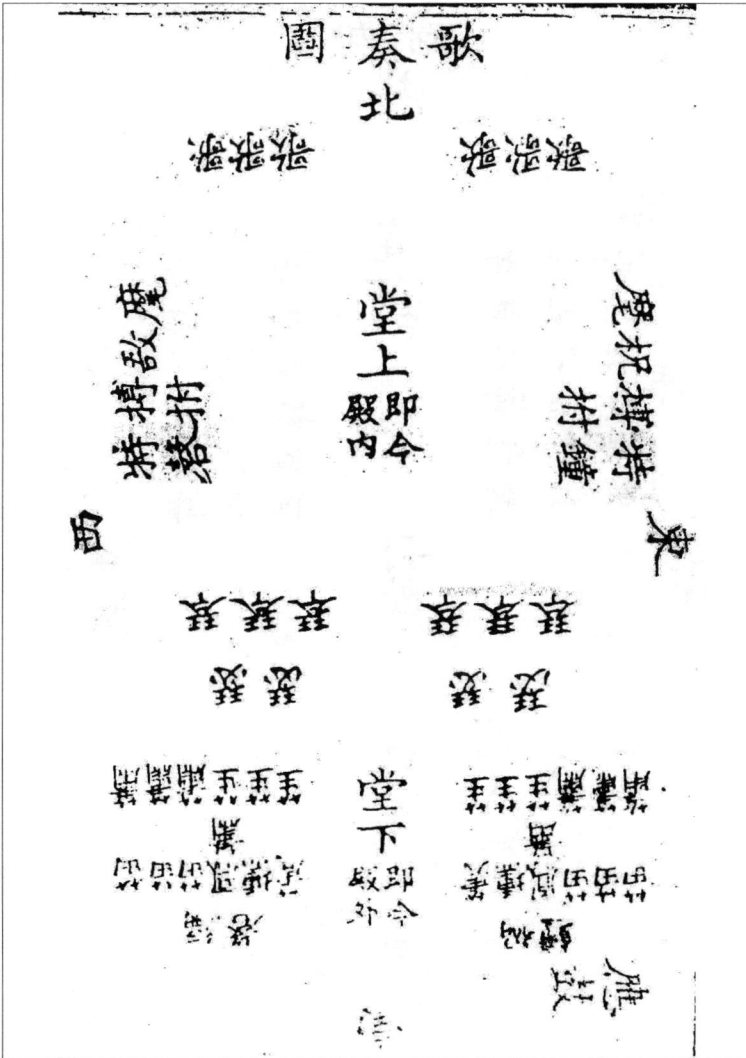

舞　图

舞图北

東庑

庭即今露垩

丹陛

丹墀

庙门

此与正祀祝文，皆乾隆九年新颁也。

祭崇圣祠毕，文庙中，鼓初严，遍燃庭燎、香烛，各官俱朝服补褂；鼓再严，乐舞生及执事者各序立丹墀两旁；鼓三严，引赞引各献官至戟门下北面立，执事者荐羹启牲匣盖，用汤浇牲体，令气上升，通赞唱："舞生各就位，执事者各司其事，陪祭官各就位"。通赞唱、引赞引"分献官各就位，正献官就位。"通赞唱："瘗毛血。"执事者捧毛血出瘗，正祀由中门东，配哲庑由东角门，西由西角门。迎神，奏乐。麾生举麾唱，乐奏《咸平之曲》，遂击柷作乐，舞者执籥未舞。各官俱行三跪、九叩，兴，平身。每跪、叩、兴，皆通赞唱。俟栎、敔止乐，麾生唱乐止。通赞唱："捧帛。"司帛者捧帛入，诣各神位前以俟。正祀由中门，配祀由角门。行初献礼。引赞赞引诣盥洗所，盥洗，诣酒尊所，司尊者举幂勺酒，司尊者酌酒于爵，司爵者捧爵前行。诣至圣先师孔子神位前，由左偏门入，引赞赞："跪。"通赞唱："奏乐。"麾生举麾唱，乐奏《宁平之曲》，击柷作乐，节生扬节唱，奏《宁平之舞》，舞生按节舞。奠帛。捧帛者授帛，献官接帛、献帛，执事跪接帛，奠神前案上。献爵。捧爵者授爵、献官接爵，献爵执事跪接爵，奠神前案上。引赞赞："叩首、兴、平身。"通赞唱："诣读祝位。"引赞引至香案前。通赞唱："跪。"众官皆跪。"读祝文"乐生暂停乐，舞生暂停舞，读祝者捧祝版跪读。祝曰："维乾隆某年岁次某干支二（八）月某干支朔，越某日某干支，正献官某、分献官某，敢昭告于至圣先师孔子之神曰：惟先师德隆千圣，道冠百王。丽日月以常行，自生民所未有。属文教昌明之会，正乐和礼节之时。辟雍钟鼓，咸荐恪于馨香；泮水胶庠，益致严于笾豆。兹当仲春（秋）祗率彝章，肃展微忱，聿将祀典。以复圣颜子、宗圣曾子、述圣子思子、亚圣孟子配，尚飨！"读毕，捧祝者捧祝版跪置神案，麾生举麾，节生扬节不唱，接奏前未终之曲。通赞唱：各官俱行三跪、九叩，

兴、平身。凡三跪九叩，皆通赞唱如前。司尊爵者先酌酒，捧爵
诣各神位前以俟。引赞赞引，诣复圣颜子、宗圣曾子、述圣子思
子、亚圣孟子神位前奠献，并如正祀仪。读祝完，各引赞、预赞
引各分献官诣盥洗所，盥洗毕，俟正献官诣复圣颜子神位时，通
赞唱："行分献礼。"引赞赞引各分献官诣东哲香案前、西哲香案
前、东庑香案前、西庑香案前奠献，并如正祀仪。通赞唱、引赞
赞："复位。"引赞分引各献官从右偏门出，复原位。麾生偃麾乐
止。舞生抑节舞止。亚献、终献，并如初献仪。但不盥洗、不奠
帛、不读祝。亚献乐奏《安平之曲》，舞奏《安平之舞》；终献乐
奏《景平之曲》，舞奏《景平之舞》。通赞唱："饮酒受胙。"引赞
赞："诣饮福受胙位。"引由左偏门入，至正祀香案前。引赞赞：
"跪、饮福酒。"东执事跪进福酒，献官饮讫。西执事跪接爵，置
于案上。受胙。"东执事跪进胙，献官受胙。西执事跪接胙，捧
由中门出。引赞赞："叩首，兴，平身，复位。"引赞引由西偏门
出，复原位。通赞唱：各官行三跪、九叩，兴、平身。通赞唱：
"彻馔，执事者各于神位前移馔。奏乐。"乐奏《咸平之曲》，无
舞，俟乐止。通赞唱："送神，奏乐。"乐奏《咸平之曲》，通赞
唱：各官行三跪、九叩，兴、平身。俟乐止。通赞唱："读祝者
捧祝、司帛者捧帛，诣瘗所。"正祀由中门，配祀由角门。通赞
唱、引赞赞："诣望瘗位。"引赞引各献官至瘗所。引赞赞："望
瘗。"望焚祝、帛毕。通赞唱、引赞赞："复位。"引赞引各献官
复原位。通赞唱、引赞赞："礼毕。"各官北向一揖而退。

　　旧于是日正祀毕，祀名宦、乡贤。雍正二年，奉文另择日祀
名宦、乡贤，并忠义、节孝。

　　若释菜用兔醢、菁菹、枣、栗、香烛。正殿一案坐爵三，左
兔醢、栗，右菁菹、枣；四配东西各一案，与正殿同。十二哲东
西各一案，坐爵三，中菁菹，左栗，右枣。两庑东西各一案，与
哲同。前明释菜，启圣祠俱各有酒果。今《通志》、《汀志》皆不

载。

　　各官冠服补褂序立丹墀。通赞唱："排班、班齐、辟户。"礼生开殿门。通赞唱："跪、叩首、叩首、叩首、兴、平身。"各官俱同。引赞赞引诣盥洗所，盥洗，诣酒尊所，司尊者举幂勺酒，执事捧爵前行。诣至圣先师孔子神位前，引赞赞："跪、献爵、叩首、兴、平身。"引赞赞引诣复圣、宗圣、述圣、亚圣神位前如前仪。引赞先赞引各官诣盥洗所，盥洗毕，俟正献官至亚圣神位前。行分献礼。引赞赞引各官诣东哲，西哲，东庑，西庑香案前，分献如上仪。通赞唱，引赞赞："复位。"引赞引各官复原位。通赞唱："跪、叩首、叩首、叩首、兴、平身、阖户。"礼生阖殿门。通赞唱，引赞赞："礼毕。"北向一揖而退。

　　於戏，铄哉！夫开辟以来，圣者众矣。勿轩熊氏议欲立庙太学，奉伏羲为道统之祖，神农、黄帝、尧、舜、禹、汤、文、武各以次列，稷、契、皋、夔、伯夷、伯益、伊傅、箕子、周公、太公诸圣贤与飨。明世宗仿其意行之，至穆宗遂废而不举。今天下苟非章披诵读之士，盖有不能举列圣之名者。惟先师孔子，历今二千三百四十余年，祀日隆，而典日重。自帝王以逮工贾、山农、樵牧、妇孺，自畿甸以达穷乡僻壤、绝域遐方，皆知尊信为圣人，肆焚坑、蔑礼教、禁道学、贱儒术之世，卒无敢亵越我先师者。故曰："凡有血气者，莫不尊亲而语其至则。"又曰：苟不固聪明圣知达天德者，其孰能知之？"是故，君、相、师、儒，但能致敬尽礼于孔子，即君德以是高，相业以是著，师道以是尊，儒学以是醇。若汉光武至鲁，不亲祀而遣大司空，未免盛德之累。唐武后追封隆道公，君子所不道。高宗过鲁，祀以少牢，儒者讥之。宋徽宗以王安石配飨，其子王雱从祀，而身陷于俘。元武宗遣宦官李邦宁释奠，而大风灭烛，台尊入地尺许，无不拔者。极礼乐之明备，配德业之广崇，所谓唯圣人能知圣人者，非兴朝，其谁与归！

礼　俗

一代之兴，必有一代之礼。礼，非徒仪注之谓也。而教敬教让，未尝不在节文度数之间。昭代损益，百王典章明备，其宏纲巨目，因胜国之旧者十七八。盖礼缘情作，世近则情亦近。而有明一代，礼书不下十余种，虽未必媲美伯夷追踪柱下，以视汉霸、唐夷则远矣。固不必以旧礼为无用而去之也。今就其行于郡邑者疏之。

庆贺，臣子致颂祷也。每元旦、冬至、万寿圣节，皆前后七日穿朝服。正日，文武官设香案于祝釐所，邑在万寿寺。望阙行三跪九叩头礼。在明行五拜三叩礼。有颁定祝词。太皇、太后圣诞，皇太后圣诞皆一日穿朝服祝釐，望阙三跪九叩头，如万寿圣节。

开读，大王言也。凡诏书到，具龙亭彩舆、仪仗、鼓乐，出郊迎接。朝使下马，取诏书安龙亭中南向，地方官朝服北向，行三跪九叩头礼。鼓乐前导，至公廨门外，众官先入，文武分东西序立，候龙亭至公庭中。赞礼生赞："排班。"乐作，众官行三跪九叩头礼。朝使捧诏授展读官，展读官跪受，诣开读案前宣读，众官皆跪听。读毕，展读官捧诏授朝使，朝使捧安龙亭中，众官行三跪九叩头礼退。

穿素服，重国忌也。每遇先帝、后忌辰，穿素服一日，不理刑名。各衙门安斋戒牌位于仪门，文武官自内出，步行由角门至头门外上轿马；自外入，头门外下轿马，步行由角门入。

祀事，通幽明也。先期斋戒，禁止其外之谓"戒"。沐浴、更衣、宿别室、不饮酒、不茹荤、不吊丧、不问疾、不听乐、不行刑、不判署刑杀文字、不与秽恶事。整齐其内之谓"斋"，宿斋所、澄心精。一有所思，必思其所祭者。前明朝廷设铜人执简，百官置木牌刻誓戒。国朝各佩斋戒牌。始于雍正十年。邑祀文庙，斋戒三日。各坛庙，斋戒一日。凡祀皆三献。文庙、关帝庙，穿朝服三跪九叩；社稷、山川、城隍、土地、先农、天后，穿蟒袍，二跪六叩；邑厉、名宦、乡贤、忠义、节孝，穿补褂，一跪三叩。

迎春，宣阳气，始土功也。先期如式，造春牛及勾芒神于东门外。凡造牛芒，于冬至节后辰日，取水土木于岁德之方。木用桑柘。牛身高四尺，按四时；长八尺，按八节；尾长一尺二寸，按十二时。以岁干为头色，岁支为身色，岁干支纳音为腹色；以立春日干为角、耳、尾色，日支为膝胫色，日干支纳音为蹄色。阳年口开尾左缴，阴年口合尾右缴。鼻中横木曰枸子，桑柘为之。笼头索色用日支，孟日用麻，仲日用芒，季日用丝。策牛鞭结子如之。踏板用县衙门扇，阳年用左，阴年用右。芒神身高三尺六寸，按三百六十日。孟年老像，仲年少壮，季年孩童。以日干支纳音为头髻，金日平梳两髻在耳前，木日在耳后，水日左前右后，火日右前左后，土日在顶直上。以日支受克者为衣色，以克衣色者为系腰色。自卯至戌八时立春为暖，提篰耳。又分辰、午、申、戌为阳时，左手提；卯、巳、未、酉为阴时，右手提。自亥至寅四时立春为寒，戴篰耳。又分子、丑时为严凝全戴，亥、寅时为通气，各揭起一边，寅揭左，亥揭右。以日纳音为行缠鞋裤，水日系行缠鞋裤俱全，火日俱无。金日左阙行缠在腰，左悬；木日右阙行缠在腰，右悬；土日着裤，无行缠、鞋子。手执柳枝，鞭长二尺四寸，按二十四气，阳年立牛左，阴年立牛右。旦前后五日立春者，与牛并立；旦前五日之先立春为早忙，立在牛前；旦后五日之外立春为晚闲，立在牛后。

立春前一日，结彩亭、具仪导，各官朝服舆迎于东门。入至县仪门，土牛南向，芒神在东西向。立春候设香案、酒果，礼芒神，奠酒者三，行四拜礼。各官执彩仗，环击土牛者三，谓之鞭春劝耕也。

霜降，讲武事也。是日祭旗纛之神，旗牙、旗纛、旗头也。出军诀曰：牙旗者，将军之精，一军之形候。原无庙，藏主于兵器房，祭则迎主于演武亭，用羊、豕。武官戎服行礼，祭毕，大操。

救护，敬天象也。凡日食，先期设金鼓于仪门内两旁，设香案于露台上，向日。香案前布各官拜位。至期，阴阳官报"日初食"，各官朝服，向日行三跪九叩头礼。各官跪，执事者捧鼓，班首官先击鼓三声，众鼓齐鸣，各官暂起。报"食甚"，又行三跪九叩头礼。报"复圆"，鼓声止，各官又行三跪九叩头礼。月食如之。

到任，谨正始也。凡新官入境，未至城，一舍而止，官属及父老出城迎谒，旧官遣吏赍印交代。入城，馆于公所，斋沐，诣城隍庙，宿坛。次早，礼吏陈设牲酒祀城隍，有祝词。大概对神盟心，求神相助之意。祭毕，引导至本衙门前，具朝服，从中道入于露台上，望阙设香案，行三跪九叩头礼，乃升堂、排衙、报时、押公座。毕，易常服坐，合属吏役人等以次参见，然后与首领官佐行相见礼。毕，退读法，宣圣训、圣谕。

康熙二十四年，饬直省通行《乡约》。每月朔日，集文武官僚、绅士、军民齐集讲约所，将《圣谕十六条》申讲。前明讲《教民榜》文。察其举行之勤怠，为考课之殿最。雍正二年，《御制万言广训》颁行天下。其文今人奉一卷矣。兹不具录。每月朔望，官僚、绅士、军民如前齐集约所，恭迎《圣谕》，行三跪九叩头礼于乡约中，推择年高有德、通晓理法、声音洪亮者登台宣讲，务使听者凛遵。其四乡亦于烟村聚处设立约所，令各乡乡约宣讲，又令耆老振铎警众曰："敬重天地，孝顺父母，和睦乡里。莫作非为，谨防盗贼，小心火烛。"前明警曰："孝顺父母，尊敬长上。和睦乡里，教训子孙。各安生理，毋作非为。"

　　乡饮酒，尊高年，重有德也。每岁正月十五日、十月一日于儒学行之。县长吏为主，速乡之致仕有德行者为宾，择年高有德者为僎宾。僎以佐主。其次为介，又次为三宾，又次为众宾。教职为司正，赞礼、赞引、读律，皆任能者。前期设宾席于堂北两楹之间少西南面，主席于阼阶上西面，介席于西阶上东面，僎席于宾东南面，三宾席于宾西南面。皆专席，不属众宾。六十以上者，席于西序东面北上。宾多，则设席于西阶，北面东上。僚佐席于东序西面，北上设众宾。五十以下者，位于堂下西阶之西，当序东面北上。宾多，则又设位于西阶之南，北面东上。司正及读律者位于堂下阼阶之南，北面西上。设主之赞者位于阼阶之东，西面北上。凡有过犯之人，列于外坐，设酒尊于堂上东南隅。加勺幂用葛巾，爵洗于阼阶下东南，篚一于洗西，实以爵觯盥洗。在爵洗东设桌案，于堂上下席位，陈豆于其上，六十者三豆，七十四豆，八十五豆，九十六豆，堂下二豆。主人豆如宾之数，实皆菹醢。

　　至期，主及僚佐以下次于东廊，宾、介及众宾次于庠门，外僎亦次于门外。宾将及，执事者报曰："宾至！"主人率僚属出迎于门外，主西面宾，以下皆东面，三揖三让，而后升堂，相向再拜，升坐。执事者报："僎至！"，迎坐如前仪。赞礼唱："司正扬觯。"司正诣盥洗位，盥洗。次诣洗爵位，取觯于篚，洗觯。升自西阶，诣尊所酌酒，进两楹之间，北面立，在坐者皆起。司正揖，僎宾以下皆报揖，司正乃举觯言曰："恭惟朝廷，率由旧章，敦崇礼教。举行乡饮，非为饮食。凡我长幼，各相劝勉。为臣竭忠，为子尽孝。长幼有序，兄友弟恭。内睦宗族，外和乡里。无或废坠，以忝所生。"言毕，赞礼唱："司正饮酒。"饮毕，揖报如初。司正复位，僎宾以下皆坐。赞礼唱："读律令。"执事举律令案于堂中。读律令者诣案前，北向立读，皆如扬觯仪。外坐有过之人，俱赴正席立听，读毕复位。赞礼唱："供僎。"执事者举馔案至宾前，次馔、次介、次主，三宾以下，各以次举讫。赞礼唱：“献宾。”主降诣盥洗及爵洗位，洗爵、酌酒，至宾前，置于席。稍退，两拜，宾答拜。又诣馔前，亦如之。主退复位，赞礼唱：“宾酬酒。”宾起，馔从之，诣盥洗、爵洗位如仪，至主前置爵，宾、馔皆再拜，主答拜，各就位。执事者于介、三宾、众宾以下以次斟酒讫，赞礼唱：“饮酒。”或三行，或五行。供汤三品毕，赞礼唱：“彻馔。”在坐者皆兴，馔、主、僚属居东，宾、介、三宾、众宾居西，皆再拜。赞礼唱：“送宾。”以次下堂，分东西行，仍三揖出庠门而退。民间里社行乡饮酒略同。

　　按《仪礼》，乡饮酒乃三年大比，乡大夫将献贤能于王，以礼礼宾之。今世所行，则乡大夫饮国中贤者耳。然古礼达于庶人，自周迄今，代殊而不废者惟此。今所具仪注与《仪礼》不同，乃明洪武时奏定，而国朝会典因之者也。邑四五十年旷不举矣。而民间以乡宾闻者，岁数十人。但得邑长官，盖叩请启一函，即冠带称介宾矣。气羊可慨，繁缨尤可惜也。

　　凡仪制之可志者如此。若夫修身之要，为政之本，正衣冠，尊瞻视，操察于容貌辞气之间，盖不在区区器数之末矣。夫训方型俗，非礼不备，而因民而作，追俗为制，则奢俭殊风，质文异尚，即礼之损益所由生也。

以言乎永民风

　　士勤学问，韦素单寒，一经自守，竹篱茅舍，时闻书声，名节自矜，耻以关求希拔。虽乏显宦，而科甲不绝，特明体达用及博古著述者殊少。又乡语远于官字，读书调音往往多误。出仕应对，亦烦遣词。邑地斗隘，厥土驿刚，山田五倍于平野，层累十余节，不盈一亩。农者艰于得耕，佃赁主业，保为世守。刀耕火种，力勤勿惜也。旧不种麦，今则桃花风暖，黄浪盈畴矣。膏田种烟，利倍于谷，十居其四，法令不能禁。旧志云“艺不求工”，盖实录也。大概居服器用，但求坚利，不尚奇淫。工虽巧，无所用之。诸治病相宅，亦罕心得；篆刻绘画、弹琴谱弈之属，问津者鲜矣。又云商不远贩，则否。吴楚滇蜀，不乏寄旅。金丰、丰田、太平之民，渡海入诸番，如游门庭，未为不远也。但邑产固薄，挟千金贸易者，百不得一。远商亦无来永行货者。人尚气骨，虽困穷，无肯以子女为人臧婢者。然君子、小人略无分别，船梢①担贩于缙绅，必假亲眷称之。闺门清肃，芳龄矢节，白首完贞者，名门下里，往往而然。第惑信僧佛，三元朔望，赴寺焚香，百十为群。又俗惯溺女，亦多主自妇人。

礼　节

冠礼不行久矣，永亦未闻有行冠者，女子或将嫁而笄。古者生而命名，既冠乃字，永人多先字而后名。婚有六礼，仅用其四：纳采，随问名而行，谓之出红；婚纳吉纳币，总曰财礼。昔用牲酒筐筐，近皆折以白金，厚不逾百两。请期，曰送报书。女家视报书金之轻重为妆奁之厚薄。亲迎，间有行者。新妇入门，即庙见拜公姑，有拘忌，乃俟次日。丧，自始死含敛、成服、出葬、小大祥、禫祔，颇遵家礼。三虞卒哭，莫之行也。别有七七、百日之奠，用巫出煞，延僧诵经，宴客设席，士夫家或不免，虽不至靡，殊背礼教。又一本之外，期功之亲，母妻之党，服或缺焉。葬则慎于筑坟，灰隔石碣，堂斧隆然者，所在皆是。但惑风水，拘时日，往往停柩十年、数十年不葬。既葬，人事不顺，辄咎先坟。开冢启棺，以瓦罐乘骨，频迁不已。此南方恶俗，永不能异也。祭，各有合族之祠，祭期四时不一，惟墓祭或春仲、或秋仲、或春秋两祭。历世之远，孤寒之家，无不登坟拜扫者。忌祭，则仅有行之。有祀冥诞者，至其先百岁乃止。

---

① 梢，通"艄"。

岁 序

元旦，家长率卑幼拜天地神祇、谒祖先。卑幼拜尊长，亲族交相拜贺。元宵，张灯饰戏，聊娱耳目。自十一至十六止。端午，插艾虎，合家饮菖蒲酒。十二月二十五日祀灶，扫除宇舍，展挂祖先遗像。数日内，亲友以果酒相馈遗。除夕，合家团饮，爆竹守岁。此合邑所同也。中元、重阳，或应节，或不应节，乡各不同。七夕、中秋，惟学子市魁聚饮。清明，城市妇女成群出游，曰踏青。若禁烟、修禊、竞渡、乞巧、登高，绝无其事。乡社，各自为期，不尽在春秋社日。清明、中元有祀乡厉者。四月八日，浴佛，自初一日始，僧人捧佛沿门诵忏，索钱米。五月，关帝诞辰，十一至十三，结会庆祝者遍乡邑。各乡杂祀神祇，岁或一举再举，为费亦仅仅尔。

居食服用

居多楼堡，高者四五层，屋不逾三堂、五间七架，园亭、榭阁蔑有也。壁或灰垩，屏、柱无髹漆者。日皆三饭，粥惟贫病者飧之。酒则自酿，冬曰醇酽。市沽曰水酒，味极薄。宴客，家畜海脯，或九品，或十二品，曾不讲烹炮之巧。衣以布素为尚，轻裘细葛仅见焉。永人脱略衣冠，虽士夫亦然，而夏尤甚，暑月见长衣缨帽者指为客。前辈纱缎，一袭终身无斁，近乃称"苏式京装"，随时更换。帘、帏、衾、裯之属，罕用紬缎。骨角诸器，夸为美丽，未见有饰以金玉者。妇人戴插，亦不知珠翠为何物。

通论其俗，勤俭质朴，盖有古唐、魏之风焉。夫国奢示俭，国俭示礼。主持世教，在官君子与学士、大夫均有其责。然闻之既富方穀，又曰衣食足而后礼义兴。今无田可耕，而游手博簺，兄弟异财而铢两起争，民贫土瘠，必如之何而后轻而从善哉！

永定县志卷之五

兵　刑　志

弁兵、营汛、刑法

足民之后思以卫民，善教之余兼资弼教，故兵刑次之。人亦有言，《虞书》礼、乐分为二官，而兵、刑合为一。《周礼》礼、乐合为一官，而兵、刑分为二。亦帝王升降之见端也。今分兵为二，曰弁兵，曰营汛，与刑、狱合为一纲。升与降与纪其实而已。

弁　兵

兵所以卫民也，自古无不设兵之天下。然民利其卫者半，民受其毒者亦半。果其有严有翼备之千日者，得收用于一朝，虽糜国家不资之费，可也。若无事则斗鸡博鞠，有事则丧马求林，奈之何其朘民膏以自削乎！又况饥狼轶虎，横肆搏噬者乎！

永开邑之初，未备武事。成化二十三年，漳南道金事伍希闵以界邻饶平小靖，今属大埔。盗贼出没不常，奏委武平千户所官一员，领兵六十二名，驻县南箭竹隘守御。明制：度天下要害地设卫所，凡五千六百人为卫，千一百二十人为千户所，百十有二人为百户所。汀州卫一，上杭、武平千户所各一，皆隶于福建行都指挥使司，统于京五军都督府之前军都督。半年一换，月支口粮米二十八石八斗，于本县秋粮派给。嘉靖三十八年，知县许文献诣隘点阅，官军无一在者。因申减三十名，仍存三十二名。四十一年，饶平贼罗袍由隘突入至县，竟不闻关报。已而散驻城内，分占民居，动多勒索，民不堪骚扰。屡佥呈议革，弗得遂。

终明之世，又有所谓民兵者，始于正统十四年土木之变。令地方官各募民壮随处操练，遇警调遣，事定仍复为民，即洪武初立民兵万户府之意。弘治二年，立《佥民壮法》，州县七八百里以上，每里佥二人；五百里，里三人；三百里，里四人；百里以上，里五人。《明史》：七八百里，里五人；五百里四人，三百里三人，百里以上二人。与此互异。今据前明《会典》。富民不愿者，上值于官，官为雇募。春、夏、秋月操二次，冬操三歇三。调遣则官给行粮，工食则派自田丁，十年一次查审佥补，用以各守地方，而严其私占擅差之禁。初曰快手，后曰民壮，亦曰机兵。永邑额设民壮二百零四名，每米一石，派银二钱四分，合三十石编一名。丁派银一钱八分，合四十丁编一名。每名岁纳衣甲、工食银七两二钱。嘉靖六年，令天下抚按查点民壮，原额分为上下两班，一班务农，一班团练。上班春夏，下班秋冬，更相递换，减工食七两二钱为三两六钱。然半年更换，不能遂归农也。旋改为一班团练，一班防守，工食尽复其故。三十六年，每名倍追工食银十四两四钱，团练者每名十两八钱，防守者仍七两二钱，其余皆以充饷。盖是时戚继光平倭之后，都御史汪道昆请调金华兵戍闽，故倍追工食，以其赢凑饷，并搜括及料剩、盐剩、仓折诸项也。崇祯间，裁减五十名，仍一百五十四名。夫以土瘠民贫之邑，岁派粮三百数十石，银千四五百两以豢兵。而嘉靖以后，草窃奸宄内外迭兴，尺籍之兵，未闻御一寇杀、一贼者。有明兵威之不振，不就一邑而可观哉！

若所谓弓兵者，即宋巡简寨之弓手也。第宋于四封窾隙，设寨城巡简弓手，职逻警备扞圉。明改为巡检，专司盘诘验引，弓兵但听差捕，应解送，不责以共武也。本邑兴化、太平、三层凡三司，每司额设弓兵三十名，每名工食银七两五钱，出自均徭。

嘉靖末，亦缘搜括克饷，减其雇直之半。

铺司兵者，初制每十里四名、三名，亦用以巡缉捕盗。后仅以供传递迎送，非立法之初心矣。

乡兵者，不隶军籍。邑十九图，每图立千长一名，领其众立营于乡，以时点选，有警听县调用。嘉靖三十七年，流冠千余人入境，湖雷兵追至县南，转战三十余里，杀获甚众。四十一年，叛兵李铁拐、韦高等至县，鼓噪攻城。生员郑仁济、邱复静、赖一卿、顾宏等集金砂兵，擒铁拐等七人，杀其酋韦高等数级，贼众大溃。其他武溪、天德、甲溪、溪①南四图等兵各效有功。明兵积弱久矣，独所谓乡兵者，随其风土所长，若浙处之狼筅、粤东之斫刀、山东之长竿、河南嵩县之短兵，在闽漳泉之镖牌、永春之技击，国家多赖以济缓急。永虽无专艺，屡能宣力著效如此，宜知府唐世涵为山村守御详议特注意云。

国朝定鼎，尽罢卫所兵。其机兵则于顺治五年裁为五十名，康熙十七年尽革，以其工食充军需。二十二年复之。雍正三年，增设典史、民壮六名。十三年复裁，并裁县民壮三十名，存二十名，名岁给工食银六两。弓兵于顺治间裁三十名，存六十名，名岁给工食银一两八钱六分，皆备名数，供差役而已。一代经制，防兵为重，扼要重地设旗兵，其他募民为之。统以督抚提镇副参游守千把，例分马步战守。顺治七年，福建设左路总兵一员，分左、右二营，驻汀州，始拨左营千总一员驻县。十六年，添设把总一员，分防苦竹。康熙四十年，添设把总一员，分防博平。自康熙二年镇标添设中营之后，永汛改隶中营。总邑凡三汛，每汛驻防一员，百总一名，管队二名，红旗一名。雍正六年，各汛添设协防，外委千把总一员，其马步兵时有增减。现设在城汛，马战兵一十六名，步战兵一十九名，守兵七十三名，共一百零八

---

① "溪"字校补。

名。苦竹汛，马战兵七名，步战兵二十三名，守兵六十四名，共九十四名。博平汛，马战兵一十六名，步战兵二十名，守兵六十一名，共九十七名。千总月俸四两，把总月三两，俱坐马两匹，每月料银二两。马兵月银二两，马料银一两。步战兵月银一两五钱，守兵月银一两，俱月米三斗。小月，银米各推减一日。驻防、协防俸银、马料、养廉，即在马步战守之内。百总、管队、红旗，饷银公粮即在守兵之内。借贷有生息银，每年三、四两月，每名许借生息银一两四钱济荒，七月至十一月陆续扣饷还项。吉凶有红白银。父母没，给白事银四两；娶妻及男婚女嫁，给红事银三两。俱生息项下支放。其月饷赴汀领。给粮米：旧例，拨武平秋粮本色支放，后知县沈在湄请将武平本色改折支解买米发给。每米一石，准销折价银一两。顺治十八年，署县同知卢裕砺请照杭武留米例，于本县额征粮石派纳本色支给，兵便而民苦之。先时，上杭留米给杭兵外，尚多解省，每苦飞挽，屡请折解，未允。康熙三十五年，奉宪截拨上杭解省，留米支给永军，两邑称便。

凡军器，三汛共配戴盔甲二百六十五副，配用弓箭五十副，鸟枪二百一十五杆，腰刀二百六十五副，大炮七位，火药递年赴汀支领，旗帜、锅帐具备。按期操练，镇将营主，以时简阅。

国家德威远播，四海敉宁，而安不忘危，严修武备。如此，久安长治，岂特一邑之庆？惟是永地褊壤，游手习闲、昼掏夜窃、逾垣穴壁之辈，在在有之，时时有之。纠察协擒，莫利于严行保甲。王文成、蔡忠襄之法具在，亦既著为公令矣。有官者，尚其以实心行实政也夫！

营　　汛

乃若驻兵之地，设险之要，一邑亦与天下同观。何者？有边腹之异，有水陆之冲，有联络犄角之势。道里宜均而有所不必均，布置宜密而有所不必密。增减随时，迁移因利类，非深明形势，胸镜全局者不能经画而得所也。前明开邑，三司巡检，虽各设弓兵三十名，然未尝什伍简阅，有兵之名，无兵之实也。武平所兵名曰驻守箭竹，实则散食散宿于民间。机兵操则聚，散则归。故终明之世，永邑武无专员，兵无定驻。

国初拨镇标千总一员驻县，于时察院裁革，即于行台立营。盖以县治为腹，城池、仓库资其守御，而地近西南，寇之来自上杭、程乡、今为嘉应州。大埔者，藉以控制焉。若外寇之出入，蟊贼之内讧，则金丰里为最。其地东邻漳，南邻潮。崇祯十年、十七年，流寇皆自金丰而至。又顺治六年，苏荣倡乱于苦竹，李天成倡乱于胡坑。十四年，罗郎子、温丹初哨聚于岩背。此顺治十六年，知县岳钟淑请添设把总一员，为分防计也。第立营，苦竹去平和、大埔之界尚七十余里，故康熙间，黄宜加等犹聚盗案山，动师搜捕。雍正六年，添设苦竹汛协防一员，驻三层岭，则巡警益密矣。博平岭在县境东北，自前明改路，为汀、漳孔道，流贼自漳或自延平逾漳平来者由之。嘉靖三十七年、顺治五年其已事也。

又界连南靖，康熙三十八年，南靖寇径山蹊至青山峡，劫巨贾货资，乡兵追杀，获馘解报。明年，盗又于上寨劫剪绒货客。知县吴梁因请添设把总一员，分防博平，立营铜锣坪。雍正六年，添设博平汛协防一员，驻上寨。北路之通龙岩也，素无寇警，旧止设富岭头一塘。雍正六年，添设在城汛协防一员驻之。此永邑设营之原委也。

凡建营，有堂有室，有垣有门，旁架兵房数十间。若教场，初在城内卧龙山麓，正德十五年迁于东郊。万历间，知县何守成建讲武台一座，旁厅三间，缭以垣，大门匾曰"威远"。康熙三年水毁，迁于南郊。

千总刘黄锦《讲武台》诗曰：不惊寰阓不侵耕，隙地为台可讲兵。鼙鼓动时山谷震，雕翎落处碛沙平。阵余释甲谈方略，带缓归鞭绕子城。最幸太平烽火静，年年随例按行营。

乾隆十七年，知县伍炜建演武亭一所。其关隘：前明司民牧者，相度地势，申请院司设隘，团练乡勇堵御。东则有杨梅嵊隘、在山岭，去县五十里，丰田、金丰交界。南则有箭竹隘，在山岭，县南二十里，大埔交界。

邑人吴奉璋诗曰：太平行路不知难，设险当年仔细看。横锁两峰墉数仞，崎岖一线路千盘。丛篁旧聚秋磷啸，警析曾惊夜梦残。今日放眸真快事，闽山粤水地天宽。

西南则有锦峰隘、在山岭，去县三十里，大埔交界。河头隘、在大溪水次，去县四十三里，上杭交界，路通广东。后筑城，属上杭。折滩隘。在大溪水次，去县四十里，上杭交界。西则有大阜隘、在山岭，去县三十五里，溪南、胜运交界。西北则有蔡坑隘。在山岭，去县五十里，丰田、胜运交界。北则有水槽隘，在山峡，去县八十五里，龙岩交界。

邑人卢致诗曰：五里清幽一径深，中间缚个小茅亭。重门不用牢关锁，山海于今又敉宁。

东北则有圆岭隘。在山岭，去县一百里，龙岩、南靖交界。

国朝康熙八年始有摆塘之设，或十里、十五里、二三十里，疏密不齐。各置防兵数人，守要诘奸。东陆路达南靖者，三十里曰戊子桥塘，在山峡。六十里曰下佛子凹塘，在山岭。八十里曰上佛子凹塘。在山岭，南靖交界。由戊子桥五十里，别达南靖者曰高头塘。在山岭，南靖交界。后裁。由戊子桥东南四十里，达平和者曰暗坑畲塘，在山岭，平和交界。后裁。四十里达大埔者曰三层岭塘，在山岭，大埔交界。县东四十里，金丰、丰田交界者曰草子湖塘。在山岭，即杨梅嵊隘移下十里。南陆路达大埔者，十五里曰蝉梨凹塘。在山岭，即箭竹隘移近五里。后仍改归箭竹。由西而北陆路达上杭者，十里曰章塔塘，在山峡。三十里曰三峰塘，在山峡。四十里曰磜角塘，在山峡。五十里曰溪鹅塘。在山峡。北陆路八十里达龙岩者，曰富岭头塘。在人村，即水槽隘移近五里。东北陆路达漳州者，二十里曰罗滩塘，在山麓。四十里曰龙窟塘，在山岭。

邑人熊应恩诗曰：岭头雨后夕阳微，天际秋霞染客衣。最喜邮亭烽火静，轻风飘送野云归。

五十里曰麻公塘，在山峡。八十里曰上寨塘，在山峡。九十里曰青山塘，在山峡。一百里曰岭头塘。在山岭。其水路北七十里曰沿溪塘，在永溪水次，太平、丰田二水合流处。后裁。南二十里曰桃坑塘，在永溪水次。后裁。西南四十里曰折滩塘。其后增减不一，据今现设在城汛辖十一塘，曰章塔塘、三峰塘、员墩塘、即磜角塘。溪鹅塘、箭滩塘、增设，在山麓。去县十里，与罗滩塘接。罗滩塘、龙窟塘、武溪塘、即麻公塘移上十里。箭竹塘、折滩塘、富岭头塘。每塘设兵三名，惟折滩二名，富岭头五名。苦竹汛辖八塘，曰新村塘、增设，在人村。县东二十里，与戊子桥接。戊子桥塘、岐岭塘、增设，在人村。接戊子桥十里。陈东乡塘、增设，在山岭。十里接下佛子塘。下佛子凹塘、上佛子凹塘、草子湖塘、三层岭塘。每塘设兵三名，惟三层岭十名。博平汛三塘，曰上寨塘、青山塘、岭头塘。每塘设兵五名。此永邑隘塘之沿革也。

凡建塘，兵房数间，望楼一座，烟墩三座。先是，遇有坍塌，系就近居民修理。雍正九年，奉文动支公项，不得派累居民。乾隆五年，定十两以上支司库耗羡，十两以下支本营公费。凡塘兵不得擅离汛地，以时会哨。官府、客商经过，鸣梆护送。壁垒之棋布星罗，弁兵之指挥臂使，规画盖云周矣。惟是丰田之西漈，南通金丰，东通南靖，纵横五十里，复岭箐林，蹊蹯迷目。西境鬼崙塂，界溪南、胜运之间，上杭、长汀盐枭达大埔者，百十为群，往来由此。而丛山三十里，渺无人烟。胜运峡头以北，下溪仰天湖、白水漈诸乡，四周永地，腹杂杭地十余里，径僻山深。迩来鼠窃辈恃为崛薮。凡此三处似应添设塘汛，以资缉诘。抑上杭溪南四图河头坪，溪南四图已割隶永定，独河头坪在四图，而仍隶上杭，不知何故。嘉靖间筑城一所，公馆、教场悉备。初驻捕盗通判一员，统机兵百名防守。后拨哨官领所兵叠戍，崇祯元年撤之。此地在县西南四十里，杭、永两邑接连广东门户，向使戍兵不撤，广寇张大祥、江龙，草贼郑德敬，安敢横肆猖獗，长驱入永哉！是宜额设营员领兵驻守，兼防两邑，旧志亦拳拳焉！世际郅隆，民目不见兵革者，百十年于兹矣。重门虽设，夜柝不惊，当此而商防御，犹执无病者而眂以治症药物也。然未雨绸缪，消萌弥隙，为永享升平计者，可无深远之模乎。

刑　　法

古之言牧民者，曰养、曰教；今之言牧民者，曰钱谷、曰刑名。一行作吏，辄询其地税粮若何？案件若何？以是为繁简之准，而幕客、家人亦缘以酌其多寡焉。然则刑法殆治邑之半事也。今郡、县志书罕有记及此者，盖以律例定自朝廷，天下共守，非一州一邑之事也。世轻世重，又非一日一时之事也。然就一邑之易犯者，依约律例，示民知所远罪，以无失乎县诸象魏之意。而邑之利弊附注之，俾有官君子因俗为治，庶几驯致于图草庭罗之化焉。不犹愈于集丛谈、纂杂记之纷纷乎？有明刑多冤滥。洪武、永乐率用重典。英、宪而后，厂卫之祸尤烈。然皆勋戚、王公、内外臣僚受之，其所以齐民者，未尝不简核也。《大明律》三十卷，四百六十条，国朝因之。列圣建中，敷治条例，递有斟酌损益。钦恤之仁，平允之义，两无遗憾矣。其切用于永者：

凡生、监撒泼、嗜酒、挟制师长、挟妓、赌博，出入官府起灭词讼、说事过钱、包揽物料等项，俱黜革为民，仍照各所犯律治罪。

凡盗卖田宅，田计亩数，屋计间数治罪。买主、牙保知情罪同，追价入官。永人计田不以顷亩，但以收税量名为数。契载或曰桶、或曰秤、曰箩、曰篚。桶又不一，收田骨大税者，较官斛二斗四升；收皮骨税者二斗二升，或止二斗。秤较官斛六斗，箩二斗，篚三升。冒认他人田宅，侵占他人田宅及虚田实契等，罪亦如之。僧、道将寺观田地，子孙将公共祖坟地，朦胧投献势豪，私捏文契典卖者，问边远充军，受者参究。重典重卖田宅，计赃准窃盗论，追价还后典买主，田宅从前典买主为业。若后典买主、牙保知情，同罪，追价入官。卖产有绝卖文契，并未注有找贴字样者，概不准贴赎。卖主复行告找告赎，照不应重律，杖八十。如契未载绝卖，或注定年限回赎者，并听回赎。若卖主无力回赎，凭中公估贴找一次，另立绝卖契纸。倘买主不愿贴找，听其别卖，归还原价。若借端勒揭，希图短价者，亦照不应重律。昔人淳朴，凡卖契不注回赎字样者即为断卖，不更注绝卖等字。后来赖赎赖找者，动称“契虽不注回赎字，亦未注不准回赎字”，以致讦讼。今人写绝卖契，遂有一卖百休、断肠绝骨洗业，永不许异言收赎找价等字样。亦足见世情淳漓之分矣。典限已满不肯放赎者，笞四十，仍追限内得过花利给主。拔苗强割，依抢夺律科断。田有皮骨之分。田骨者纳粮当差，田主也。田皮者始自田主，恐佃户欠税，先收佃户赁批银，为欠税抵偿地。其后佃户承替递增，收接耕批银，是为田皮。大概田骨收税一桶，田皮可收税三五桶不等，故俗有“金皮银骨”之谚。邑境田少，昔年抵十金之田，今可作数十金，以至百金出卖。于是佃耕纳税亦倍于昔，终岁勤动，余利无几，殊为可悯，然亦往往欠税霸耕。

凡私放钱债及典当财物，每月取利不得过三分。年月虽多，不过一本一利，违者笞四十。计余利重者坐赃论，追给还主。若势豪不告官司，以私债强夺人孳畜业产者，杖八十。估所夺畜产价过本利计，多余之利坐赃论，依多余之数追还原主。若准折人妻妾子女者，杖一百，人口给还，私债免追。其负欠私债，违约不还者，违一二月勿论。违三月，五两以下笞一十五，十两以下笞二十，百两以下笞三十。每一月加一等，加至六个月止，并追本利给主。永俗畏神。凡买卖田宅、收放钱债，有控伪契、伪约及争未还、已还者，断令盟誓定夺，则两造甘心。虽知者绝地天之通，罔听命于神。在永，则因俗为治之一端。

凡兴贩私盐，不论赃多少，杖一百，徒三年。止理现获人盐。如获盐不获人者，不追；获人不获盐者，不坐。窝藏盐犯、寄顿盐货者，杖九十，徒二年半。贫难、残疾并妇女、孤独，报县注册，许每日挑卖四十斤。旧例，贫难军民，将私盐肩挑背负，易米度日者，不必禁捕。汀志云：穷民专藉挑负私盐以谋生，穷究禁缉，必致铤而走险。补偏救弊，权以济经，在有位者善为筹画。旨哉，斯言！

凡有官及军民之家，纵令妻女于寺观、神庙烧香者，笞四十。其寺观、神庙住持及守门人不为禁止者，罪同。此未有告发者，惟在贤司牧查禁晓谕。

凡官民房舍、车服、器物之类，各有等第。违式僭用，有官者，杖一百，罢职不叙。无官者，笞五十。仪制："贡生公服青袍蓝边，凡旗干用斗。五品以上，坟地方许用石兽。"永邑贡生皆穿补褂，科甲旗干雕龙虎，贡举以上坟地用灰塑狮兽。又，"茔地，一品九十步，自二品至六品递减十步，七品以下二十步，皆从茔心各数至边。庶人九步，穿心十八步。"永俗：或在他人山内开茔，或买人田地开茔，但经先葬，即田主、山主不得更于就近自己田、山内开茔，虽远至数十步必争，顶脉所争尤远。又于自己田地内架屋，近旁先有屋者多向阻争。若旁有祖祠坟冢，争之尤力。斗殴人命，半由于此。

　　凡有丧之家，依礼三月而葬。若惑于风水及托故停柩在家，经年暴露不葬者，杖八十。邑多浮厝，有停至五六十年者。

　　凡贩卖硫磺五十斤，焰硝一百斤以上者，杖一百，流二千里。硝磺入官。

　　凡宰杀耕牛并私开圈店，及知情贩卖牛只与私宰者，初犯皆枷号两月，杖一百。再犯附近充军。

　　凡强盗已行而未得财者，杖一百，流三千里。但得财者，不分首从、分赃不分赃，皆斩决。强盗杀伤人、放火烧人房屋、奸污人妻女、打劫牢狱、仓库及干系城池、衙门，并积至百人以上，不分曾否得财，皆斩枭。白昼抢夺人财物，杖一百，徒三年。计赃重者，加窃盗罪二等，止杖一百，流三千里。伤人者，首监候斩，从各减一等，并于右小臂膊刺"抢夺"二字。如失火、坏船之类，乘时抢夺人财物者，罪如之。窃盗已行而不得财，笞五十，免刺。但得财以一主为重，并赃论罪。一两以下杖六十，每十两加一等，至五十两杖六十，徒一年。又每十两加一等，至一百两杖一百，流二千里。又每十两加一等，至一百二十两以上，监候绞。初犯于右臂刺"窃盗"二字，再犯刺左臂，三犯杖一百，流三千里。赃至五十两以上监候绞，以曾经刺字为坐。掏摸者罪同。盗田野谷麦、菜果及无人看守器物，并盗伐坟园树，并计赃准窃盗论，免刺。亲属相窃，照本宗服制减等。窝藏强盗二名以上、窃盗五名以上、坐家分赃者，俱发边卫充军。知强窃盗赃而故买者，计所买物坐赃论，知而寄藏者减一等。接买受寄三犯以上，不分赃数多少，俱发边卫充军。近来四方流乞，平日散处，每年聚会一次，无定时，无定所。大概于邻邑交界地方及溪南之象东桥，丰田之溪口、武溪等处，百十为群，聚饮终日。此厝火积薪之下也。

凡诱取①良人及略卖良人为奴婢者，皆杖一百，流三千里；为妻妾子孙者，杖一百，徒三年。略卖和诱人奴婢者，各减略卖和诱良人罪一等。窝主及买者知情罪同。

凡掘发他人坟冢未至棺椁者，杖一百，徒三年，从减一等。见棺椁者杖一百，流三千里；从杖一百，徒三年。开棺见尸者监候绞，从附近充军。发冢见棺者有矣，开棺见尸永未有闻。但永恶俗，葬棺十余年体肉已化，子孙辄发冢开棺，易以瓦罐乘骨而葬。开棺待用斧凿，开罐只一举手，是发冢见罐，即无不开罐见骨也。开罐见骨未有条例，但较之开棺见尸，其情稍轻，当仍比开冢见棺律。有开罐匿去骨件，又杂以猪鸡他骨者，残毁未殡之尸，且杖一百，流三千里，况发冢罐而残毁乎？此则当以开棺见尸论矣。棺大难移，必数人共事。罐小易举，一人能盗之。且大则难藏，小则易匿，故凡控灭骸者，多系瓦罐乘骨者也。不知子孙何利于罐而易之。盗开浮厝见棺者，杖一百，徒三年。纠众发冢，见棺索财取赎者，首、从皆斩决。子孙发祖父母、父母坟冢而卖者，斩决。卑幼发五服内尊长坟冢而卖者，监候斩。尊长发五服内卑幼坟冢而卖者，缌麻，杖一百，徒三年。小功以上各递减一等。买地人、牙保、知情者，各杖八十，追价入官，地归同宗亲属。凡卖坟契皆写废穴，实则有尸棺、骨罐者居半。零丁孤贫有卖及高、曾以上、五服以外、母党、妻党之坟冢者。伙犯刨坟者，附近充军。平治他人坟墓作田园者，杖一百，仍令改正。于有主坟地内盗葬者，杖八十，勒限移葬。于他人田园场内盗葬者，杖六十，责令迁移。永山不载粮，有主之山，他人皆得开茔。田地园场，则卖而后得葬。非明有确据古冢，辄认远祖，勾引匪类伙告伙证者，杖一百，流三千里，加徒役三年。坟冢被人掘发、盗葬，不告官，辄将所盗葬之棺发掘者，杖六十。若止在

---

① 取，通"娶"。

切近坟傍盗葬，不告官，辄行发掘者，杖八十。非系坟地，止于田地、园场内盗葬，不告官，辄行发掘者，开棺监候绞，未开棺减一等。有关服制者，照服制科断。地界内有死人，里长、地邻不报官，辄移尸他处埋葬者，杖八十。以致失尸者，杖一百。残毁及弃尸水中者，弃尸之人杖一百，流三千里；里长、地邻杖六十，徒一年。以他骨暗埋，预立封堆，伪说阴基，恃强占葬者，杖一百，流三千里。游手之徒多在山场开土窨，本系空堆，有人附近营葬，辄指称土窨为已葬老坟，每滋讼端。审系地师教诱，将地师作教诱人犯，法律分别治罪。往时全凭地师教诱，今则堪舆诸书，樵牧皆耳熟而能通之矣。

凡谋杀人，造意者监候斩。加功者，监候绞。不加功者，杖一百，流三千里。杀讫，乃坐。斗殴杀人者监候绞，故杀者监候斩。同谋共殴人致死者，以致命伤为重，下手者监候绞。元谋者不问共殴与否，杖一百，流三千里，余人各杖一百。因戏杀伤人及因斗殴而误杀伤旁人者，各以斗杀伤论。谋杀故杀人而误杀旁人者，以故杀论。过失杀伤人者，各准斗杀伤罪，依律收赎，给付其家。威逼人致死者，杖一百，追埋葬银一十两给付死者家。各项杀死人命，但有关服制及名分者，各照律例加减治罪。妻妾与人奸通，于奸所亲获奸夫、奸妇，登时杀死者勿论。妻妾因殴骂夫之祖父母、父母，夫不告官，擅杀死者，杖一百。若夫殴骂妻妾，因而自尽身死者，勿论。邑人于妻妾自尽，惧不报官，以致妻妾外家泼撒。诈财不遂，辄以身死不明，或称无故殴杀，或诬其兄弟、叔侄，控官。故杀死人及将已死尸告官图赖人者，随所告轻重反坐论罪。若因而诈取财物者，计赃准窃盗论。抢去财物者，准白昼抢夺论。妇人多因小忿而服毒图赖，男子稍少。亲属私和人命，主和者分卑幼、尊长轻重治罪，受财者计赃准窃盗论。常人为人私和人命，杖六十。受财者以枉法论，并追赃入官。

凡手足殴人成伤者，笞五十。以他物殴人成伤者，笞四十。拔发方寸以上，笞五十。殴人血从耳目出及内损吐血者，杖六十。折人一齿及手足一指、眇人一目、抉毁人耳鼻、若破人骨者，杖一百。折二齿二指以上，杖六十，徒一年。折人肋、眇人两目、坠人胎及刃伤人者，杖八十，徒三年。瞎人一目者，杖一百，徒三年。瞎人两目，损人二事以上及因旧患令至笃疾者，杖一百，流三千里，仍将犯人财产一半，断付被伤笃疾之人赡养。律尚有汤火铜铁汁伤人、秽物灌人口鼻、折人肢、断人舌、毁败人阴阳等，永未之前闻也。各项殴伤，但有关服制及名分者，各照律例加减治罪。持枪执棍，混行斗殴，将两造为首及鸣锣聚众之犯杖一百，流三千里。伤人之犯杖一百，徒三年。附和未伤人者各枷号一月，责四十杖。或争族势，或争市利，彼此报复，每有叠行混斗者。刁恶顽梗，因事聚众，闹堂塞署，逞凶殴官，积至四五十人以上者，为首斩决枭示，余从监候斩。昔年有之。康熙末，罢市塞署一案，配发多人。今皆知法守矣。

凡骂祖父母、父母及妻妾骂夫之祖父母、父母，并绞。亲告乃坐。骂内外缌麻兄姊，笞五十，小功兄姊杖六十，大功兄姊杖七十，尊属各加一等。骂期亲同胞兄弟，杖一百，伯叔父母、姑、外祖父母各加一等。妻妾骂夫之亲属，罪同。亲告乃坐。民间诟谇几习为常，律令所以贵讲读也。

凡投帖隐匿姓名文书告言人罪者，监候绞。虽实亦坐。连人与文书捉获解官者，官给银一十两充赏。邑有不平公事，辄风谣四出，词调尖新，口耳喧传，莫知所自。然大都讥讽清议，未尝讦人姓名也。

凡诬告人笞罪者，加所诬罪二等，流徒杖罪。不论已决配、未决配，加所诬罪三等。

凡教唆词讼，及为人作词状，增减情罪诬告人者，与犯人同罪。受财者，计赃以枉法从重论。民未必尽健讼也，盛于住歇之煽弄，炽于代书之诽幻，陷于胥役之吓诈。三者合而民忘身破家者多矣。天下皆然，岂独永而已？

凡私铸铜钱，为首者及匠人皆监候斩，为从及知情买使者皆发遣为奴。房主邻佑、十家长、总甲知而不拿首者，俱照为从减一等。不知情杖一百。销毁制钱者，首斩决，家产入官，从绞决。将大制钱剪边，十千以上者，首监候绞，从杖一百，流三千里。向来所无，近乃叠发。各案始缘打造铜匠销毁，继而剪边，继而私铸也。

凡和奸，男妇各杖八十。有夫者各杖九十。刁奸者，无夫有夫皆各杖一百。强奸者已成，监候绞；未成，杖一百，流三千里。亲属相奸及奴奸主、贼奸良，各照服制名分，依律治罪。无行之徒，刁恶险暴，无所不为。事发拟以斩绞流徒，犹或肆然得意。若犯奸事发，虽审系和奸，杖责独忸怩，不敢对人。以此见廉耻之风未泯也。私和奸事者，各减本犯罪二等。

凡偶然开场窝赌者，各枷号三月，杖一百。若经旬累月聚集无赖，放头抽头者，初犯杖一百，徒三年；存留之人，杖八十，徒二年。再犯杖一百，流三千里；存留之人，杖一百，徒三年。输钱者出首，免罪，仍追所输之钱给还。

凡知人犯罪事发，官司追唤，而藏匿犯人不行捕告及指引道路、资给衣粮、送令隐避者，各减罪人所犯罪一等。

撮举诸条，永民之所为丽于法者，不外乎此。而其情伪之曲折，则惟良折狱者之审克而简乎也。若夫古称五刑"墨"、"劓"、"刵"、"宫"、"大辟"，自汉文除肉刑，隋文更定五刑之条，后世因之。曰：

笞 自一十至五十，每一十为一等，凡五等。

杖 自六十至一百，每一十为一等，凡五等。

徒 自一年至三年，每半年为一等，凡五等。照等轻重，加以杖之五等。

流　自二千里至三千里，每五百里为一等，凡三等。流必加以杖一百，缘坐者不杖流。

死　绞、斩，凡二等，又各分监候、立决二等。

其为徒刑之闰者曰准徒二年、由迁徙而减。准徒四年、由三流而减。准徒五年。由杂犯绞、斩而减。流刑之闰者，轻于流者曰迁徙、徙不出五百里，流始于二千里，迁徙千里为限。安置，流至配所，役以实徒。此但安置之而已。重于流者曰充军，边外为民，边远为民。充军之令，始自前明。轻者曰终身充军，及犯人之身而已。重者曰永远充军。及其世世子孙。又以地之远近分罪之重轻，曰附近、边卫、边远、极边、烟瘴。死刑之闰者，曰凌迟、枭示、戮尸。此则极刑外之极刑，因时而一用者也。

刑之为具也，曰：

笞

杖

讯杖　古皆用荆条为之。今易用竹板，分轻重三等，略存笞、杖、讯杖三等之意。大概长五尺五寸，大头阔二寸，小头阔一寸五分，重不过二斤。

枷　长五尺五寸，阔一尺五寸。死罪重二十五斤，徒、流重二十斤，杖罪重一十五斤。

杻　长一尺六寸，厚一寸。所以械手，死罪用之。

镣　连环共重三斤，所以绊足，徒罪带以工作。

铁索　长一丈，所以系颈，轻罪用之。

其为刑具之闰者，曰：

桚指　用五根圆木，各长七寸，径各四分五厘，合两手指受之。

夹棍　中梃木长三尺四寸，两旁木各长三尺，上圆头各阔一寸八分，下方面各阔二寸。从下量上六寸处，凿成怀子，圆窝面方，各一寸六分深七分。两足怀子骨受之。按，刑具但云用干木为之，则杉木可也，今概用坚木。恫瘝乃身者，宁无念诸？

　　呜呼，可畏哉！夫礼以教民，刑以弼教。虞夏商周之隆，不废敕法。然曰敬忌，曰哀矜，用法之中，蔼然有忠厚恻怛之意焉。则夫悉其聪明，致其忠爱，君子当知所以尽心矣。抑画地为牢，贵民不犯。君子重名义，小人保身家，即奈何不争，自惕厉以共跻于仁寿之域哉！

永定县志卷之六

选 举 志

科举、贡监、荐辟、杂流、封赠

政教备举，则人士奋兴，储自学校。应举者科举，径由学校。通籍者贡监，旁招者荐辟，此外则为杂流。三途并用，亦文武兼收也。一命而上，例得邀锡类之恩封赠，又选举者之荣也。观光王国，仪羽天逵。就一邑次而书之，展卷盖烂如矣。

科 举

科目繁兴，首重进士。进士者，大乐正以德行，道义论造士之秀，而升诸司马者也。今分中式乡试为举人，中式会试为进士。在前则通谓之进士。逮隋炀好文，乃特设进士科而较艺。唐宋相沿，诗赋、论策、帖墨、经艺，所试不同。总之，皆文焉尔。武后创亲策殿前之制，厥后胪传、锡宴、赐袍笏，所以优礼之者甚厚。而搜索、诃禁、糊名、易书，防范亦綦严焉。有明因唐宋之旧，而稍变其法。三年大比，以诸生试之直省，曰乡试。中式者为举人。先是，宋元举于乡者为漕试，谓之发解。首荐者亦称解元。然第阶之解送南宫，省试耳。省试不中，次科仍须再举，未即阶之入仕也。明则举人会试不中，亦得以出身宰邑矣。次年以举人试之京师，曰会试。中式者，天子亲策于廷，曰殿试。分为一、二、三甲，一甲止三人，曰状元、榜眼、探花，赐进士及第；二甲若干人，赐进士出身；三甲若干人，赐同进士出身。状元授修撰，榜眼、探花授编修，二甲、三甲考选庶吉士者为翰林官，其他或授给事、御史、主事、中行、评博及府推、知州、知县等官。庶吉士散馆，二甲者授编修，三甲者授检讨。

其乡、会试，以四子书为主。五经，人各占一经。初场，四书义三道，经义四道；二场，论一道，判五道，诏、诰、表、内科各一道；三场，经、史、时务、策五道。洪武三年开科，次年会试。四年、五年连乡试，六年停科举。十七年复始，颁定此式。先，初场经义二道，四书义一道；次场论一道，三场策一道而已。中式后十日，复以骑、射、书、算、律五事试之。其名数，会试，初一百名，继增损不一，多至四百七十二名。后率取三百名。洪熙、正统间，分南、北、中卷，以百名为率。南五十五名，北三十五名，中十名，福建属南卷。乡试，福建初额四十名，永乐、景泰间，多至一百四十五名。后额九十名。崇祯十五年，一百而奇五名。国初概仍明制，国朝甲申定鼎燕京，乙酉、丙戌连开乡科。福建丙戌始定，戊子初开科。康熙二年裁三场为二场，罢用八比。初场，时务、策五道。次场，四书、五经、论二道、表一道、判五道。康熙九年复其旧。此后试额之增减，会试无定额。乡试，福建初一百余名至一百二十名不等。顺治十七年，额五十三名，递增至九十二名，今额八十三名。条例之变更，会试，如罢副榜而别有明通榜之类；乡试，如分官卷、民卷、五经卷之类。小有差殊，实无大异。若康熙五十二年万寿，雍正元年、乾隆元年登极，乾隆十六年太皇、太后万寿，皆开文武乡、会闱，则特恩也。

其在永定，明之举进士者

赖　先　字伯启，登弘治三年庚戌钱福榜四十八名，殿试二甲。历官常德府知府。

　张　僖　字凤山，登嘉靖十七年戊戌茅瓒榜九十三名，殿试二甲。任中书科舍人。

　沈孟化　字观瀛，登隆庆五年辛未张元忭榜二百四十名。旋丁父忧。万历二年甲戌，补殿试孙继皋榜三甲。历官广西布政司左参政。

　吴煌甲　字愉之，登崇祯十六年癸未杨廷鉴榜六十七名，殿试三甲。任揭阳县知县，行取兵科给事中。

　熊兴麟　字石儿，登崇祯十六年癸未杨廷鉴榜二百四十四名，殿试三甲。历官湖广监察御史。

国朝之举进士者

　萧熙桢　字瞿亭，登顺治十六年己亥徐元文榜八十五名，殿试二甲。任长沙县知县。

　黄日焕　字愧我，登顺治十八年辛丑马世俊榜一百九十二名，殿试三甲。历官淮安府同知。

　郑　宜　字赓三，登雍正二年甲辰陈惠华榜一百一名，殿试三甲。任龙泉县知县。

　卢　铨　字省非，登雍正五年丁未彭启丰榜一百八十名，殿试三甲。任铁岭县知县。

　王见川　字道存，登雍正十一年癸丑陈倓榜一百六十六名，乾隆元年丙辰补殿试金德瑛榜二甲。选翰林院庶吉士，改授歙县知县。

　沈光渭　字石偶，登雍正十一年癸丑陈倓榜二百八十三名，殿试三甲。任灵石县知县。

　廖鸿章　字南崖，登乾隆二年丁巳恩科于敏中榜二百五十七名，殿试三甲。选翰林院清书庶吉士，授翰林院检讨。

　廖　瑛　字璞完，登乾隆二年丁巳恩科于敏中榜二百八十六名，殿试三甲。历官现任内府户科掌印给事中，巡视南城察院。

　　阙　文　字蔚湖，登乾隆二年丁巳恩科于敏中榜三百一十三名，殿试三甲。任乐陵县知县。

　　廖连三　字岳云，登乾隆十七年壬申恩科秦大士榜一百九十名，殿试三甲。

明之举于乡者

　　阙　和　字以忠，以《诗经》中式，永乐二十一年癸卯汪凯榜三十七名。

　　邱　岩　字公望，以《易经》中式，正统六年辛酉方玭榜十二名。任归善县训导。

　　张　宏　字克载，由府学以□□中式，景泰元年庚午翁宾榜十七名。任宁国府同知，署府道篆。以上三人，未开邑前由上杭学中式，开邑后拨入永籍。

　　赖　先　由县学廪生，以《书经》中式，弘治二年己酉傅鼎榜十三名。

　　李　益　字□□，由县学，以《易经》中式，弘治十一年戊午林士元榜三十四名。任直隶太仓州训导。

　　赖守正　字小峰，由县学廪生，以《书经》中式，弘治十一年戊午林士元榜五十一名。

　　孔庭训　字东溪，由县学，以《诗经》中式，弘治十四年辛酉张燮榜五十八名。历官刑部员外郎。

　　梁　仁　字□□，由县学，以《易经》中式，弘治十七年甲子黄如金榜五十七名。

　　赖守方　字石潭，由县学廪生，以《书经》中式，正德八年癸酉张岳榜二十九名。

　　张　僖　由恩贡，以《书经》中式，嘉靖十三年甲午应天乡试郑维诚榜四十五名。

　　赖希道　字龙泉，由县学，以《书经》中式，嘉靖二十二年癸卯黄继周榜六十八名。任建昌县知县。

黄益纯　字健峰，由府学，以《诗经》中式，嘉靖三十七年戊午黄才敏榜十五名。任睢宁县知县。

沈孟化　由府学，以《诗经》中式，嘉靖四十年辛酉赵秉忠榜四十二名。

卢　贯　字鲁斋，由县学，以《礼记》中式，万历七年己卯陈文选榜四十四名。

赖朝选　字显我，由县学，以《书经》中式，万历三十一年癸卯林欲楫榜八十四名。任长沙县知县。

赖维岳　字峦宗，由府学，以《春秋》中式，万历三十四年丙午郭应响榜六十七名。任兴宁县知县，加衔兵部职方司主事。

赖明选　字缙所，由县学，以《易经》中式，万历三十七年己酉周迪榜七十二名。任常州府通判，署府事。

吴日修　字海门，由府学，以《诗经》中式，万历四十六年戊午戴国华榜二十九名。署尤溪县教谕，授广西陆川县知县，升河南睢州知州。

林钟桂　字丛岩，由府学，以《诗经》中式，万历四十六年戊午戴国华榜八十七名。任如皋县知县。

张尧中　字如初，由县学，以《春秋》中式，天启元年辛酉范方榜四名。署河南汜水县教谕。

卢乾亨　字柱公，由县学，以《诗经》中式，天启七年丁卯戴震雷榜六十六名。任庄浪县知县。

阙和衷　字泰友，由府学，以《诗经》中式，崇祯六年癸酉陆希韶榜五十六名。

卢日就　字斗孺，由训导，以《诗经》中式，崇祯六年癸酉陆希韶榜六十三名。历官刑部主事。

吴煌甲　由县学廪生，以《书经》中式，崇祯十二年己卯钟坦榜四十三名。

赖即亨　字会侯，由县学，以《书经》中式，崇祯十五年壬午何承都榜九十名。任青田县知县。

熊兴麟　由县学，以《诗经》中式，崇祯十五年壬午何承都榜九十五名。

吴宾王　字燕衍，由县学，以《诗经》中式，明季丙戌科榜三十二名。署普宁县教谕。

陈上升　字乔文，由县学，以《诗经》中式，明季丙戌科榜四十六名。是时唐王驻闽。

照两都国子监例，各直省俱得应试，故江浙、江西俱有中式，共二百一十九名。

国朝之举于乡者

阙　振　字羽公，由县学，以《诗经》中式，顺治十一年甲午熊臣忠榜五十八名。任嘉善县知县。

吴祖馨　字升客，由副榜贡，以《诗经》中式，顺治十四年丁酉吴孟榜五十名。

萧熙桢　由县学廪生，以《诗经》中式，顺治十四年丁酉吴孟榜六十六名。

黄日焕　由县学廪生，以《诗经》中式，顺治十七年庚子吴道来榜十三名。

孔煌猷　字二伊，由县学廪生，以《诗经》中式，康熙八年己酉何龙文榜三十六名。任峡江县知县。是时罢八比，用策论。

卢　化　字鲲浪，由府学廪生，以《诗经》中式，康熙十一年壬子林铨榜二十四名。任繁昌、永寿两县知县。已复八比。

卢　清　字裕堂，由县学，以《诗经》中式，康熙十九年庚申补科曾炳榜二名。任雄县知县。甲寅耿逆之变，乙卯、戊午俱未遑开科，至是补科。

吴利见　字圣瞻，由县学廪生，以《诗经》中式，康熙二

十年辛酉郑元超榜三十五名。任贵州新贵县知县，迁泾阳县县
丞。

卢为骥　字归亭，由县学，以《易经》中式，康熙二十年辛
酉郑元超榜四十九名。

熊昭应　字晖音，由县学廪生，以《诗经》中式，康熙二十
年辛酉郑元超榜五十三名。任奉化、常山两县知县。

吴廷芝　字卉长，由府学廪生，以《诗经》中式，康熙二十
六年丁卯萧宏梁榜四十名。任德清、鄠县两县知县，署鳌屋、蓝
田两县事。

詹　捷　字蔚伊，由府学，以《诗经》中式，康熙二十九年
庚午潘金卣榜九名。

廖冀亨　字瀛海，由县学，以《诗经》中式，康熙二十九年
庚午潘金卣榜二十三名。任吴县知县，署苏州府同知。

林馥春　字豫兹，由府学，以《诗经》中式，康熙三十二年
癸酉郑基生榜二十三名。

赖际可　字征庵，由府学，以《书经》中式，康熙三十二年
癸酉郑基生榜五十二名。

黄策麟　字汉阁，由县学廪生，以《诗经》中式，康熙三十
五年丙子余正健榜四十名。任合水县知县。

王芬露　字建斋，由县学，以《礼记》中式，康熙三十八年
己卯张远榜四十名。任峨眉县知县。

熊孙鹤　字绥栖，由县学廪生，以《春秋》中式，康熙三十
八年己卯张远榜四十六名。

张成章　字简亭，由县学，以《诗经》中式，康熙三十八年
己卯张远榜五十名。任万安县知县。

熊孙兰　字霞扶，由县学，以《礼记》中式，康熙三十八年
己卯张远榜七十一名。

吴挺峰　字逾平，由拔贡，以《礼记》中式，康熙四十四年

乙酉顺天张南龄榜十六名。

江 淇 字蓼劭，由府学廪生，以《诗经》中式，康熙四十四年乙酉施鸿纶榜六十九名。任安溪、侯官两县教谕。

卢祖熺 字瞻岵，由县学廪生，以《礼记》中式，康熙四十七年戊子林昂榜二十名。任仙游县教谕。

张月攀 字千龄，由县学廪生，以《诗经》中式，康熙四十七年戊子林昂榜二十五名。任南平县教谕。

胡楼生 字更庵，由县学廪生，以《礼记》中式，康熙四十七年戊子林昂榜三十二名。任商水县知县。

吴莱峰 字沧隅，由府学廪生，以《礼记》中式，康熙四十七年戊子林昂榜七十四名。授晋江县教谕，未抵任卒。

郑 宜 由府学廪生，以《诗经》中式，康熙五十年辛卯许斗榜九名。

江联辉 字简符，由县学增生，以《春秋》中式，康熙五十二年癸巳恩科江日昇榜二十四名。任合江县知县，历署广元、南江、万县事，又署直隶泸州事。

林 桢 字行焕，由县学，以《诗经》中式，康熙五十三年甲午林廷选榜八十名。

沈光渭 由县学廪生，以《春秋》中式，康熙五十六年丁酉黄焕章榜三十二名。

萧廷玮 字荆玉，由县学增生，以《书经》中式，康熙五十六年丁酉黄焕章榜五十八名。任含山县知县。

熊光炜 字次藜，由县学廪生，以《诗经》中式，康熙五十六年丁酉黄焕章榜七十一名。任崇义县知县。

王钦文 字鼎周，由县学，以《书经》中式，康熙五十九年庚子谢道承榜三十四名。

卢宏文 字武逊，由县学，以《诗经》中式，康熙五十九年庚子谢道承榜五十四名。

王绍三　字植庭，由府学，以《诗经》中式，康熙五十九年庚子谢道承榜八十三名。任灵宝县知县，现迁荆州府经历。

卢　铨　由拔贡，以《书经》中式，雍正四年丙午吴士拔榜二名。

王子鉴　字容斋，由县学增生，以《诗经》中式，雍正四年丙午吴士拔榜七十名。任连江县教谕。

王见川　由县学廪生，以《易经》中式，雍正十年壬子叶有词榜十九名。

郑　枢　字惕存，由县学，以《诗经》中式，雍正十年壬子叶有词榜六十六名。授永安县教谕，未抵任卒。

阙　文　由县学廪生，以《礼记》中式，雍正十年壬子叶有词榜八十四名。

廖　瑛　由县学，以《诗经》中式，雍正十三年乙卯黄元宽榜六十三名。

游贡赞　字登岸，由县学，以《易经》中式，雍正十三年乙卯黄元宽榜七十七名。

廖鸿章　由县学廪生，以《易经》中式，乾隆元年丙辰恩科蔡云从榜二十一名。

赖霁堂　字霞辉，由县学，以《诗经》中式，乾隆元年丙辰恩科蔡云从榜三十一名。以明通，任寿宁县教谕。

江龙池　字方渭，由县学，以《春秋》中式，乾隆元年丙辰恩科蔡云从榜五十名。

卢　钧　字牧堂，由县学，以《诗经》中式，乾隆元年丙辰恩科蔡云从榜六十六名。

廖翼汉　字凤翥，由县学，以《诗经》中式，乾隆元年丙辰恩科蔡云从榜七十七名。以明通，授泰宁县教谕。未抵任卒。

江风清　字希甫，由拔贡，以《礼记》中式，乾隆元年丙辰恩科蔡云从榜一百名。以明通任侯官县教谕。

张国梁 字辅裔，由县学，以《易经》中式，乾隆六年辛酉科二十三名。是科解元黜革。

廖 琦 字如石，由县学，以《春秋》中式，乾隆六年辛酉科四十八名。

熊 山 字仰圃，由县学，以《诗经》中式，乾隆六年辛酉科七十四名。以明通，任松溪县教谕。

卢九云 字廷汉，由府学廪生，以《诗经》中式，乾隆九年甲子朱仕琇榜六十九名。任鄞县知县。

廖连三 由府学廪生，以《易经》中式，乾隆十五年庚午蓝彩琳榜十九名。

卢尔谷 字庶一，由拔贡，以《礼记》中式，乾隆十五年庚午蓝彩琳榜三十二名。

赖世芳 字畹九，由县学，以《诗经》中式，乾隆十七年壬申恩科蔡廷芳榜十四名。

卢观源 字千畴，由县学廪生，以《诗经》中式，乾隆十七年壬申恩科蔡廷芳榜十八名。以明通，任平和县教谕。

张金堡 字书牧，由县学廪生，以《书经》中式，乾隆十七年壬申恩科蔡廷芳榜四十三名。

张鹏南 字梅芳，由县学增生，以《诗经》中式，乾隆二十一年丙子杨凤腾榜八十五名。

有迁移外地而举于乡、会者，既已隶籍他省，果其德业闻望著显于时，若庐陵之欧阳文忠、新安之朱子，别为立传可也，其出身固不得仍列本籍之次矣。

若武科之设，汉察茂才，举勇猛，已有用武取士之名。至唐武后别立武举一科，宋或举或罢。明初武选，用武臣子弟，或文武官保举及草野自陈者。成化十四年，从太监汪直请，始设武科，乡、会试并如文科例。然终明之世，右文左武，登进之阶多由世荫，召募不尽出于武举，而应武举者又皆军卫，武生捐纳将才，故邑无举武科者。国朝郡县各置武学，乡、会试初较骑射，发九矢中四矢为合式。次较步射，发九矢中二矢为合式。骑、步之外，更试技勇，有开弓、掇石、舞刀等法。三场试《论语》、《孟子》论一道，《孙子》、《吴子》、《司马法》论一道，时务、策一道。殿试一甲及二、三甲之超伦者，用为侍卫，其他用为营卫、守备。武举考选为营卫、千总。会试率取百人，乡试福建额取五十人。

邑之举武进士者

卢宏佐　字昂卿，中式雍正甲辰科五十六名，选蓝翎侍卫。

马　琳　字兰贵，中式乾隆戊辰科三十二名，现任潮州左营守备，署游击事。

举于乡者

卢化熊　字安山，由县学，中式康熙己酉科五十五名。

罗肇声　字开生，由县学，中式康熙壬子科三十八名。

沈青麒　字问渠，号企阳，由县学，中式康熙壬戌补科五十名。蒙巡抚吴召用题叙，奉旨给札，功加左都督，仍纪余功三次。

卢龙纪　字弼皇，由县学，中式康熙甲子科三十六名。

卢三品　字乃联，由县学，中式康熙丁卯科三十一名。

李国范　字泰先，由县学，中式康熙庚午科二十四名。

卢伟猷　字蔼亭，由县学，中式康熙癸卯科三名。

卢彦亮　字如九，由县学，中式康熙癸酉科二十九名。

张天一　字非俦，由县学，中式康熙己卯科三十三名。

陈大鲲　字卓儒，由府学，中式康熙壬午科三十名。

卢郁骖　字杏里，由府学，中式康熙乙酉科二十九名。

郑廷凤　字骧首，由县学，中式康熙戊子科六名。

赖 安　字联璧，由县学，中式康熙戊子科十四名。任江西建昌守御所千总。

张圣遴　字殿元，由县学，中式康熙戊子科二十三名。

张廷瑞　字殿英，由县学，中式康熙戊子科二十八名。

郑 燮　字奋伯，由县学，中式康熙戊子科三十九名。

江犹龙　字紫峰，由县学，中式康熙癸巳恩科十二名。任温州卫后帮运粮千总，升都司金书。

卢宏佐　由府学，中式康熙癸巳恩科十四名。

陈乃璋　字如亭，由府学，中式康熙甲午科四十名。任江南凤阳、常州帮卫千总。

卢国佐　字逊及，由县学，中式康熙丁酉科三十二名。

赖崇俭　字纯冠，由县学，中式康熙庚子科十六名。

王世纶　字绍曾，由县学，中式康熙庚子科十八名。

江映奎　字泗龄，由府学，中式康熙庚子科四十名。

卢欣椿　字仰千，由县学，中式雍正癸卯恩科四十六名。任浙江温州卫帮运千总。

赖光青　字联霄，由县学，中式雍正甲辰科五名。

江震川　字友基，由县学，中式雍正甲辰科二十四名。

卢熙毅　字履寅，由县学，中式雍正丙午科解元。

戴皇铨　字朝襄，由县学，中式雍正丙午科八名。

郑天枢　字象辰，由县学，中式雍正丙午科十六名。

卢熙屏　字彦宾，由县学，中式雍正丙午科二十名。

王色灿　字缃斋，由县学，中式雍正丙午科二十七名。

沈致和　字万育，由府学，中式雍正丙午科三十九名。任福建海坛镇右营中军守备，署游击事。

林士皋　字步渠，由县学，中式雍正丙午科四十五名。

郑 雄　字飞亭，由县学，中式雍正己酉科十一名。

林魁拔　字廷辅，由县学，中式雍正乙卯科三十名。任广东潮州镇饶平营千总。

　　苏文华　字宁来，由县学，中式乾隆丙辰恩科三名。

　　简如朱　字嗣闽，由县学，中式乾隆丙辰恩科二十名。

　　王奇七　字位三，由府学，中式乾隆戊午科四名。

　　郑道绍　字灼华，由县学，中式乾隆辛酉科二十二名。

　　郑　岐　字凤山，由县学，中式乾隆辛酉科三十二名。任广东增城县千总。

　　廖建勋　字联召，由县学，中式乾隆辛酉科三十七名。任广州府虎头门水师千总。

　　胡鸿远　字邦殿，由县学，中式乾隆甲子科二十六名。

　　胡抡华　字勋才，由府学，中式乾隆甲子科二十七名。

　　马　琳　由县学，中式乾隆甲子科四十二名。

　　郑　超　字荣膺。由县学，中式乾隆丁卯科七名。

　　李德士　字京裔，由县学，中式乾隆庚午科四名。

　　郑命巍　字学敏，由县学，中式乾隆丙子科三十四名。

　　夫犹是科目也，前明畸轻畸重，势积难返。进举并属正途，而京官非进士不得考选。守令进士授以繁巨中土，举人授以简小遐陬。及行取保举，亦进九而举一。文武并设乡、会，而武举未登会榜，再举三举，必三科中式乃得入选。如非三科，无异常人。及授职历官，终身率受文臣节制，轩轾低昂，曷啻霄壤哉！本朝铨班，文则科甲并叙，武则营卫兼任。康熙五十二年，令乡、会闱文武并得互试，至乾隆七年停止。经经纬纬，取用咸宜，俾天下材艺之士，皆得有以自见。故永虽僻邑，而炳炳麟麟，已倍越于前代也。

贡　　监

　　古者，取士之法必出于学校。科目兴，而馆舍诸生乃止分选举之一途。若太学、科贡诸例，则明代所独创也。有明国子监之设，下第举人入之，勋戚子弟入之，捐资纳粟者亦入之。其自生员入者，曰贡监。有岁贡，有选贡，即拔贡也。有恩贡，有副榜贡，捐资纳粟者为例贡。

洪武十六年，令府、州、县学岁贡生员一人，考试入监，谓之岁贡。始由生员选择，必考学行端庄，文理优长者充之。后则但取食廪。年深者，其按年立限，例亦递更。府学或岁二人，或岁一人。县学或岁一人，或间岁一人，或三岁一人。有起送后丁忧事故未及到监者，例准补贡。先是，贡监与进士参用，国学肄业者常数千人。已而进士日重，举贡日益轻。又捐纳例开，流品渐淆，举人下第力强之入监，不能岁贡，亦惟愿就教而不愿入监，于是国子生寥寥。弘治间，南京祭酒章懋请令提学行选贡法，不分廪膳增广，务取学行兼优，年富力强，累试优等者充贡。以后三五年一行，此选贡所由设也。

恩贡者，国家大庆典，或登极有恩诏，以岁当贡者充之，而以其次为岁贡。副榜者，乡、会试正榜外副取者也。会试副榜，自永乐始。宣德间选送入监进学，寻分年二十五以上者授教职，年未及者入监。既而不拘年齿皆准入监。乡试副榜，嘉靖间偶有之，但由主考官副取，无定额。既副取，仍与诸生一体岁试，若今之备卷然。天启元年，始定以廪中者准监、监准贡、增附准廪。崇祯间，副榜皆准贡。捐例监贡始于景泰，于时边事孔棘①，令天下纳粟、纳马者得充监贡，历满一体注选叙用。始犹生员经提学官试文理通者而后听，既益弊滥，凡郡县学停降增、附及白民称俊秀，皆得输资齿于学。成化间罢革。然自是或遇岁荒，或因边警，或大兴工作，率援例行之。初，由举人入监者，曰举监；由生员贡入者，曰贡监，兼称则云举贡，泛称同曰监

---

　① 棘，通"急"。

生。自捐纳例行，经输资赴监者，曰例监；输资由提学贡入者，曰纳贡。而监与贡遂分两目，纳贡视例监稍优，其实相仿也。

国朝稍有变更者，会试罢副榜。康熙三年罢岁贡，九年复之。选贡十二年一举。雍正六年，令六年一举，廪、增、附咸得与选，考其文而兼择身言。乾隆六年，仍定以十二年为期。又提学三岁两考，采择生员之优于行、文者，通省三五人考充贡监，谓之优行贡，比于选拔。凡入仕前，明国子监六堂，初入者居正义、崇志、广业三堂；一年半以上，文理条畅者，升修道、正心二堂；又一年半，经史兼通，文理俱优者，升率性堂。至率性，乃积分。其法：每月一试，文理俱优与一分，理优文劣与半分。纰缪则无。一岁积八分者为及格，与出身不及者仍坐堂肄业。积分满，然后拨部、府、寺、司及各道历事三月。历满考核，上等者选用，中、下等仍历一年再考。其得中式乡、会试者，不在此限。

国朝罢积分历事之法，以恩拔岁副为次，照考选资格叙用，或以时挑选。顺治十一年，恩拔岁副考取八旗教习，年满以知县用。今间行之。雍正间，由廪生捐贡者得补训导，今亦不能援例，贡监非加捐并不得铨叙也。例贡、例监，前志分列为二，今概为一，但附注分详，有遇例捐纳儒官者。又万历三年，令各处应贡生员，年力衰迈者授以儒官，不准起送。旧志载若干人，仍之。又有由礼部儒士出身者一人附焉。

明之为恩贡者

熊　　浩　字□□，嘉靖八年己丑贡。按他志，七年立后有恩例。

张　　僖　嘉靖十三年癸巳贡。按他志，是年八月皇子生，有恩例。

赖　　泗　字虚谷，嘉靖十九年庚子贡。任盐山县训导。按他志，十八年二月建储，有恩例。

赖　霖　字仁宇，隆庆元年丁卯登极恩贡。任安仁县知县。

赖一鲤　字云吾，万历间贡。任归善县县丞，升阳山县知县。

卢嘉会　字两溪，万历间贡。任寿宁县训导，升王府长史。按他志，万历止有元年登极、三十一年建储两恩例。旧志于赖、卢二人，未详年分，疑即此两恩也。

赖昌祚　字蒙著，泰昌元年辛酉登极恩贡。考选知州，改任旌德县知县。

郑维明　字庆一，天启元年辛酉登极恩贡。任邳州州判。

詹天颜　字邻五，崇祯元年戊辰登极恩贡。历官四川巡抚、金都御史①。

张鼎焊　字聚九，明季乙酉，由府学贡。

江奋龙　字际云，明季乙酉贡。任武平县训导。

熊　垻　字□□，明季丙戌贡。

国朝之为恩贡者

王铨爵　字撰叙，顺治五年戊子亲政恩贡。

郑士凤　字干阁，顺治九年辛卯贡，恩例未详。考授知县，未任。

徐泰来　字惠生，顺治十一年甲午贡。恩例未详。

卢而爜　字弥区，康熙元年壬寅登极恩，由府学贡。

王日中　字际尧，康熙元年壬寅登极恩贡。

熊捷先　字会真，康熙丁丑贡。恩例未详。按他志，康熙十四年建储有恩例，旧志缺漏。

郑　珏　字于右，康熙五十一年癸巳万寿恩贡。

---

① 史，原文为"吏"。

黄章藻　字□□，雍正元年癸卯登极恩，由府学贡。

吴渊秀　字玉泉，雍正元年癸卯登极恩贡。

陈长春　字□□，朝隆元年丙辰登极恩贡。

张龙文　字腾其，朝隆十五年庚午立后恩贡。

江念猷　字昌元，由府学贡。

吴修先　字壹堂。

以上二名，朝隆十六年辛未皇太后万寿恩。

明之为选贡者

赖　洽　字果泉，嘉靖十四年乙未由府学贡。历官蜀府长史。

孔庭诏　字东源，嘉靖十四年乙未贡。任平阳府通判，升宾州知州。

吴　诰　字溧泉，嘉靖十五年丙申由府学贡。任程乡县知县。

沈玉璋　字九山，嘉靖十五年丙申贡。按，嘉靖十年停岁贡，行选贡。盖不以食廪年次，于合学廪生内考选一名也。十七年仍照旧制。

卢士吉　字还初，万历间贡。按，万历三年停岁贡，行选贡。七年复旧。后以选贡妨岁贡之途，停选。至崇祯始复行。士吉履历云万历二十二年癸巳选贡，恐误。

熊铨元　字祥人，崇祯八年乙亥由府学贡。是年选贡悉照乡闱例，临以按臣阅卷，以甲榜推知。

林文聚　字复庵，崇祯八年乙亥贡。任宁都县知县，加衔兵部主事。文聚原以廖凤聚名入贡，后呈文选司，改今姓名。

国朝之为选贡者

陈上箴　字斌吉，康熙十一年壬子贡。顺治五年、八年、十一年皆有选贡，今缺。

  熊锡应 字膺三，康熙二十四年乙丑贡。

  张月鹿 字宿龄，康熙三十七年戊寅由府学贡。

  吴挺峰 康熙三十七年戊寅贡。

  江风清 雍正元年癸卯由府学贡。

  简绍雍 字瞻圣，雍正元年癸卯由府学贡。

  卢　铨 雍正元年癸卯贡。

  卢仰圣 字雍上，雍正七年己酉贡。自是始令天下六年一行选贡，不论廪、增、附俱得与选。

  顾炳文 字启元，雍正十三年乙卯由府学贡。

  赖世膺 字璘轩，雍正十三年乙卯，由府学附生选贡。

  卢殿人 字蕃揆，雍正十三年乙卯贡。任监利县县丞。

  卢尔谷 朝隆六年辛酉由府学贡。自此仍令天下十二年一行选贡。

  江世春 字骥千，朝隆六年辛酉贡。任云南永平县知县，调四川署广安州知州，补乐山县知县。

  赖世平 字鉴堂，乾隆十五年庚午以优行贡。

  张　撰 字质存，乾隆十八年癸酉由府学贡。

  张上腾 字拔其，乾隆十八年癸酉附生选贡。

明之为岁贡者

  吴　蒙 字□□，金丰里人，洪武间贡。任富阳县知县。

  洪武四年，诏天下府、州、县择学生入贡国子监。十六年，始定为例。二十一年，令府学二年一人，县学三年一人；二十五年，令府学一年二人，县学一年一人。皆以廪生食粮年深为序。

  陈　新 字□□，溪南里人，洪武间贡。任广东布政使照磨。

  郑仕达 字□□，溪南里人，洪武间贡。任分宜县主簿。

王　和　字□□，溪南里人，永乐间贡。任光禄寺监事。

永乐四年纂修大典，令天下取楷书廪膳增广充贡。十九年，令府学一岁贡一人，县学三岁一人。

赖祖隆　字□□，胜运里人，永乐间贡。任国子监学录。

邱　陵　字□□，胜运里人，宣德间贡。任浙江布政司经历。

宣德七年，令府学岁贡二人，县学岁贡一人。

吴　宽　字复仁，胜运里人，宣德间贡。任巴东县教谕。

谢　肃　字敬夫，金丰里人，正统间贡。任阳山县教谕。

正统六年，令府学岁贡一人，县学二岁一人。十一年，例取四十岁以上廪、增充贡。又诏贡楷书生员。

赖　政　字惟正，胜运里人，正统间贡。

李　勉　字克修，胜运里人，正统间贡。任靖江王府典仪。

刘　龙　字纳言，溪南里人，正统间贡。任新会县县丞。

沈　穆　字彦和，溪南里人，景泰间贡。例授冠带。

张　铎　字文振，溪南里人，景泰间贡。

赖　瑶　字文玉，胜运里人，天顺间贡。任安顺州判官。

天顺五年，诏廪生年四十五岁以上者俱贡。

赖　迪　字先吉，胜运里人，天顺间贡。任建宁县主簿。

卢　章　字文显，金丰里人，天顺间贡。任武陵县主簿。

江　沂　字文渊，金丰里人，天顺间贡。任合肥县主簿。

廖廷才　字公器，太平里人，成化间贡。

范　昇　字朝阳，溪南里人，成化间贡。任荣府奉祠。

已上十九人，未开邑前由上杭学贡，开邑后拨入永籍。

简　重　字□□，成化十八年壬寅贡。任乐昌县训导。

李　瑜　字□□，成化二十年甲辰贡。任余干县主簿。

吴　明　字□□，成化二十二年丙子贡。任严州府经历。

赖　高　字伯高，弘治元年戊申贡。

赖 绍 字南轩，弘治三年庚戌贡。任庄平县训导，升山阴县教谕。

赖 金 字□□，弘治五年壬子贡。任怀安府经历。

廖益夫 字□□，弘治七年甲寅由府学贡。

陈 广 字□□，弘治七年甲寅贡。任松江府经历。

郑 绅 字直庵，弘治九年丙辰贡。是时国子生少人，诏自九年以后，凡五年，府学每年贡二人，县学每年贡一人，亦称恩贡。

赖廷用 字于器，弘治十年丁巳贡。任州判，升会同县知县。

罗 珍 字□□，弘治十一年戊午贡。任崑山县县丞，升澄迈县知县。

卢 聪 字□□，弘治十二年己未贡。

沈 源 字□□，弘治十三年庚申贡。任蠡县训导。是后复府学岁贡一人，县学二岁一人。

郑 绹 字介庵，弘治十五年壬戌贡。

林 靖 字□□，弘治十七年甲子贡。任新兴县县丞。

刘 福 字□□，正德元年丙寅贡。任潮州府照磨。

郑廷芳 字□□，正德三年戊辰贡。任琼州卫知事。

吴世瑛 字□□，正德五年庚午贡。任嵩明州同知。按，世瑛，胜运里人。伊祖湘，户部郎中；父琚，举人。皆上杭籍。世瑛，盖混籍永学者也。

赖 玉 字高山，正德七年壬申贡。任临高县县丞，升容县知县。

郑 质 字憨斋，正德九年甲戌贡。任寻甸府通判。

郑 策 字竹斋，正德十一年丙子贡。任广西太平府通判。

卢 金 字拙翁，正德十三年戊寅贡。任蒙化府经历。

赖 宪 字沂峰，正德十五年庚辰贡。任贵县知县。

十四年，令以后府学岁贡二人，县学岁贡一人。

谢　贵　字□□，正德十六年辛巳贡。任余干、宣化两县县丞，升新都县知县。

赖　锦　字南沂，嘉靖元年壬午贡。任万州知州。

郑　厚　字密斋，嘉靖二年癸未贡。任澄江府通判。

赖守端　字介斋，嘉靖三年甲申贡。

是年令以后仍府学岁贡一人，县学二年一人。

赖守严　字南湖，嘉靖五年丙戌贡。任淳安县主簿。

熊　春　字□□，嘉靖七年戊子贡。任赣州府训导，升赣县教谕。八年，令天下岁贡照食廪年次，五名内考一名。十年，令岁贡合学廪生内考一名，今皆缺。

郑　道　字月湖，嘉靖十一年壬辰贡。任武义县训导，升陵水县教谕，又升浔州府教授。是年令停岁贡，行选贡。至十七年，令仍照正德十四年以后之旧。

罗恒信　字□□，嘉靖十八年己亥贡。任德化县训导，历升鲁府教授。

张大显　字□□，嘉靖十九年庚子由府学贡。任徐闻县县丞。

赖　津　字东湖，嘉靖十九年庚子贡。任乐清县训导，升青州府教授。

郑世绣　字南溪，嘉靖二十年辛丑贡。任盐城县训导，升海门县教谕，又升泰兴县知县。

郑　周　字西泉，嘉靖二十一年壬寅贡。任溧水县主簿。是后仍照旧制，府学岁贡一人，县学二岁一人。

卢　新　字少溪，嘉靖二十三年甲辰贡。任嘉兴府训导。

刘　荣　字□□，嘉靖二十四年乙巳由府学贡。任惠州府通判。

赖　璞　字南嵩，嘉靖二十五年丙午贡。任阳春县教谕，升宾州学正。

简　策　字□□，嘉靖二十七年戊申贡。任锦州同知，升王府审理。

熊　楗　字□□，嘉靖二十八年己酉由府学贡。

吴　岳　字□□，嘉靖二十九年庚戌贡。任香山县训导。

赖守愚　字晏湖，嘉靖三十一年壬子由府学贡。任六安州州判。

沈　肇　字□□，嘉靖三十一年壬子贡。任赣州府训导。

赖希昌　字西峰，嘉靖三十二年癸丑由府学贡。授建德县主簿，升剑州州判。

赖　瀹　字复庵，嘉靖三十三年甲寅贡。任浔州府经历。

张　珂　字□□，嘉靖三十四年乙卯由府学贡。任太平县训导，升苍梧县教谕。

曹宗佑　字□□，嘉靖三十五年丙辰贡。任鹿邑县训导。

吴祖昌　字岐峰，嘉靖三十七年戊午贡。任琼山县主簿。

孔庭谕　字东涯，嘉靖三十九年庚申。

赖　瀚　字龙门，嘉靖四十一年壬戌贡。任潮州府训导，升吉府教授。

赖希乔　字塔冈，嘉靖四十三年甲子贡。任瑞金县训导，升遂溪县教谕。

熊　慎　字子敬，嘉靖四十五年丙寅贡。任荆州府训导。

曹宗佐　字□□，隆庆二年戊辰贡。吉安府训导。

赖希仍　字南川，隆庆三年己巳由府学贡。

赖一龙　字云峰，隆庆四年庚午贡。任福清县训导。

沈一麟　字□□，隆庆六年壬申贡。任晋江县训导，升上思州学正。

张一瀶　字育我，万历二年甲戌贡。任新昌县县丞，升观海卫经历。

　　旧志于万历间贡，年分、学分，多不具载。查万历贡例，俱府学一岁一人，县学二岁一人，惟三年停岁贡，行选贡、七年复旧，二十年复行选贡一次。以例推之，大略可知也。

　　李思庄　字官田，万历间贡。任嘉善县县丞，升南宁府经历。

　　卢一松　字念潭，万历间贡。任吉府教授。

　　郑维梓　字丹吾，万历间由府学贡。任沙县训导，署县事，升饶州府教授。

　　沈孟似　字昆阳，万历间由府学贡。

　　沈孟作　字心宇，万历间贡。任德化县训导，升阳江县教谕，署县事。又升南雄府教授。

　　卢士志　字宏斋，万历间由府学贡。任松溪县训导，升大田县教谕。

　　赖　桓　字肃轩，万历间贡。任兰溪县训导，署兰溪、义乌二县事。

　　赖有则　字元峰，万历十三年乙酉由府学贡。任建宁府训导。府志作连城人，误。

　　张一澜　字景山，万历十六年戊子由府学贡。任同安县训导。

　　赖有缘　字梅溪，万历十六年戊子贡。任邵武县训导，升揭阳县教谕。

　　陈应岐　字名山，万历间贡。任泰宁县教谕。

　　赖　堂　字质斋，万历间贡。

　　邱复恒　字一轩，万历间贡。

　　李思谨　字淑静，万历间由府学贡。府志作长汀人，误。

　　吴茂梧　字继泉，万历间贡。

　　卢允衡　字徽平，万历间贡。任兴化府训导。

　　卢世宁　字康衢，万历间贡。任封川县教谕。

赖一麟　字瑞寰，万历间贡。任归善县训导。

曾子毅　字□□，万历二十九年辛丑贡。

赖可大　字怀宇，万历三十一年癸卯贡。任诏安县训导，升益府教授。

卢　宝　字信吾，万历三十四年丙子贡。

张尧采　字揆宇，万历间贡。任安溪县训导。

郑洪道　字毅斋，万历三十五年丁未贡。任寿宁县教谕，调邵武府训导，升雷州府教授。又任建昌府教授。

张希文　字瞻渠，万历三十九年辛亥贡。

赖作辅　字苊台，万历间贡。

徐　灿　字□□，万历四十一年癸丑贡。

郑国卿　字弼元，万历间贡。任安溪县训导，升德庆州学正，署开建县事，升福州府教授。

卢士举　字宾麓，万历间贡。任金华府训导。

沈元轼　字瞻宇，万历四十五年丁巳贡。任晋江县训导。

张拱应　字□□，万历间贡。

卢自可　字履寰，天启元年辛酉贡。

卢士迥　字卓夷，天启三年癸亥贡。任嘉兴府经历，署桐乡县事。

林际春　字桃瀼，天启五年乙丑贡。任乐清县训导。按，是年纂修大典，诏征取淹洽多闻之士作恩贡，永阙如也。

赖裔周　字康姬，天启七年丁卯贡。任丽水县训导，升南安县教谕，又升潮州府教授。

郑日益　字坤宇，崇祯二年己巳贡。

卢日就　崇祯四年辛未贡。

熊国兴　字日楼，崇祯六年癸酉贡。任饶平县训导。

赖　善　字兼宇，崇祯八年乙亥由府学贡。

林光瀚　字韩玉，崇祯八年乙亥贡。任抚州府训导，升福清①县教谕。

卢奇选　字众优，崇祯十年丁丑贡。

阙应桢　字明瑞，崇祯十二年己卯贡。任揭阳县训导。

邱与宪　字耻谷，崇祯十四年辛巳贡。任莆田县训导。

赖锡爵　字贞一，崇祯十六年癸未贡。

沈元范　字□□，明季乙酉由府学贡。

阙锡衷　字□□，明季乙酉贡。

卢士遴　字荣我，明季丙戌贡。

国朝之为岁贡者

赖朝相　字参宇，顺治五年戊子贡。

本朝岁贡制如明，府学廪生四十人，一年一贡；县学廪生二十人，二年一贡。但取食廪年次，如应贡之人老耄及文理荒疏，则贡其次。又不合式，则贡又其次。永为例。

卢日新　字又铭，顺治六年己丑贡。任泰宁县训导。

吴来凤　字仪明，顺治八年辛卯贡。

孔如梁　字□□，顺治十年癸巳贡。

熊钟元　字□□，顺治十二年乙未贡。

赖昌明　字晋出，顺治十三年丙申由府学贡。任泉州府训导。

郑士鸿　字民歌，顺治十四年丁酉贡。任永春县训导。

熊日辅　字□□，顺治十五年戊戌由府学贡。

廖化龙　字溡飞，顺治十六年己亥贡。

邱民贵　字牧伯，顺治十八年辛丑贡。

卢受和　字吉石，补贡。补何年例，未详。

---

① 清，原文为"青"。

赖进箴　字彤公，康熙二年癸卯由府学贡。

以后奉例停贡，至八年复旧。其提学考试，亦以岁作科，有岁考，无科考。至十六七年始科岁复行。

阮光周　字赤色，康熙八年己酉由府学贡。

郑绍之　字映碧，康熙八年己酉贡。

陈钧奏　字仙璇，康熙十年辛亥贡。

吴祖芳　字畹仙，康熙十二年癸丑由府学贡。

熊有翼　字□□，康熙十二年癸丑贡。

郑应周　字右序，康熙戊午补十四年乙卯贡。时因耿藩之变，至戊午补贡。

沈文楫　字□□，康熙十六年丁巳贡。任古田县训导，署教谕事。

郑孙绶　字符枚，康熙十八年己未贡。任武平县训导。

赖第元　字梯月，康熙二十年辛酉贡。

孔元发　字□□，康熙二十二年癸亥贡。任平和县训导。

胡逢亨　字贞一，康熙二十四年乙丑贡。任平和县训导，未抵任卒。

邱六成　字兼三，康熙二十六年丁卯贡。

苏魁甲　字燮光，康熙二十八年己巳贡。

陈云行　字沛若，康熙三十年辛未贡。任晋江县训导。

吴云芝　字根霄，康熙三十二年癸酉由府学贡。

阙月卿　字士惟，康熙三十二年癸酉贡。

卢　英　字骏臣，康熙三十四年乙亥由府学贡。

邱经传　字拟琼，康熙三十四年乙亥贡。

陈　诏　字待仙，康熙三十六年丁丑贡。

赖九功　字虞歌，康熙三十八年己卯贡。

卢杰一　字在郊，康熙四十年辛巳贡。

朱　笏　字摺思，康熙四十二年癸未贡。

欧阳暄　字遁庵，康熙四十三年甲申由府学贡。

熊友驺　字□□，康熙四十四年乙酉贡。

简兆先　字德斋，康熙四十五年丙戌由府学贡。

沈腾虬　字困亭，康熙四十六年丁亥贡。

熊龙其　字毓水，康熙四十八年己丑由府学贡。

熊贞应　字□□，康熙四十八年己丑贡。

沈　敦　字敷五，康熙五十年辛卯贡。任光泽县训导。

简兆璜　字吕庵，康熙五十二年癸巳由府学贡。任闽清县训导。

卢奏平　字斯任，康熙五十二年癸巳贡。任罗源县训导。

熊九梅　字□□，康熙五十四年乙未贡。

陈绥猷　字□□，康熙五十六年丁酉由府学贡。

沈士鹏　字□□，康熙五十六年丁酉贡。

萧廷璠　字绍嘉，康熙五十八年己亥贡。任诏安县训导。

胡震生　字又寅，康熙五十九年庚子由府学贡。

熊孙莲　字大千，康熙六十年辛丑贡。任龙岩州训导。

李翘楚　字友梅，雍正元年癸卯贡。

林振隆　字唐笔，雍正二年甲辰由府学贡。

陈聘观　字□□，雍正三年乙巳由府学贡。

卢闳中　字晦岩，雍正三年乙巳贡。

吴匡峰　字砥南，雍正四年丙午由府学贡。

卢　拔　字丽窗，雍正五年丁未贡。任晋江县训导。

胡檀生　字旃乡，雍正七年己酉贡。任安溪、彰化二县训导，升闽县教谕。

张月峰　字寿山，雍正八年庚戌由府学贡。

张丁显　字东冈，雍正九年辛亥贡。任龙岩州训导。

卢　复　字亭七，雍正十年壬子由府学贡。

林　亭　字雅韵，雍正十一年癸丑贡。

赖　昭　字瑞轩，雍正十三年乙卯贡。任海澄县训导，署教谕事。

廖有光　字慕莲，乾隆二年丁巳由府学贡。

孔　进　字礼门，乾隆二年丁巳贡。

卢超宗　字亮卿，由广东廪生拨回原籍，应乾隆四年己未贡。任松溪县训导。

严路成　字□□，乾隆五年庚申由府学贡。

沈光淇　字莘如，乾隆六年辛酉由府学贡。

赖振文　字扶风，乾隆六年辛酉贡。

萧作霖　字印溪，乾隆七年壬戌由府学贡。

张如鹏　字□□，乾隆八年癸亥由府学贡。

吴奉璋　字晚亭，乾隆八年癸亥贡。

吴秉诚　字确人，乾隆九年甲子由府学贡。

阙　镛　字□□，乾隆十年乙丑贡。

吴起莘　字志伊，乾隆十一年丙寅由府学贡。

王鹏搏　字锡万，由诸罗县学廪生拨回原籍，应乾隆十二年丁卯贡。

陈鹏南　字学举，乾隆十三年戊辰由府学贡。

戴龙光　字次吕，乾隆十四年己巳贡。

胡占梅　字旭搏，乾隆十六年辛未由府学贡。

卢　致　字迩其，乾隆十六年辛未贡。

赖占龙　字梦云，乾隆十八年癸酉贡。

赖奋龙　字联其，乾隆二十年乙亥贡。

吴岳秀　字傃堂，乾隆二十一年丙子由府学贡。

明之为副榜者

赖朝选　由举，中万历三十二年甲辰会试副榜。

张尧中　由举，中天启二年壬戌会试副榜。

　　吴大栋　字吉轩，由县学廪生，中式嘉靖间两次副榜。

　　廖继宗　字梦奎，由县学，中万历十九年辛卯副榜。

　　卢日就　由县学，中万历三十四年丙午副榜，仍应崇祯辛未贡。

　　自天启元年，乡试副榜，廪监方准贡。崇祯十二年，副榜始皆准贡。以前已中乡试副榜，仍就科岁试应贡也。福建额准二十名。

　　吴人骥　字台御，由府学廪生，中万历三十四年丙午副榜。

　　赖登元　字润欧，中万历三十四年丙午副榜。

　　吴　诚　字箭泉，由府学廪生，中万历四十年壬子副榜。

　　卢俊心　字□□，由廪生，中天启七年丁卯副榜。

　　熊　祝　字□□，中崇祯六年癸酉副榜。

　　赖进章　字二河，由廪生，中崇祯六年癸酉副榜。

　　卢奇选　中崇祯六年癸酉副榜，仍应丁丑贡。

　　林光翰　由县学岁贡，中崇祯十三年己卯副榜。

　　郑日益　由岁贡，中崇祯间副榜。

国朝之为副榜者

　　吴祖馨　由县学廪生，中顺治八年辛卯、十一年甲午两科副榜。

　　十一年考取恩拔岁副，为八旗教习，年满赴吏部考职。每十人以知县用八人，以州同知用二人。

　　沈　曾　字宋如，由县学，中康熙二十年辛酉副榜。

　　自崇祯十二年副榜准贡，国初相承，或准贡，或不准贡，且无定额。康熙十一年副榜俱准贡，永为例，福建额取十七名。

　　邱六成　由县学贡生，中康熙间三次副榜。

　　三十三年恩拔岁副，教习八旗。年满，一体考授知县。

　　熊卓魁　字瞻三，由县学，以《诗经》中康熙三十八年己卯副榜六名。

旧例，凡贡生廷试后授训导。康熙三十七年，令恩拔副榜两科乡试不中，考授学正、教谕。

沈光澧 字董如，由县学廪生，以《书经》中康熙四十七年戊子副榜十三名。考教习，以知县叙用。

吴寅先 字拙生，由县学，以《春秋》中康熙五十三年甲午副榜十四名。考教习，以知县叙用。

萧起凤 字集梧，由县学，以《书经》中雍正元年癸卯恩科副榜五名。历官，现任安仁县知县。

卢彦躬 字厚塾，由府学廪生，以《礼记》中雍正四年丙午副榜一名。

是科以五经中副榜者准作举人，止行一科，不为例。

王梅调 字干元，由县学增生，以《易经》中雍正四年丙午副榜四名。

廖鸿学 字希槎，由监生，以《春秋》中乾隆九年甲子副榜七名。

卢庆云 字廷湛，由县学增生，以五经中乾隆十五年庚午副榜一名。

熊江济 字楫川，由县学，以《易经》中乾隆十五年庚午副榜十五名。

熊江润 字述轩，由县学增生，以《诗经》中乾隆十七年壬申恩科副榜一名。

张 拔 字省存，由府学增生，以《诗经》中乾隆十八年癸酉副榜十二名。

吴修先 由恩贡，以《礼记》中乾隆二十一年丙子副榜三名。

明之为援例贡监者

卢　春　字东峰，任丽江府照磨。

吴　经　字南畴。

吴　钦　字三峰，任扬州教授。

赖廷穆　字亭池，任湖广宣慰司经历。

陈　昂　字□□，任剑川州吏目。

郑　迅　字半塘，任临高县主簿，升荆府奉祠副。

吴文绘　字素斋，任韶州府知事。

廖　潜　字□□，任归善县县丞，升永安县知县。

卢九经　字肖崖，任淳安县主簿。

陈　晏　字□□，任雷州遂溪县主簿。

赖主恩　字明峰，嘉靖壬子例。

卢　穆　字念浯，任平和县主簿。

孔　登　字筠塘，附生，援例任仪真县主簿。

郑恒富　字清塘，廪生授例。

卢中熙　字□□，崇祯十七年例，任云南楚雄府镇南州知州。

张鼎辉　字陶九，明季乙酉。

吴来献　字□□，明季例。

张鼎耀　字冶九，明季例。

沈一焜　字悫逸，明季例。

简其文　字友穆，明季例。

以上俱由□援例纳贡。

赖文会　字伯元，弘治间任国子监学录。

张登俊　字九如，任江西临江府经历，升广东碣石卫经历。

王腾龙　字□□，任桂林府通判。

邱应景　字三杨，由增生授。

赖天佑 字寅元，任衡山县训导。

以上俱由庠援例入监。

阙 椿 字会溪，任广东都司，都□□□俊秀援例纳贡。

吴 谏 字碧潭，蜀府典膳，升光禄寺典簿。

赖丕显 字石窝，德府典礼。

巫仲爵 字□□，荆夔府典仪副。

赖一夔 字翠渠，蜀府典膳。

邱与闵 字闇如，任山东泰安州同知。

阙宏衷 字□□，工部所提举。

邱与若 字嘉生，任广东罗定州知州。

林滋大 字□□，鸿胪寺序班。

卢坎亨 字□□，光禄寺署丞。

阙献珂 字□□，鸿胪寺署丞。

赖天祚 字□□，鸿胪寺序班。

孔宗瑞 字□□，吏科供事。

以上俱由俊秀援例入监。

国朝之为援例贡监者

陈六计 字愧平，康熙四十五年捐。

苏二美 字明行，康熙四十七年捐。

苏二由 字怀颖，康熙四十七年捐。

胡杏生 字又芳，增生，康熙四十七年捐。

沈鸿勋 字□□，康熙五十年捐。

卢 涛 字文修，康熙五十四年捐。

沈涧宗 字芹如。初任建阳县训导，升临川县县丞，调贵溪县县丞，署县事。再补清江县县丞。

阙中标 字希曾，增生，雍正元年捐。

胡鹏程 字九云，雍正六年捐。

卢殿诏　字蕃宪，廪生，雍正九年捐。任兴化府训导。

赖洪图　字范亭，廪生，雍正十年捐。任漳平县训导。

郑 开　字次侯，廪生，雍正十年捐。任晋江县训导。

郑占鳌　字子良，雍正十年捐。

郑天池　字秉清，雍正十年捐，加捐州同知。

郑 堂　字云昆，雍正十一年捐。

赖 檀　字廛三，雍正十一年捐。

赖纶匡　字于襄，雍正十二年捐。

郑英华　字中裕，乾隆九年捐，加捐州判。

沈拱平　字□□，乾隆九年捐。

沈应兴　字□□，乾隆十年捐。

王钦和　字怡堂，增生，乾隆十年捐。

王 楷　字贡庭，乾隆十年捐。

卢万象　字历标，乾隆十年捐。

苏 洁　字宏锦，乾隆十年捐。

苏映华　字春园，乾隆十年捐。

赖光弼　字殿标，乾隆十九年，由增生捐。

王之机　字士上，廪生，乾隆十九年捐。任莆田县训导。

李芳春　字睿蕃，乾隆十九年捐。

以上俱由庠援例纳贡。

阙 魁　字星元，康熙十七年捐。

卢震行　字原子，康熙十七年捐。署清流县训导，加捐州同。

熊见龙　字概瞻，武学，康熙十七年捐。署浦城县教谕。

卢之凤　字淑苞，康熙十七年捐。署顺昌县训导。

陈奏诏　字仲西，康熙十七年捐。署龙岩县训导。

黄秦盛　字□□，武学，康熙十七年捐。署武平县训导。

吴世崧　字□□，康熙二十年捐。

吴一峰　字□□，康熙二十四年捐。

吴维甸　字□□，康熙三十一年捐。

吴希禹　字□□，雍正二年捐。

以上俱由庠援例入监。

廖鸿誉　字永斋，康熙四十九年捐。

王光佐　字升基，雍正八年捐。

李凤仪　字露沅，雍正九年捐。

陈辉璧　字怀光，雍正十一年捐。

陈映朝　字国光，雍正十一年捐。

王钦祖　字述中，雍正十一年捐。

廖为东　字燕诒，雍正十二年捐。

李缵裕　字立庭，乾隆元年捐。

卢天任　字仰辰，乾隆元年捐。

赖纶绪　字念台，乾隆九年捐。

郑光祖　字燕宗，乾隆九年捐。

郑彤云　字霞昭，乾隆九年捐。

江宏魁　字□□，乾隆十年捐。

卢宏谋　字毓崑，乾隆十年捐，加捐州同。

吴来瞻　字□□，乾隆十年捐。

萧怀堂　字纪园，乾隆十一年捐。

胡嗣昌　字廸骏，乾隆十七年捐。

卢国任　字逊尹，乾隆十八年捐。

陈宏策　字愧舒，乾隆十八年捐。

卢天叙　字逊钦，乾隆十九年捐。

赖德懋　字诰臣，乾隆十九年捐。

赖登岸　字穆轩，乾隆十九年捐。

卢经文　字文炳，乾隆十九年捐。

谢清华　字又琅，乾隆二十年捐。

郑昌绪　字钟书，乾隆二十年捐。

卢锦兰　字冀庭，乾隆二十一年捐。

郑　珩　字贤行，乾隆二十一年捐。

郑国瑞　字方泰，乾隆二十一年捐。

胡焯猷　字瑞铨，乾隆二十一年捐。

郑良璧　字维崑，乾隆二十一年捐。

以上俱由俊秀援例纳贡。

苏□元　字熙臣，乾隆二十一年，由庠援例捐贡。

张士英　字建卿，康熙五十九年捐河工效力，历任□封、剡城、峄县县丞，署沂州府同知印□□□。

吴昭上　字曦中，康熙十六年捐。任泰兴县知县。

吴红上　字晴东，康熙六十年捐。任钟祥县县丞，署沔阳州同知。

江天灼　字毅堂，乾隆十一年捐。选县丞。

苏映中　字敬旃，乾隆十三年捐。任武强县典史。

胡宗远　字邦辅，乾隆十四年捐。任交河县驿丞，升直隶永平府巡检。

以上俱由俊秀援例入监。

明儒官二十人：

王积瑀　熊学伊　赖希传　熊　滋　赖有荣　熊学懋

胡世清　卢启东　林　耀　廖　汉　张一元　郑显通

吴　讷　廖　灿　张华先　廖　宇　卢日升　赖华祖

阙寅衷　吴煌春

明礼部儒士一人：

詹甘霁　光禄寺监事。

自开邑迄今，总其数，匪直岁一人矣。但以岁贡计，有明府学一百五十九，州学二百三十四，县学一千一百七十一。国朝分建添设，通增一百四十余，每学岁一人，已足当三年乡、会中式之数。恩选、副、例又倍之，毋怪其冗阘而颓老也。洪武二十六年，尽擢监贡生刘政、龙镡等六十四人为行省布政使、按察使、参政、参议、副使、金事等官。于时，台谏之选，每出于太学，当调亦府、州、县六品而下。成、弘以来，优者乃得为府、同、推、州、县及诸小京职；援例、贡、监仅为州、县佐贰，府卫首领及司、寺、王府杂职。人愈众而格愈卑。本朝各色贡生，例授训导挑用，或为佐贰，积轻之势，盖有由然。然则，按验前籍，与此者大都以丞簿、教职终，岂果诸君子之驽钝哉！

荐　辟

取士之最近古者，其荐辟乎！明扬侧陋，肇为帝臣。三代以还，科目日重，而征书、币礼，无世无之。凡所得士，道德勋业之隆，难更仆数。间有矫饰奔竞者出乎其间，则举主之公与明，不可不先慎择也。本朝立贤无方，优行有举孝廉，有举博学鸿词，有举明经著述，有举邑均无应诏者。旧志云："永固僻壤，积行君子多壅上闻。"信欤？否欤？旧志载前明荐辟八人，今搜补一人。夫明之征辟，洪武极一代之盛。建文、永乐间，犹有荐举起家，内授翰林，外授藩司者。开邑自成化，尔时广东举人陈献章被荐，移文取至，授衔检讨，而听其归，梦寐之意斯已偷矣。厥后，间一举行，论者有荐而不辟，辟而不用之叹。至崇祯九年，诏直省加意物色，荐举纷纷，率授以残破州县，时即有管、葛，其如大厦将倾何？为书其人。

林秀山　字□□，洪武初，以孝廉荐，任浙江金华府同知。

胡　时　字子俊，洪武初，以经明行修荐，任上杭县训导。

邱德馨　以字行，名子瞻。洪武初，以经明行修荐，任武平县训导。

阙思温　字□□，永乐甲午年，以孝廉荐，任南京芜湖县知县。旧志缺载。

以上四人，未开邑前由上杭荐辟，开邑后拨入永邑。

赖懿德　字以德，以经明行修荐，任湖广宜都县知县。

卢德芳　字□□，以人材荐，任江西湖口县知县。

廖子忠　字□□，以人材荐，任南京徽州府知事。

王友智　字□□，以人材荐，任广东阳春县巡检。

詹甘棠　字六勿，由官生，以才略荐，任鸿胪寺序班，升本寺寺丞。

夫百步之内有丰草，十室之邑有忠信。永即褊小，窃意卓异清修、忠诚任事者应不乏人。乃为邑二百七十余年，挂名荐牍者仅此，而又不克有所大就。呜呼！古今来怀瑜握瑾，湮郁于桑田蓬户间者，曷可胜道哉！

杂　流

其有多闻习事之才，披坚执锐之英，奋然自致于功名之会者，曰吏仕，曰材官。天下内外，大小各衙门，日有成，月有要，岁有会，用以掌文书，司草创者，色目不同，通谓之吏。或以九年三考，或以六年两考，或以五年无过，咸得铨用入仕。然不尽身服其役也，援例纳资，亦得充吏，越序而速选。永之以吏例出身者，多此类也。奋身行阵，或应募投充，或奏带从军，或自捍乡国，勋劳既著，报以酬庸赏功之典，有至授裨阃领亲军者，即安得概以杂途目之？第原其所自，树立无常期，出身无定格，以视承袭科举之流，则亦他途参进耳。今并录而分书之。

明之为吏仕者

沈荣忠　藤县县丞，升卫经历。

张均义　贵溪县县丞。

范善卿　南京丁字库大使。

江李茂　乐清县馆头司巡检。

邱子厚　辰州府高岩司巡检。

陈　亨　阳山县铜台司巡检。

曾　辉　龙川县和平司巡检

郑宗辉　直隶徐州税课局大使。

汪　弼　武邑县典史。

张　瑄　汉川县河泊所官。

王　琮　浙江大嵩场盐大使。

林　洧　河源县税课局大使。

罗　征　儋州安海司巡检。

黎　献　怀庆府仓副使。

罗　贤　南雄府税课局大使。

何　远　凤阳府仓副使。

廖　敞　宿州仓大使。

廖成德　饶平县主簿。

邱时俊　淇县洪门驿驿丞。

以上十九人，俱未开邑前由上杭籍入仕，开邑后拨入永籍。

罗得福　宣化县典史。

邱　瑛　龙川县通衢司巡检。

苏　谋　勇义中卫仓大使。

林　崇　荆州府仓大使。

苏永松　衡州府仓大使。

严　清　南京中军都督府草场大使。

卢景祥　广东水口驿驿丞。

俞　鸾　海丰县河泊所官。

戴文选　广东新宁巡检，升新安县主簿。

简　要　南昌县广积仓大使。

邱文升　肇庆卫经历。

邓　科　南宁府南乡司巡检。

罗世祥　吴江县盐大使。

邱　亮　东莞县盐大使。

邱文绘　贵州大龙畬长官司吏目。

黄　瀚　龙里卫平伐长官司吏目。

邓　梓　化州梁家沙巡检。

邱仲山　枇杷仓大使。

罗宗桀　太平县巡检。

周碧昌　乐清县巡检。

邹文钟　宁国府典史，升兴宁县主簿。

卢应卿　字少龙，保府知事，升河州卫经历。

詹　爵　字龙溪，松滋县典史，升都昌县主簿，署县事。升香山县知县。

曾廷职　感恩县典史，升芜湖县后藩司巡检。

吴承先　字衡邑，东莞县典史。未抵任卒。

戴　禧　华亭县典史。

陈　伸　字荣干，新会县县丞，署县事。

张国臣　凤阳县典史，转高邮州仓大使。

周维宁　字凤助，济南府陵县典史。

陈　隆　字敬潭，广西宣化县县丞。

王育才　字燮寰，天河县典史。

陈希圣　字若愚，北京武功中卫经历，升云南都使司经历。

□□□　字鸣轩，将乐县仓官。升瑞金县瑞林司巡检。

林　棠　桂林县县丞，署县事。升柳州府经历。

萧天叙　字敦彝，北京内黄县典史。

徐朝首　字魁奎，萧山县县丞，升处州卫经历。

巫应龙　字云野，芜湖县典史。

张奇猷　上津县典史，署县事。

刘　璁　益府典仪所礼官。

刘伯麟　潮州府仓大使，转南城县蓝田司巡检。

赖一镇　字宝湖，任库官。

郑经纶　字成吾，新兴县典史，转南雄府仓大使，升严州府知事。

以上见旧志。

巫珊泽　字梅川，嘉靖四十二年任江南广德州金山卫经历，升徐州州同。

卢九龄　字思崖，驿丞。

廖显扬　字榕溪，大使。

赖长泰　字活泉，仓大使。

林　华　字乔松，典史。

卢梦龙　字思湖，同安县嘉平仓大使，升婺源县主簿。

顾大伦　字兰江，仓大使。

林日新　字九峰，巡检。

林正垌　字西野，巡检。

郑　益　字受轩，典史。

卢士望　字瞻吾，山东洛口县批验所大使。

范陈任　字孚宇，南京横海仓大使。

廖　淳　字盛泉，邵武府仓大使。

卢梦鳌　字继湖，河泊所官。

陈元玺　字允宇，瑞州府仓大使，转吴县木渎司巡检。

以上据《京师汀州府会馆志》补入。

凡给假，有省亲、祭祖等例，谓之省、祭。景泰、天顺间，天下起送三考吏典及援例、捐纳者多人。吏部按季收考，一等、二等冠带，分拨各衙门办事，三等冠带闲住。其一、二等办事满日，从七品出身者起送吏部听选，其余给引照回原籍省、祭。盖省、祭犹以次取用，闲住则休矣。旧志载，吏员省、祭者：

廖黄中　字正湖，万历三年吏。

简廷璋　**卢　镛**　**邓　楠**　**赖克明**　**江　泗**　**黄　淑**

阙　宠　**张一淳**　**郑　侃**　**戴大恩**　**廖继祖**　**卢士学**

廖定柱

王朝藩　字贵吾。

郑仕先

国朝之为吏仕者

胡治菁　字习宣，景宁县典史。

胡月盛　字虞斯，乾隆九年捐。任乳源县典史。

明之为材官者

邓　兴　洪武间，任通州卫正千户，调福建镇东卫所正千户。

郑　纲　永乐元年授所百户。

以上二人，未开邑前由上杭籍起家，开邑后拨入永籍。

许　泉　北京锦衣卫指挥。

郑友信　南京卫千户。

苏　京　弘治元年授卷帘将军。

廖　鹏　北京锦衣卫指挥使。

许　综　北京锦衣卫千户。

许　乔　北京锦衣卫百户。

郑　嘉　授名色千户。

郑恒通　惠州府平山把总。

黄一化　惠州府罗经营守备，升梧州府游击。

徐　婝　惠州府白云营守备。

张士軒　庠生，选将才，授广州府守备。

简叔赞 功授守备。

国朝之为材官者

王　筹 字胜千，广州协标中军都司签书。

罗文举 功授广西梧州府守备。

罗应兆 草泽投诚，授赣州镇标守备。升广东黄冈副将，未抵任卒。

苏　德 字克峻，历官潮州镇标左营游击。

吴友功 字瞻彼，贵州守备。

苏　吉 字方蔼，随征功。历官温州副将，前署四川成都总兵官，又署成都提督。

吴　先 字振益，汀州镇标中营千总。

林詹登 字云阁，汀州镇标中营千总。

廖　勇 字荣凤，广东碣石卫镇标左营守备。

黄信攀 韶南右翼镇中营把总。

卢廷贵 字梦熊，历官陕西归德堡都司。初任广西千总。生子现彩，字鼎云，隶籍广西，现任甘肃抚标右营游击。

余星武 历官署南澳总兵官，实授台湾安平镇协标左营游击。荫一子恩成，厦门水师提标把总。

刘　青 本姓苏，汀州镇标左营守备。

简　正 松江提标川沙营参将，署南澳总兵。

吴　升 浙江太湖营游击。升乍浦水师营参将，未抵任卒。

吴廷桂 延平协标右营千总。

林　生 字集侃，广州镇协标左营守备。

若其策仕之岁月，起家之实迹，旧志于例监、荐辟、吏仕、材官，诸履历多不备载，窃疑前人秉笔之略。乃今欲加搜讨，既无他书可稽，而按其家牒询诸故老，则亦依稀仿佛，乃至荒唐附会，而徒贻姗①笑。盖自科目重而进士举贡之外，即致身云路，其子孙亦不甚记忆云。

封　赠

先王推追王世及之意，以达于天下。圭田世禄，后世封荫之所自也。故事官员，崇先有封、赠，逮后有荫叙，荫叙限三品以上，邑未有拜恩者。封、赠现任官，或考最，或遇覃恩，七品以上皆得追崇。其先，八品以下入流，官封其身。一品，曾祖父母、祖父母、父母；二品、三品，祖父母、父母；四品至七品，父母皆及其身与妻。五品以上授诰命，六品以下授敕命。生曰封，死曰赠。曾祖父皆如其子孙官，命妇视夫若子之品，因其子孙封者加"太"字，夫在则否。父职高于子者，进一阶。子为人后者，或封本生，或封所后，各随其生养之情。嫡母在，不封生母；生母未封，不先封其妻。妻之封止于一嫡一继。武官秩止六品，封赠悉如文官例。本朝孝治天下，益推广人子亲亲之恩。封一代者，得以其本身及妻之恩移封其祖父母。止封本身及妻者，得以移封其父母。又以居官之日未必皆逢恩需，视其应得，准援例捐封。学正、教谕、训导、把总，旧未入流，今皆列品，得受封本邑。

明之受封者

赖宗茂　字□□，以子缙贵，赠征仕郎、贵州安顺州州判。配曾氏，赠七品孺人。

赖缙　授征仕郎、贵州安顺州州判。配游氏，赠七品孺人；壬氏，封七品孺人。

---

① 姗，通"讪"，姗笑，讥笑。

赖　恒　字朴斋，以子先贵，赠承德郎、户部山东清吏司主事。配李氏，赠安人；蓝氏，封太安人。

赖　先　授承德郎、户部山东清吏司主事。配阙氏，封安人。

孔　瓒　字静庵，以子庭训贵，赠奉政大夫、浙江绍兴府同知。配温氏，封太宜人。

孔庭训　授奉政大夫、浙江绍兴府同知。配梁氏，封宜人。

郑廷杰　字□□，以子质贵，封承德郎、云南浔甸府通判。配熊氏，赠安人。

郑　质　授承德郎、云南浔甸府通判。配张氏，封安人。

沈玉璋　以子孟化贵。累赠中宪大夫、广西按察使司副使，兼布政司左参议。配卢氏，累赠恭人；林氏，累封太恭人，加赠恭人。

沈孟化　累授中宪大夫、广西按察使司副使，兼布政使司左参议。配郑氏，累封恭人。

陈　位　字□□，以子希圣贵。赠征使郎、云南都使司经历。配游氏，赠七品孺人。

陈希圣　授征仕郎、云南都使司经历。配李氏，封七品孺人。

赖一召　字景棠，庠生，以子昌祚贵，赠文林郎、江南宁国府旌德县知县。配林氏，赠七品孺人。

赖昌祚　授文林郎、江南宁国府旌德县知县。配孔氏，封七品孺人。

林继旺　字南泉，以子钟桂贵，赠文林郎、江南扬州府如皋县知县。配陈氏，赠七品孺人。

林钟桂　授文林郎、江南扬州府如皋县知县。配赖氏，赠七品孺人；王氏，封七品孺人。

吴茂葵　字□□，以子日修贵，赠奉训大夫、河南归德府睢州知州。配张氏、郑氏，赠宜人。

　　吴日修　授奉训大夫、河南归德府睢州知州。配郑氏，封宜人。

　　熊彦恒　字□□，以子兴麟贵，累封承德郎、礼部主客司主事。配吴氏，累赠安人；郑氏，累封安人。

　　熊兴麟　累授承德郎、礼部主客司主事。配郑氏，累封安人。

　　林廷绅　字□□，以子文聚贵，封文林郎、江西赣州府宁都县知县。配郑氏，封七品孺人。

　　林文聚　授文林郎、江西赣州府宁都县知县。配巫氏，封七品孺人。

　　卢　宝　以子日就贵，赠承德郎、兵马司指挥。配吴氏，封太安人。

　　卢日就　授承德郎、兵马司指挥。配吴氏，赠安人；罗氏，封安人。以子化贵，各加赠。余氏，封七品太孺人。

国朝之受封者

　　黄孟淑　字□□，以子日焕贵，赠文林郎、广西郁林州兴业县知县。配罗氏，赠七品孺人。

　　黄日焕　授文林郎、广西郁林州兴业县知县。配张氏，封七品孺人。

　　卢　化　授文林郎、江南太平府繁昌县知县。配饶氏，赠七品孺人；林氏，封七品孺人。

　　吴阶泰　字在邦，以子利见贵，赠修职郎、陕西西安府泾阳县县丞。配郑氏，赠八品孺人。

　　吴利见　授修职郎、陕西西安府泾阳县县丞。以子廷芝贵，晋赠文林郎、陕西西安府鄠县知县。配王氏，赠八品孺人，晋赠孺人。

　　吴廷芝　授文林郎、陕西西安府鄠县知县。配卢氏，封七品孺人。

　　苏 吉　累授荣禄大夫、提督四川全省军务，署都督同知。配□氏，封夫人。

　　林孙彪　字□□，以子詹登贵，赠昭信校尉、汀州镇中营千总。以孙魁拔贵，晋赠武略将军、潮州镇饶平营千总。配阮氏，赠安人，晋赠宜人。

　　林詹登　授昭信校尉、汀州府中营千总。以子魁拔贵，晋赠武略将军、潮州镇饶平营千总。配张氏，封安人，晋封太宜人。

　　黄启中　字义刚，以子策麟贵，赠文林郎、陕西庆阳府合水县知县。配温氏，赠七品孺人。

　　黄策麟　授文林郎、陕西庆阳府合水县知县。配刘氏，封七品孺人。

　　王禹昉　字恭庵，以子芬露贵，赠文林郎、四川峨眉县知县。配彭氏，赠七品孺人。

　　王芬露　授文林郎、四川峨眉县知县。配陈氏，封七品孺人。

　　张凤彩　字羽苞，庠生。以子成章贵，赠文林郎、江西吉安府万安县知县。配廖氏、傅氏，赠七品孺人。

　　张成章　授文林郎、江西吉安府万安县知县。配赖氏，封七品孺人。

　　江绣来　字简轩，以子淇贵，赠修职郎、福州府侯官县儒学教谕。配邱氏、张氏，赠八品孺人。

　　卢瑞苞　字饮休，邑庠生。以孙宏佐贵，赠奉政大夫、蓝翎侍卫。配傅氏，赠宜人。

　　卢伟猷　以子宏佐贵，封奉政大夫、蓝翎侍卫。配郑氏，封宜人。

张日壦　字吹友，增生。以子月攀贵，赠修职郎、延平府南平县儒学教谕。配沈氏，赠八品孺人。

廖玉桂　字□□，以孙勇贵，赠武德将军、广东碣石卫右营守备。配罗氏、黄氏，赠宜人。

廖益章　字□□，以子勇贵，赠武德将军、广东碣石卫右营守备。配马氏，赠宜人。

简　琏　字□□，以孙正贵，赠怀远将军、江南狼山镇标右营游击。配游氏，赠淑人。

简贤纪　字□□，以子正贵，赠怀远将军、江南狼山镇标右营游击。配江氏，赠淑人。

简　正　授怀远将军、江南狼山镇标右营游击。配余氏，封淑人。

沈朝举　字□□，以子涧宗贵，赠修职郎、江西抚州府临川县县丞。配陈氏，赠八品孺人。

陈壮行　字正学，以孙乃璋贵，赠昭信校尉、江南凤阳卫千总。配王氏，赠安人。

陈　英　字任亨，以子乃璋贵，赠昭信校尉、江南凤阳卫千总。配马氏，赠安人。

江毓攀　字□□，以孙犹龙贵，赠明威将军、都司佥书。配王氏，赠恭人。

江兆凤　字□□，以子犹龙贵，赠明威将军、都司佥书。配赖氏，赠恭人。

萧沅有　字似君，邑庠生。以子廷璠贵，赠修职郎、漳州府诏安县儒学训导。配张氏，赠八品孺人。

王之宾　字嘉友，以孙见川贵，赠文林郎、翰林院庶吉士。配卢氏，赠七品孺人。

王命饮　字瞻园，以子见川贵，赠文林郎、翰林院庶吉士。配吴氏，封七品太孺人。

廖 箕 字木野，邑庠生。以孙鸿章贵，赠文林郎、翰林院庶吉士。配林氏，赠七品孺人。

廖冀亨 以子鸿章贵，赠文林郎、翰林院庶吉士。以孙瑛贵，晋赠朝议大夫、刑部河南司郎中。配卢氏，赠七品孺人，晋赠恭人；王氏封七品太孺人，晋封太恭人。

胡遇亨 字见龙，以子檀生贵，赠修职郎、泉州府安溪县儒学训导。配卢氏，赠八品孺人。

王 盛 字又槐，以子子鉴贵，赠修职郎、福州府连江县儒学教谕。配萧氏，赠八品孺人。

余鼎荣 字□□，以子星武贵，赠武德将军、福建水师提标后营游击中军守备。配洪氏，赠宜人。

沈先甲 字□□，庠生。以孙光渭贵，赠文林郎、山西平阳府灵石县知县。配卢氏，赠七品孺人。

沈 敦 以子光渭贵，赠文林郎、山西平阳府灵石县知县。配林氏，赠七品孺人。

萧澧有 字畹仲，邑庠生。以子廷玮贵，赠文林郎、江南和州含山县知县。配饶氏，赠七品孺人。

萧廷玮 授文林郎、江南和州含山县知县。以子起凤贵，加赠。配谢氏，赠七品孺人，加赠孺人。

江 濬 字宠宾，以子风清贵，赠文林郎、候选知县、福州府侯官县儒学教谕。配萧氏，封七品太孺人。

江风清 授文林郎、候选知县、福州府侯官县儒学教谕。配王氏，封七品孺人。

卢震行 以孙宏谋贵，赠儒林郎、候选州同。配阙氏、张氏，赠七品孺人。

卢成永 以子宏谋贵，赠儒林郎、候选州同。配陈氏、郭氏，赠七品孺人。

张世芳 字光嗣，以子丁显贵，赠修职郎、直隶龙岩州儒学训导。配吴氏，赠八品孺人。

廖鸿誉　以子瑛贵，封朝议大夫、刑部河南司郎中。配赖氏，赠恭人。

熊廷幹　字啸亭，以子山贵，赠修职郎、建宁府松溪县儒学教谕。配饶氏，封八品太孺人。

张伯龙　字慈长，以子士英贵，赠修职郎、山东沂州府郯城县县丞。配戴氏、叶氏，赠八品孺人。

廖鼎泰　字崇直，以孙建勋贵，赠忠显校尉、广东广州府水头门水师千总。配吴氏，赠安人。

廖鸿弼　字国辅，以子建勋贵，封忠显校尉、广东广州府水头门水师千总。配邱氏，封安人。

廖揆扬　字□□，以孙自新贵，赠昭勇将军、山东沂州中军掌印都司。配吴氏，赠淑人。

廖毓玺　字□□，以子自新贵，赠昭勇将军、山东沂州中军掌印都司。配吴氏，赠淑人。

赖国选　字元园，以子霁堂贵，赠修职郎、福宁府寿宁县教谕。配王氏，封八品太孺人。

江华章　字□□，以孙世春贵，赠文林郎、云南永昌府永平县知县。配卢氏，封七品太孺人。

江淹如　字建彩，监生。以子世春贵，封文林郎、云南永昌府永平县知县。配卢氏，封七品孺人。

萧起凤　授文林郎、原任浙江绍兴府嵊县知县，现补江西安仁县知县。配赖氏，赠孺人。

王光彩　字启鼎，以子绍三贵，赠修职郎、湖广荆州府经历。配谢氏，赠八品孺人。

郑荣周　字嗣碧，以孙英华贵，赠征仕郎、候选州判。配陈氏，赠从七品孺人。

郑彤云　字霞昭，以子英华贵，封征仕郎、候选州判。配廖氏，赠从七品孺人。

有以贤贤之典，为老老之恩者。乾隆元年，查现在会试举人，年七十以上者给衔中书，八十以上给衔检讨。凡天下监生、生员八十以上者，给正八品修职郎冠带。盖旷古特典也。

邑之蒙恩者

熊光纬　授衔中书。

吴亦进　字滨野，郡庠生。授修职郎冠带。

王春三　字实亭，监生。授修职郎冠带。

熊孙鹏　字传千，邑庠生。授修职郎冠带。

沈举燕　字□□，监生。授修职郎冠带。

卢克缵　字隆绪，邑庠生。授修职郎冠带。

赖及三　字更亭，邑庠生。授修职郎冠带。

简兆枢　字□□，郡庠生。授修职郎冠带。

汇而录之，华衮之锡，曷胜奥渫之光矣。《诗》不云乎："釐尔圭瓒，秬鬯一卣。"又云："酌以大斗，以祈黄耇。"而报谢者皆申之以万年之祷。然则资父事君，崇①年教孝，为之后者将何以赞文德之洽，而为尔德之遍乎？

----

① 崇，通"终"，终了。

永定县志卷之七

人物志①

良吏、名贤、宦迹、文学、忠义
孝友、艺术、隐逸、列女

良 吏

善言政者，必不专循乎成迹。张弛所宜，宽猛所尚，或导以生业，或化以弦诵，其绪万端，因时而见。然必恫瘝乃身，与民相洽，而后能达好恶之情，施简惠之政，俾元元得饫其利泽也。

永邑虽介处于山溪之间，壤地褊小，而民多朴厚，俗知礼让。苟有循民之宰，当使风和恩结，治如转圜。而或者谓其土瘠，则无脂膏之润；其地僻，则无理剧之名。能者视如洞辙不欲久居，庸庸者则奉身免过而已。嗟夫！令之秩虽卑，亦且为天子之吏。教养百里之民，其自视当何如？而顾以资度之不饶，但思便其身图，而遂有鄙夷其民之心，岂君子之所当如是耶？开邑以来，三百余载，前政之美者，经营创建则有王环，抚辑荒瘥则有赵廷标。其所处之时，皆至不易，黾勉奏绩，卓然可传。余或补偏救弊，声实相副者，民亦尸祝之不忘，岂不可为后事之师哉！余裁缉斯传，既发其景仰之思，亦不能不慨然于今日也。

胡大武 南京贵池县岁贡，嘉靖二十六年任。笃实和易，爱

---

① 原刻本卷七《人物志》失传，此为摘录于道光志。

民如子。当时人咸云，真得父母之体。

罗世庆 江西吉水县举人，嘉靖二十九年任。性清慎，多才能，吏畏民怀。惜未久忧归。

陈 翡 江西南昌县举人，隆庆二年任。性朴谨守，民不见扰。

许 堂 江西宜黄县贡生，万历年间任。性秉慈仁，不事鞭扑。

危 言 浙江新建县举人，万历年间任。在任六载，持身冰蘖。听断公平，关节罔通。

沈在湄 江南无锡县进士，顺治七年任。作养人才，勤劳政事。在任八载，卒于永。

林逢春 广东南海县进士，本府照磨，崇祯间署任。平寇赈饥，谦厚爱民。民祠祀之，有去思碑。

卢裕励 北直三河县拔贡，本府同知，顺治十七年署任。课士恤民，详革三害，民祠祀之。

杨 岱 四川新繁县举人，上杭知县，康熙三十一年署任。儒雅恺悌，士民爱之。

赵良生 江南泰兴县人，连城知县，康熙三十六年署任。洁己爱民，运米救荒，重修邑志。

李 栻 陕西富平县进士，康熙四十六年任。优礼士类，勤恤民隐。卒于永。

冯 监 振武卫例贡，福州府通判，康熙六十一年署任。承前令潘开基之后，爱民礼士，听断公明，如酷烈之余沐阴雨焉。

名 贤

詹天颜 字㦾五，永定县人。父思山，母谌氏梦铁山坠怀而生。谭公凡同督学闽中，天颜就童子试，命题《独孤臣孽子》。

谭判天颜文曰："忠孝之气，贯日呼霜，国之祯也。"拔冠军。崇祯戊辰，以恩例选贡。丁丑，授四川石泉县知县。是岁十月，李自成入蜀，陷川县凡三十八。天颜抵石泉，全城瓦砾，买乡民房以居，召里胥商究疾苦，报闻上官，急罍贷以图生聚。已而流亡渐集，邻壤闻风争请摄篆。所至勤抚疮痍。

庚辰，以卓异擢庆阳府同知。适张献忠入巫山隘，合罗汝才等谋度川西，白水关告警。石泉士庶奔控两院，儿啼曰："詹公去，民命委贼耳。得公为保障，民虽揶胸抉胆，死无恨也。"巡按陈良谟因疏请改同知龙安府，监纪青川白水关。会龙安守以贪婪罢，天颜即署知龙安府。

十月，贼陷剑州，从剑阁抵绵州，天颜驻安县以当阻挡之。贼入绵，拘土人询虚实。知防安者天颜也，因语乡人曰："詹某是清廉好官，吾不扰其地方。"遂渡绵而西。

癸未，御史刘之渤疏，补松潘兵备。国变，命未下，南州已改元弘光矣。是夏，献贼再由荆南入蜀，屠夔州，陷重庆，长驱入成都，僭号改元，东、西建两府，以义子孙可望、李定国居之，分遣伪官各据州邑。会李自成陷汉中，隆将马科者遣十八骑驰龙安，说天颜合兵剿献贼。天颜怒曰："吾与李贼仇不共戴，况与共事？"缚十八骑斩之。天颜矢剿献贼，谋之白水关副将龙辅皇、龙安参将邓若禹、标员曹洪等诸将，咸言"贼焰方炽，宜避其锋"。因同邓、龙等潜入边谷小河麻桑地，募缉苗兵。天颜仁声久播，民夷信服，至是振臂一呼，诸苗响应，连结殆逾数万。天颜知新锐可用，以大义告松潘副将朱化龙出师西路，飞檄参将杨展出师南路，自同龙辅皇从东铁笼堡出龙安石泉。三方犄角，守罅攻瑕，收斩伪抚车①惟杏，及伪道、府、县等官。贼将王运行屯白水关，龙辅皇夜出不意，袭擒之。南厂营贼将温自让

---

① 车，原文为"东"。

者，巧发双矢，颇著骁勇名，率步骑来降，遂克复龙安、茂州。方议三路合兵，共攻成都，而大清兵进剿，射碟献忠于西充，贼众溃，两府引兵窜入黔。

时，唐王驻延平。蜀巡按朱守图疏晋天颜安、绵兵备。未几，闽事败，粤中改元"永历"。阁部王应熊开藩遵义，疏请加天颜节钺，且请川东、西设巡抚两员，一巡东南，一巡西北，即授天颜佥都御史，提督军务，兼理粮饷，巡抚四川西北等处。是时，成都经献贼屠刈之后，千里萧条，烟火断绝。天颜驻石泉，设镇龙安诸要地。本朝川陕总督李国英屯军川北，天颜以一隅之师，相持六载。

顺治八年二月，大清集向安、泉、兴。三桂雅知天颜名，贻书遣使说降，天颜复书绝之。七月，副将丁国用、李锡极，受三桂亲指，突挟天颜去。至军门，不屈，挺立受刃。时七月二十八日也，年五十八。龙辅皇以天颜尸请，三桂许之，殡于大佛洞。辅皇旋入苗峒，不可迹矣。天颜副室四：张氏、李氏、杨氏、刘氏，前后尽节死。后其子甘棠三奔楚秦，抵①嘉阳，穷访旧弁，得龙辅皇、邓若禹，始知窆处，扶榇而还。

呜呼！运当末造，地偏西蜀，于兵寇旋抽之际，扶植残伤，计图恢复，卒于致死不贰，才节卓越如此。邑盖不数数觏矣。而一蘅《列传》载："公，龙岩人。"不知史局何缘而误，又以见纪述精核之难，而刊误纠缪，诸书之不可少也。宁化李世熊传尤详，载《艺文》。祀乡贤祠。

沈孟化　字淑顺，号观瀛，隆庆辛未贡士，丁外艰回。万历甲戌补殿试，登孙继皋榜进士，授江浦令。邑无城郭，节缩千余金留治筑城。擢刑部主事，差谳江南。迁郎中，出守湖州，值旱、水、疫、寇继作，俱奏奇策，全活者数万人。报政入觐，湖

---

① 抵，原文为"低"。

州别驾龚先进、司理周著为当事所龁，坐落职。孟化毅然曰：
"良吏黜，何用守为？"抗言力争，卒直之。时，计吏毕集，闻其
丰采，有泣下者。迁广东副使，理驿传。迁广西参政，告养归。
补授蕲黄道参政，蕲黄地临大江，寇航盗艘出没叵测，镇理江
事，厥任綦重。会怀愚韩公迁大仆正卿，朝选老国事者往代之，
金曰："无逾沈孟化。"时守制适阙①而受命，盗劫所隶旧逋镪且
千计，诸郡邑系狱追取者数百人。一日免之，盗亦以息。税监陈
奉横恣，禁戢之。监怒，以"抗旨庇属"闻。或讽之求援，弗
听，怡然曰："今之求援，何如始之不撄？"竟夺一阶，左迁广西
副使。陈奉事在西粤，十年不调，而清节莫改。

韦酋煽乱，檄谕祸福，贼大感悟，遂解散，惟黄尚负固。躬
督兵魇之，擒于风门岭，余众奔溃。以入贺行，迁右江参政。右
江多獞猺，斩其渠魁，请抚者百余峒，降者数万人。又以入贺
行，卒于江西泰和白石潭舟中。自筮仕江浦以来，历参粤、楚、
江藩，凡筑城郭，理荒政，饬丰采，蠲逋镪，戢税监，平韦酋，
抚獞猺，随在有殊勋。祀郡邑乡贤。著有《一鉴诗集》。旧邑志
载：名臣第一。赞曰："旬宣命使，赋政王臣。一朝华岱，四国
凤麟。"先任刑部时，偕清流裴应章建汀州会馆于北京前门外，
汀人赖之。

赖　先　字伯启，弘治庚戌进士。例当选，以亲老乞归养。
戊午，授户部主事，赍边饷，督钞关，收京仓粮，清西蜀屯田，
悉著贤声。迁员外郎，引疾归。起知常德府。时修建荣府，中官
诛求甚峻，先痛加裁抑，民赖以苏。省志。

先师事罗一峰，学有渊源。生平风节自持。始引疾而归也，
以忤刘瑾故。继自常德勇退也，以忤中官故。惠民之大，尤在督
钞。浒墅关旧制：船五尺以下者不征。后皆滥取。先于支港照尺

---

① 阙，原文为"阕"。

寸伐石闸之，听自往来，商旅称快。崆峒李梦阳送其《之常州浒墅》诗曰："泼泼昆吾精，化作三尺铁。霜风试玉石，随手落轻屑。赋质有至刚，百炼谁能折。丈夫生世间，遇事贵剪截。安能学儿女，铅粉取客悦。鸣呼恋君情，不在远离别。"又曰："榷船非我制，新自正统间。吴兴东南会，何可废兹关？林林千万艘，日暮澄江湾。国家有课程，聚敛非所安。君本济川器，行旅谅开颜。"又曰："君行赠维何？我有西门豹。西门虽云亡，千载仰余照。君行何所止？南近范公宅。江云度春空，想见古颜色。妙契不自珍，幸慰远相忆。"其推诚如此。归田后，以行谊率乡人，以孝义教子孙，以家礼变时俗。后进迄今仰法。《通志》传殊略，今特为增纪云。

张 僖 字凤山，嘉靖戊戌进士，授中书科舍人。严嵩欲罗致之，使人讽以美官。僖不可，上书劾嵩，遂拂袖归。敝庐数椽，风雨不蔽，怡如也。

胡 时 字子俊，以明经教授于乡。善诗，工楷书。《村居》诗云："豆种南山杂种田，醒时独酌醉时眠。溪头水涨夜来雨，门外山横晓起烟。村鼓数声春社日，牧童一曲夕阳天。东邻老叟时相问，桑柘阴中话有年。"洪武间，上杭邑令刘享荐授本学司训。卒于官。

赖维岳 字峦宗，万历间举人，由永春教谕升兴宁令。嗜古学，多著述，有《古今裘》、《金涌集》、《半豹集》刊行。

吴祖馨 字升客，力学敦行。顺治丁酉领乡荐，以亲老侍养膝下，绝意仕进。耿逆乱，逼令受职。祖馨叹曰："吾为亲故，未①遑效力国家，顾乃俯首于逆党耶！"去而逃之。

卢 英 字骏臣，贡生。事嫡母、生母，色养诚孝。舅氏无嗣，英收葬其所遗祖骸十余棺，且买田以供祭扫。邑令延为义学

---

① 未，原文为"末"。

师。以累年积谷，供徒膏火。又于抚溪河涧倡立渡船，舍田以膳舟子，人免病涉。

吴云芝　字根霄，贡生。以孝友称。甲寅逆变，逼受伪职，弃家逃深山。邑东关桥水冲毁，人病涉，云芝挥二百余金助修。岁饥，捐赈，复置田数十亩，以给族人圆役之供。

胡逢亨　字贞一，贡生。事亲孝。康熙丁巳岁饥，倾廪施粥。乡民黄井生，幼聘詹氏。既而，两姓俱贫，欲离婚。逢亨捐金周恤，俾克完娶。海澄有鬻其子者，逢亨知其儒家子，赎归之。悯蚊潭河渡覆溺为虞，捐田以给渡工。又修造下洋福广山和宁庵等处桥路，为利甚溥。

以上已祀乡贤祠。

黄日焕　字愧峨，顺治辛丑进士。知兴业县，革里甲常规，禁包收、滥派之弊，裕盐课，罢墟税。邻邑妖寇犯境，日焕亲率乡民，斩馘数千。寻以忧归。补知甘泉，邑遭乱后，民多流亡，丁粮多赔累。日焕申请豁免。擢知邳州，筑堤治河，度地建城，民获安居。擢淮安河务同知。

吴懋中　字允睿，庠生。嫡母熊氏失明，漱舐七夕，重翳如扫。父好义，急施予。懋中仰承色笑，晨夕必请所与。知县周齐以"孝义"荐，懋中曰："此子职也，曷足称？"子煌甲，崇祯癸未进士，乙酉卒于官。丙戌城破，一门八妇，同夕自经。懋中慨然曰："吾子死君，吾妇死节，天之玉我至矣。"遂遨游罗浮、鼎湖诸胜而归隐焉。所著有《五宗文诀》刊行。

廖冀亨　康熙庚午举人。知吴县，值岁祲，赈饥宽赋，全活无算。尤善决狱，摘奸发伏，民无能欺之者。公余课士，躬自丹黄。解组，寓苏二十年。归，士民攀送，赠言盈册，订为《仁声集》，有"谁说异肠木石如，廿年爱戴尚如初"之句。建百花书院祀之。著有《子平五星集腋》刊行。子鸿章，翰林院检讨。孙瑛，江西按察使。

卢　化　字鲲浪。长于诗文，兼工书法。举康熙壬子乡试，知江南繁昌县。厘剔催科积弊，不事鞭扑，而逋累一空。境内荒祲，竞籴者几致攘夺。化劝令富户倾囷出粜，民遂安辑。在任九载，以忧归。士民勒石志惠者凡七所。服阕，又补授陕西永寿，立课程训士，凿山泉灌治田，绩尤著。生平秉性严毅，不苟言笑。里居时，役繁民困，化据例抑节，官吏不敢肆。饬族人不得充当吏役。至今六七十年，族众盈千，无敢投充者。治家一依礼法，俸余殖产，分润兄弟及族贫。间与二三旧交，诗酒相娱，有《乐耕堂遗稿》，未刊行。次子彦彧，邑增生；季子彦躬，副贡，读书尚志。彦彧之子铨，自有传；钧，举人。

卢　清　字裕堂。康熙甲寅、乙卯间，盗贼蜂起，清与弟云举诸生，率乡邻，联什伍，捍卫里间。庚申补科，领乡荐，知直隶雄县。王府庄头控民佃逋赋者百十人，清以积欠日久，裁减浮利。庄头嗾府道揭参，去任。逾年，翠华过雄，向士民询官吏贤否，百姓以清奏对。欲起用而病卒。

赖国华　字宏仁，胜运里黎袍山人。居极僻小。国华幼自知学，制举业外，诗、古文、词皆无所师资，而闯古人之门。年十九，府、院两试冠军。旋食饩，试辄高等，然雅不欲以文士老也。筑室大岐山，研穷理性，博究天文、地理、农田[①]、水利诸书，矢为明体达用之学。而德器温醇，涵养深邃，见者辄有所感于心，人比之黄叔度。雍正十一年，抚军赵国麟招入鳌峰书院。国华于十五年秋，舟沉剑水死矣。

宦　迹

自古封建之代，书升论秀。来自田间，登于朝石。使司牧

---

①　田，原文为"由"。

者，即其乡人。风土既谙，易得其情。禁魃止邪，茂育群生。天工人代，夙夜惟寅。降至春秋，列国启疆。楚材晋用，迁地为良。宋斤鲁削，操刀勿伤。茧丝保障，显于晋阳。既改郡县，汉重循吏。河清十奇，中年三异。黄霸颍川，文翁蜀土。富之教之，治乃近古。自兹以降，代有传人。流光史策，山高水深。洪惟我朝，大化斯叶。东西朔南，靡有畛域。遵途同轨，荡荡夷庚。清和咸理，山陬海澨。宴湖多才，于学笃嗜。处乡称贤，出治报最。事为民德，政则国华。既贵于朝，复重于家。惟邑有乘，用垂典型。扬徽播烈，以隆厥声。志《宦迹》。

沈玉璋　字九山，嘉靖间以贡授海宁簿。宁无城郭，人鲜知兵。玉璋以职司罗捕，勤于训练。后倭寇掠境，亲率东仓兵捍御，邑赖以全。

黄益纯　字健峰，嘉靖戊午举人。有文学，教授温州。擢睢宁县知县，修理学宫，均定田亩，招流亡八百余户，给以牛、种，垦荒田五百余顷。疏淘河道①，剪除积寇。立巡河墩堡，节制七十二所屯卫。历任五载，乞归终养。著有《彩窝集》、《绿竹居诗集》。

卢日就　字斗孺，崇祯癸酉举人，知广西岑溪县。县岁解牛，判银四百两。日就严禁屠牛，每年捐俸赔解。獞猺为害，日就严戢之，民赖以宁。迁南京北城兵马司，补刑部主事。著有《斗孺遗稿》。

吴煌甲　字愉之，崇祯癸未进士。知揭阳县，多惠政。岁大祲，邻邑刘公显乘机为乱。围城月余，煌甲督民兵击退之。积劳成病，卒于官。著有《读易识小》、《琴心轩艺》。

熊兴麟　崇祯癸未进士，授宜兴令。时寇乱汹汹，兴麟联城

---

① "道"字校补。

野，勤团练，寇不敢犯。历礼部主事、湖广监察御史。顺治丁亥，大师至辰州，羁系八载，放归。殁后，上杭邱嘉穗为作传，载《艺文》。

孔庭训 字东溪。由举人，授杭州府通判。升湖州、绍兴二府同知，迁刑部员外郎。德性温醇，操行清介，历官中外，而囊无余物。人士钦之。

赖　锦 字南沂，岁贡生。授万州牧，教养并行，黎蛮驯服。以终养归。

赖　洽 字果泉，选贡生。判池州，升知郑州，皆有惠政。迁蜀府长史，卒于官。

赖希道 字龙泉，举人。授令建昌，邑多逋赋，希道除加马，清蠹弊，而民乐输将。修学建桥，理冤备欵，卓有贤声。

赖希昌 字西峰，岁贡生。授建德县主簿，升剑州判。以清勤慈厚称。

赖　霖 字仁宇。由恩贡，授湖广安仁县知县。清复茶陵军侵没民田百余亩。莅任四年，陂塘、义田、社学、文塔，皆著有成绩。

赖一鲤 字云吾。由恩贡，初任归善县丞，升阳山县知县。严重自持，按抚文委盘查他州县，杜绝私谒，秉公不阿。政暇多著作，刻有《钓民苦语》。迁王府审理所正审理。

赖朝选 字显我，举人。令长沙，清廉纯谨。长沙王旌曰"乐只君子"。

赖昌祚 字蒙著。由恩贡令旌德，左迁山东布政使司照磨。历署孟县、保德州事，再补榆杜县知县。所至清案牍，绝苞苴，禁刁恤残，当道器重之。

吴日修 字海门，举人。授广西陆川令，州哨激乱，地棍辄乘浔狼为变。日修条陈三害，盗棍敛迹。升睢州知州。

邱与闵 字阊如。由太学，同知泰安州。救荒御寇，民颂廉能。

阙　振　字羽公，举人。丰神峻峙，不妄言笑。令嘉善，详豁通赋三万有奇。以强项罢官。归里十余年，嘉善人怀惠不忘，伐石纪功。

萧熙祯　字瞿亭。才思敏逸，成进士。文出，为一时传诵。授令长沙，事繁民悍，肆决如流。尤以雅厚善俗，都人士化为礼让。摄善化政，亦如之。以直行己志，诖误归。

孔煌猷　字二伊。由举人，授峡江令。惠政得人，崇祀峡江名宦祠。所著有《唾余集》。

赖明选　万历举人。授南直隶常州通判，惠民敬士，士民祠祀之。

吴　诰　选贡。授程乡知县，有黑千户，怙势处虐民。奏请诛之，悍奢服。

吴　蒙　岁贡。令富阳，剔蠹厘奸，士德民怀。

郑　厚　岁贡。授云南澄江府通判，派徭役，剿抚山獞。解组归，民遮道攀送。

沈孟作　岁贡，教授南雄，文教聿兴。署篆阳江，政治卓茂。

赖　恒　岁贡，司训兰溪。署兰溪、义乌二县事，有惠政。

吴廷芝　字卉长，父利见，举人，贵州新贵县知县。左迁陕西泾阳县丞，疏通泾渠，民怀其惠，吁祀名宦。廷芝绩学善文，领康熙丁卯乡荐，知浙江德清县，调陕西鄠县。能以文章饰吏治，读书好研思，经、史、子、集，手自抄纂，盈积等身。为诗一笔立就。卒于官，不及收检，单词只句，犹流传人口也。著有《镜史》，梓行。孙：昭上，例授大兴知县；红上，例授钟祥县丞，署沔阳州州同。卒于署，囊橐萧然，宪司各致赙归其丧。

黄策麟　字汉阁，为诸生，试辄前茅。家贫，然同祖以下诸弟侄，衣食婚嫁皆独任之。康熙丙子，领乡荐，授陕西合水县知县。在任十五年，清操自矢，始终一节。署庆阳卫守备，一署环县，两入文闱，调军前督理粮饷者三年，皆能于其职。

王芬露 字建斋。年十八，始随胞兄廪生芝芳就学，质敏而勤。举康熙己卯乡试，任四川峨眉县，廉介自矢。三入试闱，识拔皆知名士。在任五年，告败致旋里。生平事无大小[①]，必兢业审处。持己接物，出处进退，力求寡过，亦无过可指，士庶咸矜式焉。年八十三卒。父禹昉，笃学清修，年九十一。母彭氏，年九十三。次兄春三，监生，年八十二。盖一门耆寿云。四子皆成名，行三、奇七，武举人。

张成章 字简亭。性孝友，善诗文，勤课子姓。康熙己卯举人，选江西万安知县。修城郭，开荒芜，革陋规，以苏民困，粮免加耗，米除淋尖。先是西南两都，远涉艰于输纳，负阻漕粮，多年不交。成章三至诱谕，与民推诚款洽，欢若家人。间聚其子弟，课文讲艺，始设漕仓于皂口，以便输将。自是，民皆踊跃，户无逋欠。庚子，同考江西乡试，得士十人，咸称名宿。万邑惶恐滩最险，会辛丑秋，滩水大涸，怪石毕露。成章捐俸百金，亲诣滩际，督工四旬，凡石险峻当道者，皆凿平之。商旅咸庆安澜，勒石志功滩畔。迄今百载，往来舟子，歌功颂德。丙午旱饥，开仓减价，虔诚露祷，立沛甘霖。是岁，以老病乞休，告致详府，士民赴府吁留至再三，词情恳切。府乃谕成章照旧供职，以慰舆情。丁未，摄理吉安府事，文武童试，矢公矢慎，士林钦仰。闽人流寓，寓安者甚多，成章新设"福兴户图册"，俾流寓者得以推粮入籍应试，客民便之。在官十年，士民爱戴，为建生祠焉。七十八岁，解任还乡。八十五岁而卒。子孙蕃盛，乡里咸推仰之。著有《吟香诗草》，未梓。

郑　宜 字赓三。父昌麟，隐居教子。宜甫冠，县、府、院

---

① "小"字校补。

三试第一。旋食饩。父没，营葬龙安乡。乡患虎，人莫敢至。宜
与兄宾，躬负土石，经旬卒事无虞。康熙辛卯乡举，雍正甲辰成
进士，谒选得江西南昌。因外补有人，委署湖口，实授龙泉县。
初莅泉，积案盈百，日判决如流，匝月而衙署萧。间遭秋潦为
灾，跪祷霖雨泥淖中，水旋落。尝徒步阡陌，慰劳农氓，因以察
知谣俗及山林奸宄。故讼衰①盗息。以时延课生童，手自甲乙。
振灾、设渡、建冢、修署，清俸不足，益以家资。士民或设法补
偿，叱不受。榜县堂曰："莫言百姓难治，治百姓须先爱百姓。
非故，一文勿要；要一文，即不值一文。"民以为言行相副也。
解组归，龙泉人综其政绩，刊为一集，曰《治谱汇言》。宜为人
慈祥乐易，宗戚僚友均有休戚相关之谊。至弹丝、品竹诸辈，亦
由由与偕。独治家严礼法，子弟、孙、曾不衣冠不敢见，稍不
谨，虽长必答。所著有《易经省悟》、《性理会要》、《慕直堂文
集》，西江周力堂各为之序，未梓。年八十终。长子天健，监生，
囊箧细碎，有晨昏之助。次子天池，庠贡，捐修南堤，倡建义
冢，克世其家。三子天枢，孙道绍，父子先后②登武科。

江联辉 字简符，康熙癸巳恩科举人。六上春官，四荐不
售，人皆为惋惜，辉曰："数也，吾自知之。但人事不可不尽。"
雍正甲辰，挑选四川试用，历署广元、南江、万县、合江、泸
州，实授合江县知县。当辉之署泸也，会有令丈田。泸属三县，
一土司纷纷告争，辉勘理判决，民不忍欺。已而万县民因丈田鼓
噪，臬宪以辉署万得民心，檄令抵万开释。辉至而民皆帖服。泸
邻贵州，其赤水河一带，川黔争界者连年不决，各上宪委辉往
勘，即以赤水河为界，东属川，西属黔，界遂永定。任合江三
年，前后俱在泸州摄治。庚戌以足痹告休，有劝以少待者，辉

---

① 衰，原文为"哀"。
② "后"字校补。

曰："是有机缄在，吾于甲辰筮仕，得困之，咸已先兆矣。"卒具
文乞归。辉孝友性成，事生母、继母如一。仲兄三连，客死河南
大康县，四十余年莫知葬所。辉公车迂道，遍访得厝所，负遗骸
归。又雅好崇奖士类，负冰鉴之名。著有《四书定旨》、《春秋经
义》，未梓。

熊光炜 字伙藜。九岁失恃，哀慕如成人。康熙丁酉乡举，
乾隆元年会试，以年满七十恩加内阁中书衔，知江西崇义县。政
简刑清，民胥向化。岁祲平粜，额外减价，捐囊赔补。解组归，
仍杜门教授，泊如也。

萧廷玮 字荆玉，熙桢孙也。痛父浓有早逝，与伯兄廷琦事
孀母饶至孝。领康熙丁酉乡荐，奉例截选，以母齿衰，家居终
养。服阕，谒选，授安徽含山县知县。在任三载，化轻生薄俗，
禁胥役差扰。文教聿兴，蟊蟘绝迹，更辟汙麦田于镇南卫，成沃
壤，阖邑祝之。平居恂恂自守，兄弟友爱，闭门课诸孙。年七十
八终。子起凤，副贡，任安仁知县。

卢　铨 字省非。行谊醇正，文章博达详赡。雍正丙午举
人，丁未进士。时岁大饥，汀郡上游闭籴。铨于当事有诚，密寓
书求开通接济，邑人阴赖之。知奉天铁岭县，先是邑城不戒于
火，延烧数百家。甫下车，即请借捐库项，按户给赈，申豁带征
逋赋千余石，增设银冈书院学舍，捐置学田二十亩，与诸生课艺
谈经，始终不倦。解组，寓京师会馆。汀属会试习制科之业者，
胥就正焉。尝入秦中崔抚军幕，章疏多出其手。生平著述未梓。
子观源，乾隆壬申举人。

林　生 字集侃。状貌魁伟，英勇过人，应募广东营伍。奉
主将高登科令，征剿光武山寇。又随高剿花山寇。历著军功，题
授广东清远县左营守备。卒于官。

文　学

　　夫檀柘而有乡，萑苇而有聚，言物类之相从也。学者闭户研精，开卷独得，若无待于外求。而观摩讲习，必藉师友之助以成其业。故曰蓬生麻中，不扶自直。又曰齐鲁之间于文学，自古以来其天性也。永邑虽僻小，而士之服儒服、修儒行者，摩肩接踵。系其志以先民为程，不沾沾于帖括，遂乃周览六艺，玩诵百家。于经史、文词、术算、考证之学，悉心探索者，咸有其人。且有既得科第，不践仕途，退而居于乡闾，坐拥皋比，专志纂述，继往开来，矻矻穷年，白首罔怠。若是者，虽汉之经师，何以加焉。宜乎斯邑文雅日盛，后进争相砥砺，知朴学之可贵也。余窃编次其人，以仿群史文苑之例，所谓寄姓字于修豪，亦足慰其人于遐纪矣。

　　卢一松　字念潭。万历间，以贡授吉王府教授。谓宗藩之学，与韦布异，乃摘四书中切于修、齐、治、平者各一条，名曰《要学三篇》以进，士嘉纳之。著有《学道要端》、《井田议》、《化俗议》、《醒心诗》、《宗孔集》。

　　林钟桂　字丛岩，举人。诗文下笔立就。授如皋令，阁部史公可法嘉为有用之学。著有《余言稿》。

　　卢乾享　字柱公，举人。令庄浪。著有《燃藜草》、《秦游草》。

　　熊铨元　字祥人，选贡。聪颖嗜古。著有《退隐集》。

　　陈应标　字起瞻，增生。闭户读书，至耄不倦，好摭隐僻为声偶之章。著有《鸡跖集》。

　　郑日益　字冲宇。志趣高尚，邑令敦请乡饮大宾十六次。所著有《四书说》、《诗经说》，德行文学，通邑咸师事焉。

　　吴来凤　字仪明，顺治辛卯贡生。善属文。著有《天随集》刊行。

　　邱六成　字兼三。三中副车，康熙丁卯贡。著有《四书说意》、《易经说意》、《粕余集》十二册。《府志》作上杭人。按：六成，顺治十一年，学使孔自洙取入永定县学第四名。

　　赖以德　字懿德。沉酣经史，著述自娱。永乐间，以经明行修，荐授湖广宜都县知县。

　　郑　道　字宏夫。学问宏博，古道自持。应嘉靖壬辰贡，授浙江武义学训导，历广东陵水学教谕，广西浔州府学教授。各庠皆庆得师焉。

　　黄　科　字伊野。才华隽拔，学问渊冲①，行文有欧、苏气，学者多师事之。

　　郑士凤　字于阁，顺治辛卯恩贡。壬辰廷试，房考李廷枢叹为高雅绝伦。录卷进呈，旨授知县。居家闭门著书，有诗集、古文词行世。

　　吴人骥　字台御，副榜。性高岸，不轻取予，豪于诗、酒，每醉后高吟，琅琅有韵致。善书法，笔力遒劲，似朱晦翁书。所有题迹，人争宝如拱璧也。

　　张尧中　字如初。精《春秋》，删辑五传，为后学津梁。

　　熊国宾　字寅所，增生。笃行力学，下笔千言立就，经、史、子、集，多所传注。

　　熊国兴　字日楼。孝事继母。以岁贡司训饶平。制艺之外，常以诗、古文课士。宪司奖之。

　　沈元辙　字幼苏，孟化次子。学使耿定力首拔士。年十五，饩于庠。随父任之苕、雪，与诸名士相唱和，学益闳，缙绅咸以小苏期之。志未竟而卒。

---

　　①　原文为"充"，校改为"冲"。

阙尚伦　字明轩。诗文以奥博称。

林光翰　字云章。为文有卓识，词奥而葩。以副贡铎临川，李来泰宗师之。

徐泰来　字惠生，选贡。入太学，国子师雅爱之。长于诗、赋，惜早卒。

张鼎焯　字聚九。传伯父尧中《春秋》之学，别为传注。

陈上升　字乔文。登贤书后，筑室乡居。多聚书，手自校雠，掇翰属词，人咸称为浑金璞玉。

李　颖　字嗣英。资性超悟，学问宏博，尤善诗、词。著有《联珠集》。

黄孟淑　字衷鲁。嗜古力学，经书子史多纂注。为文不竞时艳，必以归、胡诸大家为法。遭乱退隐，教授生徒。子日焕，成进士。

郑孙绥　字符枚，岁贡，司训武平。著有《古今人镜》刊行。

吴　晋　字吕生，初名晋甲。曾录为充场儒士，后饩于庠，学优韵远，能诗，善操琴。康熙壬子、丁丑修邑志，两与载笔。又尝与修《通志》。所著《草木心集》一卷，《积寸斋尘稿》二卷。

卢彦群　字柔戒，廪生。试辄冠军。年二十二卒。

卢彦辅　字孝检。能诗歌、古文，时艺亦清雅。年未三十卒。

黄殿甲　字御及，廪生。著有《凤翙楼集》。

熊卜伟　字恭仲，增生。有异才，多挚行。乡里称文学。

沈缵绪　字忝述，增生。耄而好学。

卢维翰　字象崧，廪生。著有《本源集》。

郑应周　字石序，岁贡。敏而好学，有行检。

吴大栋　副榜，精《春秋》。

卢日旭　字曙海，廪生。学酝经术，门多醇士。

熊伟抱　字璞斋，庠生。博通经、史，浑厚慎默。

赖用錞　字参颖。质行能诗，于南城隅辟圃凿池，栽花酿酒。与文人韵士，往来觞咏。

廖镇臣　字颜尺，廪生。颖悟轶群。

熊　春　岁贡。教谕赣州学，历任七载，课士有方。赣士祠祀之。

赖　津　岁贡，教授青州府。秩寒守洁，为人所难。

曾子毅　岁贡生。有才学，勤于纂述。所著有《解醒篇》、《诗余雅韵》、《投机集》、《醒心集》、《春归岩谷注》。

赖可大　岁贡，江西益府教授。才学兼优，孝友并著。

徐　灿　岁贡。孝友勤学，以经术垂训。

郑国卿　岁贡。刚方正直，司训揭阳，以忠孝勉士。

江　淇　字蓼劬。康熙乙酉举人，官安溪教谕，师范肃然，相国李文贞公家居时，尝深重之。忧归，补任侯官，督鳌峰书院事。同母弟浚，亦以孝义称。浚子风清，举人，教谕侯官。

阙应桢　岁贡。刚方正直，司训揭阳，以忠孝勉士。

卢祖熺　字瞻岵，康熙戊子举人。父英，岁贡，为本邑义学师。祖熺克承家学，继主义学者十余年。邑中成名之士，多出其门。为仙游教谕，亦多造就。孙九云，举人，知湖广酆县；庆云，副贡生。

胡楼生　字更庵。兄弟八人，其父遇亨，筑蛟潭阁，课子肄业。楼生兄弟并读书其中，而楼生尤负俊声，工诗文。蛟潭溪水每溺人为患，楼生为文以祭①之，患遂寝。康熙戊子举于乡，知河南商水县。兄杏生，庠贡；桂生、松生、柏生，邑诸生。弟檀生，岁贡，官安溪训导、闽县教谕。

---

①　祭，原文为"癸"。

张月攀 字千龄，康熙戊子举人。教谕南平，详改天主堂为十二贤祠。卜葬二亲，屡乞假不允。纳印太守，弃官而归。

沈 敦 字敷五。父先甲，邑庠生，以经学传家。敦膺岁荐，选官光泽训导，重梓《朱子诗》，广布学宫，观风部堂。刘师恕奖曰"师范克端"。长子光渭，自有传；次子光淇，岁贡；四子光澧，副贡生，长于诗。

卢奏平 字斯任。家贫力学，终年兀坐一室，朱黄吟诵，至耄不倦。不自为古文，而《左》、《国》、《庄》、《骚》、《史》、《汉》八家，皆有批点全集。凡经指示，生面独开，后进得知有古文义法。一振庸靡之习者，奏平之力也。由岁贡司训罗源，忧归。再补安溪学，辞不赴。有《孟子点睛》刊行。

萧廷璠 字绍嘉，邑庠，沆有子，进士熙桢孙也。以岁贡司训诏安，造就多士。文有其质，家居谨饬廉隅，每诫儿孙曰："庸行难尽，无以此博名高也。"年八十八，无疾而卒。

熊孙莲 字大千，岁贡，司训龙岩州。父卜瑞，邑廪生。长兄孙兰，康熙乙卯举人。父子三人皆以能文名，而孙莲更兼工诗。

赖 昭 字瑞轩，邑增生也。品行端方，文学醇正，当道屡奖优行。朔望伦堂讲学，以励后进。由岁贡，训导海澄卒。

郑鹭升 字谦人，郡增生。父孙绂，庠贡生，诗书启后，谨厚传家。鹭升矩矱自持，居乡恂恂崇正，教训生徒以礼让为先。乙卯城陷，仲弟被虏，茧足至江南寻得之。未几，弟病卒，负遗骸归。与季弟湘澜友爱终身，诠经注史，切磋互励。鹭升卒，湘澜杜门不出者三年。人两贤之。湘澜，字端人，邑庠生。澜子楷，庠生；枢、模，另有传。升子昌，庠生。

郑 枢 字惕存，雍正壬子举人。念鞠友爱，书田馆谷所入，兄弟与共，不私一钱。笃友谊，同袍客病死，调护敛殡，劳且瘁勿恤。教授生徒于人伦日用切要处，极意谆复，常效朱子

《宋名臣言行录》，自汉唐以下，都为一集。谒选授永安教谕，未抵任而卒。

张大鹏 字嘉祯，邑廪生。天性颖发，强学广记，好聚书资，修脯养亲。稍赢①，即以购书。六经、诸史、百家、族分、部居，提要钩玄。郡邑言渊博者，必推焉。执父丧，不内寝，不事浮屠。奉老母竭力承欢，数十年如一日。乾隆十年举优行，未几卒。

熊龙其 字毓水，岁贡生。女儿适赖氏，遭难，投水全节死。三甥幼而贫，卵②翼成家。尝爱抚溪山水清美，构学山楼，课子侄肄业其中，远近学者闻风而至。文学卢子文赠以联，有"山中服古，户外传声"之句。为诗清壮秀杰，与同邑卢化、阙魁为诗友。有《学山楼遗稿》。长子甲丰，郡廪生，怜贫恤寡，以善行闻于乡。

王燕龙 字孔嘉，庠生。邃于诗，即家构五桂轩，吟咏自乐，与广文李基益酬唱最多。刻有《五桂轩诗集》四卷。

廖枫 字祝三，邑增生。工行草，尤善诗。与同邑吴晋（字吕生）、邱渊（字五先）、戴昱（字霞叔）为诗社，宴集登临，互相酬唱，极一时风雅之盛。枫《三绘斋稿》，凄婉如寒泉出峡；晋《积寸斋稿》，沉雄如铁骑云屯。晋死，枫为《哭友诗》二十章，酸楚不可读。

陈庆善 字伊水，郡廪生。性颖悟，精《春秋》。手著《麟经阐微》，邑令吴梁为之序。

吴亦进 字望子。性怙退，鬓年入泮，退处抚溪乡，读书一室。年逾七旬，寒抄暑诵不辍。寿九十卒。

张月鹿 字宿龄，拔贡生。长汀黎愧曾尝与谈经，甚器重

---

① 赢，通"盈"，盈余。
② 卵，原文为"卯"。

之。随督学汪薇校士漳泉，与宜兴储在文唱和相得。游南雍，一时名宿若何屺瞻、高北侍，皆称知交。寻以内艰，未卒业回籍。

卢子文　字同升。幼颖异，家贫力学，有文名。弱冠游泮辄冠军。早卒，士林惜之。

赖　修　字励行，邑廪生。家贫笃学，教授生徒，罄所欲传，终日无倦容。又有赖扬对、赖岑者，皆博学善属文，郡邑人士多负笈从之。三子皆未得中寿而卒，人有碎玉之叹。

张文渊　字男其，廪生。祖父遗书满架，焚膏继晷，矻矻穷年。游其门者，造就极多，邑中称博雅士焉。

吴奉璋　字佩子，岁贡生。通经汲古，束修厉行，友教四方，生徒云集。非公事不入宰室，学者仰之。著有《学庸抉微》，未梓。

熊友骀　岁贡生。舌耕养亲，年耄犹教授生徒，从游率知名士，族子九梅其一也。九梅秉性友爱，笃志好修，以五经九试棘闱，不遇。康熙乙未领岁荐，丁酉宾兴，束装将行，诸弟劝以年老，笑曰："尔欲效少游，哀吾哉？"遂行，卒于宁洋途次。

郑　珏　字于佑，恩贡生。甘贫嗜学，能强记，善讲说，汀、潮人士多游其门。

邱　珊　字九苞，廪生。攻苦下帷，枵腹挑灯，所与游者，类多成材。于文字点、画、声音，考订不误，并留心小学者也。

王命召　字维宪。以善书名，悬腕中锋，遒媚劲健，入钟玉之妙。客粤，著《粤游草》二卷，楚楚有致。今摘其可诵者：

《泊龙涎峡得月》云：归舟夜傍龙涎宿，嵂峒岩盖如大屋。疑是瑶岛与珠宫，虬龙鬼怪呵护覆。峡口峰高势崔巍，圆月初上照山麓。一轮飞镜落深潭，醉看浮波月可掬。长流不断潺潺声，似闻淫雨连朝漉。此景谁人领略来，宿舟图画惟吾独。吟哦夜夜①不成眠，渐见东方已露曙。欸乃一声剌舟行，太息人生何鹿鹿②。

《避暑晚归》云：就林因酷日，危石自生风。贪看云归岫，顿忘月上东。树深迷路黑，潮起涌波红。坐觉浮凉满，长烟一带中。

《羊城上元观灯》云：笙歌连彻夜，弛禁金吾开。火树珠江合，鳌山粤海来。乱灯明昼锦，挝鼓起春雷。秉烛须行乐，为欢得几回？

《腊旅送弟旋舍》云：前途珍重去，日渐故山亲。寄尔旋家梦，留予在客贫。寒天容易晚，炎地最先春。嫂侄如相问，兄今一老人。

《惠州西湖六角亭看雨》云：城南烟雨转城西，亭景湖光两不齐。帘外风清凝宝鸭，山前瀑布走虹霓。萍踪此日游鹅水，竹杖何年过虎溪。意欲林泉长笑傲，草芄芄处鹧鸪啼③。

其他清词丽句甚夥，不能尽录也。

以上旧志。

陈中谠 字静公，上洋乡人，明万历间庠生。崇祯间，盗贼四起。中谠招募乡勇御贼，里赖之。后其弟为贼所害，中谠遂隐于灵鹫山，自号"遁溪"。著有《太平楼诗文集》八卷。殁后遗稿散佚。中谠自少以孝友闻，恂恂里党。才敏绝伦，而防检自饬。善草、隶，恒不多写，人得其片幅者珍若拱璧。今间存遗墨，悉如蛇惊电掣，得兰亭骨髓，非近人所能学步。

林之栋 字桐月，孔夫乡万历间人。聪慧绝伦，读古文，数行俱下。年十三进县学第一，年十四以一等第一名食饩。其文清

---

① 后一"夜"字校补。
② "鹿鹿"，同"碌碌"，平庸。
③ "啼"字校补。

真超卓，不落恒蹊。邑令某素爱其才，招致衙署，每阅所作，辄击节叹赏。以其父及兄弟三人俱在庠，匾其堂曰"芹香世绍"。惜年不永，十九岁而卒。

林　蕤　字奎藻。倜傥能文，崇祯己巳游学于粤，县试不及期。欲随覆试场补考，至则已扃矣。扣而入，知县让之，遂率口云："或七篇，或八篇，尽一日之长；如不通，如不才，听三年之罚。"知县故穷之以题，标以"孟子三几希"，据案立成。知县惊赏，以无正场文，抑置第二。然无意功名，为诸生终身，不乡试。

郑宾朱　字愧明，万历间增生。聪颖力学，游庠时尚未弱冠，屡考优等。尝学宋儒礼，衣冠必谨。著有诗文一卷。

忠　义

纲常，可以植物者也。如构大厦，必有巨材为之楹栋而后可立，否则倾矣。同此，赋形而两间之正气独有所钟，则其人必有磊落大节以显于当世。天地藉之以不挠，而世之靡靡者得以庇其生焉。一乡一邑之内，自千百载以来，有一人能为国家捍灾御患，捐躯殉义，则啧啧羡称，以为其土之荣。可以见正直之理，本于人心。人心不泯，则天纲自植。吾于永定得数人焉，其最显者曰中丞詹公天颜，已载于《名贤传》矣。其余亦皆秉刚德能，致其身以殄除群寇，使邑人安堵不罹于难。虽非受命于朝，而激烈之慨，诚不愧于志士仁人也。其有旧志缺漏者，采诸遗闻，今为之传。

罗文举　初任广东千总，累立战功，擢广西梧州守备。康熙十四年，领兵援藤县，勇战陷阵死。

吴阶泰　字在邦。母疾，刲股调羹以进。友爱兄弟，门内肃睦。以平山寇功，授都司衔。祀忠义祠。

江宽山　字东峰。以义勇闻。嘉靖间，山寇张连等聚众万余，劫掠乡邑。宽山率子弟及乡勇力御之，转战皆有功。伏发，宽山及三子二侄皆歼焉，后屡显异迹。观察卫绍芳为作传，载《艺文》。

苏魁甲　字燮光。年十四补弟子员，旋食饩。应康熙己巳岁荐。金丰里之有科贡也，自魁甲始。当耿藩叛，或唚以伪札，不受。岩背草寇窃发，漳南道卫绍芳进剿，驻节其楼，与有赞画焉。

王之翘　字仁殿。康熙丙子，上杭草寇郑德敬聚众千人谋攻县，欲取道锦峰乡。之翘携其侄，往碶头阻遏。敬德因迁道宿大院寺，卒为乡兵邀击而溃。

卢鸿鼎　字曰都。尝率乡兵御寇卫城，给授守备职。以年老辞不就。寿九十二，生十三子、六女。邑侯吴梁举乡宾，匾曰"多寿多男子"。

孝　友

夫子曰："孝悌之至，通乎神明，光于四海。"圣朝以孝治天下，迄乎士庶，化以成俗。蒸蒸之志，怡怡之情，虽十室之邑，必有令德。永邑僻在山陬，而渐摩于大顺大化，浚发其良知良能。割股庐墓，合爨均财，不可谓非天性之独厚者矣。作《孝友传》。

廖显玢　嘉靖四十一年，贼至。母耋而盲①，负母逃，贼杀其母。后贼闻其素行，悔之，遗金殡殓。

---

①　盲，原文为"育"。

赖一相　字时望，诸生。其继母偏爱所生，一相让产于弟，躬自舌耕糊口。继母化之。尝入粤归，遇盗舟次，呼曰："天乎！赖一相平生为人，岂宜至此？"盗闻其名，遂解去。

熊正宗　字复斋。早失怙，庐墓三年，丧葬尽礼。乐施与，敦友于，上杭令黄君希礼亲至其乡旌之，时称"孝子里"。

孔念厚　顺治丙戌城破，兵欲杀其父，厚乞身代。兵果杀厚，父得免。

廖季翘　侍奉父母，虽处穷约，而洗腆必丰。母病丧明，以舌舐者六年，浣涤躬亲。举必循礼法，惟恐失德，贻父母忧。雍正三年，诏旌其孝。

郑完明　母病，虔祷茹素。父病，刲股以进。孝声著闻。

郑　龙　庠生。早孤，奉祖及母以孝闻。母没，守苫块者三年。尝为贼所掳，闻其孝，释归。

郑永大　监生。父行佐，乐善好施，屡举乡宾。永大善事继母。弟染疫，梦母授服粱粟汤，果愈。邻里患此者，试服皆验。康熙丁巳、丙子，岁祲，发龙门庄粟以赈。康熙间，豁免钱粮，定例主七佃三，永大全给焉。

阙廷枢　廪生。五世同爨。雍正丁未水灾，捐资以赈。子文成进士，宰乐陵县，有政声。

赖　玉　字高山，岁贡生。小靖盗起，其父被害。奔京师请兵剿贼。嘉靖初，授临高丞，抚黎蛮，建石桥。升广西容县知县，未抵任而卒。

赖希孔　县学生。父疾，祈以身代。处兄弟怡怡。邑令旌之。

郑懋官　字举南。母目瞽，舌舐复明。亲没，庐墓三年。有"驯虎伏蛇"之异。知县周君齐造访，详院题疏，奉敕建坊。

吴　赞　字清渠，庠生。邑令叠荐孝义，巡按御史徐兆魁旌曰"孝能色养"。学务躬修，凡三膺台奖云。

陈吉辅 字明川。建祖祠，修坟墓，置祀田。族人义之，抚、按两旌其门曰"孝义"。

熊守廉 字爱山。孝亲和睦，捐资修祖坟，建家塾。知县吴君殿邦申院旌奖。

廖同伦 字行吾。父郁疾，几不起。同伦顺志承颜，多方开解，父疾得愈，享耄寿。又创立公田，俾族人宽徭役浮粮之累。

黄金辰 字海超。年幼丧父，为世父所恶，金辰不敢校。及世父无依，金辰事之如父，时人尚其义。

吴鼎泰 字连壁。邑令旌其孝行。

王予聘 善事孀母，抚育幼弟。

孔时中 字敬湖。母病，祈以身代。果得愈。

赖宪谟 庠生。事继母，育二弟，能人所难。

阙居仁 孤苦时，母胰膳必丰洁。巡按特加旌奖。

张鼎耀 字冶九，贡生。居丧，寝苦枕块，虽沉疴不变，兄弟甘苦与共。学使旌之。

吴淑南 亲殁，庐墓。闻烈宗崩，痛苦不食。君子谓其身在畎亩，而能知君亲之恩，不忘忠孝也。

沈一熠 字友恭，庠生。母疾，衣不解带，殁而庐墓三年。奉敕建坊旌奖。

朱象升 字沐咸，廪生。孝事父母，操行清洁。按院、督学交奖之。

郑邦珍 字闽毓。服贾孝养。亲殁，庐墓侧，躬畚插，树松楸。年九十，犹岁时展省不懈。

郑学张 字志九。事亲问事不懈，居丧毁形。邑令危君言欲为请旌，学张固辞。其不以亲故市名，犹难得也。

孔崑猷 遇盗，请代父死。母盲，起居必偕。邑令吕坊之旌以匾。

郑祖彝 字思彩。十岁丧父，哀恸擗踊如礼。长能为人排难解纷，闾里服其公平。子星烂，岁贡。

黄一梧　字正阳。秉正不阿。耄年葬父，孺慕不忘。

赖正贵　字履和，庠生。幼年丧父，终身抱风木之恨。性刚好义。卒年八十三。

卢震行　字原子。弱冠时，父以命案被诬。竭力白父冤，由庠监〈署〉清流训导，运解漳饷，有清声。

赖世勋　字远游，郡增生。乙卯城陷被掳，以祖母及父皆卧病在家，沿途哀号，兵义而释之。其祖母及父旋没，妻郑氏拮据殡殓。世勋归入门，见二榇在堂，一恸几绝。自是，凡葬、祭皆独任，不分委于弟，族人称孝友。康熙四十六年，举乡宾。

邱天培　字振秀，武庠。乙卯城陷，失母，寻至南粤，而母已殁于广西。负遗骸归，道途凄苦，哀感行人。读书展卷必恭，残文废字，皆加敬惜。年七十一，公举宾筵，痛亲不逮养，固辞。士论益重之。

张月钦　字敬龄，邑庠生。少孤，事母孝。尝奉母避寇，村落缺米，出籴不惯肩挑，负以背，天雨泥泞，举步必祝曰："天乎，吾母命在是，幸无倾失！"君子谓："生事尽力，仲氏子所以见称于圣人也。"子龙文，岁贡生；孙鹏南，举人。

林廷枢　字行策，邑增生。幼失恃，善事后母。家贫，教授生徒，脩脯悉以奉母，母爱之亦如己出。异母弟桢，字行焕，以能文名，登贤书，皆枢教育功。

廖象湖　字暎井，庠生。年十三，父病疽，私以口吮。父没，哀毁骨立，营葬躬负土石。妻范氏，能与同心，冒病助办。里多偷俗，象湖立规条，朔望会父老于祖祠，聚族人申明约束，俗赖以端。著有《中庸契真》。子连三，进士。

卢　莘　字隽其，监生。生而继于嗣父母，生父母生、死、葬、祭，一体竭力。葺理宗祠，倡集文会，族属利之。著有《易经旁训》一篇。

江　潞　字元宾，监生。母病眼，日夕舐之，遂愈。合族建宗祠，举事不辞劳瘁。母族邱氏无后，为继嗣。嗣夭，更为择继。迄今两家子孙如亲兄弟。

卢　松　字敏兹，监生。年十七，丧父，家无儋石，兄弟六人，其三兄先已分爨，惟五、六两弟尚弱龄，松独抚育之，合食四十余年。稍获丰润，与两弟均分，并资其第三兄之无后者。创烝业，拓书田，皆竭力为之。

阙圣宗　字鲁元，庠生。三岁孤，孝事媚母，终身依恋不违。事兄如事父。创立高曾以下祀田，捐田倡建大洋陂渡。著有《学庸析义》，未梓。

卢成永　字慎修，庠生。事继母如生母，抚异母弟六人迄皆成立。拓数代之烝田，创合族之文课，年饥赈恤，三党咸利其惠。

吴人文　父母早丧，孝事祖母年至八十五终，人文以承重守制，筑庐墓侧。宪司奖之。

张吹箎　字仲怡。父遗腹而生，孝事其母。兄弟二人和祥著于里邑。相传四代犹合食焉。

戴亮轩　字伯斗。三岁丧父，事母恪共①子职。外祖无嗣，生、死、葬、祭，悉其力。康熙四十二年举介宾。

江景云　字振淮。居丧不茹荤，力勤拓父业。比析产，诸弟交让云云，取均焉，友爱殊可风也。康熙六十一年百岁，恩旌竖坊授冠带。一百三岁卒。

吴懋功　字涵虚，增生。笃学躬行，人称孝友。

赖德谦　庠生。温恭静雅，事亲至孝。

孔如梓　字淡水。性甚孝友。

---

①　共，通"供"，供奉，供给。

艺　术

　　《记》曰："德成而上，艺成而下。"为其为下也，学士大夫或不屑为之。然精能之至技而进于道者，亦有之矣。郢人去垩、轮扁斫轮，扁鹊、淳于意以医显，司马季主、严君平以卜著，黄直、陈君夫以相马立名，齐张仲、曲成侯以击剑惊众，皆有高世绝人之风。固非浅闻小数所可及也。然则，艺术又曷可少哉？传《艺术》。

　　张士英　伯龙子。由监生考授州判，效用河工，署江南沛县主簿。历任河南仪封、山东剡城、峄县县丞，四署沂州府同知。习父业，善画山水禽鸟，绘各河道图极明晰，上官屡嘉之。

　　熊　绛　字少堂。精于青乌，为人造福。

　　廖　堂　字宽若。精于书，宗欧而兼王。第人能品，都人士仿之。每府院试，主文者并称永定字学之佳。援例捐衔千总，中年而卒。

　　赖　琼　字肇英。精岐黄术，兼工书法。心存利济，活人不计酬，不惮瘁，邑人利之。其子孙能以医世其家。

隐　逸

　　凡物莫不以有用于世为贵，惟人亦然。离世而高蹈，非极轨也。然古多隐君子，清风亮节，闻者慕之，足以厉廉隅，淡名利，绝贪鄙之风，是即隐者之用矣。永定在万山中，昔有避地者，每乐居焉。其有非著籍而流寓者，不仕不民，亦隐士之流也。故作《隐逸传》，以《流寓》附焉。

张荣我　字叙三，孔夫乡人。谨厚而好文，居近燕子岩，前士大夫道屦所至，必挈榼与偕。名山得此，可无寂寞之虞矣。

列　女

凡孝慈肃雍勤敏之行，纴织文咏之才能，皆妇人之美德也。所遇不幸，而乃以节烈著记。不云乎妇顺而后内和理，内和理而后家可长久也。此但言其常德，而所以淑世召祥者，已非浅鲜。若夫柏舟漆室之操，断臂劓鼻之勇，固可惊俗而立懦，而其人亦只守其立身之大纲，为所当为，无异于安常处顺也。今当名教昌明之世，比户可封，非魁崎绝特之行，不足以表见。而闺闱之内，率知以礼自持，不亏其节，棹楔之所未及旌者，一邑辄有数百人，风俗之美盛如此。苟非志乘为之阐扬，则幽芳或几乎泯矣！兹采录为《列女传》一卷，于旧志所存之外，增烈节妇及贞女若干人。其淑媛之风教，足以超出流俗。又有享期颐之寿，而无亏乎妇仪者。此所谓集邾和之休祥，以叶乎柔顺、利贞者也，皆得登载于其篇云。

陈氏　吴来献妻。顺治丙戌城陷，兵执欲污之，投水而死。

郑氏　赖成德妻。夫死，郑年二十三。顺治丙戌城破，闻兵入城，即投水死。

苏氏　詹甘霖妻。霖为山寇所害，氏即自缢死。

张氏　赖绍宗妻。夫被贼害，氏痛哭不食。视夫殡殓毕，自缢死。

陈氏　赖心芊妻，孝子陈吉辅女。年二十，芊病革，谓氏曰："善事后人。"氏泣曰："君不讳，即相随地下。"截发以誓。芊卒，氏理丧事毕，卜日归葬，告诸姑嫂曰："氏愿同穴。"乃整衣而死，家人为之合葬。

江氏　郑士儒妻。儒客死外地，家甚贫。氏勤纺织以养姑。姑殁，殡葬毕，叹曰："吾事已尽，今亦无依。"遂入房潜缢而死。

郑氏　沈一旭妻。顺治戊①子，土寇破寨，氏率众御之，遇害死。

陈氏　王铨爵妻。顺治丙戌被兵掠　自缢而死。

吴氏　庠生邱与长妻。其长女吴文懋媳、次女庠生赖其昌妻。顺治丙戌，二女归宁。闻城陷，吴及二女俱投池而死，人称"邱门三烈"。

王氏　诸生吴懋中妻。顺治丙戌城陷，王氏登堂约诸媳曰："妇人临难，惟有死耳。"姑媳序立，互相结束，阖室雉经。从死诸媳：长曰熊氏，进士吴煌②甲妻。次曰阙氏，诸生吴章甲妻。三曰廖氏，诸生吴人甲妻。四曰温氏，诸生吴晋甲妻。孙女贞姑，侍女兰娥、招娣俱殉。合葬东园，碑曰"吴门八烈之墓"。

熊氏　赖逢峻妻。康熙乙卯城陷，赴河死。越七日，尸浮水面，颜色如生。祀节孝祠。

卢卯姑　卢日型女，受聘于谢龙官。年十四，父卒。执父葬，茹素一年。次年，龙官卒。卯姑闻，计即欲自尽，家人劝之，啮指血书"誓从地下"。伺防者稍疏，即拜辞父灵，潜缢死。

吴氏　邱与仲妻。夫卒，孀居。顺治丙戌，城破被执，诳③兵曰："池畔有窖。"兵挖窖，脱身跃入池死。

吴氏　武举郑道绍妻，归郑四载而夫亡。卒哭，氏绝粒死。

吴氏　邱与长妻。氏名淑祥，幼就学，通文翰。康熙乙卯

---

① 龙，原文为"戌"。

② 煌，原文为"熄"。

③ 诳，原文为"谁"。

城陷，自缢死。前志丙戌之难"邱氏三烈"，与长前妻吴氏及二女也，淑祥继之，三烈可四矣。

熊氏 江应宾妻。康熙乙卯，城陷被执。义不受辱，自经死。年二十二。

吴氏 张衍昭妻。年十六，归张。夫卧病三年，知不起，治棺衾。氏令治双棺，曰："矢与夫同死，不忍独生。"夫卒，自经死于床前，年甫十八。知县叶匾曰"舍生取义"。

郑氏 名贞一，阙作翰妻。适阙甫月余而夫亡，投环二次，救苏。越七日，夜半，焚香告夫灵，投水死，尸流至夫坟前而止。里人呈报，当道旌之。

戴①氏 张奋才妻。年十六，归张。明年，奋才客死滇南。讣至，哀号仆地。成服日，沐浴更衣，自经死。至殓，面如生。

郑氏 赖梦熊妻。佐夫业儒，贫辛无怨色。无何，夫死无子，念穷乏，无肯为继嗣者。经纪夫丧毕，自经死。

张氏 林登缙妻。年十八，登缙病革，怜其少，嘱勿守。氏泣曰："称未亡人尚耻，况事二姓乎？"夫死，姑密防之，竟伺隙自缢②死。

简氏 王赓臣妻，年十九。赓臣客死，榇归。氏大号恸，沐浴更衣，入室自经。祀节孝祠。

以上烈妇，俱见旧志。

李氏 赖伯瑛妻。伯瑛被寇害时，长子玉以贡在南雍。氏驰书，命缓奔丧，急奏剿贼。玉如其言，仇得报。治家严而有礼，日课子孙勤学。子孙皆登仕籍。氏年一百四岁卒，漳南道旌曰"百岁慈帏天下少，七旬孝子世间稀"。

赖氏、郑氏 张门姑媳也。赖夫张召，二十一岁卒，子世宏

---

① 戴，原文为"载"。

② 缢，原文为"益"。

周岁，族属逼嫁，赖割发自誓。世宏复早卒，媳郑氏与姑茶苦相依。后子僖成进士。

吴氏　陈昊妻。昊早卒，吴与姜张氏，同心守节，事姑以孝闻。

简氏　赖守正妻。年十八，方有娠，而守正卒。生男灏，守节训孤，毁容去饰，虽子侄，罕见其面。卒年八十三。

郑氏　张化妻。年十八，化殁，誓志孀居，事姑尽孝。子一鸿甫周，抚养成立。

卢氏　赖舟士妻。年二十二而孀，孤麟振，髫年入泮。未几夭，卢同媳郑氏，抚遗孤孙，勤纺织以度日。卒年八十余。

郑氏　阙宠妻。青年守节，纺织事姑抚子。子①应桢，以明经授广东揭阳县学训导。

阙氏　吴炉妻。归三月而炉卒，遗腹生男。家甚贫，氏勤纺织以事舅姑。孀居七十八岁。

朱氏　林继先妻。归数月而继先卒，抚遗腹子遗庆成立。卒年七十五。

卢氏　王惟仁妻，卢一松女。松为光泽教谕，氏随父任及笄。松召仁至署入赘，三月而仁卒。氏奉主回夫家，拜见舅姑，立后守节。

吴氏　王予召妻。年十八，孀居苦守，纺织养姑、虽亲子侄，鲜识其面。

邱氏　廖可化妻。化病革，嘱氏坚守，氏诺之。遗腹生男光祖，教育入庠。年八十九卒。

卢氏　吴茂榛妻。年十八，榛殁，断指誓志，族人为之立嗣，足不逾阃。

吴氏　张振纲妻。纲殁，无子。立夫侄为嗣，励志苦节。

---

① "子"字校补。

吴氏　阙锡爵妻。年少而寡，励志坚贞，以节终。

丁氏　赖乐野妻。野卒，家贫，抚二子及夫幼弟，日夕纺织供养。子长又殇，复抚其孙。族人称之。

郑氏　熊应师妻，廪生熊士熹母。苦志守节，课子读书，以耆寿终。

熊氏　赖锡福妻。福早卒，氏年二十三，无子，孀居。视嫂如母，视侄如子。足不越阃，言不苟出。寿八十终。

吴氏　邱与颜妻。十八孀居，抚育嗣子，孝以承先，勤以善后，终年七十七。

邱氏　王珍妻。守节、事姑、教子。子①腾龙，荐举。孙日中，恩贡。寿八十七终。

温氏　简叔赞妻。子周岁，夫从征卒，氏年二十。誓志苦节，勤俭教子。年六十卒。

张氏　吴尚本妻。青年守节，终身不移。

王氏　吴尚璘妻。苦志坚守，人无间言。

赖氏　卢贡妻。年二十三孀居。子幼，伶仃孤苦，勤俭抚育，教同严父。后，子自任食饩于庠，及曾孙，七人并列黉序。终年七十三。

吴氏　张瑞上妻，夫为叛甲谢有元所害，氏匍匐伸②诉，以雪夫冤。一志孀居，绋繶教子。里人推其冰洁，祀节孝祠。

赖氏　郑仲敏妻。年十九，夫死，事舅姑，育孤子，茹苦数十年。康熙乙卯城陷，孤被难，悲痛而卒。

吴氏　郑阆妻。年二十而阆卒，白首完操。子雄，登武科。乾隆十五年旌表。

汤氏　廖敏求妻。年十六归敏求，甫一载而夫卒。抚遗腹

---

①　"子"字校补。

②　伸，同"申"。

子，孝事舅姑，苦节数十年。乾隆十六年旌表。

　　张氏　郑乃和妻。年十九夫卒。立嗣，嗣复夭。与媳共守，足不逾阃。乾隆辛未年旌表建坊。乃和，上杭人。《府志》以张氏永人，载归永定，姑仍之。

　　严氏　卢崇任妻。年二十而崇任卒。上奉孀姑，下鞠嗣子，历五十九年，备尝荼苦。子效平，为邑诸生。乾隆十五年旌表。

　　廖氏　卢子冈妻。年二十一而寡，守节四十余年。

　　张氏　温桂攀妻。年十八夫死，冰操自凛，数十年如一日。

　　王氏　卢朝策妻。夫亡，立嗣，以节终。

　　罗氏　吴山进妻。年十九夫卒，立嗣遇春，入庠。苦节四十余年。

　　郑氏　孔如承妻。年二十而寡，立嗣苦节，八十七岁终。

　　戴氏（郑谦益妻）　**邱氏**（郑淑志妻）　**邓氏**（郑八一妻）三代孀居，同心守志，姑媳相依，抚遗腹孤子生伯成立。

　　郑氏　赖汉英妻。年二十六而汉英卒。孝事翁姑，教子光日、华日，食饩有声。

　　李氏　孔其钺妻。其钺[①]，庠生。丙戌之难，氏与夫冒死负祖姑以逃。已而其钺卒，氏年三十，抚孤成立。卒年九十余。

　　黎氏　赖日亨妻。中年丧夫，抚育幼子。邑令吴君梁奖曰"芳型可表"。

　　吴氏　廖文祖妻。中年夫卒，子又夭，以寡居终。

　　赖氏　胡仲播妻。年二十三生子，仅弥月而夫亡，姑又老，氏上事下育，备极辛勤。越三年，姑殁，孤夭，立嗣自俊，完室。子媳相依者三十余年。已而自俊又死，无传。于是，氏五十余岁矣，遂奋身坠楼而死。

　　张氏　郑其照妻。年十九，夫客死。力作养姑，育遗腹子。

---

　　①　"其钺"二字校补。

旋夭，姑继殁。只身贫困，几不能自存，血指餍糠，苦节五十六年卒。族人哀之，葬祖茔之旁，岁时附祭，知县周奖之。

朱氏 张若颜妻。若颜年十七游庠，十八娶氏，数月而亡。氏亦年十八，无子，立继，抚之成立。既娶，复夭，遂无后。氏茹荼铢积，重为夫营坟，留旁穴自待。晚遭疾，却医药死。族人如其志，葬于所营之穴。

刘氏 郑伊人妻。年十七夫亡，守节，四十四岁卒。

张氏 赖还初妻。年二十八夫亡，八十三岁卒。

廖氏 赖晋卿妻。年二十二夫亡，八十二岁卒。知县吴奖其门。

江氏 刘桢伯妻。年二十六夫亡，七十四岁卒。

翁氏 苏与恺妻。年二十夫亡，守节六十年卒。

江氏 苏奋九妻。年二十三夫亡，守节四十七年卒。

吴氏 江三植妻。年二十四夫亡，无子，守节。以夫兄子天瑞为嗣，训教为名诸生。事九旬之姑，敬养周笃。乾隆十七年旌表建坊，祀节孝祠。

谢氏 胡仕权妻。年十九夫亡，无子，伯叔讽以贫寒，不给。氏矢志靡他，因为立后。抚嗣元英，难苦备尝。年五十四卒。

谢氏 廖瑞熊妻。年十九夫亡，水浆不入口者三日。时姑刘卧病在床，泣慰之，乃强食。事姑甚孝，姑病笃，含哀忍痛，历十余昼夜未尝舒息。抚嗣完节。年七十八卒。

简氏 岁贡其文女，卢淑襄妻也。淑襄早亡，无子，氏矢志立嗣。抚育之，二岁而殇。复继孙作霖，承祧养育成立。年七十二卒。

卢氏 林和薰妻。年二十夫亡，家贫无子，姑亦寡居，氏矢志奉姑。夫弟成室生子，乃以子南棠为之后。氏爱不忘劳，延师课读勿少懈。南棠以缺养谋改业，氏弗听，曰："祖母，我能事之，有无黾勉，惟我在，若何虑焉？"南棠后为诸生，氏七十二卒。

孔氏 张庆其妻。年十八夫亡，无子守节。五年后，乃得夫兄子为嗣，督令力学。年五十四卒。

傅氏 卢云阁妻。年二十夫亡，遗孤寻殇。矢志守节，抚嗣子辇为太学生。氏卒年八十七。

卢氏 赖挺之妻。年二十夫亡，无子。抚继嗣，孝事公姑，以节孝著。年七十余卒。

卢氏 简兆对妻。年二十一夫亡，无子，夫兄弟各一子嗣。守节三十余年卒。

江氏 余若福妻。及笄而若福病废，余家愿退婚，氏不从。迨年二十二矣，闻夫病剧，自赴余门，事夫病者五阅月。夫卒，请立后，翁姑以家贫难守辞。氏始终不二，乃立嗣，鞠训有成。今年愈七十，一堂四世。

林氏 廖观远妻。年二十夫亡，无子。食贫，养翁姑，抚二小叔。俄而相继皆逝，茕茕孀居，困顿万状。卒为夫立后，克全宗祧。现年五十二。

张氏 廖彬凡妻。年二十一夫亡，贫而无子。舅姑劝令改适，氏曰："无论忘夫辱身，但忍舍舅姑即不孝。"以死自矢。迨舅姑殁，终不易志。夫兄乃嗣以己子，氏饥寒鞠育之。现年六十二岁。

赖氏 孔漳浪妻。年十九夫亡，无子。孀居十载，始立从子懋德为后。其翁，邑庠生陈畴夫妇俱遇难死，仓惶殡厝，氏女红积资为卜吉筑葬。现年七十。

赖氏 熊宗远妻。归熊未一载而寡，数月嗣子，事八旬翁姑，历今四十余年。

戴氏 廖介安妻。年二十四夫亡，遗一孤，寻殇；继嗣，又夭。复抚继孙，氏为佣以活。历今年七十矣。

管氏 江维崇妻。年二十一夫亡，遗腹子亦殇。守节抚嗣子昭官，历四十余年，备极贫困。

饶氏 监生胡天亮妻。年二十八寡。孤汉才，娶媳苏氏，二十二寡。氏择族子鸿远继夫，中武举。择嗣昌继汉才，例贡。饶七十八，苏八十三。乾隆四十一年旌表建坊。祀节孝祠。

卢氏 江在沱妻。年十六归江，甫一载而寡。抚嗣子楫舟，为邑庠生。氏年六十四。

李氏 庠生吴华秀妻。年二十二夫亡，守节，遗孤亦夭，抚嗣子揩元。现年八十。

熊氏 林恒远妻。年二十三夫亡，守节，抚嗣子连举为太学生。现年八十。

赖氏 卢逊岳妻。年二十夫亡，无子，守节，闺门不逾。抚嗣子德麟，为太学生。现年六十四。

阮氏 卢概羡妻。于归未逾年而寡，无子，守节。抚嗣子毓封，为太学生。现年六十四。

李氏 江在立妻。在立客死台湾，氏年二十二，无子，守节，立嗣。逾年，夫兄负在立遗骸归，氏悉力营葬，课嗣①子焕深为邑诸生。公姑耄耋，与氏相依，夫兄弟异居，朝夕左右，氏一人力也。现年六十三。

廖氏 卢子冈妻。年二十四夫亡，守节，遗孤又夭，立嗣子廷湄抚之。现年七十。

熊氏 王圣昆妻。年二十二夫亡，遗腹生子，家无立锥，诸叔屡谋夺其志，诱逼多端。氏终不易操，抚孤成立。今叔氏四人皆无传，自圣昆父以下幸衍宗祀者，熊之遗也。年六十卒。

曾氏 熊在梅妻。年二十二夫亡，阅六日，生子观觐，守志鞠训。历葬翁姑与夫，三丧备极经营。年六十六卒。

---

① 嗣，原文为"词"。

郑氏　刘郁成妻。年二十夫亡，守节，抚遗腹子成立。中年，子、媳俱亡，下抚七龄遗孙，上奉九旬耄姑，艰苦万状。年八十卒。

张氏　廖然富妻。年十七归廖，十八夫亡，遗腹一子，负薪勤续苦节五十余年卒。知县曾匾曰"矢志松筠"。

陈氏　胡瞻麓妻。年二十夫亡，遗娠生子锡贤，守节抚之。孝事耄亲，以哀毁成病，四十二而卒。锡贤，监生。

江氏　苏嶷震妻。年二十夫亡，守节。遗孕五月，生男洁。氏爱督兼至，洁两冠童子军，由庠入贡。氏现年七十四。

赖氏　萧绍宗妻。年二十二夫亡，守节，遗腹生亮功。其夫弟绍显夫妇，年并三十相继死。幼孤七人，抚育成立，同于己子。现年七十。

廖氏　吴瑶妻。年十八方娠三月，而瑶省父官所。生子峄上，已而瑶卒。氏抚孤严克其慈。峄上食饩，邑庠生，力学有文名。氏现年六十一。

刘氏　江三连妻。年二十方娠，连出商中州。生子圣瑞，连客死。抚孤全节，年八十二卒。

郑氏　熊逊芳妻。年二十三夫亡，守节抚孤。长子从矩，入监。次子从云，遗腹所生也，亦获成立。氏现年七十。

吴氏　卢仲子妻。年二十夫亡，守节抚孤。年七十六卒。长子成陆，庠生，次子成湘，监生。

严氏　庠生卢子文妻。子文赍志殁，母老子幼，家又贫。氏年二十，仰视俯育，集蓼茹荼。姑殁，躬披荆榛，操畚梮以葬。年七十六卒。

江氏　卢兰裔妻。年二十四夫亡，翁以独子，哭之恸。氏忍泪劝慰，丧葬如仪。庶姑无出，早亡未窆，节缩口食，为之营葬。抚孤全节卒。

管氏　赖行敏妻。年二十一夫亡，守节抚育两孤，勤俭持家，增拓世业。事翁姑至耄，养生送死无遗憾。知县顾奖之。年八十五卒。

陈氏　张喜虞妻。生二子，喜虞死，氏年三十，守节抚孤。姑以哭子失明，盥栉起居，氏服勤数十年不懈。家贫，洁甘旨奉姑，虽幼子啼索，不与也。尝携子行仄径，遇虎，无可避，虎伏莽让氏行，乃咆哮去。人以为节孝所感。年八十一卒。

李氏　江映九妻。年二十三夫亡，守节抚孤，爱不忘劳，敬养舅姑四十余年。年九十五卒。

王氏　卢永瑞妻。年二十四夫亡，抚遗养姑，荼苦自甘。守节二十七年卒。

卢氏　赖宏宴妻。年二十六夫亡，苦节抚孤。年七十卒。

郑氏　阙慎猷妻。年二十二夫亡，守节鞠训二孤，筑葬慎猷以上三世坟茔，广置祀田。次子圣宗，为诸生，有名。

饶氏　庠生萧沣有妻。沣有怀干济才，康熙乙卯率众卫城，城陷遇害。二子俱幼，氏年二十六，保卫卵翼①，辛苦备尝。念夫缙绅之后，赍志以殁，严课子，以立身扬名其后。子廷玮、孙起凤，果相继科贡。州里欲请申奖，辞曰："未亡人不死，幸矣！敢邀旌乎？"年八十五卒。

张氏　戴②燕晨妻。年二十二夫亡，守节抚孤，年六十七卒。子龙光，岁贡生。

王氏　张占三妻。年二十四夫亡，茹苦守节。孝养公姑，隆师教子，年五十五卒。子国梁，举人。

葛氏　监生赖粹彦妻。年二十二夫亡，守节抚孤成名。阅四十三卒。

卢氏　江龙宝妻。年十九夫亡，守节，孤建岷，甫三岁。逾

---

①　原文为"卵育"。
②　戴，原文为"载"。

年，舅姑继殁，遗幼叔，亦三岁。氏悉心抚育，俱至成立。有司历赠匾额以奖之。年六十八卒。

陈氏　赖有仁妻。年三十夫亡，守节抚孤，俭苦积资，创置田租三百余桶，为子孙耕读之计。年九十三卒。

赖氏　朱元宗妻。年二十六夫亡，守节抚二孤，历四十余年。置田税四十桶，俾子孙童蒙者为就塾①资。年七十卒。

陈氏　黄苕竹妻。年十九夫亡，苦志抚孤。年九十一卒。

张氏　邓良凤妻。年二十四夫亡，抚二孤。年八十一卒。

廖氏　戴承秀妻。年二十七夫亡，守节，食贫抚孤。年八十一卒。

沈氏　卢慎其妻。年二十夫亡，苦志抚孤，孝事②二亲。年七十七卒。孙汝雯，庠生。

张氏　王功进妻。年十九夫亡，守节抚孤。七十五卒。

邱氏　郑其华妻。年十九夫亡，抚孤成立。守节十六载卒。署知县冯匾曰"劲节流芳"。

童氏　简绍征继室。年二十夫亡，守节。抚前室子成立，娶妇赖氏。未几，子妇俱亡，遗孤孙严赐方幼。氏恩勤闵鬻，以延一线。今年六十五，严赐抱孙矣。

卢氏　江在宪妻。年二十一夫亡，两世尊嫜咸在，既无伯叔，终鲜兄弟，孝养重闱，苦志育孤，只身任其艰劬。现年六十五。

谌氏　江浪鲲妻。年二十四夫亡，守节抚孤。姑卧病，为扶持栉沐，六年如一日。现年六十八。

张氏　阙天玖妻。年二十夫亡，守节抚三岁遗孤。翁年既老，天玖别无兄弟，氏以媳代子，孝养备至。现年六十四。

---

①　塾，原文为"熟"。
②　事，原文为"妻"。

童氏　王德玉妻。年二十七夫亡，守节，食贫抚孤。越三年，翁姑相继殁，氏负土以葬。现年五十九。

马氏　王思齐妻。年二十夫亡，守节抚孤，事姑兼抚小叔。山、园、臼、井，躬任瘁苦。现年六十二。

邱氏　廖胜凡妻。年二十三夫亡，守节抚二孤。负薪易粟，以养耄姑。现年六十五。

刘氏　张成茂妻。年二十二夫亡，苦节抚孤。子汝席，入监读书。孝事翁姑，皆享高寿，丧葬以礼。氏现年六十五。

李氏　廖和鸣妻。年二十五夫亡，守节，饥寒抚孤。现年五十七。

张氏　江鉴联妻。年二十一夫亡，遗孤才二十日。守志抚之，殚备劬瘁。现年七十一。

陈氏　赖汉卿妻。年二十夫亡，守节，抚养孤子成立。既娶而亡，更抚幼孙。现年五十一。

童氏　萧赞功妻。年二十四夫亡，守节，课孤先春，髫年入泮。未几卒，复抚幼孙。尝分其家资，为夫长兄立后。现年五十二。

范氏　张章龄妻。年二十三夫亡，守节，抚孤上腾。课督甚勤，为拔贡生。氏现年六十一。

沈氏　卢壎谟妻。年二十夫亡，守节，抚孤一鸣。义方训迪，为邑庠生。氏现年七十五。

卢氏　熊德纯妻。年二十三夫亡，守节抚孤。现年六十，知县伍匾曰"节惠储褒"。子轸，监生，有干才。

范氏　吴鼎奇妻。年二十七夫亡，守节，鞠训四孤成立，捐田税为"义浆费"。现年七十六。孙拔，庠生。

邱氏　卢行长妻。年二十夫亡，守节抚孤。现年七十四。

卢氏　胡人应妻。年二十夫亡，守节抚孤。现年七十四。

严氏　卢某妻。年二十一夫亡，抚孤守节五十年卒。子行先，监生。

　　阮氏　卢逊嵩妻。年二十五夫亡，守节。色养公姑，训孤有成。现年六十二。子如光、导光，皆监生。

　　简氏　卢人应妻。年二十夫亡，守节抚孤。现年七十一。

　　沈氏　卢博修妻。年十八夫亡，守节，辛勤俭约，抚孤则虞入监。现年七十一。

　　邱氏　马庆良妻。年二十七夫亡，守节抚孤。现年六十四。

　　邱氏　吴某妻。年十九夫亡，守节，抚孤子应学成立。现年六十五。

　　赖氏　林潜仲妻。年二十二夫亡，守节抚孤。现年六十二。

　　卢氏　庠生熊绍妻。年二十六夫亡，守节抚孤。现年六十。子宸翰，监生。

　　张氏　卢真尚妻。年二十六夫亡，守节抚孤。现年六十。

　　张氏　温攀桂妻。年十八夫亡，守节抚孤。现年六十。

　　江氏　合江知县联辉女，卢子岈妻。年二十四夫亡，守节抚孤。现年五十五。

　　吴氏　江浪韵妻。年二十二夫亡，矢志抚孤。现年五十三。

　　张氏　大埔人翰林作舟女，永定熊永质妻。年二十一生子清干，二日而夫亡，坚志抚孤。现年五十一。

　　萧氏　江天熙妻。年二十一夫亡，家素封，氏孀居抚孤，以礼自防，严恪备至。现年五十一。

　　卢氏　江士玉妻。年二十一夫亡，守节抚孤。子锡笏，监生，亦早死；妻李氏，年二十四，遗一子尊萃。姑媳相依，贞确共矢，中更家难，支持门户者数十年。卢氏八十三卒。李事姑孝，姑殁，哀毁成疾。明年，相继卒，年五十六。

　　范氏　廖景亨妻。年二十生子奕昌，甫月余而夫亡，苦志守节。奕昌长，娶媳亦范氏。媳年二十五，兵破城，奕昌流落无存，遗一子藜光六岁。姑媳共抚教育，为邑庠生。其后，姑年八十一卒，媳年七十六卒。

张氏 王珍生妻。珍生客死粤东，无子，氏茕居八载，方得夫兄子绍为嗣。娶媳郑氏，年二十八又寡。姑媳共抚一孤，皆以节著。知县许匾曰"两世冰霜"。张年八十一卒，郑现年六十三。

王氏 萧峻若妻。年二十八夫亡，守节。抚孤纫佩，娶李氏，年二十又寡，无子，立嗣子廷璪，矢志事姑。王年五十七卒，李年八十一卒。廷璪，监生。

李氏 选贡生熊锡应继室。年二十而寡，抚孤子光勤、光烈成立。光烈亦早亡，妇孔氏年二十一，抚孤泗华。姑媳守节，历数十年卒。光勤，例贡生；泗华，监生。

谢氏 翁万选妻。年二十三夫亡，抚孤又廷成室，复夭，与媳李氏媚守抚遗孙。谢年七十五卒，李现年五十九。

吴氏 苏瑞龙妻。于归半载夫亡，无子守节。立嗣弼良，长娶李氏，李年二十又寡，姑媳共抚孤孙。吴现年八十四，李现年六十一。

陈氏 卢亶缘妻。年二十二夫亡，无子守节。立嗣九龄，长娶吴氏。吴年二十复寡，无子，继嗣亨泰。姑媳苦节。陈现年八十三，吴年六十二卒。

卢氏 庠生熊翼煌妻。年二十二夫亡，鞠训孤子辂读书游庠，不幸亦夭。氏忍痛慰媳曰："吾昔所以不死者，为抚孤也。今儿死孙复幼，三代一线，惟此弱雏矣。"盖将以励其媳云。卢年六十。

阙氏 卢逊超妻。年二十夫亡，无子誓以死殉，嫂熊氏委曲劝解。熊有二子，以长子为阙嗣。旋夭，又择本宗为嗣。熊夫逊姬，远商数十年，无音耗。阙、熊二人，妯娌相依四十余年。熊训次子德龙游庠。阙年六十三，熊年六十五，相继卒。

　　李氏　拔贡徐泰来妻。年二十六夫亡，守节，孝事耄姑，课子及孙、曾先后成名。年一百岁，知县顾匦以奖之。

　　以上节妇，皆见旧志。

　　萧氏　赖希禹未婚妻。希禹卒，闻讣奔丧，为夫立后。乾隆十五年旌表。

　　吴氏　江浪辰未婚妻。年十七夫死，闻讣奔丧，舅怜其幼，且家贫，不忍留。氏曰："饿死事小，失节事大。志已决矣，舍此何之？"遂纺织育嗣孤，苦节四十余年。乾隆二十九年，旌表建坊。编修巫宜福作《吴氏贞节传》，载《艺文》。

　　以上贞女。

　　吴氏　卢合礼妻。年百岁，知县曾匦曰"熙朝人瑞"。百岁之祝，子二人，年皆近耄矣。

　　曾氏　吴惟一妻。年一百岁，其孙信予，年八十八。《府志》列入《乡宾》。

　　张氏　岁贡胡震生妻，即乡贤逢亨之媳也。家本素封，氏勤约自持。乾隆十七年百岁，恩旌竖坊。五子耄而齐眉，孙、曾、玄百数十人，衣青紫者数十，庶乎三多之祝。

　　以上寿妇。

永定县志卷之八

职 官 志

治官、教官、武官、名宦、大吏

莅其地，修其政，作其人者，官也。曰治、曰教、曰武，分三目而第列之，秩若世家之相次矣。训术、训科、僧会、道会，有官无禄，可略也。树庸可以传后，纪名宦获上而后治民，纪大吏以《职官》终全志。标名宦而崇大吏，盖不胜愿望之思云。

治 官

今县设官莅治，知县为正官，佐贰有县丞、主簿，首领有典史，属辖有巡检、驿丞、税课司、大使等官。永定田少民稀，开邑之初止设知县一员，典史一员。旧巡检二员，增设巡检一员。弘治九年，赣抚金泽奏汀属每县添设巡捕主簿一员，十七年裁。知县掌一县之政，以丁产差赋役，以催征完课饷，以读法善风俗，以听断平狱讼。若水旱灾祲，请于府若省振恤之。凡养老、祀神、劝农、贡士，表善良、恤穷乏、稽保甲、严缉捕，皆躬亲厥职而勤慎焉。典史司文移出纳，无丞、簿兼掌军粮巡捕之事。巡检本以阅习弓手备武事，今主缉捕盗贼，盘诘奸伪。

自秦置郡县，县万户以上者置令，万户以下者置长，历汉、晋、五代、唐，皆称县令。贞元开始，始有知县之名。知县者，非县令，而使之知县中之事。通典所谓检校，试摄判知之官是也。唐尉亦称知县。姚合为武功尉，作诗曰："今朝知县印，梦里百忧生。"亦谓之知印。宋称知县事，用京朝官为之，结衔曰"以某官知某县事"，谓非县正官而任其事，故云。然元称县尹，而别有达鲁花赤，明直称知县，今仍之。或曰：知，主也。如乾知、大始之知，义通而失其由来矣。秩正七品，自庶吉士、进士、举人、贡监及例捐者，皆参选用。

主簿始于汉，主计会之簿。初惟御史台设此官，后郡县多有之。明在京在外，秩高下不同。在县秩正九品。典史，古之尉职。秦汉郡县皆设尉。景帝以后，在郡者为都尉，在县者为尉。唐宋惟州县有之，亦称幕官。元于尉之下别设典史。明迄今裁尉官而设典史，未入流。巡检自宋设为寨官，今秩从九品。汉、晋时，令得自辟除簿、尉，今悉由部曹铨用，以吏员捐例为之。

永邑明之为知县者

王　环　浙江新昌县举人。由训导升，成化十五年任。有传。

颜　韶　浙江青田县岁贡，成化二十一年任。

陈　礼　浙江鄞县举人，弘治三年任。

张　缙　广东琼山县举人，弘治五年任。

陈　悦　南京吴县岁贡，弘治六年任。

宋　澄　浙江建德县举人，弘治九年任。有传。

闻　璇　浙江海盐县举人，弘治十年任。

杨　宗　江西高安县举人，弘治间任。

梁　善　江西临川县人，弘治间任。

陈　济　广东保昌县岁贡，弘治十五年任。

曾　显　浙江泰顺县岁贡，正德三年任。

戴彝心　湖广房县岁贡，正德间任。

邢　瑄　广东文昌县举人，正德十三年任。

刘文诏　江西安福县举人，嘉靖四年任。有传。

　毛　凤　广西临桂县举人，嘉靖十年任。

　孙　銛　江西丰城县例贡，嘉靖十五年任。

　唐　灿　广西临桂县举人，嘉靖十七年任。

　何文经　广西郁林州举人，嘉靖二十二年任。

　胡大武　南京贵池县岁贡，嘉靖二十六年任。旧志载："笃实和易，爱民如子。"当时人咸云"真得父母之体"。

　莫惟宾　广西马平县举人，嘉靖二十八年任。

　罗世庆　江西吉水县举人，嘉靖二十九年任。旧志载："性清慎，多才能，吏畏民怀，惜未久忧归。"

　洪良弼　广东揭阳县举人，嘉靖三十年任。

　许文献　南京长洲县选贡，嘉靖三十四年任。有传。

　周　珊　直隶龙虎卫举人，嘉靖四十一年任。

　龙尧达　广东顺德县举人。先授南靖县教谕，嘉靖四十四年升任。

　陈　翡　江西南昌县举人，隆庆二年任。旧志载："性朴谨守，民不见扰。"

　谢良任　广东番禺县举人，隆庆五年任。

　何守成　浙江分水县举人，万历二年任。有传。

　闵一崔　浙江乌程县贡生，万历间任。有传。

　姚　朴　浙江慈溪县贡生，万历间任。

　花　偕　江西弋阳县贡生，万历间任。

　叶祖尧　云南临安县进士，万历间任。

　姜子贞　浙江余姚县举人，万历间任。

　郭　埙　江西赣县贡生，万历间任。

　张正蒙　广西柳州贡生，万历间任。

　许　堂　江西宜黄县贡生，万历间任。旧志载："性秉慈仁，不事鞭扑。"

　何　檀　浙江富阳县贡生，万历间任。卒于永。

謝元賀　江西瑞金县举人，万历间任。

危　言　浙江新建县举人，万历间任。旧志载："莅任六载，持身冰蘗。听断公平，关节罔通。"

龙应亮　浙江桐城县贡生，万历间任。

吴殿邦　广东海阳县进士，万历间任。有传。

沈　遁　浙江仁和县举人，万历间任。

周　齐　广东宜山县举人，天启间任。

钱养民　浙江余姚县举人，万历间任。

朱梦魁　广东饶平县举人，崇祯间任。

陈天祐　浙江长兴县偏桥籍贡生，崇祯间任。

徐承烈　浙江鄞县举人，崇祯七年任。

马伯升　云南浔甸府选贡，崇祯十二年任。

伍耀孙　湖广石门县选贡，崇祯十五年任。升江西临江府同知。

徐可久　南京赣榆县贡生，明末任。

国朝之为知县者

赵廷标　浙江钱塘县选贡，顺治三年任。有传。

沈在湄　江南无锡县进士，顺治七年任。旧志载："作养人才，勤劳政事。在任八载，卒于永。"

岳钟淑　江南武进县进士，顺治十五年任。以薄敛取。

任名成　陕西贡生，顺治十七年任。以病归。

洪天开　江南歙县举人，康熙元年任。大计黜。

潘翊清　辽东义州贡生，康熙七年任。有传。

颜　佐　河南河内县武举，康熙十六年任。

徐印祖　奉天恩生，康熙二十三年任。升云南屏州知州。

吕坊之　山东曲阜县贡监，康熙二十八年任。

吴　琪　顺天大兴县进士，康熙三十二年任。

吴　梁　河南许州人，康熙三十七年任。有传。

李　栻　陕西富平县进士，康熙四十六年任。优礼士类，勤恤民隐。卒于永。

曾九寿　湖广监利县举人，康熙四十六年任。

康仁德　湖广衡山县举人，康熙五十一年任。

叶思华　山西闻喜县进士，康熙五十四年任。

潘开基　浙江上虞县例贡，康熙六十一年任。以民怀砖塞署，罢去。

唐得鹏　广西全州举人，雍正元年任。有传。

樊泽遥　四川宜宾县举人，雍正三年任。以赃黜。

顾炳文　江南吴江县举人，雍正五年署，六年实授。旋奉委卸事，七年复任。有传。

丁　荃　浙江长兴县副贡，雍正十二年任。

程　芳　江南休宁县例贡，雍正十三年任。

周缉敬　广东新会县举人，乾隆三年任。

许齐卓　江南合肥县选贡，乾隆六年任。

林　焱　江西永福县举人，乾隆八年任。

赵　爕　江南上元县举人，乾隆十年任。

潘汝龙　浙江归安县进士，乾隆十三年任。有传。

吴　栋　广东连州举人，乾隆十五年任。

孙容光　广东揭阳县举人，乾隆十六年任。

伍　炜　江西安福县进士，乾隆十七年任。

卫克埔　山西凤台县举人，乾隆二十一年任。

明之为主簿者

陈正仁　贵州例贡，弘治九年任。

李　振　广东番禺县吏员，弘治十四年任。

明之为典史者

张明贤　江西余干县人，成化十五年任。

胡　浩　湖广黄陂县人，成化十八年任。

林　秀　湖广松滋县人，弘治元年任。

朱　麒　浙江嘉兴县人，弘治九年任。

赵　得　南京仪真县人，弘治十年任。

陈　佳　浙江上虞县人，弘治十三年任。

叶　珵　浙江上虞县人，弘治十六年任。有传。

陈　森　浙江慈溪县人，正德间任。

梁　演　广东番禺县人，正德十一年任。

谢　德　浙江黄岩县人，嘉靖二年任。

陈　绫　广东电白县人，嘉靖六年任。

李　钟　江西丰城县人，嘉靖十三年任。

莫　住　广西苍梧人，嘉靖二十一年任。有传。

李　镗　南京来安县人，嘉靖二十二年任。

方大正　浙江淳安县人，嘉靖三十年任。

钱　述　江西庐陵县人，嘉靖三十五年任。

张　宰　浙江会稽县人，嘉靖三十六年任。

戴　谟　浙江鄞县人，嘉靖四十一年任。

李一迪　广东海阳县人，嘉靖四十三年任。

唐世盛　广东顺德县人，隆庆二年任。

李　钥　浙江山阴县人，万历间任。

吴光祖　广东顺德县人，万历间任。

况汝登　万历十五年任。

袁成美　江西宜春县人，万历间任。

巫之祥　江西余干县人，万历间任。

按，万历共四十八年，旧志载典史仅四人，今从旧碑按补况汝登一人，知其遗漏者多矣。

　　张图南　陕西人，天启间任。

　　丁时隆　山西汾阳县人，天启间任。

　　陆宗臣　浙江余姚县人，天启间任。

　　姚继谕　南京休宁县人，天启间任。

　　李三汲　江西南城县人，崇祯间任。

　　汤九思　南京山阳县人，崇祯间任。

　　张宪臣　浙江嵊县人，崇祯间任。

　　唐世伦　河南涉县人，崇祯间任。

　　程可远　南京高淳县人，崇祯间任。

　　徐德骍　浙江山阴县人，崇祯间任。

　　高国用　浙江人，崇祯间任。

　　陆衷赤　不知历任何代。旧志《祠碑篇》载："有典史陆衷赤去思碑。"而《秩官篇》不列其名，未知何故。

国朝之为典史者

　　马奕勋　浙江钱塘县人，顺治间任。

　　赵国玺　陕西华州人，顺治间任。

　　王文才　北直人，顺治间任。

　　杨廷楹　陕西富平县人，康熙元年任。

　　刘自清　陕西富平县人，康熙十一年任。

　　沈一龙　浙江会稽县人，康熙十八年任。

　　叶之花　陕西三原县人，康熙二十五年任。

　　王士奇　顺天大兴县人，康熙三十一年任。

　　顾　俊　北直通州人，康熙四十七年任。

　　王　泽　顺天大兴县人，康熙五十二年任。

　　赵　筠　顺天大兴县人，康熙五十六年任。

　　徐　求　顺天武清县人，康熙六十一年任。

朱汉臣　顺天顺义县人，雍正三年任。

夏召棠　江南丹徒县人，雍正九年任。

靳希圣　顺天武清县人，乾隆六年任。

陈　益　浙江钱塘县人，乾隆十五年任。

王本浩　浙江山阴县人，乾隆十九年任。

李　骥　江南长州县人，乾隆二十一年任。

明之为兴化司巡检者

兴化、太平二司，原隶上杭，开县拨隶永定。今断自开县为始，以前隶上杭者载上杭志，兹不录。

胡　裕　浙江奉化县人，成化十三年任。

宋　清　南京舒城县人，成化十七年任。

段　铎　江西萍乡县人，成化二十年任。

李　兴　南京怀远县人，弘治四年任。

许　谅　南京繁昌县人，弘治四年任。

钱　贵　浙江仁和县人，弘治十六年任。

洪　绶　江西铅山县人，正德五年任。

高　鹤　正德间任。

邢　义　南京桃源县人，嘉靖二十八年任。

李　真　南京苏州人，嘉靖三十一年任。

罗　亲　浙江上虞县人，嘉靖三十四年任。

周文郁　江西丰城县人，嘉靖三十八年任。

晏文宪　江西新喻县人，嘉靖四十二年任。

熊　谅　南京丹徒县人，嘉靖四十五年任。

严守敬　江西新喻县人，隆庆三年任。

戴景良　浙江萧山县人，隆庆五年任。

周曰仁　广东三水县人，万历二年任。

陈嘉兆　广东兴宁县人，万历间任。

杨　纯　广东程乡县人，万历间任。

苏上明　浙江石门县人，万历间任。

傅　鼎　万历十五年任。

曹三畏　南京芜湖县人，万历间任。

吴　铉　南京芜湖县人，万历间任。

李　升　浙江钱塘县人，万历间任。

萧钦若　江西太和县人，万历间任。

陈奇龙　广东饶平县人，万历间任。

鲜于禄　广东平和县人，万国间任。

沈尚朴　南京吴县人，万历间任。

李　湖　南京长洲县人，天启间任。

刘　冕　江西庐陵县人，天启间任。

潘士极　湖广攸县人，天启间任。

应　阶　浙江会稽县人，崇祯间任。

赵善仕　南京芜湖县人，崇祯间任。

丁思致　浙江仁和县人，崇祯间任。

黄树茂　南京吴县人，崇祯间任。

杜居益　浙江秀水县人，崇祯间任。

唐尚仕　北直宛平县人，崇祯间任。

国朝之为兴化司巡检者

刘士奇　江南上元县人，顺治间任。

李仲杰　顺天大兴县人，顺治间任。

程　捷　江南江宁县人，顺治间任。

蔡文在　江西南昌县人，顺治间任。

胡天爵　顺天宛平县人，顺治间任。

侯嘉祉　陕西富平县人，康熙间任。

刘　杰　浙江山阴县人，康熙间任。

陈永锡　浙江会稽县人，康熙十八年任。

陈隆遇　北直隆平县人，康熙二十年任。

朱得元　江南吴县人，康熙三十三年任。

柳杨枝　山东宁阳县人，康熙五十五年任。

姚初稚　北直玉田县人，康熙六十年任。

吴泰灵　江南青阳县人，雍正元年任。

王朝槐　北直天津县人，乾隆元年任。

沈　培　浙江山阴县人，乾隆十六年任。

明之为太平司巡检者

韩　亮　江西弋阳县人，成化十三年任。

陈　荣　广东饶平县人，成化十七年任。

朱　显　江西清江县人，成化二十年任。

蔡惟盛　广东南海县人，弘治元年任。

戴　俊　南京蒙城县人，弘治四年任。

张　凤　南京宿迁县人，弘治七年任。

董　永　北直巨鹿县人，弘治十六年任。

杨　璧　南京长洲县人，正德四年任。

潘仲和　广东新会县人，正德七年任。

吴　琪　江西铅山县人，正德十年任。

陈　辉　浙江宁波人。

赵　冕　湖广云梦县人。

朱　瑭　浙江鄞县人。

刘　仕　江西赣县人，嘉靖十四年任。

唐　彬

邢　端

高　洁　陕西朝邑县人，嘉靖三十年任。

梁　满　广东南海县人，嘉靖三十三年任。

裘　镛　浙江鄞县人，嘉靖三十七年任。

方　云　浙江武康县人，嘉靖四十二年任。

章甫臣　浙江西安县人，嘉靖四十三年任。

麦　蓬　广东新会县人，隆庆元年任。

陈　鸾　浙江山阴县人，隆庆四年任。

周　凭　浙江山县人，万历元年任。

杜乔岁　江西安远县人，万历三年任。

徐宗礼　江西临川县人。

朱应元　南京武进县人。

李名试　浙江嘉兴县人。

张宗仁　浙江杭州人。

赵友善　南京上元县人。

张德明　浙江杭州人。

杨明达　浙江开化县人。

刘三省　南京华亭县人。

张文轩　浙江杭州人。

祈大义　广东雷州人。

林茂春　浙江仁和县人。

自徐宗礼以下，历任年代无可考。

国朝之为太平司巡检者

徐汝弼　江南建平县人，顺治间任。

胡以仁　浙江秀水县人，顺治间任。

朱廷宣　江南山阳县人，顺治间任。

郭天福　陕西咸宁县人，顺治间任。有传。

郝思鸣　山西文水县人，康熙十八年任。

倪佳印　顺天大兴县人，康熙二十一年任。

范世芳　浙江会稽县人，康熙三十五年任。

荣士英　山西河津县人，康熙五十二年任。

董正学　顺天大兴县人，雍正元年任。

王锡辂　顺天大兴人，雍正十年任。

明之为三层岭司巡检者

孙　昶　浙江新城县人，成化十五年任。

陈　隆　广东饶平县人，成化十七年任。

汪　源　江西乐平县人，成化二十年任。

邱　表　南京寿州人，弘治元年任。

赵　瓒　南京沛县人，弘治四年任。

杨　贵　南京寿州人，弘治七年任。

汪　彬　江西玉山县人，弘治十年任。

杨　钺　北直元城县人，正德六年任。

闻人珙　浙江人。

王　继　直隶人。

周　銮　浙江人。

雷　旸　江西丰城县人，嘉靖四年任。

曾　和　江西丰城县人，嘉靖七年任。

丁　宪　浙江人，嘉靖十年任。

蔡　山　江西丰城县人，嘉靖十四年任。

饶　炡　江西进贤县人，嘉靖十七年任。

王　禄　南京舒城县人，嘉靖二十七年任。

李　谦　浙江永嘉县人，嘉靖三十一年任。

桂　弼　北直清河县人，嘉靖三十九年任。

彭　泗　江西大庾县人，嘉靖四十二年任。

王　袍　南京无锡县人，嘉靖四十五年任。

沈　学　浙江山阴县人，隆庆三年任。

徐孟仪　浙江建德县人，隆庆六年任。

祝大顺　浙江会稽县人，万历三年任。

黄绍芳　广东博罗县人。

朱应聘　浙江绍兴县人。

缪　瑚　浙江山阴县人。

李　瑚　江西丰城县人。

刘　冕　江西吉安县人。

项廷辉　南京歙县人。

傅汝经　江西铅山县人。

陈汝政　南京青阳县人。

倪思震　南京祁门县人。

赵善遂　南京泾县人。

熊极如　江西星子县人。

孙一鸾　浙江永康县人。

自黄绍芳以下，历任年代无可考。

项旭阳　履历无考。旧志《祠碑》篇有代捕去思碑，而秩官篇不刻其名，不知何故。

国朝之为三层岭司巡检者

陈加庆　浙江山阴县人，顺治间任。

林应元　浙江山阴县人，顺治间任。

罗一麟　顺天大兴县人，顺治间任。

蒋世爵　浙江山阴县人，顺治间任。

陈可绪　陕西华阴县人，顺治间任。

沈渐陆　北直东安县人，康熙十八年任。

丁乙大　江南无锡县人，康熙二十三年任。

胡凝道　河南杞县人，康熙二十五年任。

冯世泰　北直真定县人，康熙三十五年任。

贾良遇　浙江永康县人，康熙四十四年任。

姚廷瑚　北直昌平州人，康熙五十二年任。

萧文法　贵州贵筑县人，乾隆元年任。

刘宏庆　江南旌德县人，乾隆三年任。

杨　略　湖南正阳县人，乾隆十四年任。

曾　瀚　湖广武冈州人，乾隆十八年任。

新旧交代之间，多有署职，虽暂不逾时，久不逾岁，而一朝苴止，亦民瘼之所关也。杂职无关典要，谨志正官之所可知者。

明之为署县者

吴　俊　长汀主簿，弘治八年署。监理筑城。

叶　珵　本县典史，正德元年署。有传。

黄震昌　江西安义县人，本府同知，嘉靖四十年署。有传。

李　滨　嘉靖四十一年署。

熊茂松　江西高安县人，本府同知，万历间署。

霍蒙拯　广东南海县举人，清流县教谕，崇祯二年署。

赵硕来　南京泾县人，上杭知县，崇祯间署。

林逢春　广东南海县进士，本府照磨，崇祯间署。旧志载：平寇赈饥，谦厚爱民，民祠祀之。有去思碑。

国朝之为署县者

卢裕砺　北直三河县拔贡，本府同知，顺治十七年署。旧志载："课士恤民，详革三害，民祠祀之。"

申传芳　河南延津县贡生，康熙六年署。有传。

胡以涣　奉天人，本府同知，康熙二十二年署。

孔兴谟　山东曲阜县人，邵武府通判，康熙二十七年署。

杨　岱　四川新繁县举人，上杭知县，康熙三十一年署。旧志载："儒雅恺悌，士民爱之。"

赵良生　江南泰兴县人，连城知县，康熙三十六年署。旧志载："洁己爱民，运米救荒，重修邑志。"

张其岱 镶白旗，长汀知县，康熙四十二年署。

邸　仲 顺天监贡，康熙四十五年署。

徐上达 顺天监贡，宁化县丞，康熙五十年署。

寿运焻 浙江诸暨县岁贡，武平知县，康熙五十三年署。

靳乾亨 北直天津县岁贡，本府同知，康熙五十九年署。

冯　监 振武卫例贡，福州府通判，康熙六十一年署。承前令潘开基之后，爱民礼士，听断公明，如酷烈之余沐阴雨焉。

刘经邦 顺天宛平县岁贡，归化知县，雍正二年署。

裘树荣 顺天宛平县进士，雍正六年署。

徐　林 浙江钱塘县人，上杭知县，雍正十年署。

长　庚 镶黄旗举人，雍正十二年署。

高　琦 江南武进县举人，乾隆十三年署。

方南潏 江南桐城县监生，上杭县丞，乾隆十四年署。

王定国 江南江宁县举人，乾隆十六年署。

贺世骏 江西安福县举人，乾隆二十年署。

许元善 河南鲁山县进士，乾隆二十一年署。

夫牧民之吏，至县官而最亲。缙绅曰父台，生监曰父师，庶民曰父母，则无论凤心不可负，国法不可撄。即此合邑瞻依，名称口耳之间，亦宜恻然思抚字之仁矣。第永定民贫俗啬，官斯土者虽奸贪无能为封殖计，而廉吏饮冰茹蘖，即有干济，左支右诎。絜矩之道，必上下四旁各得分愿。然则为之民者，急公趋事，又可不自尽其爱戴之诚哉！

教　官

县学之有教官，自唐始也。古者教无专官，国子掌于典乐，俊秀教于乡先生。汉文帝置博士，而学始有专师。平帝置经师，

始及于郡。唐玄宗开元二十六年，令天下州、县、里皆立学，置
博士一人，助教一人，是为县学教职之始。明制，府设教授一
员，训导四员，州学正一员，训导三员，县教谕一员，训导二
员。永定开邑，额设教谕一员，万历间增设训导一员。国朝因
之。康熙四年裁训导，二十二年复设。明初，教职多由儒士荐
举。英宗以后，以会试不中举人及天下岁贡士除授。间有及进士
者，皆不拘本省、外省。本朝定进士改用为教授，举人改用为教
谕，贡士为训导。但用本省人，第不得用及本郡。若康熙十七八
九年间，训导既裁，督抚开收捐纳，辄委署府、县学训导，或一
岁，或数月，递易其人。于时闽省兵兴多故，姑为权宜，以济缓
急也。先是，教谕、训导俱未入流，乾隆元年，定教谕正八品，
训导从八品。

永定明之为教谕者

谢　弼　江西安福县人，成化十五年任。有传。

廖观海　广东碣石卫举人，弘治三年任。有传。

梁　镈　弘治十年署，重修庙学。

李　桢　江西南城县岁贡，弘治十一年任。

黄　诚　广东番禺县举人，正德三年任。

廖　翔　广东顺德县举人，正德九年任。

江　奎　江西贵溪县岁贡，正德十二年任。

李繁昌　广西宜山县岁贡，正德十六年任。

雷　裕　江西丰城县举人，嘉靖五年任。

罗　正　广东高安县岁贡，嘉靖十年任。

冼　谟　广东南海举人，嘉靖十一年任。有传。

董　昱　湖广黄冈县岁贡，嘉靖二十年任。

宋　材　南京歙县选贡，嘉靖二十三年任。

郭永达　广东四会县选贡，嘉靖二十五年任。

陈希中　广东揭阳县岁贡，嘉靖三十三年任。

萧曰学　江西永宁县岁贡，嘉靖四十二年任。

陈大本　浙江分水县岁贡，嘉靖四十四年任。

叶允明　广东河源县岁贡，隆庆三年任。

李应选　广东归善县岁贡，隆庆五年任。

温　理　广东始兴县生，万历间任。

沈应鹗　浙江奉化县贡生，万历间任。

罗　泮　新城县贡生，万历间任。

　　按，北直保定府、山东济南府、浙江杭州府、江西建昌府俱有新城县，旧志万历以后职官皆止载县名，不带省分。遇此等名同县分，莫详何属，今俱查明省、县，并注。惟本省但书县名。

严光翰　莆田县贡生，万历间任。

张廷相　同安县举人，万历间任。

江良宾　浙江常山县生，万历间任。

杨继秀　建安县贡生，万历间任。

周　桐　德化县举人，万历间任。

刘　达　南平县贡生，万历间任。

陈用举　晋江县举人，万历间任。

李茂桢　广东茂名县贡生，万历间任。

余应中　龙溪县贡生，万历间任。

黄良杞　松溪县贡生，万历间任。

米文洪　莆田县贡生，万历间任。

熊会奇　江西临川县贡生，天启间任。

陈士利　邵武府贡生，天启间任。

陈　濂　仙游县贡生，天启间任。

李从震　建宁县贡生，崇祯间任。

黎元德　广东高明县贡生，崇祯间任。

潘文鼎　南京崑山县贡生，崇祯间任。

张治本　邵武府贡生，崇祯间任。
林　宣　泉州府贡生，崇祯间任。
刘耀廷　龙溪县贡生，崇祯间任。

国朝之为教谕者

张　期　闽县贡生，顺治间任。
吴佺鼎　晋江县举人，顺治间任。
张天华　建阳县贡生，顺治间任。
郭万完　龙溪县举人，顺治间任。
黄甲先　罗源县贡生，康熙九年任。
翁　瑚　龙岩县监生，康熙十七年署。
郭亨都　龙溪县贡生，康熙十八年任。
廖南彦　宁洋县岁贡，康熙二十二年任。
李基益　海澄县举人，康熙三十一年任。有传。
林嘉吉　侯官县举人，康熙四十一年任。
李世茂　惠安县举人，康熙四十七年任。
谢师孔　瓯宁县举人，康熙五十三年任。
谢允登　永春县举人，康熙五十八年任。
何宾春　莆田县举人，雍正十一年任。
陈嘉猷　泰宁县选贡，乾隆五年任。卒于永。
钱王臣　松溪县举人，乾隆六年任。
萧大捷　顺昌县举人，乾隆十三年任。
赵　磐　同安县举人，乾隆十四年任。
陈凤举　连江县举人，乾隆二十一年任。卒于永。

明之为训导者

雷域中　建安县贡生，万历间任。
刘廷华　安福县贡生，万历间任。

吴伯汪　广东连州贡生，万历间任。

马应龙　江西铅山县贡生，万历间任。

余应中　龙溪县贡生，万历间任。

钟大务　广东东莞县贡生，万历间任。

向秉元　湖广巴东贡生，万历间任。

王尚宾　龙岩县贡生，万历间任。

张　拱　光泽县贡生，万历间任。

吴愈曾　广东临高县贡生，天启间任。

林日馥　晋江县贡生，天启间任。

陈念祖　连江县贡生，天启间任。

林在宸　广东惠来县贡生，崇祯间任。

胡希祖　浙江淳安县贡生，崇祯间任。

吴鼎臣　福清县贡生，崇祯间任。

武尚德　湖广辰州府贡生，崇祯间任。

国朝之为训导者

陈启明　连江县贡生，顺治间任。

乐维清　大田县贡生，顺治间任。

伍明伟　宁化县捐例，康熙十八年署任。有传。

蔡祚周　漳浦县捐例，康熙十八年署任。有传。

徐光鼎　浦城县岁贡，康熙二十二年任。

吴道嵩　诏安县岁贡，康熙二十八年任。

陈道法　松溪县岁贡，康熙三十三年任。

张　昇　福安县贡生，康熙三十七年署。有传。

薛　容　福清县岁贡，康熙三十七年任。

林荃佩　闽县贡生，康熙四十一年署。

林永泰　侯官县岁贡，康熙四十五年任。

吴　霏　莆田县岁贡，康熙四十七年任。

陈永器　宁洋县附生，捐贡，康熙五十年任。

倪　宸　龙岩县附生，捐贡，康熙五十五年任。

孙　柽　连江县例贡，康熙六十一年任。

张　瑞

魏嗣骥　大田县岁贡，雍正六年任。

江　誉　漳浦县岁贡，雍正十一年任。

林玮行　侯官县岁贡，雍正十二年任。

曾源昌　同安县岁贡，乾隆二年任。

黄稚俊　将乐县岁贡，乾隆二年任。

郭　安　侯官县廪生，捐贡，乾隆十二年任。

黄　诗　古田县岁贡，乾隆十三年任。

黄世仪　光泽县岁贡，乾隆十七年任。

黄　硕　宁德县岁贡，乾隆二十年任。

周子曰："师道立而善人多，教秩虽微，治化之本源系焉。"读杜甫简、郑虔诗，毡寒官冷，自唐已然。后世或科甲之需，次恐后者愿教，或选人之才具平常者改教，或贡士之岁月就暮者挨教。绛帷一席，几为闵老藏拙之地，何怪乎师道之不振也。而居此者，鲜以职业为事，膻情炫态，亦自诒之诮矣。夫经义治事，固体用具备。但风节自峻，廉静束脩，如海忠介贺文忠者，亦足以廉顽立懦。教职何负于人，人无负教职焉可耳。

武　官

驻防之设，各府、州、县不同，或小郡小县而设重镇专阃，或大州大邑而戍兵寥寥。盖随地险易而为之，制不能画一也。永邑褊僻，设兵不满三百名，统领仅分将弁之微。其拨设原委，具见《营汛》篇。若历员之姓氏，前明委武平千户所官一员，守御箭竹。按，千户领兵一千二百名，每十名一小旗，五十名一总旗。领兵六十二名，则总旗官也。其名皆不传。国初闽疆未靖，千把总飙忽升革。旧志载将官十余人，莫详其驻防何汛，历任何年。康熙三十六年以后，乃得历数其人。而营例调拨无常，有一人而彼此互列，前后叠见者。今以初历为主，其调拨详注焉。若外委协防，尤来去不一，略之。

旧志所载将官

张　强　河南人。有传。

郭　洪

姚宗仁　以虐民杀。

董得胜　以叛杀。

张有义　宛平人。

王得胜　海丰人，以告发去。

徐　凤

吴　习　江西人。

卞　捷　镇江人。

楼时王　河南人。

李　孙

邱　垣　龙岩人。

张应龙

在城汛

林　惠　漳浦人，康熙三十六年任，四十一年再任。

詹飞虎　长泰人，康熙三十八年任，四十四年再任。

陈　龙　海澄人，康熙四十二年任，四十五年再任。

江　济　康熙四十八年任。

罗　宝　康熙五十一年任，五十四年再任。

张惟福　康熙五十三年任，五十五年调苦竹，五十六年调博平，五十九年再任。雍正二年调博平。

张大有　雍正七年任。

黄　锦　本姓刘，上元人。善为诗。乾隆五年任，六年调博平，八年调苦竹，十二年调博平。

王　韬　乾隆十五年任，二十年再任。

徐之杰　潮州武举，乾隆十九年任。

王宗光　长汀人，乾隆二十年任。

苦竹汛

王大荣　康熙三十六年任，四十四年再任。

郑有功　康熙三十八年任，四十年调博平。

石　琳　长汀人，康熙五十九年任。

连　捷　康熙六十一年任。

张得连　雍正元年任。

李　友　雍正四年任，六年调在城，八年再任。九年二月调在城，三月调博平。十二年调博平。

伍　元　雍正六年任，七年调博平，九年再任。十年调在城，十三年再任。乾隆元年调博平，三年再任，五年调博平。

宁　铁　宁化人，雍正十年任。十一年调博平，十二年调在城。乾隆元年调在城，七年调在城，十四年再任。十六年调博平，十七年再任。

英元佐　乾隆五年任，六年调在城，七年再任，十年调博平，十二年再任。

赖　芳　乾隆六年任，八年调博平，十年再任。

鄢得胜　乾隆十三年任，十四年调在城，十五年调博平。

胡必强　乾隆十五年任。

熊　錞　乾隆十六年任，十七年调博平。

博平汛

沈 敬 康熙三十六年任，四十一年调苦竹，四十五年调苦竹。

余 辉 康熙四十一年任，四十二年调苦竹，四十八年调苦竹。

严 顺 康熙四十四年任，五十四年调苦竹，六十年调苦竹。

杨 富 长汀人，康熙四十九年任，五十二年调苦竹，五十六年调在城，五十八年调在城。雍正元年调在城，五年调在城。

刘 云 康熙四十七年任，五十一年调苦竹，五十七年调在城。

詹 登 本姓林，本县人。康熙五十五年任，五十七年调苦竹，五十八年再任。

吴 先 本县人，雍正元年任，二年调苦竹，四年再任。

俞 雄 长汀人，雍正六年任，七年调苦竹。

林 清 雍正十年任，十一年调苦竹，十三年调在城。乾隆元年调苦竹，三年再任。

张世和 乾隆十四年任，十七年调在城。

陈 敬 乾隆十八年任。

凡此薇行瓜代，近或一年，远或六七年。虽有操阅巡警之劳，而时际升平，轻裘缓带，则亦共承天宠之福耳。然文武协恭，兵民和辑，数十年来，俾合邑安其庐井。宁其樵苏者，谓非诸防守之力哉！

名　宦

历稽前史，自国相、监司、守令、佐幕，其间传之为循吏者，代不数人。人不数事，宦岂易言名哉！司勋等功大小而赏之地，凡书之大常，祭于大烝者，必勋庸劳力，实有其可铭可诏之绩，初非苟焉而已也。永定山丛壤僻，俗偏民贫，为噢咻，为董率，所望于慈惠之师、精勤之吏者甚切。设官以来，祠祀者十六人，总督范公、巡抚李公、布政金公、学使熊公、高公、沈公，传入闽志可也。其十人者，俨然光祀藻芹，而旧志泛加评赞，莫详其实。有乡校所善，月旦所推，流传人口者，或反未蒙秩祀。今搜采而备识之，以俟后人论定焉。

王　环　字廷玉，新昌人，天顺三年举人。由训导，擢知永定县。邑当新造，百度营建，皆殚心经画。寇乱之后，民人离散，环加意招徕，给以牛、种，俾复业。三年考绩，布、按二司判曰：莅新创之邑而有剸烦之材，制难处事而有敢为之志。若请割杭粮，密缉遣戍逃回官胜、温隆等数十人置于法。是其敢为之实也。历任六年归。嘉靖三十年祀名宦。

教谕谢弼为通邑记王侯《政绩碑》曰：永定肇基，王侯为令。百度修举，政通人和。阅三载，当考绩，士民赖恒、张以璇等合词赴当道乞留。既而朝会行，耆民吴克恭、简宏等又恳词乞留。当道允其请，则相与砻石勒绩而来告予曰："病吾民者，其概有三，幸侯力以除之。"盖邑自上杭而析，杭人始以地相交杂，捏梅花分管之说，眩惑司府。愚吾民田产相涉者，令寄庄以入其网也。侯独不从，曰："籍在此而庄在彼，一人岂堪两役？"遂恳词申请。虽违司府之令，不避也。既而事果白，归其粮二百余石矣。

杭人多富，田产连阡陌，出入公门者甚习。吾民佃其田者，常苦其横敛，司檄、府牌交相征取。侯莅任，杜私谒之门，塞苞苴之路。遇事触犯，执法不屈。有索租而诬民为盗者，必正其罪。加租而嚼人无餍者，必惩其恶。久而豪横皆敛迹矣。昔之遣戍者时复逃回，三五成群，连结多党，声言复仇。乡人惊惧。司府将发兵缉捕，侯恐其毒民，止之。密发民兵四散缉访，如官胜等获之解卫，温隆等置之死地。久而丑类自扑灭矣。其除民之害者如此。

若夫利吾民者，其事有六，幸侯力以兴之。盖兵荒以后，民多离散，如逃漳州者胡志广等数十人，窜广东者黎冯旺等十余户，率复业锄山种食，依木为家。侯则给牛、种以助其耕，蠲徭役以息其力。自是户口增而田野辟。且岩峒之民，犬羊其性，鸡鸣狗盗之雄尚多，鼠牙雀角之争不少。如贼民王惟广等，过不悛也，侯宁受其诬而力排之。贫民阙存昱等冤莫伸也，侯宁招其尤而力释之。自是盗贼息而词讼简。他如修筑学舍，增广生员，朔望程其勤惰，季考别其贤否，于学校也何厚乎！斟酌民力，金点徭役，贫富詟服，司府称平，于赋役也何均乎！其兴民之利者又如此。此六利举，三害除，以故督学金宪周公孟中、分巡林公克贤，皆咏歌以诵其美矣。分守孔公宗显，锡花彩以旌其贤矣。顽民或有诬词，方伯宪长诸公辄委自理。他人于此将挟己以欺人也，侯益笃其子民之心，而吾民益爱敬之如父母。此所以惴惴焉恐其去，则皇皇然乞其留也。

虽然考绩之行所以献最于天官，朝觐之行所以述职于天子，今以吾民之恳留，使侯之行不果，则侯之绩不得彰，是则吾民之罪也。愿先生一言以表其绩，以垂将来。予惟昔周公居东，东人爱之。一则曰："于女信处，于女信宿。"盖喜其留也。一则曰："无以我公归兮，无使我心悲兮。"又恐其去也。今邑人乞留侯者，固无异于东人之爱周公。第周公元勋茂烈，勒之鼎彝，天下后世所师法。侯由是而益修其政，益保其民，益懋其功。使今日铭之县石者，将他日勒之鼎彝焉。则功虽未必尽如周公，而亦不失为周公之徒矣。慎无谦退而自已也，矧国朝崇重牧民，循良有传，褒封有典。侯，志士也，能不勉乎？

教谕谢弼 安福举人。善诗文，振铎草昧，创缉邑志。祀名宦。

教谕廖观海　海丰县碣石卫举人，弘治三年任。祀名宦。旧志称其"勤于训诲，始终不倦。科第踵起，皆其甄陶之功"。按，尔时教官考课，九年任满，以任内生员中式多寡为殿最。教授五名，学正三名，教谕二名，为称职，升用；各减为平常，本等用；无中为不称，降用。永定自弘治二年后至十一年，乡科始中式二名，观海当为称职。但十一年已有李桢继任，未知观海历满九年否也。

宋　澄　建德举人，弘治九年莅永。是时，永始筑城，澄稽查物料，董督工役，不辞劳瘁。历今二百七十年，而崇墉屹屹，澄之力也。

典史叶珵　上虞人。由吏，弘治十六年任。正德元年署邑篆，才长干理，拓建县署，增饰明伦堂。城西小溪啮城址，珵以溪故道易民田而中凿之，扞以木石，狂潦走堤外，城患免焉。

刘文诏　安福举人，嘉靖四年任。操守清严，轻徭薄赋。筑杭陂，广学地。在任六年，解组归，民攀留遮泣。万历元年祀名宦。通志、汀志称文诏"擒王满贼，平李占春之乱"。按，占春于嘉靖四十年倡乱，事在文诏任后三十年。王满无可考。

教谕冼谟　南海举人，嘉靖十一年任。秉性温雅，制行清介。勤于课试，贫能力学者，捐俸助之。祀名宦。

典史莫住　苍梧人。由吏，嘉靖二十一年任。莅官勤劳。是岁十二月，大埔贼傅大满寇县，住追至箭竹隘，力战死之。祀名宦。傅大满，省、府志作邓大总，误。

许文献　字礼原，长洲选贡。初任河南涉县知县，嘉靖三十四年莅永。性耿介，多智略，恶吏舞文，事必亲裁。永俗多以人命图赖，文献痛抑之，风遂变。岁歉，亟关求邻封开籴振济，不足，罄廪以赈。蒙擅发之谴责，不恤也。擒灭广寇温祖源，申革守御弛玩兵，又详减征解武平米价及诸斗级、门子名数、直堂皂隶工食。以时率诸生习射，重辑邑乘。在任六年，兴废举坠，众政毕举。尤加以修城，自为记曰：

永定城楼四，北门旧塞，其东、西、南三城楼皆圮，县署鼓楼亦圮。予视篆半年，乃重建焉。增窝铺十一所，每垛为竹栅蔽之。又编竹为簰，高二丈，无事藏于敌楼，有事可联为壕墙。收贮截竹短段，寇来可布城下，使行动有声，且圆滚蹶足。呜呼！永定民穷法璺，扶伤祛弊，日不暇给。而眼为此者以戒备，乃政之大，不当俟其暇而后为之也。其未雨绸缪如此。历任纸赎，多积谷贮仓，制兵器藏库，人但以为远虑也。迨文献秩满，归不旋踵，而上杭李占春倡乱，聚众万人劫永定。署任本府同知黄震昌，召募乡兵御之。时溪南、太平奸民多乘势劫掠，乡民避难投城，更遭饥疫，震昌发廪赈恤，全活甚众，拊髀叹曰："许知县真神人哉！不积斯谷，不戢斯具，今日计将安施？"

黄震昌 号阳冈，安义举人。佐郡有惠政，以勤事卒于永。祀名宦。

教谕陈希中为通邑记阳冈黄公《去思碑》曰：大江安义阳冈黄公，知郡事五载，士民胥庆。适永邑遭邻封贼祸，宪司嘉公异能，檄典保障。辛酉仲春至，惠民勤政，内修外攘，持介敦廉，敷仁行恕，甘淡节费，降势下询，徇师瘁容，礼将率战，除害剿贼，振饥消疫，敬老恤孤，祈天永命。未数月，而治绩之大，灿然可指。万姓仰德，近古罕觏。寇平奏凯，将复于府，合邑士民计留弗得，夙夜思慕，忍不能舍。乃率众伐石，大书循良之绩，以志勿忘，俾后之沐遗恩者，均此思云。临行忽以疾卒于永。噫！是则可哀也已，是重可思也已。

何守成 分水县举人，万历二年任。勤慎正己，廉洁惠民。创学田，备祭器，置义仓，建小学。旧增丁口三千余，因水灾溺死多人，力为详免。民有"王父许母，何侯接武"之谣。又尝条陈六事吁宪曰：

一冗滥守兵宜撤也。国家之制，时平令民出食以养兵，有事令兵出力以卫民，法意诚良。永定每年额派武平军粮一千七百八十余石，又折价一百八十余两，俱征收截数解给，养兵之费亦多矣。及县遭李占春、李铁拐、罗袍等贼围城，数月未闻武平有一军救至。其斩获荡平之功，皆出于本县士夫之筹画，民兵乡兵之勇敢。则前日之出食以养之者，竟何益哉！况今武平每年拨一旗员，领军三十名守御箭竹，而营房久废，官军寓城内外，每名月支粮七两七钱。夫既贵给本粮于武平而复给行粮于永定，卒于关隘绝无守御巡警之力，是徒削肉而喂路人也。窃谓永定小邑，既设三司弓兵以为盘诘，又设民兵二百四名以备调遣。苟训练精锐，自足以保障地方，其箭竹隘兵无庸拨戍，则于解给军粮之外，可省行粮之虚费矣。

一驿递民困宜苏也。永定自上杭分割，向来不通驿道。自嘉靖十九年新开一路，东通漳、泉，南通惠、潮，西接临汀，移上杭平西驿于该县，而院司道府之巡历，仕宦差使之往来，皆由于此。永定遂为通衢。查各省、府、州、县通衢，每五六十里设一驿递，惟永定东至适中百余里，西至上杭百二十里，又兼高山峻岭，无舟可通，无马可乘，驿夫兼程而进，中间不复更替。遇冬月，虽穷日之力不能至，铺司具燎火继之。是以每夫一名，官给价银一钱二分，而民之避此役者如避水火。倘用夫至百余名，须遍搜乡民乃能集应，往往需一二日方得启行。不惟驿官见谴，即县亦膺不能应酬之罪矣。窃念东去适中五十里，原设有武溪公馆；西去上杭六十里，原设有丰稔寺公馆。以为中途停顿之处。若将二处公馆改作二驿，如他处驿递之例不至太远，庶人夫至此可以交代息肩，即将平西站银一千四百余两三分之，每夫一名止给六分，则不待别增经费，而夫不病于兼程，县不烦于催攒，皇华之使亦无耽阻之患矣。

一军粮站银宜抵也。永定额派武平军粮一千七百八十余石，又折价银一百八十余两，每年征解武平上纳。其武平亦派贴站银二百二十九两九钱，每年解到本县应答平西驿站，往年如数解驿。自隆庆二三年以来，武平站银并不解发，以致永定前官不得已将库藏钱粮那[1]移答应。现屡行关请，彼县直谓站银与平西驿无干。及申请本府，方解一百八十余两塞责。夫军粮马站，俱系额派，两相征解，未为不便，而乃坐困若此。永定之民，正科钱粮尚尔逋负，况责其代武平支给驿递哉！若将武平前项站银扣派给彼军粮，其永定应解军粮除扣抵外，仍照数征解，庶彼此均便而不致独累永定矣。

一界粮催征宜移也。永定系上杭分割，昔年奏定界内田粮，杭民不肯割出者一千六十余石。田在永而粮送纳上杭，谓之界粮。后因输纳致累，屡告院道，未蒙裁割，事已付之无可奈何。但今永定之民，每去上杭纳米一石，费银二两有余，往来使费又半之。少有不及，锁缚揹勒之苦更不可胜言。是以下民视界粮如猛虎，屡呈本县，势难裁处，诚可悯也。若将上杭界粮开列田亩业主，造具清册，移送永定县，本县照派单自行征收，将银解至上杭取批收附卷，则杭粮不致亏逋，而永民得效输将之乐矣。

一防御弓兵宜复也。永定山险民顽，界连程乡、大埔，盗贼出入之冲，额设兴化、太平、三层岭三巡司各弓兵六十名，以为盘诘奸究，谨防关隘之计，虑诚周也。近来地方稍称安平，抚军行文每司裁减弓兵三十名。今又行文，定每司留十七名，余悉裁，以充军饷。但今四方盗贼生发，如龙岩城中被劫，行太平司捕获；广东潮州掳掠，行兴化司查究。是地方颇为不靖，而防守不得不严。弓兵十余人以之哨探盘诘，尚惧不给，况可以防守望之乎？恳自今万历三年为始，仍照旧编定每司三十名，庶该司防御有人，而该地方为有赖矣。

---

① 那，通"挪"。

一顽梗薄俗宜变也。永定开设虽近百年，狡诈尚如昔日。官兹土者，钱粮任其逋负，善良任其欺凌，和光同尘，则众口交颂。一或急于催征，摘其奸伏，则群议腾沸。是以前官率宽缓因循，纵歌饮酒，讲学赋诗，钱粮付之不知，凶顽置之不问，以求结民之欢而已。十余年来，京折拖欠者数千两，豪恶横行者数十辈。积以成风，长此安穷？今现奉条鞭事例，新粮征收逐一完解，带征旧粮复欲催攒。以数年宽纵之余，一旦尽责其完纳几何？其不致怨谤哉。且一邑之内，豪宗大姓，多聚族数千家。本县催征公差勾摄，辄闭土围而高坐，假妇女以推搪，动云逃往江广，甚则拒捕殴差。失此不治，蔓将难图。思欲以保甲之法行之，每家具报男妇共几人，几人在家作何生理，几人在外在何地方，一家各书一牌，通邑总造一册。催征勾摄，按册查追。在家者毋得逃匿，在外者即便关提，而公差亦不得欺罔纵漏。但方欲举行，人人以生事为辞，家家以报名为忌，屡行晓谕，竟无开报。既误逋负之催征，且违司府之提解。反复思维，必仗明威指示，方得令如流水。乞赐宪牌行县，谕以保甲之法行之，则法令得施，而薄俗庶乎可变矣。

其言虽不尽行，然皆切中利弊。他若重辑邑乘，修卧龙桥及公署、学宫、诸坛各庙之属，兴废举坠，与许文献前后一辙，时为之语曰："许于何，真文献也；何于许，盖守成焉。"语巧而实录矣。

闵一崔　乌程人，由贡莅永。前志称其"政尚清净，公庭寂若。勤课士类，厘剔衙蠹"。在任一载，卒于官。顺治七年，祀名宦。

吴殿邦　海阳人，由进士莅永。能吏治，有才名。蠲革陋规，申改庙学，勤课多士，精于衡鉴。永俗贵、贱无等，殿邦严君子、小人之分。善书、画，邑人至今珍之。

赵廷标　钱塘人。由选贡，顺治三年任。时邑新附，抚莅残疆，三罹巨寇，兵食莫继。廷标请援郡省，籴粟煮赈，民赖以宁。当大埔江龙之寇永也，贼众万余人，四面竖栅。攻城急，廷标诣东岳庙沥血指天，誓众死守。地动，廷标策贼隧道入，穴池潴水以待。及地，炮发，当池淹灭，不为害。旋督拆坊石塞其窦，贼又用云梯上城，廷标于垛眼悬栅坠之。相持匝三月，城中食尽垂危。值立春，廷标广设鼓乐，盛张台阁，大开城门，迎春于东郊。贼众咫尺聚观，疑有伏，骇不敢逼，且意其储蓄素也，宵遁。廷标遣兵间道倍行，伏两山间。贼至，齐出夹攻，追至龙磜寨，杀夺无算。自是贼胆落，不敢再觊县境矣。莅任五年，升衡州知府，官至湖广副使。康熙三十五年，祀名宦。

邑人黄日焕为通邑呈督学棣园汪公，请祀赵侯名宦曰：窃闻闾门留三代之直，公评历久而弥彰；黉序建千秋之祠，循吏递传而不朽。义关激劝，道绝党援。伏思永邑，末处汀陲。车辅南漳，犬牙东粤。向当鼎革之初，实惟震惊之候。山童盆子号召于四封，红巾绿林咆哮于五里。田畴草宅，城市乌栖，饥馑洊臻，流亡载道。幸遇故邑侯赵讳廷标，兴原应运，才足经天，收拾涣散之人心，启辟荆榛之道路。饷筹鄳国，无米能炊。兵集淮阴，驱市可战。绝王郎于界上，明逾耿弇；摧宁季于行间，略符虞诩。墨守之精神自眼，一任输攻；杜崮之纲目为严，不容萧跋。是用化逆为顺，因之转危以安。尔乃徙燕幕颠，谋其乳哺。援鱼鼎内，赐以泳游。鸡犬桑麻，人知耕凿之乐；诗书弦诵，家敦孝友之风。岂惟保障于龙冈，实作长城于闽粤。天曹奏最，宪秩频跻。一时辙卧辕攀，皆决冲云之表；到今户俎家豆，心悬浙水之旁。奚啻朱邑考终，魂犹恋县；抑且张纲即世，盗亦行丧。惟是名宦之席未登，揆诸报功之心乃歉。兹幸恭逢大文宗，奎精名世，斗望参天。胶庠之典礼重光，贤哲之幽微毕阐。为此佥呈上宪，伏乞恩赐转详征捍灾御患之条，大其勋者隆其报。按立德崇功之义，名不朽者祀不祧，俾畏垒庚桑，俯顺民情于此日，将龚黄卓鲁，群襄盛治于中天。

太平巡检郭天福　咸宁人，顺治间任。修深渡桥①，建关帝庙，芟焚断肠草万余斤。亦留心民瘼者也。

驻防千总张强　河南人。初，戍兵横暴，强辑驭有纪。强去，继任者或以叛杀，或以虐民杀。民益怀思，为武惠祠祀之。

申传芳　延津县人。由贡，为宁化丞。气节自矜。康熙六年，署永未满十月，邑有"官清民安"之谣。及归，见郡守陋例有"谢印礼"，传芳乌有。郡守使人示以意，传芳手一册子，自受印至解印所得岁俸赎锾，日用事件，悉具所用，每日薪蔬，答应过客，即馈送守丞生辰、岁节礼物若干咸在。册尾署曰："赤条一丞，谨以谢印。"执册跪禀曰："县丞某谢印。"守讶而阅之，且怒且笑曰："书呆子难与说话。"努目挥去之。见《宁化志》。

潘翊清　辽东义州人。由贡，康熙七年任。重修邑志，才堪治剧，明能烛奸。以缉逃功推升。

训导伍明伟　字俊人，宁化人。由庠监捐例，康熙十七年任。持身可法，训士有方。诸士思慕。晋祀学宫。

训导蔡祚周　漳浦人，康熙十八年署任。祀名宦。按，是时训导既裁，督抚权宜收捐委署，祚周署任数月，升永春教谕去。其在永定学，曾同教谕郭亨都修理学署。名宦之祀，其以是欤！

教谕李基益　漳浦人，康熙甲子举于乡。尝集刻漳州唐宋元明诗，为《霞漳风雅》。三十一年，司教永定。标《警言五条》以训士，反复于天爵、人爵之高、卑，吃紧于内省、慎独之关要，推拓于立人、达人之作用，终以"从吾所好，不改其乐"为归宿。语皆笃近温厚。每与庠士之能诗者，往复酬唱。长汀大参黎士宏称其朴而雅，知县赵良生续增邑乘，基益秉笔焉。

训导张升　安福人，康熙三十七年署任。督课士子，崇实黜

---

① 原作"高陂桥"。当时尚未称"高陂桥"，仍称"深渡桥"，校改。

浮。历迁罗源、永春教谕，升湖广安陆知县。

吴 梁 字太朴，河南许州举人，康熙三十七年任。持清操，敦礼让。慈祥乐易，以德化民，民皆亲爱之。东南金丰里负阻钱粮，必官自下乡催征。梁至，与民孚诚款洽，欢若家人。间聚其子弟课文讲艺，自是金丰钱粮皆赴县早完，数十年文风大振。在任六年，行取升主事，官至宗人府丞。凡永人公车谒选至都城者，必延致杯酒，娓娓话旧焉。

唐得鹏 桂林府全州举人，雍正元年任。新旨查天下人文最盛州县，准加学额，得鹏以永宜升大学，申府转详。时前令潘开基任内塞署一案，词连生员十余人，分别斥革遣戍。知府何国栋方欲裁抑永定士习，痛加批驳。得鹏径详提学暨列宪，卒升大学加额五名，多士感之。

顾炳文 字晴山，吴江举人，雍正五年任。六年奉委卸事，七年复任。秉性清简，自奉俭约，寒士所难堪。为政长于察隐，湖雷乡有妇告其子见杀而亡首者，炳文赴验，若不经意。越二日，牒告城隍，已而曰："杀人者妇，抱告某也。"鞠之具服。询其首，已别埋。押令启视，果得首。盖某即死者从侄，夜杀人以陷族富。负至门外，闻其家有声，急提首归而别埋也。案定未尝枉累一人，乡人佩德，设主买田祀之。又有夜发怨家祖冢而匿其骨者，怨家指控绝无证据。炳文一日突勾土工一人鞠询，尽吐其实，人称神君。第于细故讼牍，率束置高阁，虽公庭草长，卒以易结不结。左迁而归。

潘汝龙 字健君，归安人。与兄汝诚同登乾隆丙辰进士。初令松溪，豁浮粮，革杂税，廉能著声。以忧归。乾隆十三年，补令永定。时县自春徂夏，连月不雨，斗米钱三百。汝龙闻，倍道而至，露宿祷天，泪潸潸下。五日澍雨大沛。先是署令详请平粜，宪批已定额数、额价。汝龙不遑复请额外广粜二千余石，每升减额价钱二文。吏言恐亏补额，潘曰："吾家房屋尚抵千金，亏折，吾自变价赔偿耳。"往时，吏役近三百人，汝龙至，革十之八，曰："田可耕，亲可事，吾无用若辈也。"勾摄催征，惟传示谕，役不下乡，而事无不治。案牍或匝月不理，或期会一日数十件。凡所听断，片言心折。当立谳判，洋洋百千言，周悉情伪。内无佐幕，廨舍仅四三人。终年无敢请谒者。汝龙学"艮背心法"，动止蹙缩。晨明亲政，漏下散堂。终日危坐不食，以是得疾。在任一年告归。归之日，张彩饯送者数十里不绝。越四年，卒于家。

邑人王见川为通邑诔潘侯曰：维乾隆十六年　月　日，赐进士出身、文林郎原任永定县知县散畦潘公卒。呜呼，哀哉！慨自戊辰，旱魃肆虐，自春徂夏，连月不雨。邑固硗确，家鲜担石。潮阳遏籴于南，豫章闭关于西。泛舟无自，翳桑满境。注视阡陌龟裂，人人抱沟壑之忧。鬻器物，析草树以延朝夕者相望于道。时则署令坐堂皇，犹日诘责讼谍，鞭扑催科。猾吏蠹胥，仰风承旨，因依为奸，何校绁继者亦相望于道。虽亦循例上请开仓平粜，而吝于限额，日给不百十人。糠秕不扬，量概不平，囤贩不戒，城乡不均。以是而民益困。

天惠残黎，赐我乐只，公补选适得吾永。途次侦其状，倍道而至，则纵囹圄之囚，汰吏役之豪；虔斋心之祷，殚祈命之哀。俄而霢霂霎霖，块破苗庆。不遑上请，益增发常平，升减额价钱文之二。出入无侵渔，远近无枯菀，而民庆更生，乃旋而蜂虿纷起矣。何者仁忍，相形而生惭，斥革积愤而肆毒也。是故，署令喋害之，猾蠹谣诼之，诸属司亦不利之，则相与指为心病，以摇动上官。迨府委邻丞验视，公又无所委曲，遂合词上揭大中丞，潘公知人善任。使者也，深廉公能，特迫于诸司之交揭，姑调验焉。公至则神采肃穆，为备诉永民困惫状，声泪交迸，并自陈擅多发减价所以。中丞悉领之，乃批驳前后揭章，立命公回任治事。方公之赴调出署也，前署令仍奉檄摄篆，尽收回用事，诸奸益厉气焰，藐公覆水也，在公邸视若囚禁，官司、吏役无一人过而问者。惟百姓惶惶如失怙恃，穷乡远壤，老妇稚童，趋门讯侯日不绝，藉蔬果、运薪水置公邸，不道姓名而去。

及其自省回任也，焚香设馔，结彩布席以迎者，自近界达县，垂百里，拥辔不得行。是夕，四门张灯度曲，过于元夜。然公始不愠，而继不喜也。安静优游，与民休息，廨舍戒严，莫敢请谒。日治数十事，两造致辞，差察无烦诘驳，当立谳判，周悉情伪。听断之余，导民以孝弟忠信，恩恩如也。勾摄催征，惟传示谕，故吏不打门，犬不夜吠。课士兴行，训民易俗，于改葬、溺女，尤明晓切戒。期年而永风亦烝烝向义矣。潜见惟时，公遂弃官而从好也。攀辕莫挽，爱树长思。越五年，公从子宦游连江，道过永邑，乃知公隔岁已骑箕上升矣。士恸民哀，街号巷哭，远惟柳下称惠之义，追慕靖节私谥之怀，敢循前典，用缀诔词，曰：布泽为仁，攘害为义。人亦有言，留心物利。一命之士，亦必有济。刿绾黄绶，百里之寄。缅维我公，浙水名儒。才翻江海，道溯泗洙。兄及弟矣，唱和喁于。翱翔学圃，并辔天衢。昔令松溪，挥弦著绩。曰廉曰能，四国是式。去以忧归，来与会适。天锡我公，以苏永厄。永厄维何，蕴隆虫虫。民贫土瘠，遭此鞠凶。邻籴既遏，贮粟徒充。如何法网，尚密罗罾。不有公来，其何能淑。粜则取盈，价则收缩。昔倒而悬，今骨而肉。先发后闻，曾推汲黯。纵囚自归，太宗德感。仁心为质，匪直其胆。公也则然，于古何憾。渺渺狐鼠，城社是凭。其毒可畏，其众可惊。一笔之勾，一路之宁。鼠忧以泣，狐悲而鸣。浩浩昊天，不察其德。阳驭方舒，霍霖沛泽。今天之旋，公诚可格。彼何人斯，反生谮慝。彼之谮矣，毋乃徒劳。浮云蔽日，奚损清高。汪汪千顷，曷激曷挠。无愠无喜，忠矣莫教。玉壶贮冰，虚堂悬镜。草偃讼庭，花开四境。有一于此，循良载咏。而公恢恢，余刃自胜。期月已可，尚冀有成。岂云殊性，邈尔辞荣。春陵元结，彭泽渊明。公之悟之，何执之砭。兔舄虽飞，棠荫犹在。越此五年，永言佩戴。见公从子，走讯遗爱。胡天不惠，顿深惊慨。呜呼！公来而祝，公去而悲。公复而喜，公归而思。德在髦士，恩在苍黎。公之不再，宁不涕洟。泰山北斗，世共尊者。地负海涵，世同仰也。独公上升，恋永弗舍。庶光我乘，庶尸我社。呜呼哀哉！

凡此皆纪传见闻之可据者也。《通志·名宦传》于永但有刘文诏、莫住、许文献、赵廷标、张昇五人及同知黄震昌一人，汀志益以王环、何守成二人。夫表德报功以劝方来，非祠祀志传蔑由矣。国朝诸君子犹曰：为日短浅，采择未及前明，若王，若许，若何，循声惠政，当与龙冈、凤渚并永。今王环崇祀名宦，而许与何不列其座。文献传入通志，而王与何不著其名，谓非典章之缺事乎？若省、府志传皆有永定县丞柴镰，永不设丞，误也。又有经邑人专祠以祀，而功绩无可考者，兹不具录。抑有感焉，史汉循、酷并列，今即不必遂至于酷。第犹是绾绶膺符，曾不得与于俎豆之馨、竹帛之光，是曷以故耶！

大　吏

由县而上为府，由府而上为省。省府设官，皆于县有相临之分。然若赣抚，弘治间，以闽、广、湖、湘之间多盗，设巡抚驻赣州，所辖江西之南安、赣州、建昌，福建之汀州，广东之潮州、南雄、韶州，湖广之郴州，四省三司，皆听节制，与本省巡抚、巡按并称三院。康熙元年裁。错地而辖者也，若刷卷，清军御史、明初巡按御史、按察司官巡历所至，皆许刷卷。后专命御史，五年一差。正统后，三年一差。嘉靖后，以清军御史兼之。审录御史、洪武十四年，命御史分按各道罪囚，后定五年一差。亦称恤刑御史。提学，明或以御史，或以巡道称学道。国朝或用部科称学道，或用翰林称学院。后用部科，亦加翰林御称学院。主考，三年一科，正副各一人。观风整俗使，雍正七年特设。因事而命者也，若都司、行都司。明设，其序班在布、按之上，并称三司。司有都指挥使，有同知，有佥事，汀属行都司。国朝裁。镇守总兵官，明设，统辖全省。镇守将军，镇守副都总，皆国朝设，旗员。提督总兵官，国朝设。有水师，有陆路，皆统辖全省。镇守汀州等处总兵官。国朝设。先辖汀、延、邵，今辖汀、邵。专理军务者也，若府同知、通判、推官。明全设，国朝裁通判、推官。佐府庶政者也，其彼此相维，大小相统。额设而临民者，曰总督都御史、曰巡抚都御史、曰巡按监察御史、曰布政使、曰按察使、曰守道巡道、曰知府。

福建总督之设 明嘉靖三十三年，倭犯杭州，设总督浙江、福建、江南、山东、湖广军务一员。四十一年革。国朝顺治三年，设浙闽总督一员。十六年专设。康熙七年仍兼督浙、闽。九年又专设。二十七年，改督闽浙。雍正五年又专设。十二年，又总督闽、浙。

巡抚之设 明宣德间，各省始设巡抚官。天顺初罢。成化十四年，以上杭盗发，起高明巡抚福建。事竣而还，不为经制。嘉靖二十六年，命浙江巡抚兼管福建福兴、建宁、漳泉海道。三十五年，因侍郎赵文华奏请，专设福建巡抚，统辖全省。国朝仍之。

巡按之设 洪武十年，遣监察御史巡按各道，一年而代。初与按察使分巡官颉颃行事，迨后按察使官并听御史举劾，而御史始专行巡按。顺治十八年裁。

布政使之设 洪武九年，改行省为承宣布政使司。设布政使一员，左、右参政各一员。十四年，增设布政使一员，分左布政、右布政，增左右参议各一员。康熙六年，裁布政使一员，参政、参议各一员，不复分左、右。

按察使之设　洪武十四年，置各道提刑按察使司。设按察使一员，副使一员，佥事一员。今如故。

守道、巡道之设　明以布政使司、参政、参议，派管粮储、屯田、清军、驿传、水利、抚民等事，分道而守，曰守道。以按察使司副使、佥事派管兵备、提学、抚民、巡海、清军、驿传、水利、屯田、招练、监军等事，分道而巡，曰巡道。其后参政、参议、副使、佥事，亦互为守巡。初，汀郡分守、分巡俱隶建宁道。成化六年，增设分巡漳南道一员，专辖汀、漳二郡，亦称汀漳道。万历初年，增设分守漳南道一员。康熙元年，裁漳南分巡道，归并分守。六年，并裁分守。十七年，复设分守。二十一年，改分守为巡海汀漳道。雍正十三年，升漳州府属龙岩县为直隶州，仍归道辖，称巡海汀、漳、龙道。

知府之设　则自明初额设以逮于今，即唐所谓刺史，宋所谓知州军事，元所谓总管者也。是列宪者，凡有教，令县遵循，恐后县有兴革，必禀命而行。今就开邑后编之。凡督、巡、布、按，皆据闽省通志；巡道、守道据上杭旧志，知府据通志及汀郡志。惟《上杭志》，巡、守两道明晰得实。若通志于前明各宪多互混倒置，增漏错误，布、按尤甚，头衔、朝代往往职官篇与《名宦传》自相牴牾。汀郡志又一切因袭，通志虽落句讹字，皆沿而不察。今据史传及各宪本籍志参订之，然而不能考者亦多矣。

明之为总督者

《通志·职官》篇，有明不载总督，以因倭而设，且遥领数省，非经制也。然驻节浙江兼领福建，即闽浙总督所由始。存之。

张　经　字廷彝，侯官人，嘉靖三十三年任。《明史》入《人物传》。

周　珫　应城人，嘉靖三十四年履任，仅三十四日。见《明史·张经传》。

杨　宜　衡水人，嘉靖三十四年履任，逾半载。见《明史·张经传》。

胡宗宪　字汝贞，绩溪人，嘉靖三十五年任。三十八年，并得节制巡抚及操江都御史。三十九年，兼节制江西。《明史》入《人物传》。

国朝之为总督者

张存仁　辽东人，顺治三年任。《通志》有传。

陈　锦　沈阳人，顺治五年任。《通志》有传。

刘清泰　辽东人，顺治□□年任。

佟　代　辽东人，顺治十二年任。

李率泰　沈阳人，顺治十三年任。《通志》有传。

张朝璘　辽东人，康熙五年任。

祖泽溥　辽东人，康熙六年任。

赵廷臣　河南人，顺治间任，康熙七年复任。《通志》有传。

刘兆麟　直隶人，康熙八年任。

刘　斗　直隶人，康熙九年任。

范承谟　沈阳人，康熙十二年任。《通志》有传。

郎廷相　辽东人，康熙十五年任。《通志》有传。

姚启圣　汉军籍，康熙十七年任。《通志》有传。

施维翰　上海人，康熙二十三年任。

王国安　盖州人，康熙二十三年任。

王新命　四川人，康熙二十四年任。

王　骘　山东人，康熙二十七年任。《通志》有传。

兴永朝　镶黄旗人，康熙二十八年任。

朱宏祚　高唐州人，康熙三十年任。

郭世隆　满州籍，康熙三十四年任。《通志》有传。

金世荣　正黄旗汉军人，康熙四十二年任。

梁　鼐　长安人，康熙四十五年任。

范时崇　承谟子，康熙四十九年任。《通志》有传。

觉罗满保　满州人，康熙五十二年任。《通志》有传。

高其倬　辽阳人，雍正四年任。

刘世明　河内人，雍正八年任。

郝玉麟　镶白旗人，雍正十二年任。

德　沛　宗室，乾隆四年任。

策　楞　镶黄旗人，乾隆六年任。

那苏图　镶黄旗人，乾隆七年任。

马尔泰　满州人，乾隆九年任。

喀尔吉善　正黄旗人，乾隆十三年任。

明之为巡抚者

高　明　贵溪人，成化十四年特设。《通志》有传，《明史》入《人物传》。

阮　鹗　桐城人，嘉靖三十六年正月履任。见《明史·胡宗宪传》。按《通志》，高明之后尚有王继、王杼，此浙江巡抚兼辖福建海道者也。辖不及汀，且兼管不止继、杼二人，仍有朱纨、陶琰、李天宠、胡宗宪等。专设巡抚统辖全省，高明之后，当以阮鹗为始。

王　询　成都人。

吴桂芳　新建人。

刘　焘　天津卫人。《通志》有传。

游震得　婺源人。

谭　纶　字子理，宜黄人，嘉靖四十二年任。《通志》有传，《明史》入《人物传》。

汪道昆　字伯玉，歙县人。《通志》有传，见《明史·文苑·王世贞传》。

涂泽民　汉州人。

以上俱嘉靖间任。

何　宽　临海人。

刘尧诲　临武人。

殷从俭　临桂人，《通志》有传。以上俱隆庆间任。《通志·职官》："从俭在尧诲前"。查《通志》、《明史·庞尚鹏传》，皆有代从俭巡抚福建之文，则从俭在尧诲后矣。

庞尚鹏　字少南，南海人，万历四年冬任。《通志》有传，《明史》入《人物传》。

刘思问　孟县人。

耿定向　黄安人，《通志》作麻城。《明史》入《人物传》。

劳　堪　德化人。

赵可怀　巴县人。

沈人种　嘉定人。

贾待问　威县人。

周　寀　安福人。

赵参鲁　字宗传，鄞县人，万历十七年任。《通志》有传，《明史》入《人物传》。

张汝济　江陵人。

许孚远　字孟中，德清人，万历二十年任。《明史》入《儒林传》。

沈　稠　归安人。

金学曾　钱塘人。

朱运昌　丹徒人。

王恩明　临安人。

徐学聚　兰溪人。

陈子贞　南昌人。

丁继嗣　鄞县人。

袁一骥　字希我，江阴人。《通志》有传。

黄承元　秀水人。

以上俱万历间任。

王士昌　临海人。

商周祚　会稽人。

南居益　字思守，渭南人，天启三年任。《通志》有传，《明史》入《人物传》。

朱钦相　临川人，天启五年任。见《明史·侯震旸传》。

朱一冯　泰兴人。

以上俱天启间任。

熊文灿　贵州永宁卫人，《通志》作泸州，崇祯元年三月任。《明史》入《人物传》。

邹维琏　字德辉，新昌人，崇祯五年任。《明史》入《人物传》。

沈犹龙　字云升，华亭人，《通志》有传。

萧奕辅　南海人。

张肯堂　字载宁，华亭人，《通志》有传，《明史》入《人物传》。

以上俱崇祯间任。

国朝之为巡抚者

佟尔鼐　辽东人，顺治三年任。《通志》有传。

张学圣　直隶人，顺治六年任。

佟尔器　辽东人，顺治十年任。《通志》有传。

宜永贵　辽东人，顺治十二年任。《通志》有传。

刘汉祚　辽东人，顺治十三年任。

徐永祯　　辽东人，顺治十六年任。

许世昌　　辽东人，康熙元年任。《通志》有传。

刘秉政　　康熙间任，从耿逆叛。

杨　熙　　辽东人，康熙十五年任。

吴兴祚　　浙江人，康熙十七年任。《通志》有传。

董国兴　　奉天人，康熙二十一年任。

金　鋐　　直隶人，康熙二十二年任。

张仲举　　辽东人，康熙二十五年任。

卞永誉　　奉天人，康熙二十九年任。

宫梦仁　　江南人，康熙三十六年任。

张志栋　　昌邑人，康熙三十八年任。

梅　鋗　　宣城人，康熙四十年任。《通志》有传。

李斯义　　长山人，康熙四十四年任。《通志》有传。

张伯行　　仪封人，康熙四十六年任。《通志》有传。

许嗣兴　　开元人，康熙四十九年任。

黄秉中　　海城人，康熙四十九年任。

觉罗满保　　康熙五十一年任。就擢总督。

陈　璸　　海康人，康熙五十五年任。《通志》有传。

吕犹龙　　奉天人，康熙五十八年任。

黄国材　　海城人，康熙六十一年任。

毛文铨　　广宁人，雍正三年任。

常　赉　　满州人，雍正五年任。

朱　纲　　高堂州人，雍正六年任。

刘世明　　雍正七年任。就擢总督。

赵国麟　　泰安州人，雍正八年任。

卢　焯　　镶黄旗人，雍正十三年任。

王士任　　威海卫人，乾隆三年任。

王　恕　　□□人，乾隆五年任。

刘于义　武进人，乾隆七年任。

周学健　新建人，乾隆八年任。

陈大受　字占咸，祁阳人，乾隆十一年任。

潘思榘　归安人，乾隆十三年任。

新　柱　镇守将军，乾隆十七年署任。

陈宏谋　临桂人，乾隆十七年任。

钟　音　镶蓝旗人，乾隆十九年任。

明之为巡按者

戴　用　万安人，成化十三年任。

阎　佐　陕西人。

徐　镛　字用和，兴国州人。《通志》有传。

张　稷　宝应人。

汪　奎　徽州人。

刘　信　字明节，南溪人。《通志》有传。

董　复　绍兴人。

吕　炯　宁波人。

以上俱成化间任。

刘　缨　字与清，新淦人。《通志》有传。

向　荣　进贤人。

吴一贯　字道夫，海阳人。《通志》有传，见《明史·人物·王献臣传》。

陆　完　字全卿，长洲人。《明史》入《人物传》，其履历不言巡按福建。

曾　禄　博罗人。

朱　文　字天昭，崑山人。《通志》有传。

张　敏　祁门人。

胡　华　字维峻，武进人。《通志》有传。

陆　俪　字君美，鄞县人。《通志》有传。

陈　王　辉县人。

宗　彝　通州人。

李　钺　字虔甫，祥符人。《明史》入《人物传》，其履历不言巡按福建。

饶　榶　进贤人。

以上俱弘治间任。

何天衢　道州人。

韩　廉　余姚人。

王　注　献县人。

贺　泰　吴县人。

李如圭　澧州人。

张景旸　山阴人。

胡文静　字士宁，山阴人。《通志》有传。

程　昌　祁门人。

毛伯温　字汝厉，吉水人。《通志》有传，而《职官》篇缺其名。《明史》入《人物传》。

周　鹍　华亭人。

沈　灼　嘉定人。

以上俱正德间任。

汪　珊　字德声，贵池人。见《明史·人物·余珊传》。

王以旂　字士招，江宁人。《明史》入《人物传》，其履历不言巡按福建。

简　霄　新喻人。

景仲光　偃师人。

刘廷簠　安福人。

聂　豹　字文蔚，永丰人。《通志》有传，《明史》入《人物传》。

施　山　缙云人。

虞守愚　义乌人。

苏　信　饶平人。

方　涯　太平人。

白　贲　潼川州人。

李元阳　太和人。

李凤翔　成都人。

王　瑛　无锡人。

徐宗鲁　华亭人。

高　對　字仲龙，大理人。《通志》有传。

何维柏　字乔仲，南海人。《通志》有传，《明史》入《人物传》。

赵应祥　长沙卫人。

金　城　字邦卫，历城人。《通志》有传。

杨九泽　华阴人。

陈宗夔　通山人。

曾　佩　临川人。

赵孔昭

胡志夔　安昌人。

吉　澄　开州人。

樊献科　字淑文，缙云人。《通志》有传。

徐仲楫　长洲人。

李廷龙　湘阴人。

李邦珍　肥城人。

陈万言　南海人。

胡维新　余姚人。

以上俱嘉靖间任。

王宗载　京山人。

蒙　诏　番禺人。

蒋　机　丰城人。

杜化中　扶沟人。

以上俱隆庆间任。

刘良弼　南昌人。

孙　鍐　余姚人。

朱光宇　祥符人。

晏仁翘　清江人。

商为正　字尚德，会稽人。《通志》有传。

敖　昆　新喻人。

安九域　禹州人。

吴之彦　太仓人。

沈　涵　武功卫人。

龚一清　义乌人。

杨四知　祥符人。

连　格　禹州人。

邓　鍊　南城人。

马象乾　连州人。

喻文炜　南昌人。

张天德　乌程人。

陈子贞　升巡抚。

刘芳誉　陈留人。

周维翰　阜城人。

徐兆魁　东莞人。

何熊祥　新会人。

刘应龙　邵阳人。

张应扬　休宁人。

何淳之　无锡人。

方元彦　临清人。

杨兆京　宜兴人。

陆梦祖　山阴人。

徐　鉴　丰城人。

李凌云　华亭人。

崔尔进　长安人。

郑宗周　文水人。

以上俱万历间任。

罗文英　杞县人。

乔承诏　介休人。

姚应嘉　会稽人。

周昌晋　鄞县人。《通志》有传。

赵任昌　掖县人。

以上俱天启间任。

张三谟　平定人。

罗元宾　会稽人。

刘调羹　禹州人。

张肯堂　后升巡抚。

应喜臣　慈溪人。

詹时雨　江西人。

李嗣京　兴化县人。

吴春枝　宜兴人。以上俱崇祯间任。

国朝之为巡按者

周世科　旗人，顺治四年任。

霍　达　陕西人，顺治五年任。

史　治　山西人，顺治六年任。

王应元　山西人，顺治八年任。

赵如瑾　江南人，顺治□年任。

朱克简　江南人，顺治十三年任。

成　性　江南人，顺治十四年任。

李时茂　旗人，顺治十六年任。

范　平　辽阳人，顺治十八年任。是岁巡按裁。

明之为布政使者

李　嗣　南海人，成化十三年任。

温　琮　华阳人。

章　格　字韶凤，常熟人。

以上俱成化间任。

戴　珊　字廷珍，浮梁人。《通志》有传，《明史》入《人物传》。按《明史》，弘治二年，珊擢升右副都御史矣。

陈　宾　崇阳人。

蒋云汉　巴县人。

洪　钟　字宣之，钱塘人。《明史》入《人物传》。

李　琮　景宁人。

叶仲贤　钱塘人。

常　麟　嘉兴人。

陈良器　仁和人。

以上俱弘治间任。

苏　葵　顺德人。

马　懋　陶县人。

王　缜　字文哲，东莞人。《明史》入《人物传》。

陈　珂　字希白，钱塘人，正德六年任。《通志》有传，作嵊县人。

邹文盛　字时鸣，公安人。《明史》入《人物传》，《通志》作右布。

胡　　韶　　鄱阳人。

伍　　符　　安福人。

席　　书　　字周文，遂宁人。《明史》入《人物传》。

以上俱正德间任。

夏从寿　　江阴人，嘉靖元年任。《通志》有传。

陈　　锡　　南海人。

陈　　祥　　高安人。

查　　约　　字元博，海宁人。《通志》有传。

宋　　冕　　余姚人。

张　　峨　　成都人。

屠　　侨　　字安卿，鄞县人。见《明史·人物·周用传》。

范　　辂　　桂阳人。

陆　　钶　　字容之，巡按偁之子。《通志》有传。

周　　忠　　贵溪人。

陈　　卿　　宜宾人。

冯时雍　　交河人。

车　　纯　　字秉文，上虞人。《通志》有传。

章　　侨　　兰溪人。

娄志德　　项城人。

姜　　仪　　南昌人。

萧　　晚　　吉水人。

屠大山　　鄞县人。

王　　积　　仪征人。

岑　　万　　顺德人。

刘　　采　　麻城人。

姜　　恩　　广安人。

杨应奇　　夏邑人。

赵维垣　　永宁卫人。

王国桢　山阴人。

曾于珙　吉水人。

王　遵　南充人。

陈大宾　江陵人。

以上俱嘉靖间任。

刘光济　江阴人。

陈　典　保定中卫人。

朱　纲　曹县人。

以上俱隆庆间任。

万思谦　南昌人。

刘　侃　京山人。

劳　堪　就擢巡抚。

沈人种　嘉定人。

张天驭　深州人。

舒应龙　字时见，全州人。《通志》有传。

刘汉儒　沈丘人。

帅　兰　江陵人。

宋应昌　仁和人。

张明正　华亭人。

管大勋　鄞县人。

李承式　泰兴人。

郭子章　泰和人。

朱运昌　就擢巡抚。

王恩民　就擢巡抚。

徐学聚　就擢巡抚。

范　涞　休宁人。

丁继嗣　就擢巡抚。

窦子偁　合肥人。

陈道亨　字孟起，新建人。《明史》入《人物传》。

黄　琮　饶平人。

毕懋良　字师皋，歙县人。《明史》附见其族弟懋康传。

以上俱万历间任。

闵洪学　乌程人，泰昌年任。

游汉龙　婺源人。

陆完学　武进人。

黄景章　鄞县人。

吴国仕　歙县人。

以上俱天启间任。

熊文灿　就擢巡抚。《通志》缺。

施邦曜　字尔韬，余姚人。《通志》缺。

蔡善继　乌程人。

吴　旸　武进人。

黄　琬

王道元

刘　伸

申绍芳

以上俱崇祯间任。

以上左布政使。

钱　琎

陈　渤　余姚人。

徐　贯　淳安人。

戴　珊　就迁左布。

以上俱成化间任。

刘　瑀　蠡县人。

叶　萱　华亭人。

张　玉　景州人。

祁　顺　字致和，东莞人。《通志》有传。

陈　瑗　祥符人。

李　云　宜兴人。

李　韶　富顺人。

夏　祚　当涂人。

以上俱弘治间任。

郭　绅　宜春人。

车　玺　宛平人。

白　圻　武进人，正德七年任。

龚　宏　嘉定人。

陈　珂　迁左布政。

姚　谟　慈溪人。

杭　济　宜兴人。

华　昶　无锡人。

以上俱正德间任。

何　诏　山阴人。

丁　沂　溧水人。

冯　驯　岳池人。

钱　宏　钱塘人。

吴　昂　字德翼，海盐人。《通志》有传。

王学夔　安福人。

何　鳌　顺德人。

张　钦　通州左卫人。

王　浚　建德人。

徐　乾　临桂人。

周　忠　迁左布政。

傅　钥　广宁左卫人。

詹　瀚　玉山人。

车　纯　迁左布政。

欧阳席　泰和人。

姜　仪　迁左布政。

喻　智　当涂人。

侯　缄　临海人。

张　鳌　南昌人。

曾　钧　进贤人。

谈　恺　无锡人。

朱鸿渐　吴县人。

汪宗元　崇阳人。《通志》有传。

万虞恺　南昌人。

杨伊志　吴县人。

游震德　擢巡抚。

卢梦阳　南海人。

涂泽民　擢巡抚。

刘　佃　安福人。

以上俱嘉靖间任。

刘子兴　潮阳人。

周贤宣　万安人。

熊　琦　南昌人。

以上俱隆庆间任。

刘继文　灵璧人。

朱　奎　南昌人。

吴文佳　天门人。

吴一澜　南昌人。

张楚城　江陵人。

蔡尔贤　华亭人。

陶大顺　字景熙，会稽人。《通志》有传，《明史》见其祖陶谐传。

陈文烛　沔阳人。

张　偲　新建人。

费尧年　铅山人。

王之屏　颍州人。

刘孟雷　庐陵人。

陈性学　字所养，诸暨人。《通志》有传。

徐学聚　迁左布，就擢巡抚。

徐应奎　鄞县人。

沈儆炌　字叔永，归安人。见《明史·蔡复一传》。

陈所学　天门人。

王　任　潼川州人。

陈邦瞻　高安人。

毕懋良　迁左布政。

洪世俊　字用章，歙县人。

以上俱万历间任。

朱一冯　擢巡抚。

刘宇烈　绵竹人。

吴　旸　迁左布政。

周泰峙　金坛人。

来斯行　萧山人。

以上俱天启间任。

陆之祺　平湖人。

桂绍龙　金溪人。

程　寰

卢洪珪

顾元镜　字朗生，归安人。

曾　栋

胡维霖

以上俱崇祯间任。

以上右布政使。

国朝之为布政使者

朱鼎新　大兴人，顺治三年任。

丁文盛　辽东人，顺治六年任。

佟国器　就擢巡抚。

周亮工　字元亮，祥符人，顺治十年任。《通志》有传。

王显祚　曲周人，顺治十二年任。

翟凤翥　闻喜人，顺治十七年任。

王孙蔚　临潼人，顺治十八年任。

何中魁　辽阳人，康熙二年任。

以上左布政使。

赵林翘　钱塘人，顺治三年任。

周亮工　顺治六年任，迁左布政使。

谢　道　辽东人，顺治十一年任。

张　尚　字仙羽，辽阳人，顺治十二年任。《通志》有传。

管起凤　正蓝旗人，顺治十三年任。

郭鸣凤　河间人，武进士，顺治十五年任。

董显忠　辽东中后所人，顺治十六年任。

金光祖　正白旗人，康熙元年任。《通志》有传。

张　飏　黄州人，康熙二年任。

崔　代　广宁人，康熙四年任。

于际清

以上右布政使。

后裁一员，不分左右，通称布政使。

姚启圣　康熙十六年任，就擢总督。

高翼宸　滦州人，康熙十七年任。

于成龙　永宁人，康熙十八年任。

佟康年　字晋公，辽东人，康熙十九年任。《通志》有传。

马斯良　正白旗人，康熙二十年任。

张　汧　高平人，康熙二十四年任。

张永茂　奉天镶蓝旗人，康熙二十六年任。

李　炳　正黄旗人，康熙二十九年任。

高承爵　辽阳镶白旗人，康熙三十二年任。

董延祚　辽阳正白旗人，康熙三十二年任。

杨廷耀　海城正黄旗人，康熙三十三年任。

汪　楫　字舟次，仪真人，康熙三十四年任。

张　霖　抚宁人，康熙三十七年任。

祖文明　正黄旗人，康熙三十九年任。

高缉睿　静海人，康熙四十年任。

金培生　正白旗人，康熙四十六年任。

李发甲　字瀛仙，云南人，康熙五十二年任。《通志》有传。

沙木哈　正白旗人，康熙五十三年任。

黄叔琬　大兴人，雍正元年任。

秦国龙　日照人，雍正三年任。

沈廷正　镶白旗人，雍正四年任。

赵国麟　雍正六年任，就擢巡抚。

潘体丰　乐陵人，雍正七年任。

刘藩长　洪洞人，雍正十年任。

张廷枚　正红旗人，雍正十二年任。

朱叔权　山阴人，乾隆元年署任。

胡宗文　金溪人，乾隆元年署任。

王士任　乾隆元年任，就擢巡抚。

乔学尹　猗氏人，乾隆三年任。

　　张嗣昌　浮山人，乾隆六年任。

　　纳　敏　□□人，乾隆六年任。

　　高　山　历城人，乾隆九年任。

　　永　宁　正红旗人，乾隆十一年任。

　　陶士璜　宁乡人，乾隆十五年任。

　　顾济美　长洲人，乾隆十六年任。

　　德　舒　满州人，乾隆十七年任。

明之为按察使者

　　温　琮　升左布政。

　　刘　城　饶州人。

　　王　继　祥符人。

　　谢　绶　抚州人。

　　以上俱成化间任。

　　高　崧　襄城人。

　　张　玉　升右布政。

　　朱　瓒　肃宁人。

　　吴　洪　吴江人。

　　陶　琰　字廷信，绛州人，弘治十一年任。通志《职官》并列左布，《宦传》作按察，《明史》入《人物传》。

　　荆　茂　临汾人。

　　汪舜民　字从仁，婺源人。《通志》有传。

　　以上俱弘治间任。

　　李　贡　芜湖人。

　　夏景和　长沙人。

　　陈　珂　升左、右布政。

　　刘　逊　安福人。

　　王　恩　余姚人。

王　金　临颖人。

卢宅仁　四会人。

沙　鹏　江都人。

以上俱正德间任。

舒　晟　安仁人。

周　广　太仓人。

周　用　字行之，吴江人。《明史》入《人物传》。

吴　山　字静之，吴江人。《通志》有传，《明史》入《人物传》。

朱　裳　沙河人。

胡　岳　华亭人。

徐　乾　临桂人。

郭持平　万安人。

曹　嘉　扶沟人。

俞茂坚　荣昌人。

严时泰　余姚人。

顾梦圭　崑山人。

梁廷振　南海人。

王汝孝　东平人。

周　延　字南乔，吉水人。《明史》入《人物传》，其履历不言为福建按察。

李义壮　南海人。

周　采　宁乡人。

王　晹　章丘人。

范　钦　鄞县人。

袁袭裳　眉州人。

姜良翰　金华人。

刘天授　万安人。

杜　拯　丰城人。

万　衣　德化人。

汪道昆　升巡抚。

张子宏　庐陵人。

陶承学　字子述，会稽人。《通志》有传。

黄　华　遂宁人。

以上俱嘉靖间任。

李遇元　临安人。

陈一松　海阳人，

熊　琦　南昌人。

以上俱隆庆间任。

邹　善　安福人。

莫如善

李　凤　番禺人。

徐中行　字子与，长兴人。《通志》有传。

吴一澜　升右布政。

张楚城　升右布政。

陶大顺　升左、右布政。

胡　直　泰和人。

顾　褒　余姚人。

费尧年　升右布政。

陆万垓　平湖人。

刘尚志　潜山人。

王　侨　上元人。

陈性学　万历二十八年任，升右布政。

杨德政　鄞县人。

沈一中　鄞县人。

高从礼　仁和人。

吴之鹏　武进人。

饶景辉　进贤人。

沈麟祥　吴县人。

萧近高　庐陵人。

毕懋良　升左、右布政。

程　达　清江人。

以上俱万历间任。

魏时应　南昌人，泰昌年任。

徐世荫　开化人。《通志》有传。

费兆年　乌程人。

杜应芳　黄冈人。

朱身修　进贤人。

许达道　东阳人。

以上俱天启间任。

孙国贞　慈溪人。

过庭训　平湖人。

胡尔恺　德清人。

潘曾纮　乌程人。

曾　樱　字仲合，峡江人。

黄承昊　浙江人。

王应华　东莞人。

以上俱崇祯间任。

国朝之为按察使者

杨御蕃　山东人。

周亮工　顺治四年任，升左、右布政。

郑廷槐　海澄人。

王显祚　升左布政。

董应魁　辽东人。

田起龙　辽东人。

祖建衡　辽东人。

程之璿　山西人。

祁　彦　辽东人。

周师忠　浙江人，满州籍。

王原臒　顺天人。

张宏俊　顺天人。

安世鼎　三韩人。以上顺治、康熙间，无可考。

吴兴祚　康熙十五年任，升巡抚。

于成龙　康熙十八年任，升布政。

张所志　字淡明，辽东人，康熙十八年任。《通志》有传。

赵进美　益都人，康熙间任。

黄　桂　康熙间任。

田庆曾　昌乐人，康熙间任。

张　勍　正黄旗人，康熙间任。

张志栋　康熙间任，升巡抚。

董延祚　康熙间任，升布政。

汪　楫　康熙三十二年任，升布政。

李成林　广宁人，康熙三十五年任。

郎廷極　镶黄旗人，康熙四十年任。

范时崇　康熙四十一年任，升总督。

金培生　康熙四十四年任，升布政。

宋　致　商丘人，康熙四十六年任。

董永芝　正黄旗人，康熙五十年任。

秦国龙　雍正元年任，升布政。

丁士一　日照人，雍正三年任。

乔学尹　猗氏人，雍正四年任。

潘体丰　　雍正六年任，升布政。

孙国玺　　正白旗人，雍正七年任。

李玉鋐　　通州人，雍正七年任，十年再任。升布政。

刘藩长　　雍正九年任，升布政。

张廷枚　　正红旗人，雍正十二年任。升布政。

庄令翼　　武进人，雍正十二年任。

觉罗伦达礼　　正红旗人，雍正十三年任。

张嗣昌　　浮山人，乾隆五年任。升布政。

王丕烈　　青浦人，乾隆六年任。

姜顺龙　　□□人，乾隆七年任。

储龙光　　宜兴人，乾隆八年任。

觉罗雅尔哈善　　正红旗人，乾隆十年任。

陶士僙　　乾隆十二年任，升布政。

顾济美　　乾隆十五年任，升布政。

德　舒　　乾隆十六年任，升布政。

来鸣谦　　萧山人，乾隆十七年任。

刘　愷　　永北人，乾隆十八年任。

史奕昂　　□□人，乾隆二十年任。

明之为漳南道者

刘　城　　以副使任，升按察。

林克贤　　天台人，以佥事任。

伍希闵　　字仲孝，安福人，佥事。成化二十三年任，弘治十年再任。《通志》有传。

周　鹏　　字云翔，玉山人，佥事。弘治六年任。

刘　恺　　字伯和，徐州人，佥事。弘治十二年任。

杜　启　　字子开，吴县人，佥事。弘治十五年任。

陈大纪　　字勉之，上虞人，佥事。弘治十七年任。

茹 銮　字世和，无锡人，佥事。正德三年任。

邹 贤　字大本，安福人，佥事。正德五年任。

胡 琏　字重器，沐阳人，佥事。正德八年任。见《明史·人物·张溁传》。

周期雍　字汝和，宁州人，佥事。正德十三年任。《明史》入《人物传》，其履历不言为福建佥事。

范 辂　字以载，桂阳人，佥事。正德十五年任，升左布政。《明史》入《人物传》。

王俊民　字用章，石首人，佥事。嘉靖元年任。

储 洵　字平甫，泰州人，佥事。嘉靖五年任。

谢汝仪　字国正，鄞县人，佥事。嘉靖七年任。《通志》有传。

梁世骠　字南皋，顺德人，佥事。嘉靖九年任。

钱世贤　临川人，佥事。嘉靖十四年任。

侯廷训　字孟学，乐清人，佥事。嘉靖十八年任，见《明史·人物·薛蕙传》。

王 庭　字直夫，常熟人，佥事。嘉靖二十一年任。

郑 炯　字礛南，余姚人，佥事。嘉靖二十二年任。

韩 柱　字龙南，余姚人，佥事。嘉靖二十四年任。

桂 荣　字近庵，上饶人，佥事。嘉靖二十七年任。

杨 梁　字勿斋，归安人，嘉靖二十八年任。

熊 洛　字景之，南昌人，佥事。嘉靖二十九年任。

梁 佐　字心泉，大理卫人，嘉靖三十一年任。

王时槐　字子植，安福人，佥事。嘉靖三十四年任。《明史》入《儒林传》。

金 淛　字汝东，东阳人，佥事。嘉靖三十八年任。

黎 元　字淑期，培州人，佥事。嘉靖四十二年任。

徐 梓　字汝良，余姚人，佥事。嘉靖四十四年任。

袁大诚　字池南，鄞县人，佥事。嘉靖四十五年任。

张启元　字文峰，龙泉人，佥事。隆庆三年任。

王　圻　字元翰，上海人，佥事。隆庆四年任。

王乔桂　字引瞻，石首人，佥事。隆庆五年任。

尹　校　字原学，歙县人，佥事。万历三年任。

彭应时　字化中，庐陵人，佥事。万历六年任。

卢　整　字敬甫，临海人，副使。万历八年任。

武尚耕　字邦聘，溧水人，佥事。万历十一年任。

张文耀　字养晦，阮陵人，佥事。万历十三年任。

徐汝阳　字时泰，临川人，副使。万历十五年任。

李得阳　字伯英，广德人，副使。万历十六年任。

张　斗　字景北，乌程人，副使。万历十八年任。

黄正色　字端甫，秀水人，副使。万历十九年任。

邵梦弼　字仲良，余姚人，佥事。万历二十年任。

王建中　字铭新，平湖人，佥事。万历二十一年任。

金　节　字子卿，南海人，副使。万历二十四年任。

孙光启　字子贻，嘉兴人，参政。万历三十年任。

程　达　字顺甫，清江人，副使。万历三十一年任。

程朝京　字康侯，新安人，副使。万历三十四年任。

潘阳春　字伯乾，余姚人，参政。万历三十七年任。

陈德元　字叔仁，秀水人，参政，万历四十年任。

康承祖　《上杭志》无此名。汀志补入，不载履历。

马呈秀　字君实，江都人，参政。天启元年任。

沈　珣　字幼玉，吴江人，参政。天启三年任。

朱大典　字延之，金华人，副使。天启六年任。《明史》入
《人物传》。

顾元镜　副使。崇祯三年任。升右布政。

王源昌　字绍贻，黄冈人，副使。崇祯七年任。

周昌儒　字讱为，宜兴人，副使。崇祯九年任。

吴简思　字明止，武进人，参议。崇祯十年任。

冯之图　字密庵，兴国人，参议。崇祯十二年任。

王继廉　字铭蕴，长兴人，参政。崇祯十四年任。

以上分巡道。

郑汝璧　缙云人，左参议。万历七年任。

范　谦　丰城人，左参议。万历九年任。

骆问礼　诸暨人，左参议。万历十一年任。《明史》入《人物传》，其履历不言为福建参议。

甘来学　雅州人，左参议。万历十二年任。

费尧年　右参政。万历十四年任。升按察、右布。

邹　墀　余姚人，右参政。万历十二年任。

刘宏道　吴县人，左参议。万历二十年任。

吴之望　丹徒人，左参政。万历二十年任。

吴之鹏　武进人，左参议。万历二十二年任。

俞士章　宜兴人，副使。万历二十三年任。

沈一中　鄞县人，万历三十一年任。

高从礼　副使。万历三十二年任。升按察使。

胡　琳　会稽人，万历二十八年任。

闵梦得　乌程人，副使。万历四十年任。

洪世俊　参政。万历四十二年任。升右布政使。

詹士龙　永丰人，副使。万历四十五年任。

朱身修　佥事。泰昌年任。升按察使。

胡尔慥　归安人，右参政。天启五年任。升按察。

董象恒　华亭人，右参议。天启七年任。

曾　樱　通志《职官》作分巡，传言擢本省布政。《明史·列传》载崇祯元年以右参政分守漳南，进按察。

施邦曜　左参政。崇祯四年任。升左布。《明史》入《人物传》。

　　章自炳　兰溪人，崇祯六年任。

　　李长倩　崇祯间任。

　　洪云蒸　崇祯七年任。

　　徐应秋　西安人，副使。崇祯九年任。

　　陈起龙　副使。崇祯间任。

　　傅云龙

　　以上分守道。

国朝之为漳南道者

　　周之翰　江都人，顺治三年任。

　　张嶙然　字崧瞻，乌程人，顺治四年任。

　　赵映乘　字涵章，祥符人，顺治七年任。《通志》有传。

　　郁之章　字衷恒，嘉善人，顺治十年任。《通志》有传。

　　卫绍芳　字匪峨，猗氏人，顺治十三年任。

　　刘三章　字逸仙，景州人，顺治十六年任。《通志》有传。

　　申抱伟　字又韩，镶黄旗人，顺治十八年任。

　　以上分巡道。

　　彭遇飏　襄州人，顺治三年任。

　　史起明　浙江人，顺治三年任。

　　杨云鹤　成都人，顺治五年任。

　　梁应龙　辽东人，顺治八年任。

　　彭　钦　嘉定州人，顺治十年任。

　　吴执中　顺治十二年任。

　　赵曰冕　新建人，顺治十四年任。

　　张　汧　顺治十六年任。升布政。

　　张元璘　辽阳人，顺治十七年任。

　　以上分守道。

宗　彝　字兆祥，大兴人，康熙元年任。

陈启泰　镶红旗人，康熙三年任。

以上裁分巡并归分守道。

张翼鹏　镶白旗人，佥事。康熙十七年任。

周　昌　字又文，镶蓝旗人，康熙十八年任。

蒋龙光　宜兴人，佥事。康熙十九年任。

以上分巡汀漳道。

线一信　正白旗人，康熙二十一年任。

邓秉恒　聊城人，佥事。康熙二十四年任。

罗　暹　德州人，佥事。康熙二十八年任。

甘国基　正蓝旗人，康熙三十四年任。

阿　琳　镶蓝旗人，康熙四十年任。

宋　致　康熙四十一年任，升按察。

李　鋐　正黄旗人，康熙四十七年任，五十二年再任。

曾一辅　正红旗人，康熙五十一年任。

高　铎　正白旗人，雍正三年任。

刘　灿　孟县人，雍正五年任。

孙国玺　雍正六年任，升按察。

朱鸿绪　河南人，雍正六年任。

杨宏绪　四川人，雍正七年任。

章廷楷　会稽人，雍正八年任。

郭朝鼎　镶红旗人，雍正九年任。

以上分巡防海汀漳道。

徐士林　文登人，雍正十二年任。

鄂　善　镶蓝旗人，乾隆元年任。

高　衡　平湖人，乾隆四年任。

陈树耆　湘潭人，乾隆四年任。

王廷诤　全椒人，乾隆八年任。

觉罗雅尔哈善　乾隆九年任。升按察。

侯嗣达　金匮人，乾隆十年任。

单德谟　高密人，乾隆十三年任。

杨景素　江苏人，乾隆十八年任。

以上分巡防海、汀漳龙道。

明之为知府者

黄　埕　兰溪人，成化间任。成化知府七人，其历任年月无可考。惟埕与通判张忠、推官王□、知县王环、教谕谢弼，俱有和分巡林克贤永定县治新成诗，则是开邑时知府也。

吴文度　字宪之，晋江人，随父入江宁籍。《通志》有传。见《明史·人物·张泰传》。

鲍　恺　鄞县人。

蔡馀庆　黄岩人。

贺思聪　永年人。

夏　英　德化人。

以上俱弘治间任。

项　经　嘉善人。

黄　明　华亭人。

黄　瑄　太仓人。

唐　淳　临桂人。

胥文相　巴陵人。《通志》有传。

以上俱正德间任。

邵有道　都昌人。《通志》有传。

查仲道　字文夫，宁州人。汀志有传。按，汀志《名宦》所登知府，概同通志，惟多仲道、刘玉成、沈应奎三传。

刘　炯

丁　洪

马　坤　　通州人。《通志》有传。

应　果　　遂昌人。

曹　察　　无锡人。

陈洪范　　仁和人。

汪　俅　　贵溪人。

郭　进　　宜春人。

徐中行　　升按察使。《通志》于总部立传，又于汀郡立传。
二传不同，意其一从《通志》旧本登载，一从《汀志》采入也。

杨世芳　　余姚人。

陆一鹏　　余姚人。

以上俱嘉靖间任。

曹　光　　平湖人。

金立爱　　临海人。

潘民模　　襄阳人。

以上俱隆庆间任。

季　膺　　华亭人。

唐　裔　　无锡人。

徐一忠　　慈溪人。

刘玉成　　号谷溪，太仓州人。《汀志》有传。

孙鸣治　　京山人。

史邦载　　江阴人。

万振孙　　合肥人。《通志》有传。

李成章　　南昌人。

黄应奎　　钱塘人。《通志》有传。

吴思学　　广昌人。

张令闻　　江阴人。

李自芳　　东乡人。

陈以德　　临川人。

沈应奎　字伯和，武进人。《汀志》有传。

饶景旸　南昌人。《通志》有传。

姚之兰　桐城人。《通志》有传。

以上俱万历间任。

沈侍卿　归安人。

钱邦伟　镇江人。

以上俱天启间任。

沈钟宿　吴江人，崇祯元年任。《通志》有传。

林联绶　新会人，崇祯二年任。

笪继良　镇江人，崇祯三年任。《通志》有传。

唐世涵　乌程人，崇祯八年任。《通志》有传。

金显名　北直人。

杨　相　上元人。

王国冕　进贤人。

以上俱崇祯间任。

国朝之为知府者

李友兰　辽东人，顺治三年任。

郭　浩　零陵人，顺治七年任。《通志》有传。

涂应泰　镶白旗人，顺治十年任。

王康侯　金坛人，顺治十四年任。

王毓贤　正红旗人，康熙十七年任。按，自康侯任于顺治十四年，至此已二十二年，必有遗漏矣。

鄢翼明　辽阳人，康熙二十年任。《通志》有传。

罗　暹　分巡道。康熙三十二年摄任。

傅燮詷　灵寿人，康熙三十三年任。

王廷抡　泽州人，康熙三十五年任。《通志》有传。

方　伸　南灵人，康熙四十二年任。

江　芑　康熙四十六年任，五十一年再任。

冯协一　益都人，康熙四十七年任。

吴　澍　高邮人，康熙五十二年任。

李　肃　元城人，康熙五十七年任。

陈大犨　康熙五十七年任。

李　鋐　康熙五十九年任。升分巡道。

高　铎　康熙五十九年任。升分巡道。

何国栋　大兴人，康熙六十一年任。

李　璋　静乐人，雍正二年署任。

李治国　历城人，雍正四年任。

王德纯　镶白旗人，雍正六年署任。

章廷楷　会稽人，雍正五年任。

王士任　雍正八年任。历升至巡抚。

孙　鲁　阳武人，雍正八年任。

张良弼　长安人，雍正九年任。

蒋洽秀　永宁人，雍正十一年任。

郝　霆　霸州人，雍正十二年署任，乾隆十年再署。

汪　郊　归安人，雍正十三年任。

赵奇方　海澄人，雍正十三年署任。

王　相　诸城人，乾隆元年任。

陈玉友　文安人，乾隆六年署任。

张宗纯　长安人，乾隆七年任。

俞敦仁　海宁人，乾隆八年任。

沈伟业　会稽人，乾隆十年任。

曾曰瑛　南昌人，乾隆十三年任。

金宏勋　□□人，乾隆十七年任。

金　镕　□□人，乾隆十八年任。

舒宁安　□□人，乾隆十九年任。

高　霆　祥符人，乾隆二十二年任。

或献疑曰："府官八邑所同，省官十郡所共，奈何邑乘私之？"曰：志百里而及星野，志一人而及祖父，例得及焉。尔况建邑以来，永特烦列宪之保恤者不一人、不一事，即于永无专迹，而普被其泽，普沐其教，何可以或谖也？东坡有言："水无往而不在。"凿石得泉，而曰水专在是，不可也。然饮泉于石，而曰水无往而不在，何必在是，又岂理也哉？进此尚有可志乎？曰一代有一代之史。循是而上，太史职之志事，则如是已矣。

后　记

　　2001 年开始，经福建省人民政府批准，福建省地方志编纂委员会从历代所修旧地方志书中选择一部分点校整理，组成福建旧方志丛书分期分批出版。罗健、江荣全、方清、吕秋心、李升荣、刘祖陛、陈立矜等负责本书整理与出版的组织、协调、编审工作。本书的点校工作系由永定县地方志编纂委员会具体组织，由郑慕岳、廖永茂、郑宝禄、俞乃康点校，刘增晶审校。

福建省地方志编纂委员会

2012 年 3 月 30 日

图书在版编目(CIP)数据

(乾隆)永定县志/(清)伍炜,(清)王见川修纂;福建省地方志编
纂委员会整理. —厦门:厦门大学出版社,2012.8
　(福建旧方志丛书)
ISBN 978-7-5615-4353-5

Ⅰ.①乾…　Ⅱ.①伍…②王…③福…　Ⅲ.①永定县－地方志
－清代　Ⅳ.①K295.74

中国版本图书馆 CIP 数据核字(2012)第 175588 号

责任编辑:薛鹏志　董兴艳
特约编辑:黄友良
封面设计:力　人

厦门大学出版社出版发行
(地址:厦门市软件园二期望海路 39 号 邮编:361008)
http://www.xmupress.com
xmup@xmupress.com
福州力人彩印有限公司印刷
2012 年 8 月第 1 版　2012 年 8 月第 1 次印刷
开本:880×1230　1/32　印张:15.5　插页:2
字数:390 千字　定价:180.00 元
本书如有印装质量问题请直接寄承印厂调换